Mémoires d'un dragon de l'Empire

De la Paix de Tilsit à la Restauration
1807-1816

Illustration de couverture :
Naylies à 21 ans, miniature signée Schneidler
Collection particulière

Quatrième de couverture :
L'épée de cour de Naylies
Collection particulière

Jacques-Joseph de Naylies

Mémoires d'un dragon de l'Empire

De la Paix de Tilsit à la Restauration
1807-1816

Préface de Jean Tulard
Membre de l'Institut

Cent-douzième volume de la collection Kronos
fondée et dirigée par Éric Ledru

SPM
2020

© SPM, 2020
Kronos n° 112
ISSN : 1148-7933
ISBN : 978-2-37999-012-0

Éditions SPM 16, rue des Écoles 75005 Paris
Tél. : 06 86 95 37 06
courriel : lettrage@free.fr – site : www.editions-spm.fr

DIFFUSION – DISTRIBUTION : L'Harmattan
5-7 rue de l'École-Polytechnique 75005 Paris
Tél. : 01 40 46 79 20 – télécopie : 01 43 25 82 03
– site : www.editions-harmattan.fr

À Marguerite Soye,

« Un mois avant Austerlitz… Je m'engageais comme soldat en 1805. Je partis avec trois Louis pour tout avoir, c'était tout ce que pouvait me donner la pauvre veuve. »

J.-J. de Naylies

Préface
par JeanTulard
membre de l'Institut

De Jacques-Joseph de Naylies on ne connaissait que des *Mémoires sur la guerre d'Espagne pendant les années 1808, 1809, 1810 et 1811* publiés chez Maginel, Ancelin et Pochard, réédités en 1835.

L'auteur se présentait comme officier supérieur des gardes de Monsieur, chevalier de Saint-Louis et de la Légion d'honneur. La *Bibliographie critique des mémoires sur le Consulat et l'Empire*, parue en 1971, soulignait l'objectivité d'un récit qui ne dissimulait rien des horreurs commises de part et d'autre.

Toutefois, devenus très rares, ces mémoires ne nous éclairaient en rien sur la personnalité et la vie de l'auteur. Ce n'est qu'en 2020 que ses descendants nous livrent enfin, à l'approche du bicentenaire de la mort de Napoléon, le texte intégral des mémoires de Naylies, précédé d'une biographie du mémorialiste.

Quatre parties dans cet ouvrage,

D'abord l'après-Tilsit : un récit attachant et émouvant du passage des troupes de la Grande Armée en Allemagne après Friedland : vie quotidienne du soldat, liaisons amoureuses, manœuvres entre deux campagnes...

La guerre d'Espagne, seconde partie, nous livre l'un des meilleurs témoignages sur les opérations dans la Péninsule ibérique avec son cortège d'atrocités, une longue suite d'embuscades et de représailles, d'incendies et de meurtres.

La troisième partie est consacrée à la campagne de Saxe : moins un témoignage personnel qu'un résumé des batailles mais dont on retiendra la mission de Naylies au Quartier impérial et la rencontre avec l'homme le plus extraordinaire des temps modernes.

Fort intéressant est, dans la quatrième partie, le bref récit de la campagne de France et surtout celui des deux restaurations. « Élevé dans des sentiments religieux et monarchiques, le nom des princes de Bourbons ne m'était pas inconnu », écrit-il. De là son ralliement à

Louis XVIII en 1814 et sa fidélité au souverain en 1815. Toujours juste et équilibré, il dénoncera l'exécution du maréchal Ney qu'il considère comme un grand soldat et la présence du régicide Fouché parmi les ministres du roi.

Il pleure sur une France affaiblie et humiliée par la soif de conquêtes de Napoléon et se méfie du duc d'Orléans. L'avènement au pouvoir de Louis-Philippe met fin à sa carrière militaire. Il reste loyal envers la vieille monarchie. De là sa retraite, une retraite dont il sortira en 1870 pour faire face, une dernière fois, aux soldats prussiens.

Oublié trop longtemps, Naylies, par l'objectivité et l'exactitude de son témoignage, rejoint enfin les meilleurs mémorialistes de l'Empire.

Avant-propos

Sommeil et vocation d'un manuscrit
par Dominique Danguy des Déserts[1]

Les présents mémoires ont été récemment sortis d'une épaisse chemise jaunie par le temps, transmise sans qu'on en ait souvent défait les lacets, depuis près de deux siècles par quatre générations dans la famille de Quelen, en Bretagne.

Après tant de livres sur l'épopée napoléonienne, il a semblé utile aux descendants de Jacques-Joseph de Naylies de publier ses mémoires qui apportent le précieux éclairage d'un soldat qui, à travers les dangers incessants, les cruautés de la guerre et les incertitudes du temps a su conserver bon sens et humanité. En effet, à l'exception notable de *Mémoires sur la guerre d'Espagne* qui a été publié en 1817 puis en 1835, les écrits de Naylies sont demeurés inédits.

Certes l'histoire ne se répète pas mais le témoignage de cet homme courageux dans les combats et les révolutions, lucide dans un temps où les repères s'évanouissent ou se contredisent, fidèle durant une époque versatile, n'est-il pas source de réflexion ?

L'importance des écrits de Naylies et le profond changement dans sa vie entre sa jeunesse militaire sous l'Empire et son âge mûr au service du roi puis sa reconversion dans l'industrie et la vie locale, nous ont conduits à publier ses mémoires en deux volumes.

Le présent volume comprend les mémoires entre 1807 et 1816, c'est-à-dire les campagnes d'Allemagne et de France, la guerre d'Espagne, les Cent-Jours, la première et la seconde Restauration ; s'y ajoute une biographie qui porte sur l'ensemble de la vie de Jacques-Joseph de Naylies telle que nous avons pu la reconstituer à partir de ses écrits, des courriers conservés dans la famille, des registres d'état-civil et des archives de l'Armée.

---
1. Époux de Marie-Louise Grivart de Kerstrat, petite-fille du petit-fils de Jacques-Joseph de Naylies.

Les *Mémoires d'un dragon de l'Empire* s'arrêtent au moment où Naylies, après les Cent-Jours, ayant repris la vie de garnison porte son jugement sur la période écoulée, sur l'action de Napoléon et sur l'état de la France.

C'est alors, en mai 1816, qu'il est nommé dans la Garde de Monsieur, frère du Roi. Une autre vie commence à la cour, dans l'intimité de la famille royale ; ce sera l'objet d'un second volume, *Mémoires d'un garde du Roi*, à paraître chez le même éditeur.

Quand ces mémoires furent-ils écrits ? Naylies parle « des observations, écrites le plus souvent au bivouac et au milieu du tumulte des armes » dans l'introduction aux *Mémoires sur la guerre d'Espagne*. Il prenait donc des notes quotidiennes et les précisions qu'il apporte, que ce soit les noms de lieux ou de personnes, les paysages, les ambiances, attestent qu'il y a bien une écriture sur le vif. Pour la guerre d'Espagne, dont nous n'avons pas le manuscrit, nous savons que le texte a été rédigé avant 1817. Pour les autres chapitres des mémoires, demeurés inédits, nous pouvons affirmer que, si les notes ont été prises quotidiennement, elles ont été reprises des années plus tard pour rédiger les manuscrits que nous publions. En attestent, outre la qualité de la rédaction et la relative homogénéité de présentation des manuscrits, certaines réflexions qui ne peuvent avoir été écrites à la date de l'évènement rapporté ; ainsi lorsque Naylies porte un jugement sévère sur le comportement du maréchal Maison durant la Révolution de 1830 dans le chapitre relatif à la campagne de 1813 ; vraisemblablement ces mémoires ont été rédigés entre cette révolution et l'entrée de Naylies dans les affaires en 1837. Ayant quitté l'armée et vivant à la campagne, il a du temps et son activité est intense comme en témoignent les documents retrouvés dans les archives et relatifs à la Révolution de 1830 et à ses conséquences, notamment sur le rôle des *sociétés* et d'Adolphe Thiers dans la période de transition qui mena à l'avènement de Louis-Philippe ou sur l'attitude et les malheurs de l'archevêque de Paris, Mgr de Quelen ; il en sera question dans *Mémoires d'un garde du Roi*.

Il n'y avait pas dans la chemise aux manuscrits l'intégralité des mémoires écrits par Naylies ; manquent notamment les 24 premières feuilles ; en effet, il écrit sur des copies doubles de format 20,6 × 31 cm qu'il a lui-même numérotées et qui commencent au numéro 25 ; aussi avons-nous entrepris des recherches dans les différentes propriétés de la famille. Nous n'avons pas retrouvé les feuilles manquantes mais la chasse aux documents fut cependant fructueuse puisque greniers, tiroirs, malles et soupentes ont livré lettres, notes, tableaux, gravures, médailles,

Avant-propos

cartes, bicorne et jusqu'au lit de campagne de Naylies ; ces souvenirs, précieusement – à défaut de soigneusement – conservés, permettent au présent ouvrage de bénéficier d'une iconographie provenant pour l'essentiel des archives familiales.

Après la mort de Jacques-Joseph de Naylies, son épouse vint finir ses jours chez leur fille cadette Henriette de Quelen ; Marc et Marie, les enfants de leur fille aînée, Caroline de Planhol, s'établirent aussi en Bretagne. Voilà pourquoi les souvenirs de Naylies aboutirent, et se trouvent encore, dans les demeures de famille qui sont en Bretagne.

Nous avons respecté le style du manuscrit en homogénéisant l'usage des majuscules, en corrigeant les fautes manifestes, en adaptant la ponctuation et en traduisant en français moderne les quelques expressions qui ne sont plus en usage, ainsi *il faisoit froid* devient *il faisait froid*. Les mots que nous n'avons pu identifier ou qui nous ont paru peu correspondre au texte sont mis entre crochets. Nous avons maintenu la division en chapitres et le titres et sous-titres que leur a donnés Naylies. Nous avons systématiquement retenu les noms des villes, fleuves et rivières tels qu'il les cite, vérifiant leur orthographe sur la carte d'Allemagne de 1810 et renvoyant en annexe un tableau où figure leur nom en usage aujourd'hui ; ainsi tous les noms germaniques situés dans les actuelles Pologne et Tchéquie ont leur traduction slave.

Ont essentiellement travaillé à la collecte des documents et à la transcription des manuscrits, François de Moustier, Charles-Étienne de Forges, Alain et Colomba De Roeck, François de Quelen ; Marie Thomas a dépouillé les courriers et Dominique Danguy des Déserts a coordonné l'ensemble du travail.

Introduction

La vie de Jacques-Joseph de Naylies
1786-1874
par Dominique Danguy des Déserts

Une enfance sous la Révolution

Jacques-Joseph de Naylies, né à Toulouse, paroisse de La Daurade, le 15 novembre 1786 est le fils de François Naylies, négociant, et de Marguerite Soye. « Je suis né d'une famille très honorable. Mon grand-père et mon père étaient négociants et je devins orphelin à 6 ans. Ma mère, sainte femme douée de toutes les vertus, m'éleva dans les principes religieux et monarchiques. Elle se priva du nécessaire sous l'atroce régime de la Terreur pour me donner une solide éducation. Je fis de bonnes études. Je me serais destiné à l'École Polytechnique si cette institution n'eut été, en 1804, dans la disgrâce de l'Empereur. »

Il est donc d'origine roturière (il sera anobli par Louis XVIII) et il est élevé par sa mère. Sa « solide éducation » est attestée par les références qu'il fait à l'histoire en parcourant l'Europe centrale ou par le commentaire des inscriptions en latin sur les monuments romains qu'il observe en Espagne et aussi par ses observations sur la vie des populations rencontrées et sur l'agriculture pratiquée.

Jacques-Joseph n'eut qu'un frère, Théodore, né à Toulouse le 18 mai 1788, magistrat à la cour d'appel de Toulouse qui cessa ses fonctions après la Révolution de 1830 et créa à Paris un cabinet littéraire et religieux où s'élaborèrent un grand nombre de brochures légitimistes ; on a de lui *Abrégé de la vie et des vertus de Saint Vincent de Paul* suivi d'une notice sur l'ancien et le nouveau Saint-Lazare et sur le rétablissement des filles de la charité (Paris, 1830). Il mourut le 20 janvier 1867 sans descendance, faisant de sa nièce Caroline son héritière.

Dans le rapport au ministre de la Guerre en 1815 pour obtenir la croix de chevalier de l'ordre de Saint-Louis, ainsi que dans ses états de service en date du 5 octobre 1815, il est fait mention de l'engagement de Jacques-Joseph de Naylies « en qualité de sous-lieutenant dans la compagnie franche de l'armée royale du Midi en août 1799 ». Nous ne savons pas quelle fut la réalité de cet engagement qui fut court puisqu'il fut licencié en décembre de la même année.

La campagne d'Allemagne, du 7 juillet 1807 au 10 novembre 1808

« Un mois avant Austerlitz... Je m'engageais comme soldat en 1805. Je partis avec trois Louis pour tout avoir, c'était tout ce que pouvait me donner la pauvre veuve. »

Incorporé dans le 19e régiment de dragons, il fait la campagne de 1806 en Allemagne et participe à la bataille de Friedland où sa conduite lui vaut d'être fait chevalier de la Légion d'honneur malgré sa jeunesse et son grade modeste.

On ne connaît pas le début de cette campagne et les circonstances qui ont valu à Naylies cette distinction faute d'avoir retrouvé les 24 premières feuilles des mémoires. Le récit de cette campagne, qui marque le sommet de l'épopée impériale, commence donc au lendemain du traité de Tilsit signé sur le Niémen le 7 juillet 1807 entre Napoléon, le tsar Alexandre Ier et le roi de Prusse Frédéric-Guillaume III, près de la Baltique dans l'actuelle enclave russe de Kaliningrad.

Naylies était-il à Austerlitz ? Certes le 19e dragons y était mais notons que nulle part Naylies ne fait mention de sa présence à cette bataille qui permettait de dire, selon le mot de Napoléon « Voilà un brave » ; il est vraisemblable que l'engagement de Naylies était trop récent pour qu'il ait pu rejoindre son régiment avant le 2 décembre 1805 ; quoiqu'il en soit, les mémoires qui ont été retrouvées commencent alors que l'Empire est à son zénith et que l'Europe connaît une trêve ; cela nous vaut le récit plutôt paisible, voir léger, de la campagne de 1807-1808.

Du 7 juillet 1807 au 11 novembre 1808, Naylies commente la longue marche de son régiment qui traverse l'actuelle Pologne en remontant la Vistule puis entre à Breslau (Wroclaw), capitale de la Silésie où son régiment passe l'hiver. Naylies décrit le pays et ses habitants ballottés entre l'Autriche et la Prusse, qui auraient bien voulu être dans une Pologne indépendante mais que le traité de Tilsit inclut dans le grand-duché de Varsovie attribué au roi de Saxe, fidèle allié de Napoléon.

Naylies y fait vivre des personnages hauts en couleur, tels les généraux Brisson et Claparède ; il décrit avec vivacité et humour des scènes de ce long bivouac, notamment une fête mémorable dans un couvent « à une demi-lieue de Landshut »[1] sur la rivière Bober[2].

Il raconte avec émotion et simplicité son chaste amour avec la fille d'un fonctionnaire, amour partagé et qui le marqua durablement puisqu'il espéra, en vain, retrouver cette femme lors de la campagne de 1813.

Mais il n'y a pas que des souvenirs d'une cohabitation, somme toute bienveillante, entre l'armée française et les populations locales en ce temps où la guerre est suspendue ; Naylies fait aussi un récit éprouvant de la traversée des pays ravagés par la récente campagne victorieuse de Napoléon ; ainsi décrit-il le champ de la bataille de Preussisch-Eylau, aujourd'hui Bagrationovsk, dans l'enclave russe de Kaliningrad. Six mois après cette victoire incertaine (8 février 1807), la misère est grande dans ce pays où les cultures n'ont pu être mises en place et où la chaleur de l'été sur les cadavres des hommes et des chevaux rend l'air irrespirable.

Le 20 août 1808, le 19e régiment de dragons quitte la Silésie et franchit la Neisse, actuelle frontière entre la Pologne et l'Allemagne, à Görlitz. Traversant l'Allemagne pour rentrer en France, Naylies évoque les villes où il passe : Dresde, Weimar, Erfurt, Gotha, Eisenach, Leipzig, jusqu'à son arrivée à Kassel, face à Francfort-sur-le-Main où le régiment bivouaque le 24 septembre.

Des bruits alarmants arrivent alors aux dragons sur la situation en Espagne et ils comprennent que là sera leur prochaine destination. Leur long séjour en Allemagne s'achève à Kassel le 24 septembre 1808 par une revue du 19e régiment de dragons que passe l'Empereur qui remarque la Légion d'honneur de Naylies ; ce fut la première des trois rencontres entre Naylies et l'Empereur.

La dégradation de la situation en Espagne exige que ces cavaliers s'y rendent au plus vite. Ils passent donc le pont de Kassel sur le Rhin pour arriver à Mayence le 25 septembre, en France donc puisque sous l'Empire cette ville était la préfecture du Mont-Tonnerre (Donnersberg).

Les dragons traversent la France en diagonale, étant bien reçus dans les villes selon les instructions de Napoléon ; en 36 jours, ils passent du Rhin à la Bidassoa qu'ils franchissent le 11 novembre 1808.

---

1. Au-sud-ouest de Swidnica (Schweidnitz), dans l'actuelle Pologne, à ne pas confondre avec son homonyme en Bavière).
2. La Bober, actuellement Bobr est un affluent de l'Oder en Tchéquie.

La guerre d'Espagne, du 11 novembre 1808 au 4 janvier 1812

Jacques-Joseph de Naylies va passer 38 mois en Espagne, toujours au sein du 19ᵉ régiment de dragons qui participe à de nombreux combats dans des conditions particulièrement dures tant du fait de la pauvreté du pays et de la rudesse de son climat que de l'opposition farouche de la population. Il écrit dans « L'avertissement » à l'édition de 1835 de *Mémoires sur la guerre d'Espagne* (Chez Bourayne, libraire 5 rue de Babylone, Paris) : « Ce pays étant moins connu que les autres parties de l'Europe, je me suis décidé à publier [...] ces mémoires qui concernent l'Espagne et le Portugal... Des observations destinées à moi seul [...] seraient peu dignes d'intérêt si toutes les particularités de cette guerre désastreuse n'avaient pas un caractère de nouveauté ».

Nous republions intégralement cette édition de ses mémoires. En effet, outre que ce long séjour s'inscrit dans la série des campagnes de Naylies, il y fait un récit de la « guérilla » (le terme a été inventé durant cette guerre pour décrire un conflit « asymétrique », comme on dit aujourd'hui, où une armée régulière doit affronter un ennemi fondu dans la population et qui agit par ruse et guet-apens). Dans ce genre de conflit, la propagande fait des terroristes des héros et l'armée n'a pas le beau rôle, surtout quand s'empare de la cause partisane le talent de Goya et que la mémoire populaire retient la révolte du *Dos de majo* et les fusillés du *Tres de majo*.

La lecture de ces mémoires, qu'on ne peut qualifier de partiales puisqu'ils sont écrits par un homme sans illusions sur l'erreur de Napoléon mais qui sont, évidemment, subjectives comme le reconnaît Naylies, aide à comprendre la situation : la bourgeoisie, bien minoritaire, de l'Espagne du début du XIXᵉ siècle, a peut-être vu venir favorablement une France alors bien plus développée, mais le peuple est resté fermement attaché au roi Ferdinand, un Bourbon que Napoléon a évincé au profit de son frère Joseph ; ce peuple est encadré par la noblesse et surtout par un clergé farouchement hostile à Napoléon comme le montre le catéchisme que Naylies trouve abandonné dans une église ; tout ce monde est armé et poussé par les Anglais qui tiennent les mers et le Portugal où l'armée française les poursuit. Cette armée est confrontée aux drames de la guerre dans un pays où il faut se méfier de la population, y compris de ses offres d'hospitalité : « Cette trop grande confiance a causé la mort d'un bien grand nombre de Français ; et nous avons perdu en Espagne plus de monde en détail, par les assassinats, que sur les champs de bataille ».

Introduction

LA CAMPAGNE DE SAXE DU 4 JANVIER 1812 AU 1ᵉʳ NOVEMBRE 1813

« Dans les derniers jours de 1811, je reçus une mission pour la France et je partis de Madrid avec un convoi de blessés… ». Naylies décrit le long et cruel cheminement de ce convoi jusqu'à Bayonne où il arrive le 4 janvier 1812 ; il apprend quelques temps après qu'il est nommé adjudant-major dans un régiment de cavalerie légère et il conclut le récit de la guerre d'Espagne par cet hommage aux dragons : « l'Empereur leur rendit justice ; il vit alors que… les vieilles bandes arrivées d'Espagne étaient de la même trempe que celles qui avaient vaincu en Égypte, à Marengo et à Austerlitz ».

Il passe alors quelques mois en France ; en effet, le colonel de Saint-Geniès, qui commandait son régiment, passé général de brigade et partant pour la campagne de Russie « que l'on disait promettre les plus immenses résultats », avait demandé Naylies comme aide de camp avant de quitter l'Espagne. Mais la dépêche le nommant ayant été interceptée par la guérilla, Naylies l'attendit vainement ; cela lui sauva-t-il la vie ? Quoiqu'il en soit, attendant son affectation, il demande et obtient de suivre à l'École vétérinaire d'Alfort les cours d'hippiatrie.

Le 4 septembre 1812, apprenant que l'on formait, au dépôt de son régiment à Strasbourg, un escadron devant se rendre à Dantzig, il quitte l'école pour le rejoindre et franchit le Rhin le 15 du même mois. Traversant toute l'Allemagne, il arrive fin octobre à Marienwerder sur la Vistule ; c'est là qu'il entend les bruits sinistres sur la situation de la Grande Armée et sa retraite de Russie et qu'il voit exulter « les bons Allemands au caractère doux et patients » qui étaient las de supporter les combats et l'entretien des armées sur leur sol. L'ambiance a bien changé depuis la campagne de 1807 !

Il assiste à l'arrivée des débris de l'armée française qui se reconstitue avec l'apport de nombreux conscrits qui ne peuvent être que fantassins car on manque cruellement de temps et de chevaux pour refaire la cavalerie décimée en Russie ; Naylies reviendra plusieurs fois sur le funeste effet de la faiblesse de la cavalerie française qui ne permet pas d'exploiter les victoires durement acquises par les fantassins « dont beaucoup voyaient le feu pour la première fois ». C'est notamment le cas de la bataille de Lützen (3 mai 1813) dont Naylies fait revivre toute la férocité et qui permet à Napoléon, grâce à son génie joint à l'héroïsme de Ney et de ses fantassins, de sauver la situation et de garder la maîtrise de la rive gauche de l'Elbe.

Ces victoires incomplètes permettent à Napoléon de faire reculer l'ennemi qui demande un armistice qui est signé le 4 juin 1813 ; mais ce n'est qu'une trêve que les Coalisés rompent le 10 août, en partie à cause de l'intransigeance de Napoléon, malgré l'effort de médiation de l'Autriche qui finit par rejoindre la coalition. Les hostilités reprennent donc mais le moral de l'armée est au plus bas.

Au mois d'octobre, Naylies est chargé par le général Reizet d'aller porter à Napoléon, au quartier impérial dont son régiment est séparé par une dizaine de lieues occupées par les Coalisés, l'évaluation qu'ils ont faite ensemble depuis une petite hauteur sur les bords de l'Elbe des troupes ennemies. Il parcourt ces dix lieues caché dans une charrette à foin conduite par un paysan, au péril de sa vie ; ce sera sa seconde rencontre avec Napoléon « Je n'avais jamais vu l'Empereur qu'en uniforme à la tête de ses troupes. Je fus frappé de cette belle figure, calme, impassible et bienveillante. Je considérai comme une bonne fortune d'avoir été dix minutes en présence de l'homme le plus extraordinaire des temps modernes, qui avait vu à peu près tous les rois et les peuples de l'Europe et qui tenait en ses mains les destinées de mon pays. »

Revenant en 1846 sur les lieux des campagnes de sa jeunesse, il écrit : « On entre dans les belles plaines, dont Leipzig est le centre, bornées seulement par l'horizon. C'est le grand champ de bataille de l'Allemagne. C'est là que depuis bien des siècles se sont heurtées toutes les armées de l'Europe. Cette terre est abreuvée du sang des peuples de l'Occident et recèle, confondus, les ossements de milliers de ses enfants. La dernière fois que j'avais foulé ce sol, il était couvert de blessés, de cadavres et de débris de toute espèce. Il tremblait sous les charges de cavalerie, ou par les détonations de mille bouches à feu. Maintenant calme et tranquille la plus belle végétation parait cette riche et belle contrée ».

« Le chemin de fer nous fait traverser le champ de bataille de Moekren qui nous fut si fatal le 16 octobre 1813. L'aile gauche de l'armée française y fut battue par l'armée de Silésie qui alors put faire sa jonction avec l'armée austro-russe le 17 et livrer avec elle la bataille du 18. Les Prussiens perdirent 15 000 hommes dans cette sanglante affaire, un officier supérieur de cette nation, témoin oculaire, m'avoua avec une loyale franchise qu'il s'en était fallu de fort peu que l'armée prussienne ne rétrogradât sous une dernière charge sur l'artillerie française dont la mitraille fit d'affreux ravages sur les colonnes prussiennes à portée de pistolet. Celles-ci allaient battre en retraite lorsqu'elles virent nos artilleurs qui, manquant de munitions, quittaient leurs pièces. Ces colonnes marchaient en avant et la jonction s'opéra ».

Comme Naylies l'avait pressenti, de victoire inexploitée en combats furieux où les Français sont submergés par les Coalisés dont les rangs se renforcent au fur et à mesure des défections des principautés allemandes, il faut battre en retraite. Lui-même est blessé d'un coup de sabre à la main gauche à la bataille de Dresde le 27 août 1813 et d'un coup de mitraille au bras droit à la bataille de Leipzig le 27 octobre.

Au soir de cette bataille, il côtoie une troisième et dernière fois furtivement l'Empereur et c'est invalide et fiévreux qu'il arrive à Strasbourg le 13 novembre non sans avoir dû batailler à Mayence pour se faire servir par un hôtelier malveillant et grossier.

La campagne de France, la Restauration, les Cent-Jours, de novembre 1813 à juin 1816 date où Naylies entre dans la Maison militaire du Roi

Naylies, encore convalescent, participe aux combats contre le blocus de Strasbourg par les Coalisés qui sont entrés en Alsace le 20 décembre en violant la neutralité de la Suisse. Mais le combat, là encore, est inégal et la campagne de France, malgré la bravoure et les exploits des soldats, aidés par la population qui, à son tour, pratique la guérilla, se conclut par l'entrée de Blücher dans Paris le 30 mars 1814 ; Napoléon doit abdiquer le 4 avril.

C'est alors que Naylies entend parler du retour des Bourbons ; il retrouve les sentiments royalistes de son enfance et se met à leur service ; il leur demeurera désormais fidèle même s'il analyse les erreurs de la Restauration qui expliquent les sentiments mitigés de l'armée « Comment n'en eut-il pas été ainsi lorsque un jeune officier décoré, plein d'ardeur, distingué par des actions d'éclat, rentrant à demi-solde dans son village, en voyait partir comme officier supérieur ou colonel le vieil émigré qu'il avait toujours vu chassant et s'occupant de son bien, ne s'étant jamais douté qu'il eut servi ».

Affecté au 3e régiment de chasseurs à cheval, Naylies le rejoint le 1er juillet 1814 à Maubeuge, il profite des loisirs de cette garnison tranquille pour continuer de se former car « la vie de désœuvrement, de jeu, de café, n'allait pas avec mes habitudes sérieuses ».

Durant les Cent-Jours il escorte, le 21 mars 1815, Louis XVIII qui reprend le chemin de l'exil en passant par Hesdin, où Naylies est en garnison. Seul de son régiment, il refuse de signer *l'Acte additionnel aux constitutions de l'Empire* décrété le 23 avril ; il s'en explique : « J'avais prêté serment à l'Empereur Napoléon. Je lui ai été fidèle jusqu'à Fontainebleau. Il m'en a délié, j'ai juré fidélité à Louis XVIII, j'irai le rejoindre car je ne veux pas violer ce serment. »

Il quitte donc son régiment et, suivi de son chasseur, passe le 8 mai en Belgique où, après étape à Gand auprès de Louis XVIII, il rejoint le duc de Berry à Alost.

Il est condamné à mort par contumace le 30 mai 1815 ; notons que sous la Restauration il aura du mal à faire rétablir sa pension de la Légion d'honneur du fait de cette condamnation, ce qui en dit long sur les résistances bonapartistes qui perdurent.

S'il ne regrette pas sa fidélité au roi, son cœur de militaire est déchiré au récit de la bataille de Waterloo et il est soulagé de n'avoir pas eu à se battre contre ses frères d'armes. Il apprend la défaite de Napoléon et porte une appréciation sévère sur Grouchy.

Il rentre en France dans la suite du comte d'Artois ; il décrit la joie des paysans au retour du roi, participe à des missions pour faire reconnaître son pouvoir dans des villes du Nord. Il déplore que Louis XVIII ait refusé la grâce au maréchal Ney « en cela, le Roi eut fait un acte de bonne politique, tandis qu'on lui conseilla une rigueur qui a été très funeste à la dynastie ».

Il reprend son service non sans une dernière réflexion sur Napoléon dont l'équipée des Cent-Jours a considérablement aggravé la situation de la France qui avait été relativement ménagée par les Alliés lors de sa première abdication ; il accuse « …l'insatiable ambition de Napoléon qui, depuis la campagne de Russie, avait pu, à diverses reprises, faire une paix honorable, et glorieuse même, et régner paisiblement sur la France bordée par les Pyrénées, les Alpes et le Rhin jusqu'en Hollande. Telle qu'elle restait dans ces conditions, elle était encore la plus grande puissance du monde ».

Mais il a été repéré par le duc de Berry et, après quelques mois de garnison, il apprend qu'il est choisi pour entrer dans les gardes du corps de *Monsieur*, le futur Charles X, une autre vie commence qu'il continue de consigner dans ses mémoires[1].

De juin 1816 à juillet 1830. Quatorze ans passés dans la Maison du Roi

Dès lors, Naylies vit proche de la famille royale aux Tuileries ou à Saint-Cloud. Il décrit la vie autour de Louis XVIII et l'étiquette qu'il a rétablie. Il fait un impressionnant récit de la mort de ce roi « philosophe »

---

1. Ces mémoires seront publiés dans un second volume, *Mémoires d'un garde du Roi (1816-1830)*, qui traitera également de la vie de Naylies de la Révolution de 1830 à sa mort en 1874.

auquel son entourage eu bien du mal à faire accepter les secours de la Religion, en février 1824.

« Dans ma position relativement inférieure, j'ai connu presque tous les détails des grands évènements politiques du royaume. Connaissant ma discrétion, Monsieur de Rivière me traitait comme un fils et n'a jamais eu rien de caché pour moi, mais aussi, touché de cette grande confiance, je n'ai jamais prononcé un seul mot de ce que j'ai su, de tout ce que j'ai vu au pavillon Marsan, pendant la vie de Louis XVIII ».

Il a donc gardé le silence, mais il a écrit et ce sont des observations inédites que nous publierons, deux siècles après leur rédaction. Naylies analyse le sens politique de Louis XVIII qui lui a permis d'établir une monarchie constitutionnelle adaptée à sa personnalité mais dans laquelle Charles X, malgré sa bonne volonté et sa relative modération, ne saura pas évoluer. Naylies devient naturellement garde du corps de Charles X à son avènement ; cela qui lui vaut d'être invité au printemps 1825 à son sacre dont il fait un long et vivant récit. Mais l'époque était redoutable, entre les ultras [royalistes], les libéraux, le duc d'Orléans aux aguets, les bonapartistes dans l'armée et les révolutionnaires qui fomentaient des troubles et des attentats dont celui qui coutât la vie au duc de Berry ; il décrit en détail ce drame connu mais aussi des tentatives qui le sont moins contre Louis XVIII et même contre la duchesse de Berry lorsque l'on apprit qu'elle était enceinte.

Les personnages sont campés dans leur physique, leur mentalité et leur comportement avec une bienveillance qui n'exclut pas la lucidité ; la politique est évoquée avec concision et pertinence par cet observateur non engagé. La vie à la cour est contée tant dans son cérémonial que dans son quotidien intime.

La Révolution de juillet 1830

Naylies apprend, alors qu'il est en famille dans sa résidence de campagne près de Longjumeau, les troubles qui ont éclaté à Paris à la suite des ordonnances prises par Charles X qu'il rejoint aussitôt Saint-Cloud et c'est de là qu'il assiste à la Révolution dont il analyse les causes sans complaisance pour le roi et surtout pour le gouvernement Polignac dont l'imprévoyance et les maladresses sont fatales aux Bourbons.

Il fait un récit militaire du comportement de l'armée dont, comme pour la guerre d'Espagne, l'image est quelque peu restaurée, y compris celle de son chef, Marmont.

Charles X se résout à quitter Saint-Cloud et, accompagné de la famille royale et de troupes fidèles, protégés et surveillés à la fois par des commissaires envoyés par le nouveau pouvoir, le roi et sa suite vont parcourir par étapes le chemin de l'exil jusqu'à Cherbourg. Naylies décrit au long de ce parcours l'attitude de la famille royale, des soldats fidèles des autorités et des populations qui accueillent le plus souvent correctement, et parfois avec émotion, le roi et sa suite ; on sent qu'il déplore le manque de clairvoyance, d'énergie et de combativité de l'entourage du roi mais au moins les drames ont été évités et l'honneur est sauf ; il note que les commissaires ont soin d'éviter que le convoi s'approche de la Bretagne et de la Vendée où demeure forte la fidélité à Charles X et le récit du moment où la fidèle garde doit se séparer de la famille royale qui embarque pour l'Angleterre sur le *Great-Britain* est chargé d'une émotion contenue.

De longue date il se méfie du duc d'Orléans et critique son attitude, notamment durant les Cent-Jours où celui-ci, plutôt que de rejoindre Louis XVIII à Gand, passe en Angleterre et, bien sûr, en ce début d'août 1830 où il répond par un faux-fuyant à la lettre de Charles X dans laquelle, au moment d'abdiquer, le roi nomme son cousin *lieutenant-général du Royaume* : « Le duc d'Orléans répondit, dit-on, qu'il était débordé par la Révolution dont il serait peut-être victime, et qu'il ne pouvait exécuter ces ordres.

Son hypocrisie et son ambition ne pouvaient s'accommoder d'un moyen qui réduisait à néant sa conspiration permanente depuis 1814 pour s'emparer du trône. »

Il n'est donc pas étonnant qu'il ait été licencié le 11 août 1830 alors qu'il accompagnait Charles X à travers la Normandie jusqu'à Cherbourg.

Le citoyen-légitimiste

« La Révolution de 1830 arriva. Un sentiment de reconnaissance me fit briser mon épée, douloureux sacrifice pour un cœur de soldat ! Je n'eus plus qu'une demi-solde de colonel et, plus tard, une retraite de 2725 F. Cette situation [...] me créa d'immenses obligations comme père de famille. »

Naylies dut attendre plus de sept années pour toucher sa pension après avoir été licencié et encore dut-il présenter le 14 février 1838 une longue requête *À Messieurs les pairs de France* pour faire valoir ses droits ; elle devait au demeurant être modeste et il résolut de se mettre au travail pour tenir son rang, éduquer et bien marier ses filles.

Ayant dû quitter l'étage de l'hôtel de Sens qu'il occupait lorsqu'il était garde du corps, après quelques années dans le Berry, il se met au travail dans une manufactures de meules à La Ferté-sous-Jouarre qui lui assure une « honnête aisance ».

Naylies s'est donc lancé dans les affaires, mais il n'oublie ni son passé militaire ni sa fidélité aux Bourbons ; voici ce qu'il écrit en introduction du récit de son *voyage en Allemagne* en septembre 1846 : « Vous savez, Mes chers enfants, que je désirais depuis longtemps faire un voyage en Allemagne [...]. Quelques affaires d'intérêts, des souvenirs de vieux soldat et un vif sentiment de reconnaissance, d'affection et de fidélité me portaient vers ce but. À la fin du mois d'août, libre de mes mouvements, je partis. J'ai fait en un mois plus de mille lieues, visité dix capitales et parcouru une partie de l'Europe. »

Le récit qu'il a laissé de ce voyage est intéressant par les observations qu'il fait notamment sur les batailles de Dresde et de Leipzig et surtout par la remarque de ce légitimiste qu'on ne peut soupçonner de bonapartisme sur le bon souvenir laissé par Napoléon dans l'Europe germanique.

Ce récit nous éclaire aussi sur la ligne de conduite qu'il s'est fixé : la fidélité aux Bourbons dont il fait la preuve ne l'empêche pas de s'engager au service de ses concitoyens ; ainsi répond-il à la duchesse de Berry à laquelle il rend visite à Brunsee (en Autriche près de la frontière avec la Slovénie) :

« Nous parlons élections. Comme à Frohsdorf j'ai vu que le fond de [sa] pensée intime (qu'on n'exprime pas) est qu'il vaut mieux n'y pas aller [aux élections]. Je n'en ai pas moins dit que j'avais été à mon collège, que j'avais voté et j'ai donné mes raisons. Madame n'aime pas le gouvernement représentatif. Elle me dit, « *j'ai annoncé à Henri que s'il rentrait avec une charte et des chambres, je ne mettrais pas les pieds en France* ». Il a répondu : « *vous avez donc envie d'une émigration !* ». Du reste Henry V ne s'explique jamais à ce sujet et conserve la plus grande réserve. Quand Madame eut fini cette conversation dans laquelle elle avait mis beaucoup d'animation, je lui dis franchement que depuis 32 ans que Louis XVIII avait accoutumé la France au gouvernement représentatif, il était bien difficile de l'en priver maintenant. Elle me répondit par un jeu de mots en riant et parla d'autre chose. »

Naylies ne se contente pas de son nouveau métier, il s'investit dans la vie locale, il est maire de Jouarre le premier mai 1851, mais il quitte ses fonctions en décembre 1852, assurément pour n'avoir pas à prêter serment de fidélité à Napoléon III. En effet, nous n'avons pas retrouvé la justification de cette démission mais nous pouvons penser que, paraphrasant une formule appliquée à un homme politique de la IIIe République, « s'il est un légitimiste modéré il n'est pas modérément légitimiste » : pas question de renier son serment de fidélité au roi !

Il se retire donc de la vie publique mais y revient brièvement lors de la guerre de 1870 où, à la demande du conseil municipal de Jouarre, sur proposition du maire, il préside la commission chargée de réquisitionner les denrées exigées par l'armée prussienne cantonnée à La Ferté-sous-Jouarre ; ces denrées consistaient en pain, viande, charcuterie, café, tabac, sucre, riz, sel, chandelles, vin, foin, paille et bois ; assurément, l'autorité et la probité de cet ancien maire et vieux militaire lui permirent de s'acquitter au mieux de cette rude mission[1].

Naylies en famille

Naylies fait un récit militaire et politique de sa vie et, selon l'usage chez les hommes à cette époque, il s'étend peu sur ses sentiments et sa vie personnelle ; nous devons nous contenter de ses rares commentaires sur sa vie de famille qui fut pourtant heureuse et féconde à ce que nous en savons ; ainsi, son mariage est-il traité en une demi-page :

« J'avais 34 ans, pas de fortune mais une position élevée et jouissant d'une grande considération. J'avais de l'avenir en perspective. Mes amis m'engageaient à me marier. Madame de Marchausy, femme de l'avocat général de ce nom, me parle d'une jeune personne bien élevée, pieuse fille unique de Monsieur Lucet qui, avant la Révolution, avait servi dans la marine. Des goûts simples et en même temps distingués

---

1. Nous lisons dans registre des séances du conseil municipal que le 7 septembre 1870 : « [Le conseil] nomme comme président de cette commission [pour mettre à exécution les réquisitions des Prussiens] M le colonel vicomte de Naylies, ancien maire de la commune, qui lui a offert son concours dans ces pénibles circonstances. Le conseil municipal, en reconnaissance des services rendus à la commune par M. de Naylies, accueille à l'unanimité cette proposition ». Dans cette même séance, le conseil donne un *blâme public* à cinq conseillers qui ont déserté ; notons que le maire, Jean Auguste Duffié est, lui, resté en place et qu'il a résisté comme il a pu aux réquisitions des Prussiens, ne cédant que devant la menace du commandant de la place de La Ferté-sous-Jouarre de *contraintes par des poursuites militaires*. Devant donc s'exécuter, le maire, pour pouvoir continuer à payer les employés communaux, lance un emprunt auprès des habitants de la commune, emprunt auquel il souscrit lui-même. Il convient d'autant plus, ici, de rendre hommage à l'attitude courageuse et généreuse de M. Duffié que l'on peut lire dans la notice nécrologique de Marc de Planhol, petit-fils de Naylies, décédé en 1894 que « Malgré ses quatre-vingt-quatre ans, [Naylies] remplaça le maire de Jouarre qui n'avait pas voulu attendre l'arrivée des Prussiens ». Notons d'ailleurs que M. Duffié fut réélu maire le 15 mai 1871.

Introduction

me prévinrent en sa faveur. Elle me donna sa main. L'usage exigeait que je demandasse la permission de me marier à SAR Monsieur. [Il] me l'accorda avec beaucoup de grâce […] Le contrat fut signé par le Roi, les princes et princesses qui me félicitèrent avec une grande bonté. Le mariage eu lieu le 6 juin 1821. J'aurais été heureux dans cette union sans le caractère entier et despotique de mon beau-père ».

Le beau-père, Eugène Lucet (1768–1846), fils d'un commerçant de Rouen, arma un bateau et quitta Le Havre en 1793 pour échapper aux convulsions de la Révolution et rejoindre les jeunes États-Unis d'Amérique où il fit de bonnes affaires. Son journal a été publié par son descendant Hervé Catta dans *La folie de Washington* (Éditions Peuple Libre, 2009). Eugène Lucet avait épousé une Américaine, Jemima Parker, et ils eurent un seul enfant, Joséphine, née le 7 mai 1800 à L'Hermitage de Beanhill sur la rivière Hudson. En 1808, veuf, il parvint à rentrer en France avec sa fille et sa fortune après des péripéties dues au Blocus continental. Mais, comme l'écrit Naylies « [Mon beau-père] fit des spéculations peu sûres en sorte que la fortune de ma femme fut réduite au quart de ce qu'elle devait être ; nous en avons été gênés et malheureux pour la naissance de quatre filles que Dieu nous a données ».

Ces filles reçurent une éducation soignée et le souci des parents fut de bien les marier : « En 1840 nous pensâmes que mes filles devenant en âge d'être mariées il fallait avoir un logement à Paris ». Effectivement, trois de ces filles se marièrent et leur descendance est aujourd'hui nombreuse mais la particule et le titre de vicomte disparurent avec Jacques-Joseph de Naylies.

Si les confidences de Naylies sur sa famille sont rares dans ses mémoires, il a laissé une correspondance qui montre sa reconnaissance à sa femme ainsi que son attention et son affection à ses filles.

L'aînée, Caroline, épousa Anatole de Planhol, polytechnicien qui fit carrière dans la construction des chemins de fer ; ils eurent deux enfants dont Marc qui épousa sa cousine Anne de Quelen (branche éteinte) et Marie qui épousa Eugène de Quelen,

La seconde, Gabrielle, épousa Charles Mangon de Lalande, fils d'un général engagé dans les dragons sous l'Empire, assurément une relation de Naylies ; seul leur fils Paul fils souche, sa mère décéda peu après sa naissance,

La troisième, Laure, ne se maria pas.

La quatrième, Henriette, née en 1842, épousa Ludovic, comte de Quelen et grand-frère d'Eugène, le mari de Marie de Planhol.

L'attachement de Jacques-Joseph de Naylies à sa famille se renforça dans les dernières années de sa vie ; il s'étend à son gendre Ludovic

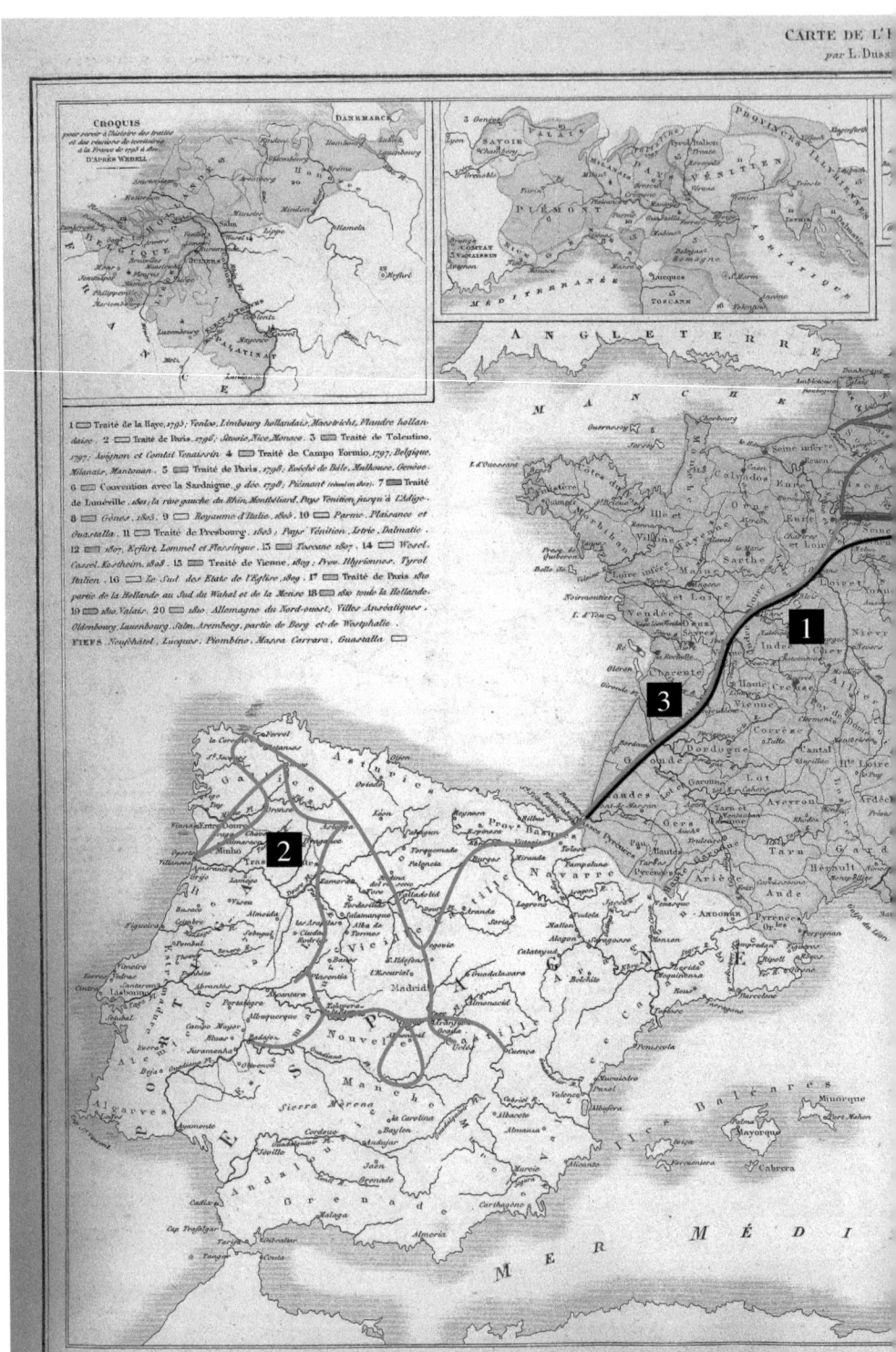

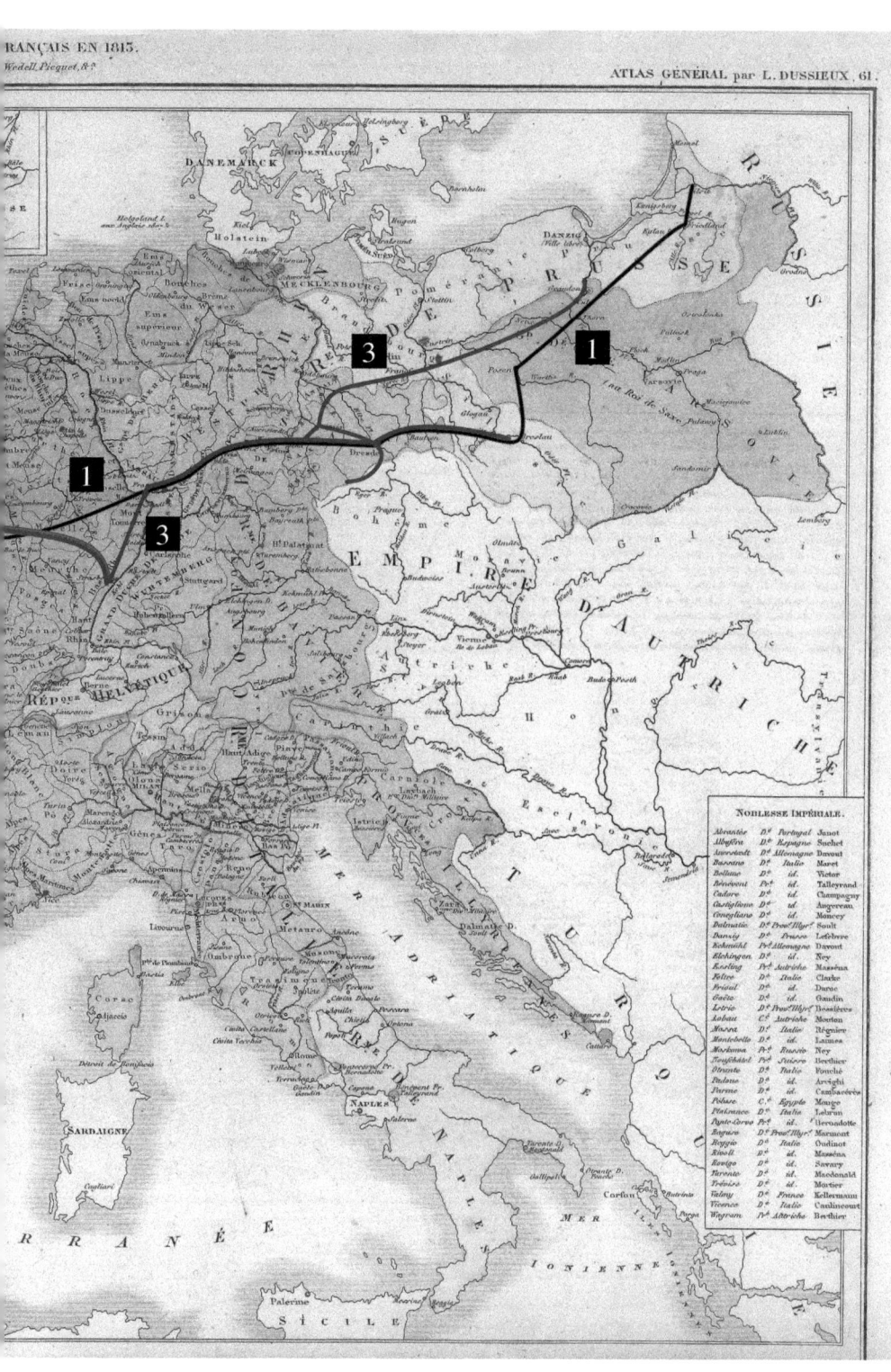

de Quelen, le mari d'Henriette ; il est vrai que le mari de sa fille aînée Caroline, Anatole de Planhol, décéda en 1867, que sa seconde fille Gabrielle décéda elle-même en 1865. Cet attachement apparaît dans un projet de courrier à Ludovic où l'on sent l'appel pathétique d'un vieillard à un homme de confiance.

Dans ce projet, écrit peu de mois avant sa mort, Naylies s'adresse à Ludovic « parfait gentilhomme » pour qu'il vienne auprès de lui afin de l'aider à mettre en ordre ses biens et à en faire un partage équitable. Il décrit en quelques mots sa vie depuis son engagement à 18 ans jusqu'au moment où il « enfila la blouse de l'industriel » ayant dû quitter l'uniforme d'officier général pour « ne pas servir l'usurpation ».

Jacques-Joseph de Naylies décéda à Jouarre le 3 juin 1874.

Le discours prononcé lors de ses funérailles se conclut ainsi : « Depuis de longues années Mr de Naylies s'était retiré dans sa propriété de Jouarre et jusqu'à son dernier jour il s'est occupé des malheureux auxquels il venait en aide avec la plus grande libéralité ». S'agit-il de propos convenus dans un éloge funèbre ? Nous savons peu de choses sur cette libéralité sans doute parce qu'il appliquait le principe de l'*Évangile* « que ta main gauche ignore ce que donne ta main droite » ; faisons donc confiance aux vertus chrétiennes dont Naylies a fait preuve tout au long de sa vie.

Joséphine, son épouse, venue s'établir après la mort de son mari chez leur fille Henriette, décéda le 4 novembre 1887 ; elle repose dans le caveau de la famille de Quelen, à Locarn (Côtes d'Armor).

Jacques-Joseph de Naylies repose auprès de sa mère, Marguerite Soye, au cimetière du Montparnasse. Avec lui s'éteint ce nom qui s'est si longtemps illustré.

Pages précédentes
Itinéraires de Naylies à travers l'Europe de juillet 1807 à mai 1816
Atlas de Dussieux, l'Europe en 1815
Les mémoires de Naylies commencent à la Paix de Tilsit en juillet 1807.
Le trait 1 indique l'itinéraire du 19e dragons qui passe l'hiver en Silésie, traverse l'Allemagne à la fin de l'été 1808 puis la France pour arriver en Espagne en novembre.
Le trait 2 indique l'itinéraire de Naylies qui rentre en France en janvier 1812, séjourne à l'école vétérinaire d'Alfort, rejoint son nouveau régiment à Strasbourg en septembre et traverse à nouveau l'Allemagne pour arriver à Marienwerder sur les bords de la Vistule en octobre. Commence alors la campagne de Saxe.
Le trait 3 indique l'itinéraire de Naylies depuis l'arrivée à Strasbourg en novembre 1813 jusqu'à la garnison de Hesdin où il est affecté au début de la Restauration puis son séjour en Belgique durant les Cent-Jours et enfin son retour en France et son affectation à Compiègne d'où il partira en mai 1816 pour rejoindre la Garde du Roi.

Pour bien suivre les *Mémoires*

Afin d'aider le lecteur à situer les personnes cités par Naylies, nous avons indiqué par une note en bas de page à la première mention de leur nom son identité, son grade et son titre, parfois quelques éléments sur leur carrière, leur caractère, leur famille ou leur devenir à la Restauration ; cela nous a semblé d'autant plus nécessaire qu'un même personnage peut être désigné par son nom de famille, généralement précédé de son grade (exemple : le maréchal Kellermann) ou par son titre (duc de Valmy).

La plupart des notes sont donc des transcripteurs ; celles rédigées par Naylies (essentiellement dans *Mémoires sur la guerre d'Espagne*) sont précédées de la mention *note de Naylies*.

Nous rappelons en annexe la composition de la Famille impériale et de la Famille royale et de leurs alliances avec les Habsbourg entre la fin du XVIIIe et le début du XIXe siècle.

On trouvera aussi en annexe, pour la campagne de 1807-1808, un tableau de correspondance entre les noms germaniques des lieux, tels que les utilise Naylies et leur nom slave actuel, la plupart de ces lieux étant actuellement en Pologne ou en Tchéquie.

Chapitre I

Mémoires du 7 juillet 1807 au 11 novembre 1808, jour de notre entrée en Espagne

Situation de l'Europe après la Paix de Tilsit ; Départ des bords du Niémen, marche sur la Silésie, Heilsberg, Guttstadt, Thorn, souvenir de Chicochin, Pologne russe, prussienne, entrée en Silésie, Breslau, Landshut, Haute-Silésie ; vie du soldat, cantonnements, général Claparède, général Brisson, je suis amoureux à Landshut, bain improvisé, couvent des moines, rentrée à Breslau, épisode de ma passion, nous quittons la Silésie pour aller en Espagne, nous traversons l'Allemagne, Mayence, revue de l'Empereur, visites contre la contrebande, passage du Rhin, réceptions dans les grandes villes de France.

Tilsit après le départ des souverains

7 juillet, situation après la paix de Tilsit
Les traités de paix conclus le 7 juillet entre la France et la Russie et le 9 juillet entre la France et la Prusse introduisirent de grands changements dans la délimitation de plusieurs États d'Europe et firent subir de pénibles démembrements à la Monarchie de Frédéric le Grand.

Par ces traités, l'empereur de Russie et le roi de Prusse[1] reconnaissent les nouveaux rois de la famille de Napoléon Joseph à Naples, Louis en Hollande, Jérôme[2] en Westphalie. La partie de l'ancienne Pologne attribuée à la Prusse par l'inique partage du 1er janvier 1772 est érigé en Grand-duché de Varsovie et donné en toute souveraineté au roi de Saxe[3].

La ville de Dantzig, enlevée au roi de Prusse, devient une ville libre, indépendante, sous la protection des rois de Saxe et de Prusse.

---
1. Frédéric-Guillaume III (1770-1840), roi de Prusse de 1797 à sa mort.
2. Pour les frères de Napoléon, voir annexe 1.
3. Frédéric-Auguste III, (1750-1827), roi de Saxe de 1806 à sa mort, duc de Varsovie de 1807 à 1815.

Le Royaume de Westphalie est formé des Provinces appartenant à la Maison de Hesse et des pays de la rive gauche de l'Elbe détachés de la Monarchie prussienne.

La Saxe, notre fidèle alliée reçoit, outre le Gand-duché de Varsovie, une partie de la Lusace enlevée à la Prusse.

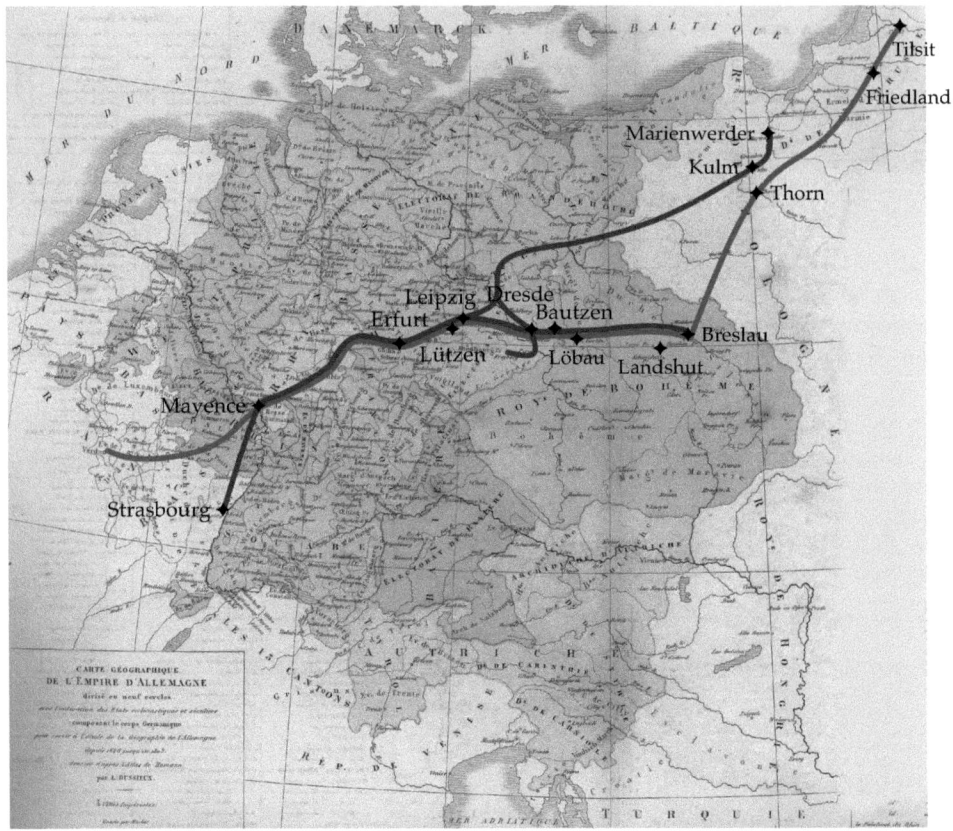

Les campagnes de 1807-1808 et de 1812-1813
Atlas de Dussieux, l'Allemagne en 1803
Itinéraires du 19e dragons durant la campagne de Pologne en 1807-1808 (Tilsit, Thorn, Breslau, Landshut, Culm, Mayence) et du 28e dragons durant la campagne de Saxe 1812-1813 (Marienwerder, Bautzen, Dresde, Leipzig, Hanau, Mayence, Strasbourg).

Par une convention particulière, il est stipulé que le pays entre le Niémen[1] et la Vistule, qui a tant souffert des calamités de la guerre, sera déchargé de l'occupation française. Notre cavalerie reçoit l'ordre

---
1. En allemand Memel, en russe Neman, ce fleuve délimite la frontière entre la Lituanie et l'enclave russe de Kaliningrad.

de quitter les bords du Niémen vers le milieu de juillet et de se diriger sur la ville de Thorn.

Nous quittâmes avec regret les bons habitants de Neukerich où nous étions si bien établis depuis notre arrivée sur les frontières russes. Les craintes qu'ils avaient d'abord s'étaient dissipées bien vite et ils nous traitaient comme des amis et des frères.

L'entrée des Français à Berlin le 27 octobre 1806
Lithographie 29 × 40 cm signée Swebach del Bovinet sculpt
Nous ignorons si Naylies était présent lors de cette entrée de Napoléon à Berlin mais nous savons qu'il participa à la bataille de Friedland le 14 juin 1807.

Départ des bords du Niémen

Le soldat français si terrible dans le combat est, lorsqu'il a déposé les armes, d'une mansuétude et d'une bienveillante familiarité avec ses hôtes. Nos dragons quittant leur uniforme se mêlaient joyeusement aux faucheurs et moissonneurs dont les travaux avaient été retardés par le bruit du canon et la terreur que nous inspirions : leur bonhommie, leur gaieté et leur adresse étonnaient ces paysans qui ne pouvaient croire que ce fussent les mêmes hommes si redoutés qui avaient lutté[1] contre les colosses du nord. La confra-

---

1. Dans le manuscrit Naylies a écrit, puis rayé « victorieusement ».

ternité du travail et du foyer amenait une familiarité fort émouvante avec les maris, les femmes et les enfants de la maison mais plus dangereusement pour les femmes qui résistaient peu à ces séducteurs en bonnets poilus, amis de leurs maris et adorés de leurs marmots.

Ferme sur les frontières de Russie au bord du Niémen
J'étais logé dans une ferme magnifique comme on en voit peu en France. Elle était entourée d'admirables prairies ou paissaient plus de cent vaches laitières. Les bœufs, les taureaux et les jeunes élevés séparés par sexe bondissaient dans les pacages clos de haies infranchissables. Trois fois par jour, un essaim de fraîches jeunes filles portant sur leur tête un baquet en bois blanc allaient traire les vaches qui, comme les autres membres de leur famille, ne rentraient à l'intérieur que chassés par les neiges et les frimas. Je n'ai jamais vu du lait en telle abondance : il remplissait des centaines de baquets symétriquement rangés dans une immense laiterie où la maîtresse de la maison et les filles venaient écrémer le lait au matin pour faire du beurre. Dans un magasin attenant à la laiterie, une grande quantité de tonneaux pleins de beurre, chargés sur les bateaux du Niémen, auraient déjà figurés sur les marchés de Memel ou de Königsberg si notre présence n'avait interrompu momentanément ce commerce lucratif. Dans cette habitation, le type de la splendeur et de la richesse pastorale, je fus traité avec toute la recherche que j'aurais pu trouver dans une ville et en même temps avec la plus bienveillante hospitalité.

Lorsque l'ordre du départ fut donné, que la trompette sonna le boute-selle, ce fut dans tous nos cantonnements une explosion de pleurs et de regrets. Ennemis en juin, on nous adorait en juillet, on nous aurait donné quelques mois encore peut-être, mais il y a un terme à tout, d'ailleurs la guerre et le sentiment ne vont guère ensemble.

Notre division de cavalerie se dirigea vers la Pregel[1], chacun des régiments ayant un itinéraire distinct pour ne pas écraser un pays déjà épuisé par le séjour si prolongé de nos nombreuses armées. Mon régiment prit la route de Schiloupicken où nous arrivâmes le deuxième jour, longeant mais à distance le Curische Haff. Nous couchâmes à Skaisgirreni agréable bourg près de ces épanchements de la Baltique dans les Terres courlandaises.

---
1. La Pregel (ou Pregola) à l'époque en Prusse-orientale, actuellement dans l'enclave russe de Kaliningrad.

Arrivée sur la Pregel

Nous traversâmes la Pregel à Wehlau où nous séjournâmes 48 h en juin dernier à la poursuite des Calmouk et Batchkiz. Nous avions traversé cette rivière à la nage, nous la passâmes tranquillement sur le pont rétabli de cette petite ville.

Nous passâmes à Allenburg et le lendemain à Friedland de glorieux souvenir. Le champ de bataille était encore couvert de débris de voitures, de canons, d'affûts et d'armes de toute espèce.

Dans cette immense plaine s'élevaient de petits monticules où avaient été à demi ensevelies les nombreuses victimes de cette mémorable journée. L'air était infesté par les cadavres de milliers de chevaux et les exhalaisons qui s'échappaient de ces sépultures improvisées. À droite et à gauche de la route que nous suivions, on apercevait des membres sortant de terre ou des uniformes russes ou français recouvrant des cadavres presque au niveau du sol, auxquels quelques pelletées de terre avaient été épargnées, tant était grande l'accumulation et bien restreints les moyens de donner une sépulture plus convenable. On nous fit traverser rapidement cette zone empestée pour aller bivouaquer près de Domnau.

Preussisch-Eylau, champ de bataille

Le lendemain nous gagnâmes Preussisch-Eylau, traversant ce glorieux mais terrible champ de bataille où le 8 février dernier Napoléon disputa avec tant d'acharnement la victoire à Bennigsen[1] dont l'armée était numériquement si supérieure.

Plus de vingt mille morts couchés sur la neige attestaient l'héroïsme de la lutte. Passant silencieusement, la pensée pleine de souvenirs, devant ces monticules surmontés d'une croix de bois où gisaient pêle-mêle des milliers de Russes et de Français, nous lisions avec attendrissement quelques inscriptions grossières tracées sur les croix. Elles indiquaient sommairement le nombre d'officiers déposés sous cette végétation luxuriante qui avait remplacé la couche épaisse de neige du 8 février. La vue se posait tristement sur des centaines de pareils *tumuli* recouvrant autant d'hécatombes offertes au dieu de la guerre, non pour défendre la patrie envahie mais pour satisfaire l'ambition effrénée d'un conquérant.

Sur les bords de la route on lisait « ici repose 21 officiers du 17 régiment », plus loin « 18 officiers du…[2] trouvent ici le repos », ailleurs « en ce lieu reposent les corps des généraux… ».

---
1. Auguste de Bennigsen (1745-1826), originaire du Hanovre, général russe.
2. Espace laissé blanc dans le manuscrit.

Carte toilée d'Allemagne 1810, pliée
Cette carte toilée est à l'échelle d'environ 1/2 000 000

Légende de la carte d'Allemagne de 1810
Cette carte éditée à Berlin fut vraisemblablement achetée par Naylies

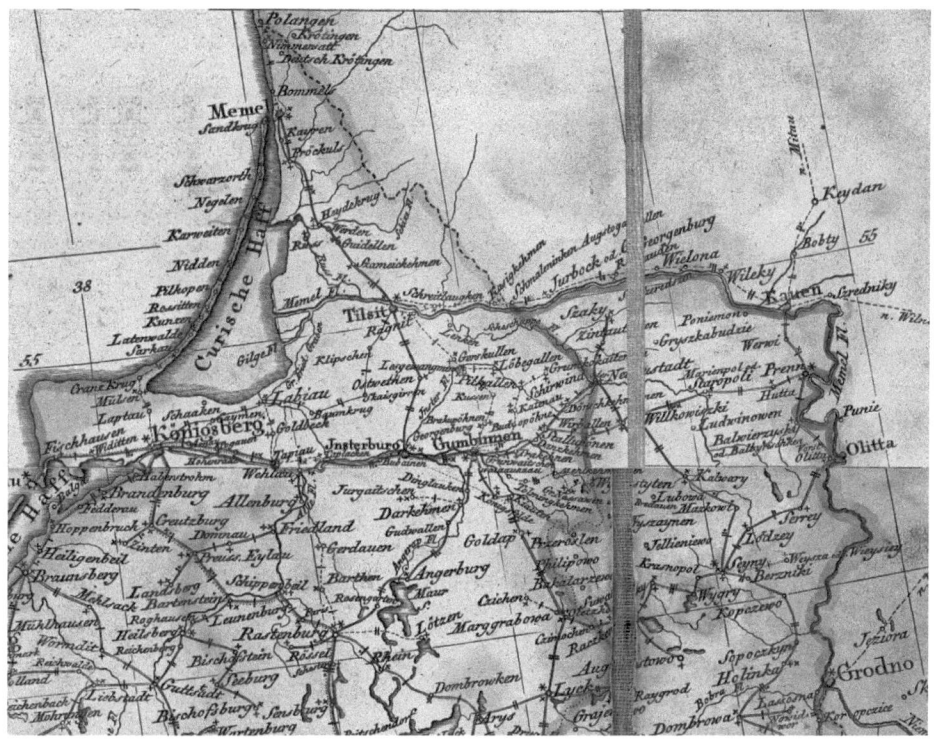

La région de Tilsit
Carte toilée d'Allemagne 1810
C'est sur les bords du Niémen, au bord de la Baltique et aux confins de la Russie que commencent les mémoires de Naylies ;
la ville de Friedland, où s'illustra Naylies à la bataille du 14 juin 1807, est au sud de Tilsit.

Exhumation des restes du général d'Hautpoul[1]

Dans un jardin appartenant à une pauvre paysanne, était enterré, couvert par une pile de boulets en guise de pierre sépulcrale, le corps du brave général de division d'Hautpoul commandant les cuirassiers qui firent de si belles charges sur l'infanterie russe. Les habitants disaient dans leur langage pittoresque « c'est là qu'a été déposé le Général des hommes de fer ». C'était un fait notoire dans la contrée. Trente ans après, vers 1837, son fils, le comte d'Hautpoul, qui a épousé une des filles du prince de Wagram, major général de la Grande Armée, se rendit à Eylau, accompagné d'un chirurgien, chez la vieille femme qui possédait alors le petit jardin où étaient les restes de son père. Elle désigna le lieu, on

---
1. Jean-Joseph Ange d'Hautpoul (1754-1807), général de l'Empire.

procéda à l'exhumation qui montra bientôt les ossements enveloppés dans un manteau d'officier général et l'homme de l'art constata l'identité par la brisure du col du fémur car le général était mort d'un coup de biscayen[1] qui lui avait fracassé le haut de la cuisse. Ses restes recueillis par la piété filiale avec un tendre et religieux respect furent apportés en France et déposés dans le caveau de famille.

Bien que cinq mois se fussent écoulés, on voyait encore sur le sol des débris de casques, des cuirasses rouillées, percées par les balles ou la mitraille, des fragments d'armes brisées, de canons et de voitures d'artillerie. Les paysans avaient enlevé tout ce qui pouvait leur être utile, mais la contagion qui décimait ce malheureux pays les ayant mis en fuite, la dévastation était complète.

Nous franchîmes rapidement ces lieux infects, désolés, en proie à une peste horrible et nous allâmes coucher à Landsberg. La misère de ses habitants nous remplit de pitié et nous leur donnâmes une partie des vivres que nous nous étions procurés. Nous bivouaquâmes dans les vergers qui entouraient cette petite ville.

La bataille d'Heilsberg

Le lendemain 7 août nous entrâmes dans Heilsberg où le 10 juin dernier avait eu lieu la terrible bataille de ce nom. Comme dans la journée que nous venions de parcourir, la misère était partout, la désolation à son comble. Les maisons incendiées ou détruites par le canon, un champ de bataille infect d'où s'échappaient les exhalaisons les plus délétères et de malheureux habitants accroupis sur les ruines de leur demeure implorant notre charité, voilà l'affreux spectacle que nous offrit Heilsberg. Nous passâmes la nuit dans des prairies sur le bord de l'Alle.

La chaleur avait été étouffante pendant le jour, la nuit lorsque de légères brises auraient pu nous apporter quelque fraîcheur, nous ne recevions que l'impression de tièdes et de nauséabondes vapeurs. Plus de vingt lieues carrées étaient soumises à ces funestes influences. Nous avions encore un jour de marche pour sortir de cette atmosphère empestée.

Guttstadt, typhus et peste

Partis à 3h du matin, nous nous dirigeâmes sur la petite ville de Guttstadt où régnait une mortelle épidémie. Déjà le 12 juin à notre premier passage elle était presque déserte. Ce qui restait de ses malheureux habi-

---

1. Biscayens : petites balles en fonte envoyées dans des boites en fer blanc par les canons.

tants était en proie à la plus horrible famine. Nos braves soldats toujours compatissants partagèrent largement avec eux tout ce qu'ils avaient de vivres, recevant les bénédictions les plus touchantes de ces infortunés.

J'ai rarement été plus douloureusement impressionné que je le fus dans les quelques heures passées au bivouac. Devant partir au point du jour, nous reposions tranquillement lorsque l'alerte fut donnée dans le camp : un juif profitant des ténèbres de la nuit vola les deux chevaux du chirurgien major et se déroba à notre poursuite, gagnant les bois que le jour n'éclairait pas encore.

Au point du jour nous fûmes à cheval, nous dirigeant vers Mohrungen où nous avions eu un brillant combat le 25 janvier dernier, sous les ordres du prince de Pont-Corvo[1] contre l'avant-garde de Bennigsen. Les environs de cette ville étaient moins désolés, nous y passâmes deux jours pour nous reposer car la chaleur brûlante des derniers jours nous avait exténués, nos chevaux n'en pouvaient plus, n'ayant jamais des rations régulières, ne vivant que de l'herbe des prairies, ne trouvant ni blé ni seigle sur pied car les malheureux habitants n'ayant guère ensemencé leurs terres, le peu qu'ils avaient fait était déjà coupé !

Arrivées à Osterode, nous pûmes nous procurer quelques vivres à prix d'argent, rançonnés par les juifs qui seuls font le commerce de ces petites villes. Nous achetâmes quelques bouteilles de vin et de bière venant de Dantzig.

Thorn

Nous couchâmes les jours suivant à Dolhau, à Löbau, à Neumark et le 15 août dans la petite ville de Strasburg où nous célébrâmes la fête de l'Empereur. Le 17 août, nous arrivâmes à Kowalewo et le lendemain 18 dans l'ancienne ville teutonique de Thorn. Elle appartient à la Prusse et contient 12 mille habitants. La position sur la Vistule donne une certaine importance à son commerce avec Dantzig. Elle se glorifie d'avoir donné le jour à Copernic.

Cette ville était occupée par de nombreux détachements venus de France rejoindre leur régiment. Nous traversâmes la ville pour passer sur la rive gauche de la Vistule. Les magasins de Thorn, bien approvisionnés, distribuèrent des rations à nos hommes et à nos montures et nos hôtes nous offrirent des compensations que nous avaient refusées les pays désolés par la guerre que nous venions de parcourir.

---

1. En 1807 ce titre était porté par le maréchal Bernadotte ; en 1812 il passa à Lucien Murat second fils de Joachin Murat.

Souvenirs de Chicochin

Le 20 août nous logeâmes dans le bourg de Sluszewo près d'Jnowraclaw et de Chicochin[1] où un rêve féérique de huit jours m'avait rendu bienheureux l'hiver dernier. On a tant d'illusions à 20 ans !… Je dus oublier ce rêve et passer outre. Le service me retenait à Slazewo et il fallait partir au point du jour. Je quittai cette sale bourgade avec un sentiment de tristesse et de regret. Elle était si près des bords du Goplo.

La chaleur était accablante, nous étions obligés de marcher une partie de la nuit : nous souffrions moins de la poussière que faisaient lever les pieds de nos chevaux dans les sables brûlants de la Pologne.

Pologne prussienne

Nous entrâmes à Gnesen le 21 août. Cette ville n'offrait aucune trace de son ancienne splendeur. Autrefois capitale de la Grande Pologne, elle ne compte plus que cinq mille habitants. Son archevêque était primat de Pologne. Nous bivouaquâmes dans les faubourgs. On nous apprit à Gnesen que nous allions prendre sous peu nos services en Silésie sur les bords de l'Oder.

Nos chevaux avaient le plus grand besoin de repos et surtout de bonne nourriture, l'un et l'autre leur avaient manqué depuis 10 mois. L'itinéraire indiqué nous faisait éviter les lieux qui avaient le plus souffert de la guerre, nous dirigeant sur Breslau par Posen, Sarem, Kalifch, Ostrowo, Trachenberg et Oels où nous devions trouver du fourrage en abondance.

De Gnesen, nous allâmes à Posensur la Worta, seconde ville du Grand-duché de Varsovie d'environ 20 000 habitants. Elle est le siège d'un évêché qui est le premier érigé en Pologne. Nous y trouvâmes toutes sortes de ressources. Ses habitants étaient fort mécontents de l'érection de leur pays en Grand-duché de Varsovie formé avec la partie de la Pologne donnée à la Prusse en 1772 et que Napoléon lui enlevait. Après les victoires de ce conquérant, ils avaient rêvé une Pologne grande, libre, indépendante, formée non seulement des provinces démembrées en 1772 mais encore de la Lituanie et de la Courlande. Cette Pologne en miniature ne pouvait satisfaire ces esprits inquiets et aventureux. S'ils nous avaient d'abord regardés comme des libérateurs, ils avaient bien changé d'opinion ; leur langage et leur attitude nous le prouva clairement.

---

1. Chicochin, Dolhau, Sarem n'ont pas été retrouvés sur la carte de 1810.

Partie de la Pologne russe

Après un court séjour, nous gagnâmes Kalifch, jolie ville d'environ 12 mille âmes sur la Prozna. Comme à Posen, ses habitants étaient restés polonais quoique depuis 1772 ils appartinssent à la Russie mais les traités modifient difficilement les inclinations des peuples. Ils haïssaient souverainement les Russes, leurs oppresseurs, et demandaient tout haut quand nous les délivrerions du joug qu'ils supportaient si difficilement. Ils auraient pu concevoir quelques espérances lorsque nos armées victorieuses rejetaient les Russes sur la rive droite du Niémen mais le traité de Tilsit rivait leurs fers pour longtemps. Nous ne pouvions que les plaindre et faire des vœux pour eux car ils avaient toutes nos sympathies.

Nous couchâmes le 28 août à Trachenberg, village devenu célèbre par le traité de 1813 entre les souverains alliés contre la France, qui déclara qu'on ne ferait pas la paix avec Napoléon jusqu'à ce qu'il eût passé le Rhin.

L'uniforme du 19e régiment de dragons
Dessin d'André Jouineau paru dans
Austerlitz, le soleil de l'Aigle
Dans ce livre de F. G. Hourtoulle on lit que le 19e dragons était à Austerlitz mais il est vraisemblable que Naylies,
engagé peu de mois avant, n'avait pas rejoint son régiment le 2 décembre 1805.

Nous entrons en Silésie

Nous étions déjà en Silésie après avoir couché à Trébnitz, notre brigade fit son entrée à Oels le 29 août. Cette ville, chef-lieu d'un petit duché fief de la maison de Brunswick dont un de ses membres porte le titre, n'a pas plus de six mille habitants. Elle est riche et agréablement située sur l'Oder. Après y avoir séjourné deux jours, nous fîmes notre entrée le 1er septembre dans la capitale de la Silésie.

Breslau

Depuis que nous approchions de l'Oder nous admirions la richesse de ce beau pays. Tout annonçait l'aisance : les villages bien bâtis et les habitations élégamment construites. Une agriculture perfectionnée étalait d'abondantes moissons dont la campagne n'était pas entièrement dépouillée. Elles s'associaient à la richesse des produits en pommes de terre, betteraves, rutabagas et les prairies artificielles qui annonçaient cette alternance raisonnée qui permet aux agriculteurs habiles l'engraissement des bestiaux. Dans de vastes prairies arrosées par les petits affluents de l'Oder paissaient de nombreux troupeaux de ruminants.

C'est au milieu de ces magnificences d'une belle nature que nous entrâmes à Breslau, cette ville, capitale de la province riche, peuplée et catholique qui appartenait à l'Autriche depuis le XIVe siècle et qui lui fut enlevée par le Grand Frédéric après une guerre longue et acharnée. Les traités de 1741 et de 1763 ravirent à la couronne impériale un de ses beaux fleurons.

Breslau est sur l'Oder et l'Ohlau et contient environ quatre-vingt mille habitants presque tous catholiques. Elle a un évêché, une grande université et tous les autres établissements d'une grande ville qui a été longtemps capitale d'un riche pays. De belles casernes embellissaient les rives de l'Oder. Notre brigade les occupa.

Une partie de la cavalerie de l'armée fut répartie sur les bords de l'Oder d'Oppeln à Stettin, car ces contrées de la Silésie ou du Brandebourg avaient peu souffert du passage des troupes et des terribles effets de la bataille et il entrait dans le système économique de Napoléon de faire vivre son armée aux dépens de la Prusse. Outre la cession d'une bonne partie de son territoire, ce royaume devait payer une forte contribution de guerre et supporter longtemps une occupation militaire ruineuse pour les habitants.

Séjour à Breslau

L'infanterie devait séjourner dans les grandes villes de Berlin, de Francfort-sur-l'Oder, de Breslau, de Schweidnitz, de Brieg, de Glogau, de Küstrin et de Stettin tandis que la cavalerie et l'artillerie devaient se disséminer par petits détachements dans tous les villages de ces riches contrées.

Nos dragons étaient casernés, les officiers logés en ville chez les habitants. L'administration municipale allouait une indemnité de frais de table à chaque officier en sorte que nous vivions en commun, comme cela se pratique en France. Chacun de nous était parfaitement accueilli chez son hôte qui, quoique sous la domination prussienne depuis 60 ans, n'avait pas épousé contre nous les rancunes et les haines de leurs vainqueurs.

Le gouvernement faisait tous les efforts pour fondre les divergences d'opinion, mais une assimilation complète était bien difficile et la différence de religion y était pour beaucoup.

Dès que nous fûmes installés, l'état-major, les officiers et le régiment entier, musique en tête, allaient à la messe le dimanche. Cette conformité de croyance nous rapprochait encore des habitants chez la plupart desquels nous trouvâmes sympathie et attachement lorsqu'un séjour de quatre mois nous eut fait mieux connaître. Chacun de nous devint comme membre de la famille, ami du mari et du frère, il le fut bientôt de la femme et de la fille de son hôte.

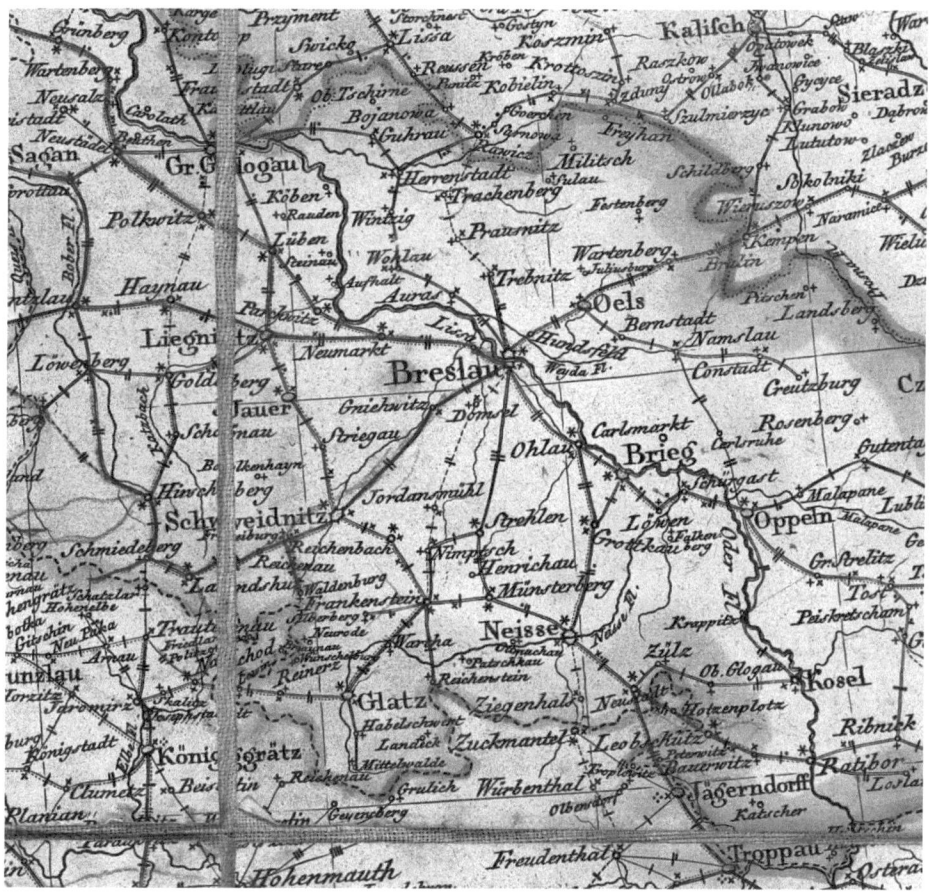

La Silésie (extrait de la carte de 1810)
Carte toilée d'Allemagne 1810
Le 19e dragons hiverna en 1807-1808 en Silésie, alors dans le Grand-Duché de Varsovie ; Landshut où Naylies vécut un chaste amour est au sud-ouest de Breslau.

Mœurs des habitants

Il est dans les mœurs graves et sérieuses des habitants d'outre-Rhin de se réunir le soir entre hommes pour fumer et boire de la bière alternant avec du vin et de l'eau de vie. Les femmes restent seules, isolées dans leurs maisons où parfois elles reçoivent quelques compagnes délaissées comme elles pour la pipe et la bière.

L'introduction de l'officier dans l'intérieur du ménage modifie singulièrement cet état de choses. Le caractère du Français est gai, vif, entreprenant dans ses habitudes de vie privée comme il l'est à la guerre, attentif près des femmes et préférant rester près d'elles que d'aller fumer au café. Nos officiers se trouvaient ainsi admis dans l'intimité de ces réunions féminines. Ils y étaient aimables et prévenants en sorte que la comparaison avec les fumeurs absents rendaient les dames très bienveillantes pour des ennemis si bons enfants !

Mes fonctions d'adjudant dans une si grande ville rendaient mon service très pénible. Les distributions de vivres et fourrages fort éloignées des quartiers, les inspections, la surveillance à exercer sur 800 hommes passant subitement des privations de la guerre aux séductions de Capoue ne me donnaient guère de loisirs.

Nous étions deux adjudants et alternativement de semaine. Celui qui était de service n'avait pas un seul moment à lui. Celui qui était libre était sous les ordres du colonel qui l'employait une partie du temps à la correspondance ou à des missions.

Dans mes moments de loisirs, je visitai en détail les monuments publics, les églises, l'université, la bibliothèque, l'arsenal. Je fis connaissance avec un professeur nommé Muller, homme fort instruit avec lequel je causais des poésies de Goethe et de Schiller alors les flambeaux de la littérature allemande. Il voulut m'apprendre l'allemand, me donna quelques avis sur le mécanisme de cette langue, sur ses principes et je commençais de bégayer les mots les plus familiers de la conversation et cela avec la prononciation la plus détestable dont cet aimable savant riait de tout son cœur. Je fis peu de progrès parce que nous parlions habituellement en français. J'appris beaucoup mieux l'allemand 6 mois plus tard avec un professeur qui n'était pas de l'université.

Le général Claparède[1]

Je voyais souvent à Breslau chez mon colonel le général de division Claparède qui, dans l'hiver de 1806 en Pologne, avait eu une brillante

---

1. Michel Claparède (1774-1841), général, volontaire en 1792, Saint-Domingue, se distingue à Ulm, Austerlitz et Iéna ; Espagne en 1809, Russie, Rallié aux Bourbons en 1814, pair de France.

affaire contre les Russes à Ostrolenka sur la Narew. Il était d'une haute stature, d'un visage ouvert et bienveillant, brave et adoré du soldat avec lequel il était très familier. Il avait l'accent gascon le plus prononcé et lorsqu'il rencontrait un homme du Midi, il lui parlait en patois. L'idiome du clocher natal, sans effacer la distance qui les séparait, adoucissait la rigueur de l'étiquette hiérarchique en établissant une espèce de confraternité.

Cet officier général a depuis commandé à Strasbourg où le duc de Rivière[1] était prisonnier d'État dans la citadelle en 1809. Celui-ci m'a souvent parlé du général Claparède comme d'un très brave homme qui, dans ce temps où la police était fort soupçonneuse avait été parfait pour lui et lui avait rendu des services qu'il aimait à rappeler.

Le général Brisson[2]

Je voyais aussi parfois à Breslau le général de division Brisson, fort brave de sa personne, mais qui était beaucoup plus connu pour une espèce d'infirmité, ou plutôt pour une mauvaise habitude qui le rendait un véritable fléau en temps de guerre au milieu de privations où nous étions parce que toujours il buvait d'une manière démesurée, habituellement vingt bouteilles de vin à son repas, et ne se grisait jamais. Je l'ai vu, après avoir bu 20 bouteilles de bordeaux à son dîner, faisant une partie de piquet, boire deux bouteilles de vin de champagne dans un grand verre, qu'il avait toujours avec lui, contenant une bouteille. Il disait au domestique qui le servait « allez doucement, ne faites pas mousser ».

Je l'ai vu dans le mois de mars 1807, commandant une division dans le 1er corps (maréchal Bernadotte[3]), sur la Lussaige, lorsque nous étions en face des Russes. Il était dans le plus piteux état ne pouvant se procurer du vin. Il écrivit alors à Bernadotte : « Les grenouilles se sont emparées du corps de votre pauvre Brisson. Il est bientôt mort si votre Altesse ne lui envoie une pièce de vin de Dantzig ». Le prince l'envoya.

Lorsque nous quittâmes la Silésie pour aller en Espagne, faisant le logement de mon régiment dans un couvent de Liegnitz, je demandai au prieur s'il y avait du vin pour les officiers. Croisant les bras sur sa poitrine

---

1. Sous le règne de Charles X, le duc de Rivière, capitaine des gardes du corps, était le supérieur de Naylies, lieutenant-major de ces gardes ; on attribue à Naylies *Mémoires posthumes touchant la vie et la mort de G. F. duc de Rivière* (Paris 1829 in 8º).
2. Jean Pierre Alexandre Bresson de Valmabelle (1772-1812), général, cadet aux hussards d'Esterhazy, Valmy, Arlon, Kaiserslautern, camp de Boulogne, Austerlitz, campagne d'Allemagne, aide de camp du maréchal Ney, Portugal, campagne de Russie, tué à Königsberg le 26 décembre 1812.
3. Jean Bernadotte (1763-1844), maréchal d'Empire, prince de Pontecorvo, adopté par le roi de Suède Charles XIII, il rejoint les Coalisés, devient prince de Suède en 1810 et roi en 1818 sous le nom de Charles XIV.

et levant les yeux au ciel, il répondit « hélas, Monsieur, nous avons eu ici pendant 6 mois le général Brisson » et il me conduisit dans un immense cellier contenant une grande quantité de tonneaux vides. Voilà, dit-il, nous n'en avons plus et nous en achetons pour nos malades. Nous eûmes pourtant du vin pour le seul repas que nous fîmes dans ce couvent.

L'Empereur, en gratifiant le général Brisson d'une dotation comme il en donnait alors aux généraux, l'avait augmentée de quelques mille francs en raison de cette infirmité qui était devenue une nécessité pour lui.

Société de Breslau

Il y a, à Breslau, très bonne et très grande compagnie qui habite ses châteaux l'été. L'hiver, il y a beaucoup de réunions quoique l'aristocratie silésienne soit divisée d'opinion par la nature des choses. Il existe encore plusieurs familles qui pendant trois siècles avaient joui de grands privilèges sous la domination autrichienne ; attachées aux souverains, occupant à la cour et dans l'armée des places éminentes, elles avaient beaucoup de peine à s'assimiler à la noblesse prussienne qui depuis la conquête est venue acheter des terres seigneuriales et prendre les places lucratives et honorifiques de la Province. Cet antagonisme de position est rendu plus sensible par la différence de religion, les anciens possesseurs des terres étant catholiques et les Prussiens luthériens. Cette sourde irritation a été loin de s'apaiser sous le règne de Frédéric-Guillaume III, le plus honnête homme du monde mais pénétré d'un mysticisme protestant qui le rendait sévère et parfois injuste envers ses sujets catholiques. Dans les dernières années de sa vie si agitée par les plus cruels revers, son intolérance s'accrut encore et il s'occupait avec une juvénile ardeur d'une liturgie qu'il voulait faire prévaloir, s'établissant le chef d'un protestantisme plus spiritualiste et plus austère.

Nous allons prendre nos cantonnements dans la haute Silésie

Pour les derniers jours de l'année 1807, chacun des régiments de notre division de dragons reçut une destination particulière et des cantonnements fort étendus pour ne pas fouler le pays ; l'un fut envoyé à Neiss, un deuxième à Glatz et les environs, un troisième à Schweidnitz, et nous (le 19e) à Landshut sur la frontière de Bohême.

En quittant Breslau, nous passâmes par Striegau, Lissa, appelé aussi Leuthen[1], où en décembre 1757 le Grand Frédéric défit complètement

---

1. Voir les mémoires de Frédéric II, *La guerre de Sept Ans* : « la bataille de Leuthen (Lissa) ne couta aux Prussiens que 2 600 hommes tandis que les Autrichiens perdirent 307 officiers, 21 000 soldats, 134 canons, 59 drapeaux et 2500 prisonniers ».

les Autrichiens, et Hofenfriedberg où nous entrâmes dans les défilés de cette chaîne des Carpates appelée Riesen Gebirge (Montagne des Géants). C'est à Hofenfriedberg, village de six ou sept cents habitants où il y a un beau château, que Frédéric remporta une grande victoire le 4 juin 1745 sur les Autrichiens commandés par le prince Charles de Lorraine.

Arrivée à Landshut

En avril 1745 il y eut dans cette petite ville un combat acharné entre quatre mille Prussiens commandés par le colonel Winterfold envoyé par le roi Frédéric et les Pandouss autrichiens renforcés de hussards ; ceux-ci furent battus complètement.

Nous arrivâmes à Landshut le 1er janvier 1808. Cette petite ville contient environ 3 000 âmes. Elle est dans une délicieuse vallée arrosée par le Bober, au pied des contreforts étagés qui s'étalent sur le Riesen Gebirge. Sur leurs pentes apparaissent de riches villages ; les vallées qui coupent ces ondulations sont arrosées par de nombreux cours d'eau qui le baignent et de charmantes habitations où une population intelligente et laborieuse s'adonne à l'industrie des toiles comme à Landshut qui en a fait un grand commerce auquel elle doit sa prospérité.

La route royale qui, de Landshut, conduit à Josefstadt en Bohême, entrant dans ces gorges resserrées, parait avoir son cours interrompu par l'énorme piton du Schnie Ropps qui se dresse dans sa direction d'une hauteur de 1700 mètres. Elle le contourne et descend avec les eaux de ce versant dans les plaines arrosées par l'Elbe, les eaux du versant silésien donnant naissance à l'Oder dont le Bober est la principale origine. La vallée de Landshut offre l'aspect le plus riant et le plus varié. De jolies maisons de campagne aux murs éclatants de blancheur, des fabriques aux toitures élégantes bordent la rivière rapide qui arrose les jardins et les vertes prairies couvertes de toiles qui acquièrent ainsi sans préparation chimique la blancheur et la beauté qui les rend si célèbres en Europe.

Les habitants de Landshut sont mi-partie catholiques et luthériens. Une seule église réunit les deux cultes dont le service se fait à des heures différentes et avec une entente parfaite du prêtre et du ministre.

Comme à Breslau, comme dans toute l'Allemagne du reste, nous fûmes parfaitement reçus par ces braves gens. Nous restâmes parmi eux 6 mois et à notre départ bien des larmes furent versées, d'ostensibles et de cachées, et si la discipline et les bonnes mœurs ne s'étaient opposées, nous serions partis plus nombreux qu'à notre arrivée.

Vie d'un soldat dans les cantonnements

L'état-major et la compagnie d'élite seulement logèrent à Landshut. Les autres compagnies furent placées dans une vingtaine de villages environnants. Il nous avait été assigné un vaste arrondissement en sorte que, lorsqu'une localité se plaignait d'être trop chargée, on envoyait les soldats ailleurs. Cette répartition par petits pelotons était d'autant plus nécessaire que les habitants devaient fournir tout le vivre et le fourrage pour les chevaux. Par une indiscrète et coupable extension, on demandait aussi aux Bourgmestres des chemises ou des souliers pour les soldats afin d'épargner la masse de ceux-ci. Comme je l'ai dit ailleurs, nos dragons s'identifiaient de suite à la famille de leur hôte, ils l'aidaient dans tous les travaux et partageaient sa nourriture. Si le paysan ne pouvait donner ce que le règlement accordait, on changeait de domicile le soldat qui s'était plaint. Il n'y avait jamais de mauvais vouloir, la gêne seule causait ces mutations.

Les dispositions règlementaires de l'autorité municipale et de l'état-major accordaient au militaire de la viande et de la bière à tous les repas et un verre d'eau de vie le matin, mais si celui-ci devenait l'ami intime des petits enfants qu'il avait soin de caresser et de faire jouer en rentrant du travail, s'il était aimable et courtois pour la maîtresse de maison, alors apparaissait la flasque de vin de Hongrie ou l'eau de vie de France. On ne lui refusait rien. Quelquefois, mais rarement il est vrai, les dragons abusaient de cette bonhommie. Un d'entre eux, bon vivant, ce qu'on appelait un *lustig*[1], était logé chez un homme riche qui n'avait ni femme ni enfants. La séduction ordinaire n'était donc pas possible et le paysan était avare et peu sensible. Il donnait bien au dragon la ration règlementaire mais celui-ci en voulait davantage.

Rentrant un matin de la manœuvre un papier à la main, il dit à son hôte qu'il avait une communication à lui faire par ordre de son supérieur et de l'air le plus sérieux du monde il lui fait lecture du soi-disant contenu de son ordre.

L'Empereur, voulant récompenser d'une manière toute particulière les braves de son armée qui étaient les plus distingués, mettait à leur disposition pendant un certain nombre d'heures par jour les habitants chez qui ils logeaient, mais que la corvée à laquelle ils seraient assujettis était rachetable par un supplément convenu de la nourriture. Le dragon ajouta en s'asseyant et montrant sa botte éperonnée, « en conséquence de cet ordre vous allez pendant 2 heures faire tourner la mollette de mes éperons ». Le

---

1. *Lustig* (mot allemand, en français *loustic*) : gai, joyeux, amusant ; mot d'origine suisse, désignant le bouffon du régiment avant la Révolution.

paysan ébahi se fit répéter l'injonction et puis s'accroupit et se met à l'œuvre. Tandis que le dragon fumait gravement, impassible. Au bout d'un certain temps cet exercice fatigua et ennuya beaucoup le villageois qui fut obligé de la subir pendant trois jours. Cependant il se plaignait, ajoutant que ses voisins n'étaient pas soumis à cette perte de temps.

Le dragon répondit que tous ses camarades n'avaient pas le privilège qu'il avait mérité par sa valeur et qu'en outre la nature de la corvée était facultative et que ses voisins faisaient autre chose ou se rachetaient, que lui tenait singulièrement à suivre ses instructions en sorte qu'il tournerait les molettes de ses éperons 2 h par jour ou qu'il s'exempterait par deux bouteilles de vin par jour. Le paysan se résigna en soupirant et, pendant un mois, se racheta à grands frais car le vin coûtait au moins 3 F la bouteille. Enfin il alla trouver le commandant du détachement et lui dit que son dragon lui coûtait trop cher ou qu'il lui faisait faire une besogne très désagréable. L'officier ne comprenait rien à cette plainte. Quand il en connut le détail, il envoya le dragon au colonel qui d'un ton courroucé lui demanda des explications, ajoutant qu'il y avait sans doute là un tour de sa façon.

Le soldat répondit : « vous savez mon colonel, que je ne suis pas d'un pays à bière. J'avais bien envie de boire du vin. Mon paysan est riche et avare, je lui ai imposé une corvée, c'est vrai, mais avec la faculté de racheter par deux bouteilles de vin, cela n'a pas duré longtemps ». Le colonel avait bien envie de rire, il renvoya le dragon en lui disant de ne plus employer de pareils moyens pour se procurer du vin et il le fit changer de cantonnement.

Mon logement à Landshut
Je fus logé chez une vieille dame veuve d'un amiral anglais, Lady Ruckel. Elle était silésienne, avait une excellente maison où je fus parfaitement accueilli et traité avec un luxe et des recherches auxquelles nous n'étions pas accoutumés dans notre vie de soldat.

La ville donnait une indemnité à tous les officiers pour frais de table en sorte que nous mangions en commun dans un hôtel de la ville où nous faisions très bonne chère.

Le maître de la maison était un petit homme de 4 pieds, alerte, pétulant, toujours prêt à tout. Il s'appelait Canapeus, son nom est resté dans le souvenir des officiers du régiment surtout dans les privations que nous avons endurées plus tard en Espagne et au Portugal.

L'éparpillement du régiment dans le cantonnement rendait mon service moins pénible que lorsqu'il était réuni, j'en profitais pour me remettre un peu à l'étude. Lady Ruckel avait une excellente bibliothèque qu'elle mit à ma disposition. J'étudiais aussi l'allemand que j'essayais de parler.

Je devins amoureux

Je devins amoureux d'une jolie blonde de 18 ans, fille du receveur des Douanes. Sa famille était fort honorable et estimable. J'allais souvent dans cette maison mais personne n'y parlait français ; dans les premiers temps nos conversations étaient réellement très amusantes. Enfin je pris un dictionnaire et tant bien que mal je parvins à me faire comprendre. J'écrivais à la jeune personne et comme je n'avais pas de grammaire pour me diriger, je mettais tous les temps du verbe à l'infinitif à la manière des nègres : « *moi aimer vous* ». Cet amour fort innocent était partagé. Si j'avais eu quelques années de plus, j'aurais peut-être fait la folie de me marier. Alors c'était impossible. J'étais très amoureux quand nous quittâmes Landshut.

Je pensais à cette jeune fille pendant plusieurs années. Son innocence, sa pureté et le charme de toute sa personne me faisaient éprouver de doux souvenirs dans nos longues journées de bivouac et de marches dans toute la péninsule. Plus tard lorsque dans la campagne de 1813 nous poursuivions les Prussiens en Silésie et que notre cavalerie entra à Leipzig, (une distance de 10 lieues était à franchir dans un pays occupé par les partis ennemis) j'ai eu souvent la folle pensée d'aller au risque d'être pris, savoir à Landshut ce qui était devenu l'objet de cet innocent amour bien vif pourtant. Mon cœur libre de tout attachement était aussi épris qu'en juin 1808. Je fis des démarches actives et j'appris enfin que Mademoiselle X avait été moins constante que moi. Elle avait épousé un officier prussien. Je fus indigné. Nous nous étions juré un amour *éternel* ! Hélas, ce mot « éternel » en parlant de la vie, de l'amour surtout, est un vrai non-sens. C'est le langage des passions et ce qu'il a de plus fugitif. Épouser quelqu'un et un officier prussien ! Dans la disposition où nous étions en 1813 envers cette armée qui nous avait si traîtreusement trahis sur la fin de 1812 en Russie me mit hors de moi. Je fus guéri de l'amour mais ce souvenir d'abandon a longtemps pesé sur mon cœur. Il n'y eut jamais de remords car j'aimais sincèrement cette jeune fille et je l'ai respectée comme une sœur. Elle m'a reçu plusieurs fois la nuit dans sa chambre pendant plusieurs heures, je n'avais pas 22 ans, nous nous aimions beaucoup et jamais je n'eus la pensée d'abuser de cette situation.

Bain improvisé dans le Bober

Un jour qu'elle m'avait écrit, je laissai tomber la lettre de ma poche dans le Bober, étant dans un water-closet sur cette rivière.

Je me précipitai vers une galerie dans le plus grand désordre de toilette et me jetai à l'eau qui emportait rapidement mon trésor. Je le saisis. J'étais en uniforme et j'avais eu de l'eau au-dessus de la ceinture. Ce bain improvisé en uniforme étonna d'abord les deux ou trois spectateurs qui se trouvaient dans un jardin voisin. On causa beaucoup de cette aventure. Je dis simplement que j'avais laissé tomber des billets de papier monnaie que je ne voulais pas perdre. Je crus voir que tout le monde ne croyait pas à cette version et dans la journée Lady Ruckel me dit en souriant : « aviez-vous une forte somme dans les billets que vous avez sauvés du naufrage en prenant un bain tout vêtu ? ». Je répondis en rougissant : « peut-être que ces billets m'étaient bien précieux dans ce moment ».

A la table du Colonel, ce fut bien autre chose car on ne voulait pas les allégations. Je ne convins de rien.

Couvent de Moines

Il existe sur les rives du Bober, à une demi-lieue de Landshut, un couvent de moines fort riche et d'une grande importance. Ces religieux qui avaient beaucoup de propriétés étaient en relation avec l'état-major du régiment pour la répartition des soldats dans les fermes qui leur appartenaient. Nous vivions en très bonne intelligence et leur faisions souvent des visites. Ces supérieurs, personnages instruits et fort aimables, nous recevaient toujours avec une grande hospitalité, nous régalant de biscuits et d'excellent vin de Hongrie.

Arriva la fête du Saint Patron du couvent. Les moines traitent ce jour-là une portion de leurs tenanciers. Ils invitèrent aussi le colonel, l'état-major et plusieurs officiers à un splendide festin.

Festin et bal

Le gibier et les poissons les plus recherchés couvraient une grande table somptueusement servie autour de laquelle avaient pris place vingt officiers et une quarantaine de moines. Les vins les plus exquis coulaient à flot. Les dignitaires du couvent avaient à leurs côtés les officiers supérieurs, les petites épaulettes se placèrent près des jeunes moines et des novices. La conversation en mauvais français, latin écorché, allemand incompréhensible s'anima par degré, devint fort bruyante et les moinillons très joyeux, fort tendres, le champagne aidant, embrassaient leurs voisins de droite et de gauche, baragouinant qu'ils voulaient s'engager dans les dragons. Ces hérésies n'étant pas du goût des vieux moines qui faisaient des signes incessants à ces jeunes étourdis qui ne voyaient ni n'entendaient rien. Le colonel avait fait venir la musique du régiment au dessert. On joua des valses aux notes desquelles l'Allemand ne peut rester de sang-froid pas plus que l'Espagnol à celles du Fandango. Aux premiers sons de celle appelée *La reine de Prusse*, ces jeunes fous s'écrièrent « valsons ». Les sous-lieutenants s'emparèrent de leurs voisins et un flot impétueux s'élança dans une grande salle contiguë au réfectoire.

C'était un bizarre spectacle que ce tourbillon rapide qui présentait tour à tour à la vue l'assemblage d'officiers bottés éperonnés aux épaulettes brillantes et ces jeunes moines à la tête rasée, frais, vermeils, relevant avec grâce leurs longues robes blanches et affectant, dans l'attitude et dans la mesure, le rôle de femmes qu'ils avaient avidement saisi sans préméditation et que leurs valseurs avaient adopté.

Les vieux moines accourus à cette bacchanale fronçaient le sourcil et répondaient froidement aux plaisanteries du colonel qui s'amusait beaucoup de l'entrain, de la jovialité des jeunes et du courroux des anciens. Déjà trois valses avaient été dansées avec une fougue toujours croissante lorsqu'un accident vint mettre fin au bonheur des jeunes gens. Un éperon pris dans une robe fit choir le valseur et son partenaire sur lesquels vinrent heurter tour à tour une partie de cette foule à l'impétueux élan. De ce mouvement confus de robes et d'uniformes s'élevaient des cris joyeux et des propos grivois peu en rapport avec le lieu et l'état de la moitié des acteurs.

Le supérieur s'avançant en colère vers le groupe entremêlé ordonna aux moines de se relever et de rentrer dans leurs cellules. Le colonel intercéda longtemps pour eux. Il obtint seulement qu'ils resteraient encore mais la joie et l'abandon avaient disparu et la contrainte régna seule jusqu'à la fin de la fête.

Les vieux moines exprimaient par leur attitude courroucée et leur silence combien ils étaient blessés de cette scène scandaleuse, mais les jeunes complices nous regardaient d'un air piteux semblant dire « c'est fini, nous ne nous amuserons plus ainsi ».

En effet après cette journée dont la fin avait été si orageuse, lorsque notre promenade se dirigeait vers le couvent, nous n'étions plus en rapport qu'avec les dignitaires aux visages sévères et si parfois nous demandions des nouvelles de nos amis, ils répondaient d'un ton glacial « ils sont à leurs études ».

Nous ne vîmes plus nos valseuses.

Pendant ce séjour de cinq mois, beaucoup trop court selon mon désir, nous voisinâmes avec nos camarades logés dans les châteaux voisins. Nous fûmes toujours parfaitement accueillis par leurs hôtes qui pensaient n'avoir rien à refuser aux amis de leurs amis (presque toujours maîtres du logis) ! Cette vie si douce après les rudes privations de la guerre allait finir pour nous. Dès le mois de mai nous apprîmes qu'une grande effervescence régnait en Espagne, que le 2 mai il y avait eu une révolte à Madrid et que beaucoup de Français avaient été égorgés. Une sourde rumeur d'envoi de troupes nous fit présumer que nous pourrions faire partie de cette expédition.

Depuis deux mois, un camp de manœuvre avait réuni aux environs de Breslau plusieurs régiments d'infanterie du corps du maréchal Mortier[1]. Les troupes s'exerçaient aux grandes manœuvres et le maréchal passait des revues fréquentes qui annonçaient un prochain départ. Quant à nous, vers le 15 juin nous reçûmes ordre de nous joindre aux autres régiments de la division qui, de leurs cantonnements d'hiver, vinrent s'établir aux environs de Breslau.

Nous revenons à Breslau, épisode de mon amour

Le départ de Landshut fut bien triste. Les jeunes gens comprendront tous les regrets qui déchirèrent mon cœur. Nous étions dans un village près de Breslau. J'écrivais tous les jours à ma jeune amie, elle répondait aussi exactement que possible.

Dans les derniers jours de juillet, une douce missive m'apprit qu'elle venait passer quelques jours avec son père chez une tante à Striegau où était campée une division d'infanterie. Elle m'engageait à aller la voir ne fusse qu'une heure. J'écrivis que j'irai. Un rendez-vous me fut donné à minuit. La maison m'était parfaitement désignée à l'angle d'une place. Je savais que je ne pourrais voir mon adoration que peu de temps et au travers les grilles d'une fenêtre du rez-de-chaussée, je partis en poste et arrivai à Striegau à 11 h du soir.

---

1. Adolphe Mortier (1768-1835), maréchal d'Empire, duc de Trévise. Engagé dans la garde nationale en 1789, général en 1799, choisi par Napoléon pour conquérir le Hanovre, il s'acquitte de sa mission. Prusse, Pologne, il joue un rôle important à Friedland en 1807, puis en Espagne (Saragosse, Ocaña, Gebora). Rappelé pour la campagne de Russie (1812), il est chef de la Jeune Garde et le dernier à quitter Moscou. Il participe ensuite à toutes les actions désespérées, jusqu'à la défense de Paris. En 1815, il se met au service des Bourbons ; le 20 mars, il sauve la vie de Louis XVIII, puis refuse de juger Ney. En 1834, il est ministre de la Guerre, puis président du Conseil. Constatant qu'il n'est pas fait pour cela, il démissionne. Il sera victime de l'attentat de Fieschi qui visait Louis-Philippe le 2 juillet 1835.

Le service était fort pénible à cause des bruits d'un prochain départ. Une permission même d'un jour était fort difficile à obtenir. Je la demandai à mon chef d'escadron, Monsieur de Montigny, rude soldat mais bon et aimant les jeunes gens. Je l'aborde en lui disant « je vous prierai mon commandant, de me donner une permission de 12 h pour aller voir un officier de mes amis au camp de Striegau ». Cet officier d'infanterie me dit « il a bien l'air d'avoir des jupons. Au reste, allez ». Sa perspicacité me décontenança un peu. Je me bornai à dire « je serai demain au rapport ». La désignation du lieu et de la maison était si précises que je la trouvai de suite. Je me promenai dans les environs attendant minuit, maudissant surtout un factionnaire qui était à quelques pas du lieu où j'allais avoir tant de bonheur !

Au premier coup de minuit annoncé par une grosse cloche de l'église voisine, une petite toux m'avertit de la présence de ma bien aimée, je me précipitai vers la fenêtre, de petites mains que je baisai avec ardeur passèrent à travers les barreaux. Il y eut des larmes versées, des serments renouvelés, des projets irréalisables enfin de folles divagations d'amoureux !

J'étais en uniforme, mon épaulette et ma croix montraient bien au factionnaire que je n'étais pas un voleur mais le malin troupier s'approchait fort près et intérieurement je l'envoyais à tous les diables. Mais il n'y avait rien à faire, il était à son poste. Il me semblait que ce gaillard-là se moquait de moi : lorsqu'on le releva, je vis qu'il faisait signe au camarade qui le remplaçait et il s'en alla avec le caporal en riant et faisant des quolibets sur ma longue faction à travers les barreaux ! A 3h, le jour était arrivé, je me séparai de mon amie le cœur déchiré, je repris la poste et j'arrivai au rapport, mon chef d'escadron me dit en ricanant « avez-vous été content de votre camarade ? ».Je répondis que je l'avais peu vu parce qu'il était de service. C'est la dernière fois que je vis mademoiselle X.

La chaleur de l'été se faisait vivement sentir, aussi nos manœuvres avaient lieu au point du jour dans un vaste terrain sur les bords de l'Oder.

L'infanterie manœuvrait aussi fort souvent, faisait des simulacres d'attaque ou de défense et des exercices à feu parfois causes de graves accidents. Il arriva dans une grande revue de troupes passées par le maréchal Mortier à l'occasion de la fête[1] de l'Empereur que le cocher qui

---
1. La fête de l'Empereur était célébrée à l'anniversaire de sa naissance, le 15 août 1769 à Ajaccio.

conduisait la voiture où étaient la maréchale et ses enfants eut la poitrine percée d'outre ou outre par une baguette restée dans un fusil.

Cette circonstance fit cesser la manœuvre et la revue. Nous rentrâmes de bonne heure dans nos quartiers.

Départ pour l'Espagne

Le 20 août 1808, nous quittâmes Breslau prenant la route de Mayence. On parlait vaguement encore de nous envoyer en Espagne.

Nous en acquîmes bientôt la confirmation. Le massacre de Français à Madrid le 2 mai et la désastreuse catastrophe de Baylen le 19 juillet avaient blessé au cœur l'orgueilleux Napoléon dont les armées si souvent et presque toujours victorieuses sous son commandement venaient de recevoir une flétrissure en Andalousie par la capitulation du 22 juillet à Baylen. Le général Dupont[1], commandant en chef, fut très malheureux, le général de division Vedel[2] impardonnable.

En deux marches, nous gagnâmes Liegnitz, charmante ville d'environ 10 mille habitants, théâtre de grandes actions passées sous ses murs. En 1241 les Polonais furent défaits par les Russes et en 1760 le Grand Frédéric y battit l'armée autrichienne commandée par…[3]

En 1813, il y eut divers combats lorsque l'armée française poussait Blücher[4] vers Breslau.

Nous passâmes successivement par les petites villes de Golberg, de Lowemburg et de Lauban. La première doit son nom à une mine d'or jadis exploitée dans les environs. Nous séjournâmes à Goërlitz, jolie position sur la Neisse. C'est une ville savante et industrielle, ce qui se voit rarement. Nous arrivâmes le lendemain à Bautzen qui a acquis pour nous une grande célébrité par la bataille que l'empereur Napoléon y gagna le 30 mai 1813 contre les Russes et les Prussiens réunis. Nous traversâmes près de cette ville le champ de bataille d'Hockirch où le Grand Frédéric fut battu en 1758 par le maréchal Daün commandant l'armée autrichienne.

---

1. Pierre Antoine Dupont de l'Etang (1765-1840), général. Il s'engage très jeune. En 1792, il est à Pas-de-Baisieux, à Valmy ; il participe au 18 Brumaire et à Marengo ; il est chargé de négocier avec les Autrichiens, puis de réorganiser la République cisalpine. En Allemagne en 1805, il brille à Ulm, est nommé comte d'Empire, mais en Espagne en 1808, il doit capituler de façon désastreuse à Baylen, ce que Napoléon ne lui pardonne pas : il est arrêté et destitué, interné au fort de Joux. Réhabilité par Louis XVIII, il fait partie du Conseil privé, puis il est député de la Charente.
2. Dominique Honoré Marie Antoine Vedel (1771-1848), général ; engagé en 1784, Espagne ; rallié à Louis XVIII puis à Napoléon durant les Cent-Jours.
3. Laissé en blanc dans le manuscrit.
4 Gelbard Leberecht von Blücher (1742-1819), général prussien d'origine suédoise.

Dresde

Nous arrivâmes à Dresde, capitale de la Saxe, dont les monuments si curieux attirèrent toute notre attention. Cinq ans après, dans la campagne de 1813, j'eus de fréquentes occasions de voir en détail cette belle ville si souvent ravagée par la guerre.

Longeant l'Elbe, nous allâmes coucher le lendemain à Meissen si connu par la beauté de ses produits en porcelaine estimée dans le commerce sous le nom de Porcelaine de Saxe.

Notre division entière logea à Leipzig, ville si remarquable par son université, ses savants, son commerce et les grandes batailles qui se sont livrées sous ses murs.

Nous vîmes sommairement Naumbourg, Weimar, Erfurt au loin attendait les empereurs Napoléon et Alexandre[1] qui devaient s'y réunir pour cimenter le traité dont l'entrevue de Tilsit avait jeté les bases.

Gotha, capitale du grand-duché de ce nom, Eisenach où l'on voit la chaire dans laquelle prêchait Luther.

Fulda, connu par une ancienne et riche abbaye fondée au VIIIe siècle par saint Boniface.

Gelnhausen a sa tour inclinée où l'on voit les ruines d'un palais de l'empereur Frédéric Ier.

Hanau, jolie ville sur le Main où, le 30 octobre 1813, nous devions passer sur le ventre des Bavarois qui nous barraient le passage pour rentrer en France après la défaite de Leipzig.

Francfort /Mayence /revue de l'empereur

Francfort-sur-le-Main, qui sépare cette ville en deux parties, ville animée contenant de beaux monuments, une antique cathédrale où l'on couronnait les empereurs d'Allemagne. Francfort est un des plus grand marché de l'Europe.

Le 24 septembre 1808, nous arrivâmes à Casselsur la rive droite du Main en face de Mayence.

L'Empereur avait fait élever à Cassel une tête de pont fortifiée par des ouvrages nombreux armés d'une artillerie formidable. C'est dans la plaine en avant de ces ouvrages que notre division fut passée en revue par l'Empereur allant au rendez-vous d'Erfurt. Il voulait voir cette belle cavalerie qui avait rendu tant de services dans les deux mémorables campagnes de 1806 et 1807 et dont il attendait de nouveau succès dans les champs de la péninsule espagnole où il nous envoyait.

Il accorda des grades et quelques décorations à nos régiments.

---

1. Alexandre Ier (1777-1825), empereur de Russie.

Passant devant le front du 19ᵉ où j'occupais une place de bataille à l'extrême droite de la ligne comme le plus ancien adjudant, l'Empereur s'arrêta et, me regardant fixement, interpela le colonel par ces mots : « voilà un officier bien jeune, où a-t-il eu la croix ? » Je repartis instantanément bien que la question fut faite à mon colonel, « à Friedland, Sire ». Alors un léger sourire et un mouvement de tête approbateur me remirent du trouble qu'avaient opéré en moi la vue et l'apostrophe de l'homme que nous considérions comme un demi-dieu.

La croix de la Légion d'honneur
Naylies, fait chevalier de la Légion d'honneur en 1807, fut promu au grade de commandeur au sacre de Charles X.

Nous avions un chirurgien aide-major, d'une grande originalité, extrêmement négligé dans sa tenue, qui allait jusqu'au cynisme mais qui avait de l'esprit et beaucoup de suffisance. Il s'approcha de l'Empereur et lui dit : « Il y a 4 ans, Sire, que je fais aide-major. Pendant deux campagnes, j'ai rempli la fonction de chirurgien-major. Je demande à votre majesté cet emploi qui est vacant ». L'Empereur, que sa tenue et son interpellation avaient d'abord étonné, lui dit : « est-ce que ? » en faisant un signe de la main sur la cuisse comme si on la coupait. « Oui, Sire » dit-il et lentement, faisant la même pantomime. Voyant le mouvement de son bras, l'empereur se tourna vers le prince Berthier[1] « mais ce gaillard-là ferait comme il le dit » et il allait le nommer chirurgien-major, lorsque le prince lui fit observer sans doute que ce n'était pas une nomination comme une autre, qu'il fallait des examens préalables, être

---

1. Louis Alexandre Berthier (1753-1815), maréchal d'Empire, prince de Wagram et de Neufchâtel.

reçu docteur. Alors l'Empereur dit « je ne veux pas me brouiller avec la faculté de Paris. Vous serez nommé quand vous serez en règle ».

Contrebande

Le soir du 24 septembre, nous devions faire notre entrée à Mayence. La contrebande se faisait d'une manière si éhontée au passage du Rhin que le directeur général des Douanes avait demandé à l'Empereur de vouloir bien ordonner que tout le monde fut soumis à la visite. Sa Majesté tenait à ce que les lois fussent rigoureusement exécutées, aussi recommanda-t-il la plus grande sévérité au chef de la douane et assujettit à la visite non seulement toutes les troupes mais encore sa Maison et celle de l'Impératrice. Il était notoire que les fourgons de Joséphine avaient introduit par fraude une grande qualité de marchandises prohibées. Certainement l'Impératrice n'était pour rien dans cette infraction des employés subalternes.

Joséphine Impératrice
Miniature par Marie Quinquet de Monjour
Cette miniature, d'après le portrait par Isabey conservé au Louvre, est l'œuvre de la grand-mère maternelle de Dominique Danguy des Déserts. Naylies évoque Joséphine le 24 septembre 1808 lorsqu'il rentre en France par le pont de Cassel, en route pour l'Espagne.

D'après ces ordres, les régiments, avant de passer le pont de Cassel, mirent pied à terre. Les dragons placèrent leurs portemanteaux ouverts à la tête de leurs chevaux, devant eux, tandis qu'un employé supérieur des Douanes passait rapidement devant le front du régiment regardant à peine les minces valises du soldat qui certes ne contenaient pas de riches objets de contrebande, quelques cigares peut-être.

Ces visites sans résultat étaient un exemple que l'Empereur voulait donner à tous pour sanctionner sans exception l'exécution de ses ordres.

Réception dans toutes les villes de France

Des ovations publiques nous attendaient ; nous fûmes reçus aux portes de la ville par le préfet et les autorités municipales qui haranguèrent le régiment, couronnèrent de lauriers leurs aigles victorieux et nous traitèrent splendidement dans de somptueux festins et des bals des plus brillants.

Par l'ordre de l'Empereur nous eûmes la même réception dans toutes les grandes villes de France. Celles qui se distinguèrent le plus furent Metz où le préfet M. de Vaublanc[1], depuis si engagé légitimiste, fit, en s'adressant à notre régiment, le discours le plus louangeur en parlant de l'Empereur. Orléans, et surtout Bordeaux se surpassèrent.

Après avoir quitté Metz, nous passâmes par Verdun, Sainte-Menehould, Chalons, Épernay, Sézanne, Melun. Laissant Paris sur notre droite, nous gagnâmes Étampes, Orléans, Blois, Tours, Châtellerault, Poitiers, Angoulême, Bordeaux, Mont-de-Marsan et arrivâmes à Bayonne le 10 novembre 1808, devant entrer en Espagne le lendemain.

Passé en Espagne 3 ans du 11 novembre 1808 aux premiers jours de 1812.

Voir mes mémoires sur l'Espagne qui comprennent cette période. Je reprendrai les notes sur ma vie militaire de 1812 à 1830.

---

1. Vincent Marie Vienot de Vaublanc (1756-1845), baron, préfet de la Moselle sous l'Empire.

Le 19ᵉ dragons en Espagne et au Portugal
Atlas de Dussieux, carte de l'Espagne et du Portugal
Itinéraires du 19ᵉ dragons depuis son entrée en Espagne en novembre 1808 jusqu'au retour de Naylies, accompagnant un convoi de blessés rapatriés en France, en janvier 1812.

Chapitre II

Mémoires sur la guerre d'Espagne pendant les années 1808, 1809, 1810 et 1811

par le vicomte de Naylies
colonel de cavalerie, chevalier de Saint-Louis,
commandeur de la Légion d'honneur

Seconde édition
1835

Avertissement

Peu de mois avant la campagne d'Austerlitz, j'entrai comme soldat dans le 19e régiment de dragons que je rejoignis en Allemagne. Pour conserver le souvenir des principaux évènements de la guerre, je recueillis dès-lors quelques notes sous la forme d'un journal que j'ai continué pendant dix ans passés hors de France. Ayant été plus de trois ans en Espagne, et ce pays étant moins connu que les autres parties de l'Europe, je me suis décidé à publier la partie de ces mémoires qui concerne l'Espagne et le Portugal.

Je n'ai jamais eu la prétention d'écrire l'histoire de la guerre, ma position ne le permettait pas ; j'ai seulement planté quelques jalons, donné des notes qui pourront servir peut-être un jour à l'historien de la guerre d'Espagne : c'est à cela que se borne mon ambition. On conçoit aisément qu'un sous-lieutenant vivant dans l'atmosphère de son régiment, ou de sa division tout au plus, ne pouvait être initié aux grands mouvements stratégiques, ou saisir l'ensemble des opérations militaires.

Des observations destinées à moi seul, écrites le plus souvent au bivouac et au milieu du tumulte des armes, seraient peu dignes d'intérêt si toutes les particularités de cette guerre désastreuse n'avaient pas un caractère de nouveauté qui excite la curiosité ; c'est à la faveur de ce sentiment que j'espère être traité avec moins de rigueur. On aura aussi peut-être quelque indulgence pour un militaire qui, pendant une campagne très active, a souvent dérobé à son repos des instants qu'il a consacrés au travail. Je rapporte les faits comme je les ai vus, et la vérité la plus impartiale m'a toujours guidé.

J'ai rendu justice aux Espagnols, j'ai admiré leur fidélité, leur patriotisme et cette héroïque constance qui a fait, de la défense de Saragosse, par exemple, un des grands évènements des temps modernes ; mais aussi j'ai flétri les cruautés qui ont déshonoré la guerre. Si parfois des représailles, qu'on pourrait rigoureusement appeler justes, des rapines ou des exactions souillaient l'uniforme français, j'en ai signalé les auteurs ; si je ne les ai pas nommés, l'armée ne les en a pas moins connus.

J'ai été heureux de pouvoir rapporter les traits de générosité et d'humanité qui ont honoré les deux parties dans cette sanglante lutte. La pensée aime à se reposer sur de pareils souvenirs, comme le voyageur fatigué jouit de la fraîcheur d'un oasis dans les sables du désert.

Introduction

L'Espagne, par son heureuse position et la fertilité de ses provinces, pourrait être l'État le plus florissant d'Europe si le caractère des habitants leur permettait de s'adonner à l'agriculture et au commerce. Elle appartint successivement aux Carthaginois, aux Romains, aux Goths et enfin aux Maures qui la conservèrent près de 700 ans.

La Maison d'Autriche cessa d'y régner en 1700, après une domination de deux siècles.

Charles-Quint et son fils, Philippe II, avaient porté au plus haut degré la gloire de la nation. Les Espagnols surpassaient tous les autres peuples par leur courtoisie, leur valeur, leur discipline et cette galanterie qu'ils tenaient des chevaliers castillans et maures qui avaient illustré ce délicieux pays. S'ils eurent des rivaux, on ne les trouva qu'à la Cour de François Ier ; mais ce beau temps de la monarchie ne fut pas de longue durée ; cet esprit chevaleresque, cet amour du merveilleux, se perdirent bientôt ; on ne les trouva plus que dans les romans, et les Espagnols n'eurent plus même cette gloire militaire qui, dans le XVIe siècle, les avait placés au premier rang.

En 1700, la France donna un Souverain à ce Royaume ; un petit-fils de Louis XIV monta sur le Trône, et treize ans d'une guerre sanglante lui en assurèrent la possession. Le règne paisible des successeurs de Philippe V avait fait jouir les Espagnols d'un siècle de bonheur, sous le gouvernement de la Maison de Bourbon, lorsque la perfidie de Napoléon arracha le sceptre à cette famille et vint plonger l'Espagne dans les horreurs de la guerre la plus désastreuse.

Le traité d'alliance de 1796 avait rétabli, entre la France et l'Espagne, l'union troublée par trois ans de guerre ; cette dernière puissance prodigua dès lors à son alliée ses ressources, ses trésors, et l'on vit ses flottes jointes aux escadres françaises balancer la puissance maritime des Anglais et leur vendre cher la victoire de Trafalgar. L'accord le plus parfait semblait régner entre les deux États ; mais la loyauté et la bonne foi étaient le partage de l'un, la perfidie et le parjure servaient de politique à l'autre. La paix de Tilsit venait d'être signée et Napoléon avait déjà conçu le dessein de s'emparer de la Péninsule. Pour l'exécuter plus aisément, il tira d'abord de l'Espagne, sous divers prétextes, un corps de quinze à dix-huit mille hommes, aux ordres du marquis de la Romana, qu'il envoya dans le nord de l'Allemagne.

Voulant aussi semer la dissension dans la Famille Royale, il profita de l'éloignement que manifestait le Prince des Asturies[1] pour un mariage que lui proposait le Roi son père avec la Princesse de la Maison de Bourbon, belle-sœur du Prince de la Paix[2], et lui fit naître par ses envoyés l'idée de s'allier à sa famille en épousant la fille de Lucien Buonaparte ; ces intrigues donnèrent lieu à une lettre du Prince des Asturies à Napoléon : à peine fut-elle écrite que ce Prince fut arrêté et détenu à l'Escurial et l'on fit son procès comme coupable du crime de lèse-majesté ; enfin le Prince de la Paix, son ennemi mortel et le principal moteur de ces machinations, s'employa ouvertement pour réconcilier le père et le fils, et Ferdinand[3] eut sa liberté. Sur ces entrefaites, arriva à Madrid le traité conclu à Fontainebleau, le 27 octobre 1807, par E. Izquierdo ; il portait que vingt-huit mille Français entreraient en Espagne pour se joindre à douze mille Espagnols, et qu'on occuperait le Portugal. Napoléon avait décidé par ce même traité qu'une partie de ce royaume serait donnée au roi d'Étrurie[4], en échange de la Toscane dont il venait de s'emparer, que les Algarves et l'Alentejo passeraient en souveraineté héréditaire au Prince de la Paix, et que le reste serait en dépôt jusqu'à la fin de la guerre. Formant ainsi, selon son caprice, le plus bizarre assemblage de pouvoirs et montrant son insatiable désir de conquêtes, Napoléon voulait franciser une portion du Portugal, comme il avait transformé en préfectures françaises Erfurt, Hambourg, Brême, etc. Les Français entrèrent en Espagne mais, sans aucun prétexte plausible, ils occupèrent les places fortes de la Catalogne et de la Navarre ; le cabinet de Madrid s'aperçut alors, mais trop tard, de la mauvaise foi de Napoléon. Le bruit que la Cour voulait quitter la Métropole pour se rendre en Amérique occasionna la plus grande fermentation qui éclata dans les évènements d'Aranjuez. L'emprisonnement du Prince de la Paix

---

1. Voir Ferdinand VII.
2. Manuel Godoy y Alvarez de Faria, prince de la Paix et de Bassano, duc d'Alcudia et de Sueca (1767-1851), homme politique espagnol marié en 1797 à Maria Teresa, fille de Louis Antoine de Bourbon, oncle du roi Charles IV. Chef du gouvernement de 1792 à 1798 puis de 1801 à 1808 ; il vécut ensuite en exil en Italie et en France où il mourut.
3. Ferdinand VII (1784-1833), prince des Asturies puis roi d'Espagne de mars à mai 1808 puis de 1814 à sa mort.
4 Louis Ier prince héritier de Bourbon-Parme (1773-1803), premier roi d'Étrurie, royaume créé par Napoléon et comprenant une grande partie du duché de Toscane.

et l'abdication de Charles IV[1] s'en suivirent, et Ferdinand fut reconnu roi d'Espagne, avec toute l'ivresse qu'inspire un bonheur inespéré. Ce prince envoya une députation de Grands d'Espagne à Napoléon pour lui faire part de son avènement au trône et lui demander la continuation de la bonne intelligence qui régnait entre les deux cours. Napoléon, qui n'attendait pas une pareille issue des trames qu'il avait ourdies en secret, répondit d'une manière évasive aux envoyés et s'achemina vers Bayonne. Cependant Murat[2] entra dans Madrid, affectant de parler de l'union qui devait régner entre les deux peuples mais, feignant de ne pas croire à l'abdication volontaire de Charles IV qui en effet avait protesté deux jours après contre cet acte solennel, il ne voulut pas reconnaître Ferdinand VII, jusqu'à ce qu'il eût reçu des ordres de Napoléon. Celui-ci employa tout le raffinement de la perfidie pour faire tomber dans le précipice un prince dont la loyauté ne pouvait soupçonner la générosité de son allié. Le général Savary[3] fut envoyé à Madrid, et assura le roi Ferdinand que l'Empereur était prêt à le reconnaître comme souverain des Espagnes, et engagea Sa Majesté par les plus pressantes sollicitations à venir au-devant de Napoléon qui devait être déjà au-delà de Bayonne pour se rendre à Madrid. Le Roi, cédant à de si vives instances, se mit en marche pour Burgos et de là pour Vittoria, malgré l'avis de son Conseil et de ses plus fidèles serviteurs. La même fourberie, qui avait amené ce Prince dans cette dernière ville, l'attira bientôt à Bayonne où se trouvait Napoléon. Lors de leur première entrevue, les deux souverains s'embrassèrent avec les démonstrations les plus affectueuses ; mais quelques instants après que le Roi fut rentré dans ses appartements, Savary vint lui annoncer que son Maître voulait faire régner en Espagne un prince de sa Maison et en exclure les Bourbons. Le malheureux Ferdinand ne put qu'opposer un noble courage et la conduite la plus ferme à l'indigne trahison qui l'avait conduit dans le piège. Ne pouvant rien obtenir de la noble résistance du jeune roi, Napoléon chargea Murat de faire partir pour Bayonne le roi Charles et la Reine. Le Prince de la Paix eut sa liberté et fut conduit en France, où arrivèrent aussi les vieux souverains. On sait qu'alors Charles IV protesta contre son abdication, força son fils à lui remettre la couronne qu'il céda, par une renonciation solennelle, à Joseph, frère de Napoléon.

---

1. Charles IV (1748-1819), roi d'Espagne de 1788 à 1808 où il abdiqua en faveur de son fils Ferdinand VII.
2. Voir annexe 1.
3 Anne Jean Marie René Savary (1774-1833), général, duc de Rovigo, homme de confiance de Napoléon, ministre de la Police de 1810 à 1814.

Ainsi se consomma cette infâme trahison dont la renommée publia les détails dans la péninsule ; elle fit naître, dans tous les cœurs espagnols, l'horreur qu'inspire la violation de ce qu'il y a de plus sacré chez les hommes. L'exaltation fut portée à son comble et le désir de la vengeance anima la population entière ; l'explosion fut générale lorsqu'on vit la reine d'Étrurie[1] forcée de quitter le palais des rois et partir pour Bayonne. Alors le sang coula dans les rues de Madrid et dans plusieurs villes du royaume ; des Français, établis en Espagne depuis bien des années mais devenus l'objet de l'exécration publique, furent les victimes de la fureur du peuple. Le cri de *vengeance* se fit entendre des Pyrénées à Cadix, et les armées françaises se virent entourées d'autant d'ennemis qu'il y avait d'habitants en Espagne. Le maréchal Moncey[2] échoua dans le projet de s'emparer de Valence ; le général Dupont, qui s'était porté en Andalousie avec 18 000 hommes, capitula, le 20 juillet, à Baylen ; Madrid fut évacué, et les Français se replièrent sur Burgos.

Napoléon, sentant la nécessité d'envoyer de nouvelles troupes en Espagne, voulut, avant de retirer ses forces du Nord, sonder les dispositions de l'Autriche et de la Russie et entamer des négociations avec l'Angleterre : alors eut lieu le congrès d'Erfurt. L'Angleterre ne voulut pas la paix et l'Autriche, tout en paraissant goûter les projets de l'ambitieux Napoléon, résolut dès lors la guerre qu'elle déclara trois mois après.

Les troupes qui étaient en Pologne et en Silésie reçurent ordre de marcher vers la France. La quatrième division de dragons, dont mon régiment faisait partie, quitta Breslau à la fin du mois d'août et nous arrivâmes à Bayonne le 16 novembre.

Quoique trompés sur les motifs et sur l'injustice de la guerre que nous allions entreprendre, nous n'apportions pas, en entrant en Espagne, la confiance du soldat français qui marche à l'ennemi. Couverts des lauriers de Iéna et de Friedland, nous ne pouvions nous défendre de réflexions, mêlées d'inquiétude, à l'aspect d'un peuple entier levé pour soutenir ses droits. Une obéissance passive nous conduisit mais, pour la première fois, nous connûmes un autre sentiment que celui de la gloire.

---

1. Marie-Louise Joséphine de Bourbon (1782-1824), fille du roi Charles IV, mariée à son cousin germain Louis de Bourbon, prince héréditaire de Parme, le roi Louis Ier d'Étrurie.
2. Bon Adrien Jeannot de Moncey (1754-1842), maréchal d'Empire, duc de Conegliano ; armée des Pyrénées, campagne d'Italie, inspecteur-général de la gendarmerie, campagne d'Espagne, défense de Paris en 1814, rallié aux Bourbons puis à Louis-Philippe, gouverneur des Invalides.

De novembre 1808 à mars 1809

Entrée en Espagne, marche sur Madrid par Vittoria et Burgos, combat de Somosierra, prise de Madrid, l'Escurial, ses curiosités, catéchisme espagnol fait depuis 1808, Avila, Benavente, affaire des chasseurs de la garde devant cette ville, poursuite des Anglais, leur retraite, combat devant la Corogne, embarquement et perte des Anglais, Saint-Jacques de Compostelle, séjour en Galice, projet de passer le Minho à Tui pour entrer en Portugal, village d'Uma, désarmement de quelques cantons, je suis envoyé en mission à Porriño, insurrection en Galice, travaux des Portugais sur la rive gauche du Minho, le 2e corps ne pouvant franchir ce fleuve devant Tui, le remonte pour le passer sur le pont d'Orense, combat devant Morentàn, incendie de ce village et de plusieurs autres, arrivée à Ribadavia, affreux tableau d'une guerre nationale, trait d'humanité et de courage d'un curé espagnol, reconnaissance des Français, le deuxième corps arrive à Orense, il y attend son artillerie, bivouac de Cabianca, amusements de nos soldats, l'armée passe le Minho et arrive sur les frontières de Portugal, engagement avec les Portugais sur les bords de la Tamega.

À quelque distance de Bayonne s'offre un spectacle magnifique. L'immense océan borne une partie de l'horizon ; la citadelle, les riches bords de l'Adour et des coteaux couverts de vignes présentent le plus beau coup d'œil et les sites les plus pittoresques, tandis que la longue chaîne des Pyrénées complète ce brillant paysage. Nous traversâmes Saint-Jean-de-Luz, dont les vieilles murailles sont continuellement battues par la mer, et nous atteignîmes bientôt les bords de la Bidassoa, qui sépare les deux royaumes. On voit sur cette rivière la petite île des Faisans, célèbre par les conférences de Don Louis de Haro et du cardinal Mazarin qui y signèrent la paix en 1659.

Nous arrivâmes tard à Irun, première ville d'Espagne ; nous eûmes beaucoup de peine à nous faire recevoir de nos hôtes. Des portes très épaisses, des fenêtres grillées et de longs corridors frappèrent d'abord nos regards. Ces objets sinistres et le mauvais accueil des habitants ne nous donnèrent pas une idée très avantageuse du pays. Nous passâmes la nuit à Irun. Le 17 novembre, nous nous acheminâmes vers Tolosa, en passant par Hernani, assez jolie petite ville située dans la vallée fertile, qu'arrose la rivière d'Oria. La route est belle et percée dans des montagnes très élevées qui font partie des Pyrénées. Il régnait ce jour-là un vent si impétueux qu'il était très difficile de se tenir à cheval. Nous aperçûmes de bonne heure les clochers de Tolosa. Sa position est dans une gorge entre deux montagnes sur la rivière d'Oria. Succédant au souvenir des riantes habitations de l'Allemagne ou de la France, la vue des maisons de Tolosa bâties en pierres de taille, leurs fenêtres sans vitres[1] et l'obscurité des rues imprimaient à l'imagination une teinte sombre qu'augmentait encore l'aspect des habitants : enveloppés dans leurs manteaux et couverts d'énormes chapeaux, ils nous regardaient d'un air farouche ; ils semblaient méditer des projets de vengeance comprimés pour quelques instants.

Ce pays est très fertile, on y trouve toutes les choses nécessaires à la vie. Ses habitants sont industrieux, d'une force et d'une agilité extraordinaires ; ils l'emportent par cette dernière qualité sur tous les peuples de l'Europe : ils descendent des anciens Cantabres que les Romains eurent tant de peine à soumettre. Le 20, après avoir fait six lieues dans les montagnes, nous arrivâmes à Vittoria où nous logeâmes.

Cette ville est dans une très agréable position sur la Zadarra ; elle est entourée de montagnes, excepté vers le midi où l'on aperçoit une vaste plaine de l'Ebre fertile. De nombreux villages et des productions de toute espèce rendent le coup d'œil charmant. Son nom vient de la victoire que Sanche-le-Grand, son fondateur, remporta sur les Maures : elle est assez bien bâtie et peut avoir six à sept mille habitants. La grande place est remarquable par sa régularité ; elle forme un carré dont chaque côté a une vingtaine d'arcades occupées par divers marchands.

Nous vîmes, sur cette place, plusieurs groupes d'habitants ; la plupart étaient adossés à un mur exposé au midi : ils fumaient leurs cigares en nous regardant ; on lisait tout à la fois dans leur physionomie l'expression de la fierté et de la nonchalance qui caractérisent ces peuples. Ils répondaient à nos questions avec le laconisme et la froide politesse de gens irrités dont la patience est prête à se lasser.

C'était un jour de fête, on sortait d'une église ; n'ayant vu jusqu'à ce moment que quelques villageoises, j'eus la curiosité de m'arrêter pour considérer les femmes.

Elles portent un vêtement dessinant les formes avec une vérité qui paraîtrait indécente dans tout autre pays. Ce costume s'appelle *basquina* et il est en soie ou en serge noire ; il laisse voir la taille bien faite et une partie de la jambe : je n'ai rien vu de plus gracieux. Un petit voile

---

1. Note de Naylies : on n'en voit que chez les gens d'une certaine classe.

blanc, appelé *mantilla*, placé sur la tête, cache à demi le visage et ne dépasse jamais les épaules dont il permet d'admirer la beauté. Ses deux extrémités, passées sous les bras avec élégance, invitent l'œil à suivre le contour de la gorge que chez les Espagnoles un *schall* mystérieux ne couvre jamais. La perfection de ce vêtement et les grâces de celles qui les portaient me réconcilièrent avec les Espagnoles contre lesquelles j'avais une prévention bien injuste. J'en vis quelques-unes dont la coquetterie se plut à relever leur *mantilla* pour montrer un visage charmant. Dans tous les pays une belle femme aime qu'on rende hommage à ses attraits.

Nous quittâmes Vittoria, prenant la route de Miranda, gros bourg sur l'Ebre, à six lieues de cette première ville. Ce fleuve sépare la province d'Alava de la Vieille Castille où nous entrâmes. Miranda n'a rien de remarquable que son pont qui est très beau. D'après les brillantes descriptions des poètes, je croyais voir un fleuve comme le Rhin ou le Danube ; quel fut mon mécompte de voir qu'en cet endroit l'Ebre n'est qu'un ruisseau filtrant parmi les rochers dont son cours est hérissé : il n'est navigable qu'au-dessous de Tudela et se jette dans la Méditerranée près de Tortose.

Les provinces de Guipuscoa et d'Alava que nous venions de parcourir n'offrent partout qu'un pays montagneux ; mais il est bien cultivé, surtout les vallées, qui sont délicieuses. La route, en beaucoup d'endroits, est bordée de hameaux qui annoncent l'aisance. Les habitants de ces montagnes sont actifs et laborieux : la simplicité de leurs mœurs, leur vie frugale et l'air pur qu'ils respirent les font atteindre à l'âge le plus avancé. Les femmes partagent avec leur mari tous les travaux de l'agriculture ; elles ont de beaux yeux noirs, un teint frais et de longs cheveux tressés avec goût ; un léger corset, un jupon très court et des sandales ajoutent un nouveau charme à leurs grâces naturelles. Ces montagnards n'emploient pas la charrue pour travailler la terre ; ils se servent d'un instrument en fer à deux branches dont la longueur est de deux pieds. Placés quatre ou cinq de front, tenant chacun un de ces outils, ils l'enfoncent ensemble : ils mettent tant d'accord et de justesse dans ces mouvements que l'on dirait que c'est un même instrument mu par quatre ou cinq hommes ; à mesure qu'ils ont ainsi retourné la terre, les femmes l'unissent et brisent les mottes. On voit peu de chevaux dans ces provinces ; ils sont remplacés par les bœufs qu'on emploie à tous les usages. Les voitures du pays sont très petites et construites avec deux planches fort courtes, placées sur un essieu en bois qui suit le mouvement de deux roues sans rayons ; leur diamètre est d'environ trois pieds. Quand ces voitures sont chargées, le frottement de cet essieu contre les deux pièces de bois qui soutiennent l'assemblage des planches produit un cri extrêmement aigu. Quand une longue file de voitures suit la même route, ce bruit devient insupportable. Les habitants prétendent qu'il est nécessaire pour animer les bœufs : je pense qu'il sert aussi à prévenir lorsque des voitures vont dans un sens opposé, ce qui est embarrassant dans un pays de montagnes où il n'y a qu'une route souvent étroite.

Le 22 novembre, nous nous dirigeâmes vers Pancorvo. Avant d'arriver dans cette ville, bâtie dans une gorge très resserrée entre deux montagnes, nous entrâmes dans un long défilé. Ce passage, bien gardé, empêcherait de pénétrer en Espagne sur ce point. A droite et à gauche sont d'énormes rochers très élevés ; leurs pointes et leurs formes bizarres, que l'imagination modifie à sa manière, offrent les tableaux les plus variés : ces rochers servent de base à d'autres plus élevés encore, dont les sommets, comme suspendus au-dessus de la tête des voyageurs, semblent les menacer de leur chute. La route, au milieu de cette montagne, est très belle ; elle a été entièrement taillée dans le roc. On aperçoit épars çà et là des vestiges d'antiquités, des débris de colonnes, de chapiteaux et de statues, confondus avec la pierre informe qui compose les murs de quelques misérables maisons de bergers. Au-dessus de la petite ville de Pancorvo est le château de ce nom, sur le sommet d'une montagne. Il défend ce passage. Nous logeâmes à Santa-Maria, en avant de Pancorvo. Le 23, nous passâmes à Briviesca et couchâmes à Pradano. Le 24, nous fîmes notre entrée à Burgos. C'est en avant de cette ville que le maréchal Soult[1] avait attaqué et battu,

---

1. Nicolas Jean-de-Dieu Soult (1769-1851), maréchal d'Empire, duc de Dalmatie. Considéré, avec Davout, Lannes, Massena et Suchet, comme un des seuls maréchaux capables de diriger une armée en l'absence de l'Empereur. Fils d'un notaire du Tarn, officier dans la royale infanterie avant la Révolution, il est en 1792, républicain convaincu. En 1799, général dans l'armée du Danube. Campagnes de Suisse et d'Italie ; rôle brillant à Austerlitz, Eylau et Friedland, campagnes de Prusse et de Pologne : responsable d'une partie de l'armée, il contribue grandement à la victoire. Envoyé en Espagne en 1808 : victoires de Burgos, La Corogne, el Ferrol. En 1809, il entre au Portugal, passe le Minho, prend Porto. Isolé au milieu d'une population hostile, il ne peut obéir à l'Empereur qui lui demande de prendre Lisbonne (ce qui lui sera reproché), tente de se maintenir à Porto jusqu'à en être délogé par les Anglais, contraint à une pénible retraite, il sauve les débris de son armée. En 1809, après la victoire stratégique de Talavera, Napoléon lui confie les armées françaises en Espagne : il gagne la bataille d'Ocaña, conquiert l'Andalousie jusqu'à Cadix ; la spoliation de biens du Clergé est alors systématique ; Soult envoie beaucoup de tableaux au Louvre en se servant au passage. En 1811, il veut reprendre l'Estrémadure mais les Anglais reviennent. Badajoz. Après la défaite de Marmont à Salamanque, il doit évacuer l'Andalousie. Ne s'entendant pas avec Joseph Bonaparte, il demande à quitter l'Espagne. En 1813, Napoléon lui confie le 4ᵉ corps de la Grande Armée ; il repart à Bayonne où il doit réorganiser l'armée du Midi. Sans le soutien de Suchet, il ne peut vaincre Wellington. Se rallie aux Bourbons en 1814, est nommé ministre de la Guerre mais aux Cent-Jours, il se rallie à Napoléon qui le fait major général de l'Armée. À Waterloo, il sauve la vie de Napoléon qui, pourtant, n'avait pas écouté ses conseils. Napoléon dira de lui qu'il était le « meilleur manœuvrier d'Europe ». À la seconde Restauration, Louis XVIII

le 12 du mois, l'armée d'Estrémadure. Cette malheureuse ville eut beaucoup à souffrir de la part de nos troupes qui poursuivirent les fuyards et y entrèrent pêle-mêle avec eux. La plupart des habitants avaient pris la fuite et la ville était encore déserte à notre arrivée. Le roi Joseph y était avec son quartier général, mais Napoléon en était parti la veille pour Aranda. Celui-ci ne pardonnait pas à son frère l'évacuation de la capitale à la fin de juillet ; il voulait d'ailleurs se montrer, croyant recevoir les hommages de cette fière nation dont il ne recueillit, pour ces funestes exploits, que l'indignation et la haine la plus implacable.

Burgos est une grande et ancienne ville, capitale de la Vieille-Castille ; elle fut, jusqu'à Charles Ier, le siège des comtes et des rois de Castille. L'Arlançon baigne ses murs et de jolis quais bordés d'arbres, longeant cette rivière, servent de promenade. Sa cathédrale, un des beaux monuments d'architecture gothique, est célèbre par ses richesses et ses reliques. On voit, sur la principale place, la statue de Charles III, érigée par un habitant de cette ville. Nous y séjournâmes le 25.

Le 26, nous dirigeant sur Lerma, nous bivouaquâmes près de Villalmazo. Ce village, entièrement abandonné, offrait l'image la plus affreuse de la guerre ; ses maisons en cendre fumaient encore et les ruines en étaient jonchées de cadavres.

Le 27, arrivés à Lerma, petite ville sur l'Arlançon, nous fûmes forcés de la traverser au milieu des flammes qui la consumaient. Notre artillerie eut beaucoup de peine à passer ; je n'y vis pas un seul habitant. Nous allâmes coucher au village de Gumiel.

Le 28, nous parvînmes de bonne heure à Aranda où était le quartier général de l'armée. L'Empereur y était encore mais il allait partir. Cette ville est assez considérable et dans une jolie position sur le Douro. Nous n'y logeâmes pas et nous nous rendîmes à Melagros où nous passâmes la nuit.

Napoléon avait le dessein de marcher de suite sur la capitale et de s'en emparer ; le gain des batailles de Burgos et de Tudela semblait devoir lui en ouvrir aisément le chemin. Il y avait cependant encore des obstacles à vaincre ; huit à dix milles Espagnols gardaient le défilé de Somosierra, position réputée imprenable et par où l'armée devait nécessairement passer pour se porter directement sur Madrid. Le 29, nous approchâmes de Somosierra et toute l'armée se concentra sur ce point. Nous bivouaquâmes près de Cerezo d'Alayo.

---

sait le réintégrer. En 1830, il se rallie à Louis-Philippe qui lui demande de réorganiser l'Armée. Il crée la Légion étrangère. Il est président du Conseil de 1840 à 1847, accueille les cendres de Napoléon en décembre 1840. En 1848, il se déclare républicain.

Dragons de la Garde impériale
Wikipedia
Ce dessin de Job représente des dragons de la Garde impériale
face à une embuscade dans un défilé.

Le 30, l'ennemi retira ses postes de Pedrosa. Notre division reçut l'ordre d'aller éclairer la droite du défilé : nous trouvâmes un obusier et deux caissons abandonnés. Après avoir battu le pays et fait quelques prisonniers, nous rejoignîmes le gros de l'armée. Les Espagnols occupaient le sommet de la montagne traversé par la grande route de Madrid. En cet endroit, un plateau assez vaste permettait à leur infanterie de se développer pour soutenir ses batteries placées sur des hauteurs à droite et à gauche. Une large tranchée coupait la route et le feu des tirailleurs, joint à la mitraille, rendait le passage très difficile. L'Empereur, après avoir reconnu les lieux, ordonne à un escadron de chevau-légers polonais de sa garde d'emporter cette position : ils chargent avec la plus rare intrépidité ; la mitraille tue ou démonte la moitié de ces braves ; ils sont ramenés mais ils chargent de nouveau, franchissent la coupure, le retranchement, et sabrent l'infanterie espagnole qui, étonnée de cette audace, jette ses fusils et abandonne ses pièces et sa position. Ce fait d'armes est un des plus glorieux qui ait illustré la cavalerie.

Le quartier général alla coucher à Buitrago que nous traversâmes à onze heures du soir. Nous prîmes position à deux lieues plus loin dans un petit village sur la route de Madrid.

Le 1er décembre, au point du jour, nous marchâmes sur Alcobendas. Nous aperçûmes de tous côtés de belles positions que l'ennemi aurait pu défendre avec avantage. Nous débouchâmes à S. Augustin : on envoya de là sur Guadalajara des reconnaissances qui ne rencontrèrent que quelques paysans armés. Nous arrivâmes très tard à Alcobendas : cette petite ville n'offre rien de remarquable ; tous les habitants s'étaient enfuis à notre approche ; nous y trouvâmes des vivres en quantité.

Depuis le passage de Somosierra nous n'avions pas vu d'ennemis ; nous pensions que la défaite qu'ils venaient d'éprouver aurait jeté l'épouvante sur Madrid et qu'on nous en ouvrirait les portes ; nous apprîmes, au contraire, que tous les habitants avaient pris les armes et qu'ils voulaient se défendre.

Le pays que nous venions de parcourir depuis Burgos est en général stérile et les campagnes sont couvertes de bruyères ; aucun arbre n'y vient distraire le coup d'œil monotone que présentent des plaines immenses sans verdure. Les habitations ne sont pas, comme en France et en Allemagne, entourées de haies vives et d'arbres fruitiers ; ce sont toujours des maisons en pierre dont les propriétés sont closes par des murs formés avec de gros cailloux : rien n'inspire plus de tristesse que cette absence de la végétation. Dans les montagnes seulement on trouve le chêne vert, espèce d'arbre très commune en Espagne. Les bords du

Douro sont plus gais ; l'aspect des vignes, de quelques oliviers et la variété des paysages les rendent agréables.

Le 2 décembre, au lever de l'aurore, nous étions sur les hauteurs qui avoisinent Madrid. Trente régiments de cavalerie se déployèrent autour de la place, à portée de canon, et nos tirailleurs s'engagèrent bientôt avec ceux de l'ennemi. Quelques charges les rejetèrent dans la place ; mais la célérité de notre marche n'ayant pas permis à l'infanterie et à l'artillerie de nous suivre, nous ne pûmes rien entreprendre de sérieux. On fit, ce jour-là, plusieurs sommations à la ville ; les habitants répondirent toujours : « Ferdinand VII, ou la mort ! ».

Aux approches de la nuit, notre brigade fut envoyée près de Las Rozas, à une lieue de Madrid, sur la route de l'Escurial. Nous traversâmes le Mançanarès sur le joli pont de Ségovie et longeâmes le parc royal destiné aux plaisirs de la chasse des souverains. Nous envoyâmes plusieurs reconnaissances vers Guadarrama, et la maison royale du Pardo.

Des feux très vifs de mousqueterie nous tinrent en haleine toute la nuit du 2 au 3 ; ils étaient provoqués par l'arrivée de notre infanterie qui s'emparait des postes qui lui étaient assignés. Nous passâmes la nuit sans dormir, la bride au bras, et n'ayant rien à donner à nos chevaux. Au point du jour, notre artillerie étant arrivée, il s'engagea une forte canonnade qui dura douze heures sans interruption. À quatre heures du soir, une détonation effroyable et un nuage épais qui couvrait la ville, nous apprirent l'explosion d'un magasin à poudre. Le feu cessa bientôt ; l'on entama des négociations et Madrid capitula le 4.

Napoléon avait brusqué cette attaque parce qu'il avait appris que l'armée anglaise, aux ordres de sir John Moore[1], était arrivée à Salamanque depuis plusieurs jours et qu'il pensait que, si elle se réunissait à l'armée de Galice et à celle du marquis de La Romana, elle pouvait venir au secours de Madrid.

Notre brigade reçut ordre d'aller s'établir à l'Escurial pour observer le mouvement des Anglais vers Avila ; la première brigade se porta sur Guadalajara.

Nous arrivâmes très tard à l'Escurial. Ce nom est commun à un superbe couvent et à une petite ville bâtie entre deux montagnes, qui domine une campagne couverte de bruyères et de chênes verts. Dans cette position, on aperçoit au nord le sommet de Guadarrama, presque

---
1. Sir John Moore (1761-1809), général anglais. Engagé à 15 ans. Amérique (1787), Gibraltar (1792), Toulon (1793), Corse (1794), Indes (1796), Irlande (1797), Hollande, Italie (1800), puis Égypte, Sicile, Espagne en 1809. Pressé par Soult, prévenu de l'arrivée de Napoléon à Madrid, il réussit une retraite de Toro à La Corogne ; il rembarquait ses troupes lorsqu'il reçoit un boulet mortel.

toujours couvert de neige et à l'est, un horizon sans bornes dans les vastes plaines de la Nouvelle-Castille.

Pendant qu'on formait les escadrons devant le couvent, quelques coups de fusil tirés par les fenêtres tuèrent deux ou trois chevaux. L'étendue de ce bâtiment et les ténèbres de la nuit nous firent différer au lendemain d'en prendre possession.

Le cri de plusieurs personnes nous ayant attirés dans une maison de l'intérieur de la ville, on y trouva près de trois cents Français de tout âge et des deux sexes que les autorités avaient fait enfermer pour les soustraire à la fureur du peuple. Le couvent fut occupé au point du jour : il n'y restait que six moines retenus par leur grand âge ; les autres s'étaient enfuis par des souterrains qui se prolongent bien avant dans la montagne. Le soir, on découvrit dans le clocher deux cents soldats espagnols à demi morts de faim et de frayeur.

Le couvent de Saint Laurent de l'Escurial fut bâti par Philippe II en 1563 en mémoire de la bataille de Saint-Quentin gagnée sur les Français le jour de Saint Laurent. Il est tout entier de pierres de taille et de la plus grande solidité. Ses dimensions sont d'environ sept cents pieds de long, cinq cents de large et soixante de hauteur. Sa forme est celle d'un gril renversé. L'habitation des rois est dans la partie qui représente le manche, et quatre tours de cent quatre-vingt-dix pieds de haut, placées à chaque angle, indiquent les pieds du gril. Tout ce lieu porte l'empreinte du caractère de son fondateur et semble respirer la sombre politique de Philippe ; de vastes corridors obscurs, des portes ferrées de la plus grande épaisseur, des fenêtres petites et grillées donnent à ce monument l'aspect d'une prison d'État.

Les trésors de l'Escurial sont incalculables et renferment les riches dons des souverains espagnols ; on y remarque principalement un soleil d'or enrichi de pierreries, une statue de saint Laurent en argent massif et toutes sortes de vases et candélabres que l'art composa avec les métaux les plus précieux.

La bibliothèque, qui contient trente mille volumes, possède de rares manuscrits latins et arabes et les ouvrages de saint Augustin écrits de sa main.

Dans la riche collection de tableaux de l'Escurial, on admire un chef-d'œuvre de Raphaël appelé *La Perle* représentant la Sainte Famille, une scène du Titien et le tableau de la bataille de Saint-Quentin.

Les galeries qui conduisent à l'appartement du roi sont ornées de peintures à fresque admirables par leur fraîcheur et leur coloris. Elles retracent les dispositions de deux armées espagnole et maure à l'instant d'en venir aux mains.

Le costume et les armes de ces peuples y sont très fidèlement observés.

L'église contient aussi beaucoup de tableaux des meilleurs maîtres des écoles italienne et espagnole. Elle est remarquable par la hardiesse de son dôme, la simplicité de son architecture et la beauté de ses bas-reliefs.

Près de la sacristie on trouve un escalier d'environ soixante marches qui conduit dans un lieu destiné à la sépulture des rois. On entre d'abord dans une salle où sont déposées les cendres des princes et des princesses du sang royal. Le duc de Vendôme, soutien de la monarchie espagnole sous Philippe V, repose avec ces ombres illustres. Une autre salle attenante à la première contient les dépouilles mortelles des souverains. Elles sont renfermées dans des caisses de bronze, placées par étage, dans des compartiments formés par des colonnes de marbre ; le premier tombeau est celui de Philippe II, fondateur. Ceux des rois de la Maison d'Autriche, ses successeurs, suivent immédiatement. On y voit encore des princes de la Maison de Bourbon, seulement ceux de Louis Ier, de Charles III et de son épouse ; Philippe V et la reine sa femme ayant été enterrés à San-Ildefonso et Ferdinand VI à Madrid.

Les rayons du jour n'y pénètrent jamais ; guidé par un vieux moine, j'y descendis avec un flambeau dont la lumière incertaine se reflétait tristement sur les marbres noirs et les bronzes des tombeaux. L'obscure clarté qui m'environnait, la majesté et la sainteté de ce lieu me pénétrèrent d'un sentiment mélancolique et religieux.

J'allai visiter aussi une maison de plaisance située au pied de la montagne de l'Escurial. Elle appartient au prince des Asturies[1]. Cette demeure est charmante ; rien n'est plus frais que les peintures qui décorent les appartements. Les meubles, en étoffes d'or ou d'argent, sont d'un goût exquis et les tentures de la dernière élégance. Parmi plusieurs objets de prix, j'ai remarqué un cabaret en porcelaine donné par Louis XVI au roi Charles III. Un petit escalier du plus beau marbre que fournissent les riches carrières de l'Espagne communique aux appartements supérieurs. Il est orné de peintures à fresque ; celles qui représentent le siège de Mahon et la reddition de cette place sont très bonnes.

J'avais été logé dans une maison abandonnée que nos soldats avaient pillée ; j'y trouvai au milieu des meubles brisés et confusément épars, plusieurs proclamations de la Junte qui prouvent jusqu'à quel point nous étions abhorrés des Espagnols. Je mets en note les principaux passages de ce catéchisme que les parents étaient dans l'obligation d'enseigner à leurs enfants.

---

1. Prince héritier de la couronne d'Espagne.

CATECHISME ESPAGNOL

Chapitre premier

D. Dis-moi, mon enfant, qui es-tu ?
R. Espagnol, par la grâce de Dieu.
D. Que veut dire Espagnol ?
R. Homme de bien.
D. Combien y a-t-il d'obligations imposées à un Espagnol, et quelles sont-elles ?
R. Trois : être chrétien, catholique, apostolique romain, défendre sa sainte Religion, sa patrie, son Roi, et mourir plutôt que de se laisser abattre.
D. Quel est notre Roi ?
R. Ferdinand VII.
D. Avec quelle ardeur doit-il être aimé ?
R. Avec la plus vive, et comme le méritent ses vertus et ses malheurs.
D. Quel est l'ennemi de notre félicité ?
R. L'Empereur des Français.
D. Quel est cet homme-là ?
R. C'est un méchant, un ambitieux, principe de tous les maux, fin de tous les biens, le composé et le dépôt de tous les vices.
D. Combien a-t-il de natures ?
R. Deux, une diabolique et une autre humaine.
D. Combien y a-t-il d'empereurs ?
R. Un véritable en trois personnes trompeuses.
D. Qui sont-elles ?
R. Napoléon, Murat et Godoy (le prince de la Paix).
D. Sont-ils plus méchants l'un que l'autre ?
R. Non, mon père, ils le sont tous également.
D. De qui provient Napoléon ?
R. Du péché.
D. Murat ?
R. De Napoléon.
D. Et Godoy ?
R. De l'intrigue des deux.
D. Qu'est-ce qui caractérise le premier ?
R. L'orgueil et le despotisme.
D. Le second ?
R. Le vol et la cruauté.
D. Le troisième ?
R. La cupidité, la trahison et l'ignorance.

Chapitre II

D. Que sont les Français ?
R. D'anciens Chrétiens, et des hérétiques modernes.
D. Qui les a conduits à un tel esclavage ?
R. La fausse philosophie et la corruption des mœurs.
D. À quoi servent-ils à Napoléon ?

R. Les uns augmentent son orgueil, les autres sont ses instruments d'iniquité pour exterminer le genre humain.
D. Quand doit finir son atroce despotisme ?
R. Il est près de sa fin.
D. D'où nous peut venir cette espérance ?
R. Des efforts que fait la patrie, notre mère.
D. Qu'est-ce que la patrie ?
R. La réunion de plusieurs, gouvernés par un roi et suivant les mêmes lois.
D. Quelle peine mérite un Espagnol qui manque à ses justes devoirs ?
R. L'infamie, la mort naturelle réservée au traître, et la mort civile pour ses descendants.
D. Qu'est la mort naturelle ?
R. La privation de la vie.
D. Qu'est la mort civile ?
R. La confiscation des biens, la privation des honneurs que la république accorde à tous les loyaux et vaillants citoyens.

Chapitre III
D. Quel est celui qui est venu en Espagne ?
R. Murat, la seconde personne de cette infâme trinité.
D. Quels sont les principaux emplois ?
R. Tromper, voler et opprimer.
D. Quelle doctrine veut-il nous enseigner ?
R. La dépravation des mœurs.
D. Qui peut nous délivrer d'un semblable envoyé ?
R. L'union et les armes.
D. Est-ce un péché d'assassiner un Français ?
R. Non, mon père, on fait une œuvre méritoire en délivrant la patrie de ces insolents oppresseurs.

Chapitre IV
D. Qu'est-ce que le courage ?
R. Une force d'esprit qui cherche avec calme et prudence l'occasion de la victoire.
D. La subordination est-elle nécessaire pour l'acquérir ?
R. Oui, car elle en est l'âme ?
D. A qui doit-on cette subordination ?
R. A tous les chefs.
D. Quel est l'enfant le plus révéré et le plus chéri de la patrie ?
R. Celui qui joint au courage, des principes d'honneur et un désintéressement personnel.
D. Quels sont ceux qui briguent des emplois et des honneurs avant de les avoir mérités ?
R. Ce sont des ignorants, des orgueilleux et des gens inutiles qui ne savent pas obéir.
D. Qu'allons-nous faire au combat ?

R. Augmenter la gloire de la nation, défendre nos frères, et sauver la patrie.
D. Qui doit prendre les armes ?
R. Tous ceux qui le peuvent, ceux désignés par le Gouvernement et les moins utiles aux emplois publics.
D. Quelles sont les obligations des autres ?
R. De contribuer au succès de la guerre par un généreux patriotisme, en aidant la patrie des biens qu'ils en ont reçus.
D. Que fera celui qui n'a rien ?
R. Il priera Dieu pour la prospérité des armées espagnoles, s'occupera de l'emploi auquel il est destiné, et, de cette manière, il contribuera au bonheur public.
D. De qui devons-nous attendre notre félicité ?
R. De Dieu, de la loyauté et de l'habileté de nos chefs, de notre obéissance et de notre valeur.

Chapitre V
D. Quelle doit être la politique des Espagnols.
R. Les maximes de Jésus-Christ.
D. Quelle est celle de notre ennemi ?
R. Celle de Machiavel.
D. En quoi consiste-t-elle ?
R. En l'égoïsme.
D. Quelles en sont les suites ?
R. L'amour-propre, la ruine et la destruction de ses semblables.

Chapitre VI
D. Par quels moyens ces tyrans ont-ils trompé nos peuples ?
R. Par la séduction, la bassesse et la trahison.
D. Ces moyens sont-ils légitimes pour s'emparer d'une couronne qui ne leur appartient pas ?
R. Non, au contraire, ils sont atroces, et nous devons résister avec courage à cet homme qui s'est fait roi par des moyens aussi injustes qu'abominables.
D. Quelle félicité devons-nous rechercher ?
R. Celle que les tyrans ne peuvent nous donner.
D. Quelle est-elle ?
R. La sûreté de nos droits, le libre usage de notre saint culte, le rétablissement monarchique, réglé selon les constitutions espagnoles, et les relations de l'Europe.
D. Mais ne les avions-nous pas ?
R. Oui, mon père, mais dégradés, par l'indolence des autorités qui nous ont gouvernés.
D. Qui doit les régler et les assurer ?
R. L'Espagne réunie et assemblée, à qui seule est réservé ce droit, lorsqu'elle aura secoué le joug de l'étranger.
D. Qui nous autorise à cette grande entreprise ?
R. Ferdinand VII, que nous désirons, de tout notre cœur, voir rentrer parmi nous pour des siècles éternels. *Amen.*

Nous restâmes à l'Escurial jusqu'au 19 décembre. Alors nous reçûmes l'ordre de nous porter sur Avila afin d'envoyer des reconnaissances vers Salamanque où était l'armée anglaise. Pour entrer dans les plaines qui avoisinent cette dernière ville, il fallut passer les montagnes qui sont un prolongement du Guadarama.

Un violent ouragan nous y surprit. Le vent était si impétueux qu'il terrassait les hommes et les chevaux. Je n'ai vu de ma vie une pareille tourmente. Comme il n'existe pas de route praticable entre l'Escurial et Avila, nous suivîmes des sentiers connus seulement des bergers et des chèvres sauvages. Notre brigade coucha au bourg de Las-Navas, situé au sommet de cette chaîne de montagnes. Il était tombé pendant la nuit une telle quantité de neige que, le lendemain à notre départ, nous en trouvâmes trois pieds sur toute la route ; nous fûmes obligés de marcher à pied, tenant nos chevaux par la bride pour éviter les accidents.

Le 21, nous entrâmes à Avila bâtie dans une plaine. Cette ville est entourée de murailles flanquées de tours à très petites distances les unes des autres. Elles furent construites dans le XIe siècle, sous le roi Alphonse VI, et sont bien conservées. La cathédrale est très belle ; il y a une université et seize couvents. Cette ville se glorifie d'avoir donné naissance à sainte Thérèse dont on célèbre la fête avec une grande pompe. Comme nous arrivâmes à l'improviste, nous y trouvâmes beaucoup d'habitants.

Nous nous dirigeâmes sur Fontiveros le 21 décembre. Pendant trois lieues, jusqu'à Cardeñosa, le pays est aride et plein de rochers ; il y croît un peu de seigle et beaucoup de safran ; les habitants sont fort pauvres.

Descendus ensuite dans la plaine, nous trouvâmes un pays bien cultivé et très fertile ; les villages y sont nombreux. Plusieurs habitants nous prenaient pour des Anglais en sorte que, pénétrés de cette idée, ils restèrent dans leurs demeures tandis que, s'ils nous avaient connus, ils auraient pris la fuite. On peut juger par-là combien nous étions haïs de tout le monde.

Fontiveros est une petite ville d'une population de deux mille âmes ; elle est mal bâtie. On envoya une reconnaissance sur Peñaranda. Le corregidor croyant avoir affaire à des Anglais, apprit à l'officier commandant cette reconnaissance que mille chevaux français étaient depuis la veille à Fontiveros. Après tous les renseignements nécessaires, l'officier détrompa le corridor qui fut bien surpris.

Nous eûmes la certitude que l'armée anglaise avait fait un mouvement pour se joindre à sir David Baird[1] et à La Romana[2]. Ce dernier était dans le royaume de Léon pour attaquer le duc de Dalmatie qui occupait Carrion, sur la Pisuerga. Nous retournions vers Avila ayant rempli notre mission lorsque nous reçûmes l'ordre de nous rendre à Arévalo. Nous bivouaquâmes à une lieue de cette ville ; le quartier général de Napoléon y était établi.

Nous montâmes à cheval au point du jour et prîmes position à Olmedo sur l'Adaja. C'est une petite ville mal bâtie et flanquée de quelques tours qui tombent en ruines. Nous apprîmes que les Anglais, dans la crainte d'être assaillis par toute l'armée française, précipitaient leur retraite sur Benavente.

Le 26 décembre, après avoir passé l'Eresma sur un beau pont à Valdestillas, nous entrâmes dans un pays riche et bien cultivé. Les coteaux sont couverts de vignes et d'oliviers et les bords de l'Eresma de saules et de peupliers. Peu de moments après, nous traversâmes le Douro à Puente de Douro, misérable village qui prend son nom du pont construit à cet endroit. Jusqu'à Valladolid, qui en est à deux lieues, la campagne est très belle et agréablement variée ; on aperçoit une infinité de villages dont l'aspect annonce l'aisance. La Pisuerga baigne les murs de Valladolid. Cette ville doit son nom à la grande quantité d'oliviers qu'on cultive dans ses environs[3]. Elle renferme des édifices magnifiques ; la grande place est entourée d'arcades occupées par divers marchands. Cette ville n'est pas peuplée en comparaison de son étendue : elle n'a guère que 22 000 habitants ; son université est très célèbre. Notre brigade étant seule, le général nous établit dans une vaste place appelée Campo-Grande qu'on trouve avant d'entrer dans la ville. Elle est entourée d'une vingtaine de couvents des deux sexes qui appartiennent à différents ordres religieux. Nous bivouaquâmes dans les cloîtres.

Une partie de l'arrière-garde anglaise était sortie de Valladolid la veille en sorte que les habitants, sachant que leurs alliés n'étaient pas très éloignés et que nous étions peu nombreux, nous firent un assez mauvais accueil.

---

1. Sir David Baird (1757-1829), général anglais. Service en Inde. En 1809 à la Corogne où il perd un bras. Célèbre pour sa bravoure.
2. Pedro Caro y Sureda, marquis de La Romana (1761-1811), général espagnol. Campagne contre les Français dans le Roussillon en 1793, en Catalogne en 1795. Placé par Napoléon à la tête du corps espagnol en Fionie (Danemark), il revient secrètement en Espagne, à Madrid, en 1808. En 1810, il combat contre les Français en commandant l'armée espagnole du centre et opère au Portugal avec l'appui du général anglais John Moore.
3. Note de Naylies : la campagne où est bâtie Valladolid, s'appelait, par corruption du latin, *Vallisoletum*.

Nous partîmes le 27, au point du jour, et nous arrivâmes à Medina del Rio-Seco, petite ville assez mal bâtie dans une plaine fertile. Toutes les maisons sont en terre ; elle contient cinq à six mille habitants. C'est à Medina del Rio-Seco que le maréchal Bessières[1] avait battu, le 14 juillet dernier, l'armée de Galice, forte de quarante mille hommes, commandée par le général Cuesta[2]. L'action fut très sanglante et il resta plus de huit mille Espagnols sur la place. Nous nous trouvâmes, dans ce même lieu, sous les ordres du maréchal Bessières qui commandait la cavalerie ; on nous fit porter en avant, près du petit village de Villa-Nueva.

Le 28, nous marchâmes vers Aguilar et sur Valderas. Le temps était détestable ; le sol étant formé d'une terre très grasse, les chevaux enfonçaient jusqu'aux jarrets. Malgré des torrents de pluie, il nous fallut bivouaquer dans la boue aux environs de Valderas où Napoléon avait son quartier général.

Le pays que nous venions de parcourir depuis Valladolid abonde en grains et en excellent vin ; mais on n'aperçoit pas un arbre, pas une pierre dans l'espace de plusieurs lieues. Nous étions dans le royaume de Léon dont cette contrée est une des belles parties. Le 29, nous quittâmes nos humides bivouacs, nous dirigeant sur Benavente où l'on assurait qu'était l'armée anglaise, derrière l'Esla. Parvenus au village de Castrogonzalo, en face de Benavente où est un pont en pierre que les Anglais avaient coupé, nous apprîmes qu'ils avaient effectué leur retraite dès la veille. Peu d'heures avant notre arrivée, les chasseurs de la garde avaient passé l'Esla à un gué au-dessous du pont : croyant n'avoir affaire qu'à quelques escadrons qu'ils voyaient dans la plaine, ils les chargèrent avec leur valeur ordinaire, les repoussèrent jusque sous les murs de Benavente, et donnèrent ainsi dans le piège qui leur avait été tendu. L'arrière garde

---

1. Jean-Baptiste Bessières (1768-1813), maréchal d'Empire, duc d'Istries. Participe à la campagne d'Égypte, se fait remarquer à Marengo. Excellent général de cavalerie, il est fait maréchal d'Empire en 1804, se distingue à Austerlitz, Eylau, Essling, Wagram. En Espagne, il remporte la victoire de Medina Del Rioseco, mais a du mal à coopérer avec Masséna, puis Marmont et quitte l'Espagne en 1811. En 1812, il rejoint la Grande Armée pour la campagne de Russie, reprend la tête de la cavalerie de la Garde impériale, sauve la vie de Napoléon ; il couvrira la retraite de Moscou. En 1813, pour la campagne d'Allemagne, il est commandant en chef de toute la cavalerie. Il mourra d'un boulet de canon la veille de la bataille de Lützen.
2. Gregorio Garcia de la Cuesta y Fernandez de Celis (1741-1811). Général espagnol courageux mais indépendant, son nom est associé aux défaites espagnoles de Medina Del Rioseco et de Somosierra (perte de Madrid). Défiant toute la sagesse militaire de l'époque, il parvient à réorganiser ses troupes et reprend toute la province de Badajoz aux Français, avantage qu'il perd au printemps suivant à la bataille de Medellin ; il n'obtient pas la confiance des Anglais. Il démissionne, se retire aux Baléares et meurt de ses blessures un an plus tard.

ennemie, forte d'une trentaine d'escadrons d'élite, masqués par quelques maisons et par des murs, les attaqua avec impétuosité ; le grand nombre força les chasseurs de se retirer et de repasser l'Esla. Le général Lefèvre-Desnouëtes, leur colonel, fut fait prisonnier.

Grognard au bivouac
Gouache sur papier signée E Puy 16 × 20 cm

Le soir, on envoya quelques boulets à l'ennemi et notre division prit position au petit village de Castropepo.

Dans la matinée du 30, on répara le pont et plusieurs officiers furent chargés de sonder des gués. M. de Damas, officier de mon régiment, en découvrit un au-dessus de l'endroit où étaient passés les chasseurs de la garde. Napoléon se rendit sur les bords de la rivière et nous la fit passer par pelotons ; je montais un cheval très petit qui faillit de me faire noyer ; il nagea l'espace de deux toises et je fus mouillé jusqu'au col. Le 30 décembre, nous n'entrâmes pas dans Benavente et nous allâmes bivouaquer à trois lieues, à *Puebla del Balliez*.

Les Anglais ayant rompu le pont sur l'Orbigo, nous le passâmes à gué au point du jour et nous allâmes bivouaquer devant Pallacios.

L'année commença par un temps affreux. Nous longeâmes les murs d'Astorga sur la Tuerta. Cette ville est très ancienne et a été considérable autrefois ; si l'art ajoutait à ses fortifications naturelles, ce serait une place excellente.

Après avoir marché toute la journée, nous nous trouvâmes, à minuit, sur le sommet d'une des hautes montagnes des Asturies. Nous y fûmes assaillis par une tempête épouvantable ; les hommes et les chevaux étaient renversés, et des tourbillons de neige nous dérobaient les objets à quatre pas de distance. Nous étions, depuis le matin, sur une des plus belles routes de l'Espagne, celle qui conduit à la Corogne, mais la neige, se gelant à mesure qu'elle tombait, la rendait unie comme une glace. C'est au milieu de ces montagnes, à l'endroit où la route de Léon joint celle de la Corogne, que nous trouvâmes une cinquantaine de voitures de blessés espagnols dont les conducteurs avaient emmené les attelages. Ils étaient du corps du marquis de La Romana que le maréchal Soult avait battu du côté de Léon. Ces malheureux demandaient la mort comme une faveur ; la plupart durent périr dans cette affreuse nuit. Il nous était impossible de leur prêter secours car nous étions nous-mêmes dans un état déplorable : pressés par la faim, couverts de neige et conduisant en main nos chevaux qui s'abattaient à chaque instant, plusieurs de nos cavaliers tombaient de lassitude et de besoin. À une heure du matin, on nous envoya gravir une haute montagne sur le flanc de laquelle nous trouvâmes un mauvais village de bûcherons, appelé Santa-Crux ; nous y attendîmes le jour. Le 2, nous nous dirigeâmes vers Ponferrada, petite ville sur la Sil : nous prîmes position à Coveran.

Nous joignîmes l'arrière-garde anglaise le 3, à Poncabello ; elle avait une belle position dont elle fut chassée. Nous y perdîmes le général

Colbert[1], commandant la cavalerie légère ; c'était un officier d'un grand mérite et justement regretté.

Le 4, nous traversâmes la petite ville de Villa-Franca, située dans un défilé très étroit : nous avions pensé que l'ennemi le défendrait. Nous entrâmes dans les montagnes qui séparent le royaume de Léon de la Galice ; elles ne sont pas moins hautes que celles du voisinage d'Astroga. Nous trouvâmes sur le sommet sept pièces de canon abandonnées et nous prîmes 500 hommes qui ne pouvaient plus suivre. Nous bivouaquâmes auprès de quatre maisons situées sur le revers des montagnes, vers la Galice. Nos soldats s'emparèrent, en cet endroit, d'un convoi d'argent évalué à 800 000 fr, laissé dans des voitures dételées.

Le 5 au soir, nous joignîmes l'ennemi près de Constantine où il était en position avec l'artillerie et l'infanterie. Comme nous n'avions que de la cavalerie, nous ne pûmes rien entreprendre. Il nous envoya quelques boulets qui ne nous empêchèrent pas de nous établir à Constantine. Le 6, nous trouvâmes toute l'armée anglaise en position devant Lugo ; elle occupait des postes très avantageux. Nous échangeâmes quelques boulets et nous prîmes des bivouacs à Santo-Pedro de Santa-Colomba pour attendre l'armée dont nous faisions l'avant-garde.

Dans la nuit du 6 au 7, le maréchal Soult arriva avec les troupes sous ses ordres. Il rangea son armée en bataille au point du jour, et plaça à son aile droite une partie de sa cavalerie qui devait manœuvrer pour contourner l'aile gauche de l'ennemi, seulement accessible par ce point. Plusieurs bataillons d'infanterie et quelques pièces d'artillerie légère devaient soutenir cette attaque. Toutes ces démonstrations n'eurent aucun résultat ; la nuit vint nous surprendre et nous la passâmes devant le village de Fossa.

Nous étions sous les armes à quatre heures du matin. Le feu brillant des lignes anglaises et le bruit que nous entendions dans leurs bivouacs, nous indiquaient qu'ils n'étaient pas dans l'inaction. Nous pensions, d'après la position des deux armées et les vifs engagements de la veille, qu'on allait livrer bataille ; nous y étions préparés ; mais la journée se passa en préludes insignifiants. Le soir, nous couchâmes dans nos bivouacs de la veille. L'ennemi effectua sa retraite pendant la nuit et nous entrâmes, le 9, dans Lugo, petite ville sur la Tamboja : elle doit son origine aux Romains ; plusieurs ruines attestent son ancienneté. Sa population est de cinq mille âmes : elle est entourée de murailles flanquées de tours qui tombent en ruines. Nous y trouvâmes quinze

---
1. Auguste Marie François comte de Colbert (1777-1809). Soldat en 1793, aide de camp de Grouchy puis de Murat, le suit en Italie puis en Égypte. Général après Marengo, se bat à Austerlitz, se distingue à Iéna ; tué au combat en Espagne.

pièces de canon et 400 chevaux que l'ennemi avait tués sur les glacis, ne voulant pas les laisser en notre pouvoir. La route était couverte de débris de voitures d'artillerie et de bagages, détruites de manière à ce que nous ne pussions en tirer aucun parti. Le cavalier anglais doit justifier de la perte de sa monture par une preuve matérielle. Les chevaux, dans les régiments, ont sur le sabot une marque particulière en sorte que, lorsque la fatigue ou une blessure force à l'abandonner, le cavalier le tue et apporte à son chef le pied où se trouve la marque. Pressés par notre avant-garde, plusieurs n'ayant pas le temps de tuer ces malheureux animaux se bornaient à leur couper le pied en sorte qu'arrivant un instant après nous les apercevions sur le bord de la route, debout sur trois pieds, paraissant implorer notre pitié : pour terminer leurs souffrances, on leur tirait un coup de pistolet.

Depuis Benavente, nous étions continuellement dans les montagnes ; nous avions parcouru une partie du royaume de Léon, traversé une haute chaîne des Asturies, et la Galice nous présentait un coup d'œil aussi montagneux. Nous étions fatigués de n'avoir qu'un horizon toujours borné et d'être obligés de monter et descendre sans cesse. Pour comble d'infortune, il pleuvait tout le jour et nous étions souvent vingt heures à cheval pour ne pas laisser respirer l'ennemi.

La Galice produit peu de froment mais elle a du vin en abondance, beaucoup de bois et du maïs dont les paysans composent un pain très mauvais.

La Galice est la province du royaume que le ciel a traitée avec le plus de rigueur : il y pleut six mois de l'année. Ses habitants sont lestes, robustes et courageux ; ils ont conservé cet esprit de liberté et d'indépendance qui leur fit braver longtemps les efforts des Romains et des Maures ; mais en général ils sont aussi sales que les paysans polonais ; leurs maisons offrent l'aspect le plus dégoûtant et les animaux immondes y vivent pêle-mêle avec eux. La même couche reçoit toute la famille, sans distinction de sexe. Les maisons sont basses et souvent n'ont pas de fenêtres : le jour n'y vient que par la porte qui donne passage à la fumée du foyer placé au milieu de la chambre ; elle s'échappe aussi par une ouverture pratiquée au milieu du toit. Il est de ces habitations pour la construction desquelles on n'emploie pas de ciment et le mur est formé seulement par des pierres mal jointes. Les toits sont couverts d'une pierre très large, couleur ardoise, de trois à quatre pouces d'épaisseur et ordinairement de deux ou trois pieds carrés.

Notre division, faisant l'avant-garde, n'entra pas dans Lugo ; elle poursuivit sa route jusque sur les bords de la Tamboja, près du pont de Rabado que les Anglais venaient de couper ; nous prîmes environ 200 trainards et, pour donner le temps au génie de réparer le pont, nous allâmes bivouaquer près du village de San-Martizon.

Le 10, le pont de Rabado étant réparé, on passa la Tamboja ; elle est, en cet endroit, profonde et très rapide : c'est une espèce de torrent qui prend sa source aux environs de Mondonedo. Nous prîmes position à *Corbitten*, en avant de Portobello. Le 11, nous nous approchâmes de Betanzos que l'ennemi occupait encore ; il coupait le pont qui est en arrière de cette ville sur la Betanza-y-Sada. Cette rivière, quoique peu considérable, n'est pas guéable en cet endroit parce que la marée remonte jusque-là.

L'avant-garde, composée de 100 dragons, força l'ennemi à se retirer quoiqu'il eût du canon et de l'infanterie ; il fut obligé d'abandonner son projet de détruire le pont ; il jeta à l'eau beaucoup de munitions, plusieurs pièces de canon, et mit le feu à un magasin de comestibles.

Betanzos n'est ni grande ni bien bâti mais sa situation est agréable : il est dans une presqu'île formée par la Betanza ; ses environs sont charmants : le pays est couvert de vignes, d'oliviers, de grenadiers et de citronniers. La température y est si douce que nous y vîmes des pois en fleur et du seigle presqu'en épis quoique nous ne fussions qu'au 12 janvier ; la nature était aussi riante qu'en France au mois de mai. On trouva à Betanzos des vivres pour l'armée ; nous fûmes envoyés à une lieue en avant.

Le 12, le pont qui est sur la rivière de la Corogne, à Castroburgo, avait été coupé ; quelques bataillons d'infanterie anglaise, placés sur la rive gauche, voulurent nous empêcher d'approcher de l'autre bord ; nos boulets les firent renoncer à ce dessein et on travailla à rétablir le pont. Les Anglais avaient fait une faute en laissant subsister un autre pont qui était à deux lieues au-dessus ; la cavalerie reçut ordre d'y aller passer ; notre division se porta ensuite sur la grande route de Saint-Jacques de Compostelle et s'empara d'un convoi de vivres, escorté par de l'infanterie, envoyé de cette ville à la Corogne. Nous logeâmes à Santiago de Sigueras.

Le 13, au point du jour on nous mit en bataille en avant de Sigueras ; bientôt après, une terrible détonation se fit entendre ; elle fut suivie d'une seconde moins violente. Nous apprîmes que l'ennemi venait de faire sauter deux magasins à poudre.

Comme le maréchal Soult attendait son artillerie et le reste de son infanterie, il n'y eut ce jour-là que des engagements de tirailleurs aux avant-postes.

Le 14, notre infanterie passa sur la rive gauche et s'établit sur les hauteurs qui avoisinent la Corogne, en face des troupes anglaises. La journée du 15 n'eut rien de remarquable mais on se prépara au combat.

Le 16, nous montâmes à cheval au point du jour et nous fûmes placés à l'aile gauche d'où nous découvrions toute l'armée ennemie, la Corogne, le pont et la flotte anglaise ; ce spectacle était magnifique.

Vers trois heures de l'après-midi, la division Mermet attaqua l'ennemi ; elle parvint à lui faire abandonner plusieurs points importants ; le combat fut très opiniâtre jusqu'à la nuit ; nos troupes gagnaient le sommet des hauteurs lorsqu'elles furent obligées, par des forces supérieures, de rentrer dans leurs premiers postes. La nature du terrain ne permettait pas un grand développement, tous les efforts furent dirigés sur la droite des Anglais. Les 17e et 27e dragons, qui formaient notre première brigade, firent une très belle charge. Notre perte fut évaluée à 800 hommes : on comptait dans ce nombre plusieurs officiers et deux généraux ; celle de l'ennemi fut plus considérable, le général Baird et le général en chef sir John Moore y furent blessés mortellement ; la nuit sépara les combattants et l'on coucha sur le champ de bataille. Pendant la nuit du 16 au 17, nous entendîmes de grands mouvements dans l'armée et dans la ville ; au point du jour, nous vîmes que l'ennemi s'était retiré dans la place et nous pensâmes qu'il opérait son embarquement. Notre infanterie jeta quelques troupes légères dans les faubourgs ; une batterie, que le duc de Dalmatie fit avantageusement placer, commença à tirer sur la flotte anglaise ; alors elle leva les ancres et gagna la haute mer. L'arrière-garde ennemie occupait encore les faubourgs du côté du port et avait coupé le pont qui les sépare de la ville ; elle fit un feu d'artillerie très vif qui se prolongea bien avant dans la nuit. Nous reçûmes de la place quelques boulets qui ne nous firent aucun mal ; nous allâmes coucher à Pastoriza.

Le 18, la majeure partie de l'escadre anglaise était hors de vue ; il ne restait plus en rade que quelques frégates qui se disposaient à appareiller. Le canon de la place tirait encore lorsque le maréchal Soult la fit sommer de se rendre : il y avait deux régiments espagnols que les Anglais y avaient laissés. Après quelques pourparlers, elle capitula et le maréchal y fit son entrée.

On trouva beaucoup de munitions, une grande quantité d'armes et plusieurs pièces de canon que les Anglais n'avaient pas eu le temps d'embarquer. La plage était couverte des chevaux de presque toute leur cavalerie : ils les avaient tués en les abandonnant.

C'est ainsi que finit cette expédition dont les Anglais attendaient une meilleure issue.

La Corogne est remarquable par son port qui est vaste et très sûr. Sa population est d'environ neuf mille âmes, elle est très commerçante, on y remarque une vieille tour que l'on prétend avoir été bâtie par Hercule. Ses rues sont étroites et obscures. La deuxième brigade de notre division reçut ordre de se diriger sur Saint-Jacques de Compostelle pour prendre des cantonnements dans les environs. Depuis la Silésie nous n'avions pas eu de repos ; nos chevaux se portaient bien mais ils marchaient depuis cinq mois et ils avaient besoin de quelques jours de tranquillité.

Le 21, un orage accompagné d'éclairs et de tonnerre qui dura toute la nuit dut fortement incommoder la flotte anglaise.

Nous arrivâmes à Saint-Jacques, capitale de la Galice. Cette ville, bâtie dans une agréable position sur les rivières d'Ulla et de Tembra, est renommée par les pèlerinages au tombeau de saint Jacques dont elle possède, dit-on, le corps. L'église qui le renferme est très riche. Il y a une multitude de couvents. Cette ville n'est pas mal construite, toutefois elle ne mérite pas sa réputation.

Il s'y fait un grand commerce d'images de Saint-Jacques.

On nous désigna des cantonnements ; le 19e dragons fut réparti aux environs de la petite ville de Mellid, que nous occupâmes, ainsi que Harzua et Boanté.

Cette partie de la Galice est un peu moins montagneuse et on y trouve de jolies vallées fertiles en grains ; elle abonde en légumes, en fruits et en pâturages où l'on voit de nombreux troupeaux. Les habitants, quoique plus doux que ceux qui habitent las montagnes, ont une trempe de caractère bien différente de celle des Castillans ; ils sont moins civilisés et beaucoup plus enclins à la vengeance. Nous restâmes parmi eux jusqu'au 2 février.

Nous apprîmes que le Ferrol nous avait ouvert ses portes et que l'Empereur avait quitté l'armée pour se rendre en Allemagne où l'Autriche menaçait d'une prochaine invasion. Nous nous apercevions depuis quelques jours de l'agitation des esprits ; les paysans étaient moins traitables, et déjà se préparait l'incendie qui embrasa toute la Galice ; on eut ordre de désarmer les habitants et de réunir les armes. Toutes les perquisitions ne produisirent qu'un mauvais effet et presqu'aucun résultat. On ne trouva que ce qui ne pouvait servir à rien ; les armes et les munitions que les Anglais fournissaient furent cachées dans les montagnes et les rochers.

D'après les plans de Napoléon, deux armées devaient envahir le Portugal ; l'une, aux ordres du maréchal Victor[1], devait y pénétrer en suivant les bords du Tage ; l'autre, conduite par le maréchal Soult, devait passer le Minho, à Tui, et se diriger sur Braga, Porto et Lisbonne. Notre division, destinée à faire partie de cette expédition, se réunit le 3 février à Saint-Jacques de Compostelle, pour marcher sur Tui où s'assemblait le deuxième corps. Les troupes aux ordres du maréchal Ney[2] nous remplacèrent à la Corogne, au Ferrol et à Saint-Jacques. En se dirigeant sur Puente-Lesma, on aperçoit, à droite, une haute montagne, sur le sommet de laquelle paraissent les ruines d'un édifice. Un curé, à qui j'en parlai, me dit que c'était autrefois un temple consacré à Diane, et que cet endroit était encore en grande vénération dans le pays : l'objet du culte est seulement changé car il est dédié à la Sainte Vierge. Cette montagne est appelé *Sierra Sacra*. Après avoir passé la Lesma, nous couchâmes à Trasdera.

Le 4, nous parcourûmes un pays aride et très montagneux ; les villages, bâtis entre les rochers, y sont misérables ; le peu de terrain propre à la culture ne produit que du maïs et du seigle ; les habitants se ressentent de l'aridité du sol : ils sont à demi sauvages. Nous couchâmes près de San-Clodio. Après une forte journée dans les montagnes et dans des chemins détestables, nous arrivâmes à Ribadavia ; c'est une petite ville entre des hauteurs, au confluent du Vinao et du Minho. Ses environs sont

---

1. Claude-Victor Perrin, connu sous le nom de maréchal Victor (1764-1841), duc de Bellune. Tambour, puis grenadier, son ascension est rapide. Toulon, Marengo, Friedland où il est fait maréchal. Envoyé en Espagne, il alterne succès (Espinosa, Ucles, Medellin) et revers (Talavra, Chiclana, Cadix), puis en Russie où il s'illustre à la Berezina. À la Restauration, il se rallie aux Bourbons. Pendant les Cent-Jours, il reste fidèle à Louis XVIII, participe à la commission qui jugea les *traîtres,* puis sert Charles X et démissionne sous Louis-Philippe.
2. Michel Ney (1769-1815), maréchal d'Empire, duc d'Elchingen, prince de la Moskova. *Le brave des braves,* capable de faire avec son corps d'armée quatre-vingt km en un jour pour se joindre au combat. D'origine modeste, il entre au service à 18 ans, en 1787, comme hussard. En 1799, il commande l'armée du Rhin, en 1803 l'ébauche de la Grande Armée. C'est en partie grâce à ses actions remarquables qu'ont pu être gagnées les batailles d'Ulm, Elchingen, Iéna, Erfurt, Eylau, Guttstadt, Friedland ! Mais, en Espagne, sa mésentente avec Soult puis Massena et les défaites conséquentes le font rappeler en France où il est démis de son commandement. Rappelé, en 1812, il se bat au centre du front de Smolensk, puis de la Moskova. Il protège la retraite en arrière-garde, se bat comme un lion à Krasnoï, sauve les débris de l'armée à la Bérézina. Suite à l'accumulation d'échecs en Allemagne, il demande à l'Empereur de le démettre, celui-ci refuse, il continue donc à se battre à Leipzig... Ne voyant plus d'espoir, il presse Napoléon d'abdiquer, mais aux Cent-Jours se rallie à nouveau (tout en l'affrontant à huis-clos à Auxerre). À Waterloo il mène une charge historique, crevant cinq chevaux sous lui, finissant la bataille à pied, *cherchant la mort*. Condamné à mort sous la seconde Restauration, Louis XVIII refusera de le gracier. Le tsar Alexandre Ier, qui le respectait, lui rendra hommage.

couverts de vignes qui produisent d'excellent vin ; il y a beaucoup d'arbres fruitiers, principalement des orangers et des citronniers. Ne devant pas loger dans la ville, nous y achetâmes des provisions ; nous allâmes coucher à Melòn, bourg à deux lieues de Ribadavia ; il nous fallut gravir, pour y arriver, une montagne très escarpée, tenant nos chevaux par la bride. Une forte pluie, accompagnée d'un vent très impétueux, nous incommoda jusqu'au sommet que nous n'atteignîmes qu'au bout de deux heures d'une marche pénible. Melòn a un vaste couvent, qui nous offrit un abri ; car le village est très misérable : nos chevaux ne pouvaient entrer dans les maisons, qui ne peuvent recevoir que des chèvres ou des vaches.

Le 6, nous traversâmes le bourg de Franqueira et nous allâmes nous établir à deux lieues en avant, au village d'Uma. Le quartier général de l'armée était à Tui, sur le Minho ; c'était en cet endroit que l'on devait passer ce fleuve ; mais les obstacles qui se présentèrent y firent renoncer. Ce village d'Uma, dans lequel mon régiment resta huit jours, est bâti au milieu des rochers de granit ; ses maisons ressemblent à des huttes de sauvages ; les blocs de rochers, qui forment les murs, sont si mal joints que les vents entrent de toutes parts et se disputent l'intérieur d'une chambre humide, sale et pleine de fumée ; les pierres qui couvrent le toit sont rangées avec si peu d'art que souvent l'eau tombe en abondance dans la maison ; nous éprouvâmes ce désagrément la première nuit.

À notre approche, les habitants s'étaient enfuis dans les montagnes. On les apercevait quelquefois sur les rochers, armés de longs bâtons et couverts de manteaux de paille pour se garantir de la pluie.

Je fus logé, avec mon colonel, chez l'homme le plus important du village ; son nom était Pedro ; il avait été cuisinier d'un riche banquier de Lisbonne ; il se ressentait un peu d'un séjour de dix ans dans une capitale car il était moins sale que ses compatriotes et il avait eu le courage de nous attendre ; c'était le seul habitant qui fût resté chez lui. Voyant cependant que nous ne partions pas le lendemain il quitta ses pénates avec la hideuse *señora*, sa moitié, et alla joindre ses camarades dans les bois. Son départ nous ayant donné plus de liberté, nous débarrassâmes la maison des haillons du señor Pedro que nous exposâmes à l'air pour le purifier et nous mîmes de la paille fraîche à leur place.

Il plut continuellement pendant huit jours. Nous eûmes soin de boucher les trous, les crevasses et les fenêtres car, comme je l'ai dit, le luxe des vitres est presque inconnu en Espagne. Nous passions nos journées à la clarté d'une lampe faite avec les débris d'un pot dans lequel, au lieu d'huile, on brûlait de la graisse de mouton. Là, autour d'une énorme peau de bouc pleine de vin de Ribadavia, nous nous entretenions de nos guerres passées ; nous chantions de joyeux couplets et, seulement quand l'outre était à sec, nous goutions un doux sommeil. Il n'était troublé par aucun rêve sinistre et, comme ce n'était pas le jour qui venait mettre un terme à notre repos puisque nous étions dans les ténèbres, le premier éveillé donnait le signal et on recommençait la journée comme la veille.

Le 13 février, nous eûmes avis d'un prochain mouvement vers le Portugal, et je reçus une mission pour aller en instruire les dépôts de la division établis à Porriño, petite ville près de la mer entre Vigo et Tui. Je partis avec dix hommes bien montés, me dirigeant à travers les montagnes ; je passai plusieurs torrents, que les pluies avaient considérablement grossis et qui étaient très dangereux pour des gens qui ne connaissaient pas le pays.

Après trois heures de marche, j'arrivai dans une vallée bien cultivée, les sommets d'alentour étaient couronnés par de riches habitations ou de riants hameaux. Dans cet agréable séjour, tous les arbres étaient en fleurs ; de grands tapis de verdure de différentes nuances contrastaient singulièrement avec le jaune tranchant des oranges et des citrons dont étaient enrichis des bosquets entiers.

Des haies de chèvrefeuille, d'aubépine et de myrte, bordant la route, répandaient dans l'air l'odeur la plus suave.

À notre approche, les paysans qui travaillaient dans leurs champs descendaient des collines et venaient près du chemin ; ils nous comptaient d'un air dédaigneux et, lorsque nous étions passés, quelques-uns faisaient entendre des injures et des menaces. À mesure que j'avançais dans la vallée, je voyais se former des groupes plus considérables ; je pense que j'aurais été attaqué par les Galiciens s'ils n'eussent cru que je faisais l'avant-garde d'un corps de troupes.

Je traversai la petite ville de Pontariès qui est dans une charmante position sur la rivière de ce nom. Je la passai sur un vieux pont, à une lieue de la ville, et j'entrai bientôt après dans de hautes montagnes couvertes de bois. De leur cime j'aperçus Porriño ; j'y arrivai tard. Cette ville, peuplée de malheureux bûcherons et pêcheurs, se compose de quelques maisons qui bordent le grand chemin. Après avoir rempli ma mission et fait rafraîchir deux heures mes chevaux fatigués d'une journée de dix lieues dans de mauvais chemins, je me remis en marche craignant que le mouvement ne s'opérât. La nuit nous surprit en sortant de Porriño ; de nombreux éclairs et des nuages épais qui couvraient le ciel m'annoncèrent un orage : il éclata à notre entrée dans les bois ; nous fûmes assaillis par la grêle, la pluie, et un vent impétueux qui nous empêchait de marcher.

Le bruit du tonnerre répété par les échos des montagnes, le fracas des torrents qui se précipitaient des rochers, joint à l'affreuse obscurité qui nous enveloppait, faisaient éprouver à l'âme la plus forte impression. Mes dragons étaient comme moi accablés de lassitude, nous allions à pied, à tâtons dans l'obscurité, marchant un à un, et tenant, pour nous diriger, la queue du cheval de celui qui nous précédait. Heureusement j'avais pris un guide à Porriño et je l'avais généreusement payé ; sans lui nous aurions été obligés de passer la nuit sur ces montagnes. Enfin l'orage cessa, et nous aperçûmes une lumière dans la vallée. Nous dirigeant vers sa clarté, nous arrivâmes à onze heures du soir au village d'Arnozo. Je frappai à la première maison qui parut pouvoir nous loger ; d'abord on m'accueillit fort mal mais lorsque mon guide eut dit que j'avais avec moi un détachement, je reçus des salutations dues à la crainte que j'inspirais. Je couchai dans une grange avec mes dix hommes et mon guide, que j'eus soin de ne pas laisser communiquer avec les habitants pour qu'ils ignorassent notre nombre. Je trouvai dans cette maison deux moines franciscains de la plus mauvaise mine ; ils firent toutes sortes d'instances pour m'engager à me désarmer et à me coucher dans un bon lit qu'ils avaient fait préparer. Voyant mon obstination, qui nuisait sans doute à leurs projets, ils voulurent enivrer mes hommes en faisant apporter plusieurs pots de vin devant la porte de la grange où j'avais placé une sentinelle. Je renvoyai le vin, n'en réservant que vingt-cinq bouteilles, et leur disant qu'une par homme suffisait. Mes hommes n'eurent en effet qu'à peu près une bouteille, et je répandis le reste pour qu'aucun ne s'enivrât. Je fis charger les armes et laissai reposer mes dix hommes par moitié ; ceux qui veillaient contaient des histoires. Je donnais l'exemple et, bon gré malgré, chacun devait dire la sienne. Je partis une demi-heure avant le jour. De telles précautions n'étaient pas inutiles car dix hommes isolés, au milieu d'un pays dont les habitants étaient soulevés, auraient été victimes de leur sécurité. Cette trop grande confiance a causé la mort d'un bien grand nombre de Français ; et nous avons perdu en Espagne plus de monde en détail, par les assassinats, que sur les champs de bataille.

Je rentrais à Uma lorsque mon régiment en partait pour se rendre sur le Minho ; il alla s'établir à Santiago de Ribaltene, près de la petite ville de Salvatierra. Le 15, il prit position à Santa-Maria de Cella, près du Minho qui, en cet endroit, sépare la Galice du Portugal.

Au bruit de notre approche, le tocsin sonna de toutes parts sur la rive gauche et la nuit fut éclairée d'une immense quantité de feux allumés sur les bords du Minho. Le 16, au point du jour, nous aperçûmes une multitude de paysans portugais qui bordaient la rive opposée. Malgré des torrents de pluie, le nombre croissait à chaque instant. Couverts de manteaux de paille dont la couleur se confondait avec celle des rochers, plusieurs s'avançaient jusque sur le bord de l'eau et tiraient sur tout ce qui s'approchait du fleuve. En face du village de Santa-Maria de Bide, la rive moins escarpée offrait un endroit favorable à un débarquement. Comme les Portugais savaient que nous avions plusieurs barques et quelques radeaux, ils craignirent un mouvement sur ce point et s'y portèrent en foule. En peu d'heures ils élevèrent une batterie où ils placèrent deux canons de fonte d'un très petit calibre. Plus de quatre cents femmes, parmi lesquelles on voyait beaucoup de religieuses, travaillaient à cet ouvrage ; les unes, la pelle ou la pioche en main, rivalisaient avec des hommes les plus forts ; les autres portaient la terre dans des paniers ou dans leurs jupes et la jetaient hors de la tranchée ; les enfants qui ne pouvaient travailler apportaient à leurs parents du vin et des aliments ; plusieurs moines, la tête nue et leur robe retroussée, dirigeaient tout, étaient partout et se portaient où le péril était le plus grand. Par leurs discours et leur exemple, ils électrisaient cette multitude qui nous haïssait assez sans leur secours.

Le projet de passer le Minho à Tui pour entrer en Portugal n'ayant pu avoir lieu faute d'embarcations nécessaires et parce que la citadelle portugaise de Valença, bâtie sur la rive gauche en face de Tui, gênait les opérations, le maréchal Soult résolut de passer le Minho à Orense ; il commença son mouvement le 17 février et notre division eut ordre de flanquer l'armée en longeant le fleuve. Arrivés dans les villages de Barzella et Herbo que nous trouvâmes déserts, nous apprîmes, d'un paysan surpris dans les rochers, que tous les habitants des cantons voisins avaient pris les armes pour nous combattre et s'opposer à notre jonction avec le corps d'armée qui avait suivi la grande route de Tui à Orense ; ils pensaient défaire aisément un corps de cavalerie voyageant sans infanterie, au milieu des montagnes et dans des gorges étroites ; il ignoraient que nos soldats avaient le double avantage d'être tour à tour cavaliers et fantassins et que, la baïonnette au bout du fusil, ils emportaient une position inaccessible à la cavalerie. Le plus grand nombre de ces paysans était réuni au village de Morentàn. On n'y arrive que par des rochers terminés par la petite rivière de la Sachas qui, en cet endroit, se jette dans le Minho. Mille à douze cents hommes défendaient un pont très étroit, barricadé et hérissé de chevaux de frise : il fallait passer ce pont pour arriver à Morentàn et continuer notre route. La division se mit en bataille derrière le défilé et 200 dragons, mettant pied à terre, s'avancèrent vers le village. Les Galiciens firent d'abord mine de venir à leur rencontre mais, voyant nos dragons armés de fusils, ils lâchèrent pied après avoir fait une décharge et s'enfuirent dans Morentàn. Cachés derrière les maisons, ils firent feu sur nous pendant quelques moments. Cependant le pont ayant été forcé et les premières maisons enlevées, nous entrâmes dans le village ; il devint bientôt la proie des flammes : elles consumèrent ce que le fer ne put atteindre et la plus horrible dévastation y détruisit tout ce qui était animé. Plus de 400 Espagnols y perdirent la vie ; nous eûmes seulement deux dragons tués.

À la vue du carnage et des maisons réduites en cendres, je déplorais le sort de ces infortunés qui, défendant leurs foyers et leur roi, devenaient victimes de l'ambitieuse fureur d'un injuste conquérant. J'en sauvai quatre qui allaient être égorgés. Si le souvenir d'une bonne action est resté dans leur âme, peut-être auront-ils rendu la pareille à quelques Français tombés entre leurs mains.

Les habitants de Morentàn abandonnèrent ce village, s'enfuirent dans les rochers ; ils y furent poursuivis et on en tua un grand nombre. Pendant le combat, les Portugais qui bordaient la rive gauche tiraient sur nous et nous envoyaient quelques boulets avec de petites pièces sans affûts, placées sur des rochers ; ils poussaient des cris effroyables et faisaient sonner le tocsin dans tous les villages. En suivant les fuyards, nous arrivâmes au village de Sequelinos qui eut le sort de Morentàn. Nous bivouaquâmes à la clarté de l'incendie, dans les vignes qui l'avoisinent. Plusieurs Français avaient été lâchement assassinés, quelques jours auparavant, dans le village de Crescente : on devait faire une punition exemplaire en le brûlant. Une députation de l'arcade, du curé et de deux notables vint demander grâce ; elle fut accordée, et les paysans de Crescente rentrèrent chez eux en déposant leurs armes.

Le 18 février, notre division fit sa jonction avec le corps d'armée près de Melòn ; elle alla bivouaquer le soir au village de Cotto. L'infanterie fut répartie dans les environs et deux bataillons occupèrent Ribadavia : ils y furent assaillis par une nuée de paysans descendus des montagnes. Le courage des Français l'emporta sur la multitude de leurs ennemis car, après un combat sanglant où un grand nombre de Galiciens perdirent la vie, le reste gagna les rochers. Le lendemain, en traversant Ribadavia, nous n'y trouvâmes pas un seul habitant ; on en voyait seulement quelques-uns errer sur les montagnes, attendant notre départ, et le cri de leurs imprécations arrivait jusqu'à nous.

Sous les murs de cette ville, je vis un affreux tableau des effets d'une guerre si odieuse : au milieu d'un monceau de cadavres nus et défigurés, j'aperçus ceux de deux femmes, l'une, de moyen âge, avait un fusil à côté d'elle, portait une giberne et un sabre d'infanterie, sa figure et ses lèvres noircies par la poudre indiquaient qu'elle avait combattu longtemps et déchiré plusieurs cartouches, l'autre entièrement nue paraissait n'avoir pas plus de dix-sept ans, les horreurs de la mort n'avaient pas altéré ses charmes qui conservaient toute leur fraîcheur. La première était morte d'un coup de feu dans la poitrine en combattant dans les rangs galiciens ; l'autre s'était précipitée sur la bride du cheval d'un officier assailli par plusieurs paysans, et avait reçu un coup de sabre qui lui avait fendu la tête.

Nous poursuivons notre route vers Certo do Celli où nous bivouaquâmes après avoir chassé 5 à 6 000 paysans armés.

Le pays, à quelques lieues d'Orense, est peuplé et très fertile ; cependant notre présence en faisait un désert car tous les habitants étaient cachés dans les rochers avec leurs familles, ou marchaient sous l'étendard du marquis de La Romana qui avait ordonné une levée générale en Galice. Cette vaste solitude avait quelque chose d'effrayant... Le silence qui régnait aux approches d'un village ou d'un bourg n'était jamais interrompu par la voie d'un être vivant ; seulement quelques coups de fusil, portant la mort dans les rangs, nous avertissaient que nous étions entourés d'ennemis d'autant plus à craindre qu'ils se rendaient invisibles et qu'ils étaient à l'abri de nos coups.

Notre division arriva dans la petite ville de Maside qui lui fut assignée pour en tirer des subsistances ; nous y bivouaquâmes le 21 et le 22. Ce lieu fut témoin d'un trait qui mérite d'être raconté parce qu'il honore en même temps le caractère de deux nations.

Lors de notre départ des environs de Saint-Jacques de Compostelle, au commencement de février, trois dragons démontés étaient restés en arrière accablés de lassitude ; deux d'entre eux furent massacrés par les paysans et le troisième aurait eu le même sort sans l'humanité du curé de Carballiño. Ce respectable ecclésiastique, au péril de ses jours, le déroba à la fureur des paysans en le cachant tantôt dans la sacristie, tantôt dans le clocher où il resta enfermé plusieurs jours ; la nuit, le curé lui apportait à manger. Ayant appris que les Français passaient près de son village, il fit habiller à l'espagnole le dragon qu'il avait soustrait à la mort et l'amena dans nos bivouacs. Ce digne homme fut reçu de nous comme le méritait une telle action.

Sur ces entrefaites, des soldats qui s'étaient écartés du camp pénétrèrent dans le village de Carballiño et pillèrent sa maison. Il était encore parmi nous lorsqu'on lui annonça cette nouvelle qui se répandit bientôt et, la pitié se mêlant à la reconnaissance, on ouvrit spontanément une souscription en faveur du curé ; chaque soldat voulut y contribuer. Dans un instant on recueillit cent Louis qui lui furent offerts ; il ne consentit à les accepter qu'après avoir forcé celui qui lui devait la vie à recevoir de quoi s'équiper. Il y eut alors entre eux un combat de générosité fort attendrissant et je vis de vieux soldats verser des larmes à l'aspect de leur camarade qui en répandait de reconnaissance et de joie dans les bras de son libérateur. Ce moment nous fit éprouver quelques douces sensations. Au milieu des horreurs qui nous environnaient, nous aurions eu besoin quelquefois de pareilles scènes pour égayer notre imagination attristée et soulager nos cœurs.

Nous quittâmes Maside le 22 février pour nous rapprocher d'Orense où le maréchal Soult établit son quartier général. Nous apercevions déjà les tours de cette ville lorsque nous reçûmes ordre de bivouaquer sur les hauteurs de la rive droite du Minho, près du village de Cabianca.

Ayant appris que nous restions quelques jours dans cette position pour attendre l'artillerie qui venait de Tui, chacun s'empressa de s'établir le plus commodément possible. Notre camp offrit bientôt l'aspect le plus animé : les uns coupèrent des branches d'arbres pour en faire des pieux, d'autres apportaient de la paille et traçaient les dimensions d'une cabane, ceux-ci allaient aux provisions, les moins robustes faisaient du feu et préparaient à manger. En vingt-quatre heures, notre bivouac présentait toutes les commodités d'un village.

Pour nous préserver de l'ardeur du soleil qui est déjà très chaud dans cette saison, nous entourâmes nos baraques d'arbres de toute espèce ; la nuit, ils arrêtaient l'abondante rosée dont, tous les matins, la campagne était blanchie. Nous nous réunissions sous ces berceaux de verdure pour prendre nos repas, parler du métier et raconter nos aventures. L'excellent vin des bords du Minho animait la conversation ; chacune de nos prouesses était célébrée par une rasade et l'on se passait, à la ronde, un énorme coco qu'il fallait vider sous peine de boire de l'eau le reste de la soirée. À l'approche de la nuit, près d'un grand feu, nous bravions la fraîcheur de l'atmosphère ; des propos joyeux et la gaieté la plus bruyante se prolongeaient jusqu'au jour ; nous montions alors à cheval ; nous faisions des reconnaissances aux environs du camp et nous rentrions dans nos baraques pour nous livrer au sommeil.

Semblables à de vieux tonneaux, nos soldats étaient tellement avinés qu'ils ne se grisaient plus : ils buvaient une partie de la journée et oubliaient ainsi leurs fatigues. N'anticipant jamais sur l'avenir, ils vivaient heureux ; jouant aux barres[1] ou à la drogue[2], ou bien, assis autour d'une chaudière de vin chaud, ils chantaient de joyeux refrains. Souvent, au milieu de la nuit, divisés par bandes, chacun une torche de paille à la main, ils se livraient des combats dont une peau de bouc pleine était le prix. Les uns occupaient un rocher qu'ils voulaient défendre ; les autres s'efforçaient de s'en emparer. Trois ou quatre cents flambeaux agités de diverses manières et changeant de place à chaque instant offraient, dans les ténèbres, le coup d'œil le plus divertissant : il n'y a que des Français qui soient susceptibles d'une telle gaieté. Ce caractère national ne se dément jamais, même au milieu des batailles et des privations les plus affreuses.

Le bivouac de Cabianca, que nous occupâmes jusqu'au 4 mars, est un des plus agréables que nous ayons eus en Espagne. Le bon vin que nos soldats y avaient bu leur rendait ce nom cher ; ils ne l'ont jamais oublié et s'écriaient souvent : « où est le vin de Cabianca ? »

Nous arrivâmes à Orense que le maréchal Soult venait de quitter avec une partie du corps d'armée. Cette ville, capitale de la province de ce nom, est le siège d'un évêché suffragant de Saint-Jacques de Compostelle ; elle était célèbre, sous les Romains, par ses eaux minérales et ses bains qui étaient alors très fréquentés. Elle est bâtie sur la rive gauche du Minho et l'on y arrive par un beau pont, remarquable par sa prodigieuse hauteur : il est de l'an 1 500. Les environs d'Orense sont couverts de vignes et d'arbres fruitiers ; les bords du fleuve y sont délicieux et présentent les sites les plus pittoresques. Notre division ne s'arrêta pas dans Orense, elle gagna Allaris sur l'Arnoya. Cette ville est sale et mal bâtie ; il y avait très peu d'habitants. On voit près d'Allaris, sur une hauteur qui la domine, les ruines d'un château maure : quelques tourelles sont encore bien conservées malgré l'effort des siècles. Nous allâmes bivouaquer près de Piñera d'Argos : l'on trouve aussi des ruines maures dans le voisinage de cet endroit.

Le 5 mars, nous marchâmes vers le bourg de Jinzo situé sur le bord d'un lac et, quittant la route de Montalègre à une demi-lieue de Jinzo que nous trouvâmes désert, notre division se porta sur Monterrei. On disait que M. le marquis de La Romana occupait cette ville avec 20 000 hommes. Après avoir parcouru dans cette direction un pays très

---

1. Le jeu de barres, jeu collectif, sorte de balle au prisonnier, peut -être déjà pratiqué dans l'antiquité (cf Platon) est mentionné en 1300. Il apparaît dans Gargantua. Autrefois pratiqué après diner, même Napoléon, pour se délasser, l'a pratiqué.
2. Quel est ce jeu ? S'agit-il d'une faute de frappe de l'édition de 1835 ?

montagneux, nous bivouaquâmes au village de Skornabo[1] près de Villa del Rey où était notre infanterie.

Le 6, au point du jour, flanquant la gauche du corps qui se dirigeait sur Monterrei, nous apprîmes, dans la petite ville de Laza, que deux escadrons de cavalerie espagnole y avaient couché la veille et que le marquis de la Romana, ne voulant pas nous attendre, rentrait en Castille. Après avoir marché toute la journée dans les montagnes, nous arrivâmes à Monterrei qui était évacué. Cette ville, entourée de vieilles murailles, est située sur une haute montagne ; au bas coule la Tamega, qui arrose la petite ville de Verin. Dans une chaîne de montagnes qui borde la rive gauche de cette rivière, se trouve un défilé qui conduit au Portugal ; il était défendu par 3 ou 4 000 Portugais qui couronnaient les hauteurs. Au sortir de Verin, le canon se fit entendre et nous arrivâmes au trot dans le village de Vallatza situé en face du défilé. Le 17e d'infanterie légère attaqua les troupes portugaises et enleva leurs positions. En une demi-heure, tout fut culbuté et l'artillerie prise : 50 dragons du 19e, qui suivaient les voltigeurs du 17e, firent une belle charge sur la route, et poursuivirent les fuyards jusqu'à San Cypriano.

La division bivouaqua, après ce combat, sur les bords de la Tamega, près de Valatza qu'occupait déjà une division d'infanterie. Nous apprîmes là que le général Franceschi[2], avec sa division de cavalerie légère, avait fortement maltraité l'arrière garde de M. de la Romana. Trois drapeaux et grand nombre de prisonniers étaient restés en son pouvoir.

Le 7 mars, l'armée passa le défilé et, entrant dans la plaine où est situé le village de San Cipriano, bivouaqua à la vue de Villarelo, frontière de Portugal. Notre avant-garde s'en étant approchée reçut quelques boulets envoyés par de gros canons en fonte et sans affûts, placés sur les rochers qui entourent ce village. Le 9, un bataillon d'infanterie s'empara de Villarelo et l'armée se prépara à entrer en Portugal.

---

1. Skornabo : un des rares noms difficiles à identifier et localiser.
2. Jean-Baptiste Franceschi (1767-1810), général. Fils de plâtrier, devenu sculpteur et pensionnaire de la villa Medicis, il s'engage en 1792 dans la compagnie des Arts ; remarqué par Soult, il combat à Austerlitz, puis est aide de camp de Joseph Bonaparte à Naples ; il est envoyé en Espagne où il mène courageusement et efficacement ses hommes (défilé de la Tamega). Chargé par Soult de porter un message à Madrid, il est fait prisonnier et mourra dans sa geôle. Sa jeune femme en mourra de chagrin.

De mars 1809 à mai 1810

Entrée en Portugal, prise de Chaves, marche sur Braga, combat et prise de Braga, fuite des religieuses de cette ville, prise de Guimarães, mort du général Jardon, combat, prise et pillage de Porto, trait héroïque d'une jeune Portugaise, marche de la deuxième brigade de notre division sur Penafiel et Amarante, attaque du pont de Canaves, les Portugais reprennent Chaves, Braga et Guimarães, héroïne de Penafiel, nous sommes forcés d'abandonner Penafiel, le maréchal nous envoie dans cette ville deux régiments d'infanterie et de l'artillerie, nous occupons Amarante, combats journaliers avec les paysans, pillage et dévastation des bords de la Tamega, acharnement des Portugais contre nos soldats, nous manquons de vivres et de fourrages, prise du pont d'Amarante. Relâchement de la discipline, les Anglais passent le Douro au-dessus de Porto et surprennent le maréchal Soult, son projet de retraite sur Mirandella, il est forcé d'y renoncer par la position avantageuse de lord Beresford sur la rive gauche de la Tamega, notre retraite d'Amarante, nous rejoignons le maréchal près de Lissa, il abandonne la caisse de l'armée, son artillerie, et fait sauter ses munitions, incendie des villages portugais, massacre de nos soldats, catastrophe du pont de Saltador, arrivée de l'armée à Monte-Alegre, extrême misère de l'armée, entrée en Espagne, nous bivouaquons sur les bords de la Lima (le Léthé des Anciens), notre avant-garde arrive à Allaris, nous passons le Minho à Orense, nous délivrons Lugo assiégé par les Galiciens, nous sommes mal reçus par le sixième corps rentrant d'une expédition dans les Asturies.

Le deuxième corps d'armée, destiné à faire l'expédition de Portugal, avait environ vingt-deux mille hommes dont trois mille de cavalerie ; la plupart avaient fait les dernières campagnes d'Allemagne et de Pologne et s'étaient couverts de gloire dans les plaines d'Austerlitz et de Friedland ; leur confiance était encore augmentée par la réputation de leur général et ils ne demandaient qu'à trouver l'ennemi.

Le 10 mars, l'armée entra en Portugal par Villarelo. Notre brigade, formant l'avant-garde, rencontra 2000 Portugais dans une belle position près de Feces d'Abaxos, sur la rive gauche de la Tamega. Nous passâmes cette rivière pour marcher sur eux et, après une charge victorieuse, ils furent dispersés dans les montagnes. Pendant ce temps, un détachement de la garnison de Chaves, fort de 3 000 hommes, vint menacer notre flanc droit tandis que 200 tirailleurs, embusqués dans des rochers inaccessibles à la cavalerie, nous faisaient beaucoup de mal. Ils furent chassés en un instant par 50 dragons qui mirent pied à terre. L'ennemi, attaqué de front par le 17e d'infanterie légère et tourné sur son flanc droit par la cavalerie, se débanda entièrement à la première charge ; 600 morts restèrent sur le champ de bataille et nous poursuivîmes le reste jusques sous les murs de Chaves qui nous envoya quelques boulets.

Le maréchal fit sommer la place mais les habitants ne voulurent pas écouter le parlementaire. La garnison était d'environ 6 000 hommes dont 1 500 soldats et le reste des paysans armés. Du haut des remparts, ceux-ci vomissaient contre nous un torrent d'injures ; ils nous menaçaient du sort le plus cruel si nous tombions dans leurs mains. Nous restâmes jusqu'à la nuit à portée de canon de la place et nous allâmes ensuite bivouaquer près du village de Boustello.

Le 11, notre division, à cheval dès le point du jour, coupa toutes les communications de la place sur la rive droite tandis que le général Franceschi, avec sa division de cavalerie légère et une division d'infanterie, complétait l'investissement sur la rive gauche. L'ennemi bordait le rempart, tirait le canon même sur les vedettes, et faisait entendre ses vociférations encore plus que la veille. La populace était tellement irritée que le gouverneur eut bien de la peine à lui arracher un officier supérieur envoyé en parlementaire qu'elle voulait mettre en pièces. Une dernière sommation fut faite, le 11 au soir, avec menace d'un assaut et de passer la garnison au fil de l'épée ; la place se rendit enfin le 12 ; un grand nombre de soldats en étaient déjà partis pour joindre l'armée portugaise commandée par le général Silveira[1]. On trouva dans cette ville beaucoup de munitions et d'artillerie ; le maréchal y passa en revue les troupes de ligne et la milice qui formaient la garnison : ces derniers étaient vêtus et armés de mille manières et offraient le plus bizarre assemblage. Ils furent renvoyés chez eux après avoir été désarmés ; avec les soldats qui voulaient prendre du service, on forma quelques compagnies dont on donna le commandement à des officiers portugais qui étaient avec nous.

Chaves[2] est arrosée par la Tamega qui coule dans une plaine très agréable : cette ville est ancienne et fut bâtie par les Romains ; on voit encore des restes de leurs grands monuments et un pont qui est bien

---

1. Francisco da Silveira Pinto da Fonseca Teixeira comte d'Amarante (1763-1821), militaire portugais, il dirige le siège de Chaves et empêche la prise d'Amarante mais est vaincu sur la Tamega et à Braga.
2. Note de Naylies : Chaves est, dit-on, la ville que les Romains appelaient *Aquae Flaviae*. Ils la nommèrent ainsi en l'honneur de Tite et de Vespasien, qui s'appelaient *Flavius*.

conservé ; elle a pour arme deux clefs : elle est effectivement la clef du Portugal vers la Galice. Je pense que c'est ce qui lui a donné son nom ; elle est bien bâtie et peuplée ; l'extérieur des maisons est plus gai et plus propre que celui des villes espagnoles : elle a deux petits forts, un sur chaque rive de la Tamega. Ses environs sont fertiles et le climat très salubre. On trouve, à une petite distance, des eaux minérales renommées.

L'armée séjourna trois jours à Chaves pour faire des vivres car nous étions prévenus que la province de Tras-Os-Montes, dans laquelle nous entrions, est très stérile et que les habitants avaient emporté tous les comestibles dans leurs montagnes. Le sol de cette partie du Portugal est si inégal que, dans la province entière, on ne pourrait je crois mettre deux escadrons en bataille. Les malades, les blessés et les gens inutiles furent laissés à Chaves avec une faible garnison. L'armée se mit en route le 15, se dirigeant sur Braga. Nous parcourûmes un pays inculte et désert ; les villages sont très rares, encore n'y trouvions-nous personne. Après une marche de six heures dans les montagnes, nous arrivâmes sur le sommet et l'armée prit position à Saltouras. Nos postes furent inquiétés pendant la nuit par les Portugais. Le lendemain, nous traversâmes le village de Ruivães qui est dans une agréable position ; son site riant contraste beaucoup avec l'âpreté des environs couverts de bruyères et de sapins : un ruisseau, dont les bords sont ombragés d'orangers et de citronniers, le traverse dans sa longueur.

Les Portugais avaient établi une redoute en avant de Ruivães pour nous disputer le passage ; notre infanterie l'emporta, l'arme au bras. Au sortir du village de Vandanova, nous entrâmes dans le défilé de ce nom ; à droite est un torrent qui roule à plus de cent pieds au-dessous de la route ; et à gauche, une montagne très escarpée où se logèrent deux ou trois cents Portugais dont le feu incommoda beaucoup notre artillerie. Un bataillon d'infanterie les en chassa et nous bivouaquâmes dans le village de Salmonde. Sur toutes les hauteurs, et principalement sur celles appelées Alturas de Barozo, nous vîmes beaucoup de feux ennemis.

Le 17, notre division quitta le misérable village de Salmonde ; nous voyageâmes une partie de la journée sur le sommet aride de hautes montagnes ; mais nous apercevions, au-dessous de nous, une belle vallée arrosée par la Cavado, de jolis villages, entourés d'arbres fruitiers et de vignes ; des maisons qui annonçaient l'aisance avaient tenté quelques soldats imprudents qui s'étaient détachés de leur régiment pour aller chercher des vivres. Ils avaient été égorgés par les paysans. Plusieurs fois les cris de ces malheureux frappèrent nos oreilles et nous éprouvions le cruel tourment de ne pouvoir les secourir. Des hauteurs de Carvalho, nous aperçûmes, sur les montagnes en avant de Braga, l'armée portugaise en bataille qui était dans une très forte position ; nos avant-postes furent placés à São-João-de-Rei et nous prîmes nos bivouacs près de Rendufinho, dans une plantation d'oliviers, après avoir échangé quelques boulets.

Le 18, l'ennemi fit déborder sa droite pour faire reculer notre aile gauche adossée à des rochers avoisinant Lanhoso. Il envoya 2 000 hommes qui s'emparèrent de ce village. Le maréchal voulut le faire emporter par 300 dragons à pied soutenus de deux escadrons. Cette entreprise aurait été couronnée d'un succès que promettaient l'assurance et l'enthousiasme de nos soldats lorsqu'une prudence hors de saison vient arrêter l'élan du major Montigny, officier intelligent et audacieux qui commandait cette attaque. J'étais à ses côtés et nous commencions à gravir la montagne où l'ennemi était en position lorsque nous reçûmes contre ordre, au grand regret du major et de nos dragons.

Le 19 mars, le 31e régiment de ligne soutenu de deux escadrons de dragons s'empara de Lanhoso. Ce jour-là, les Portugais massacrèrent Bernardin Freire d'Andrade[1], leur général, parce qu'il s'était fortement opposé dans le conseil à l'attaque demandée à grands cris par ses soldats, et qu'il avait déclaré qu'on ne pouvait tenir cette position. Le maréchal résolut d'attaquer le lendemain.

Au point du jour, nous étions à Carvalho d'où l'on voyait les lignes portugaises ; cependant, depuis la veille, elles s'étaient bien éclaircies ; une partie de l'armée s'était retirée sur Braga.

L'attaque commença à sept heures ; la division Laborde[2] soutenue de la quatrième division de dragons formait le centre. Les divisions Mermet et Franceschi, l'aile gauche et celle du général Heudelet[3], la droite. Une

---

1. Bernardim Freire de Andrade (1759-1809). Chef espagnol ; en mars 1809, il commande une armée composée de milices indisciplinées et opposée à l'armée de soldats français professionnels du maréchal Soult. Comprenant que ses hommes avaient peu de chance dans cet affrontement, il l'évite mais, furieux, les guérilleros se retournent contre lui : il est arrêté, incarcéré et assassiné dans sa prison.
2. Henri-François, comte de Laborde (1764-1833), général. Fils de boulanger. Toulon, armée du Rhin, Portugal contre Wellington (1808-1809), campagne de Russie. Rallié aux Bourbons, il accueille cependant Napoléon lors des Cent-Jours. Destitué, il quitte la France.
3. Étienne de Heudelet (1770-1857), général. Fils de notable, Il commence dans l'armée du Rhin ; à la tête de l'avant-garde il est remarqué par Bernadotte, puis Soult. Austerlitz, Iéna, Eylau (où une balle lui traverse le corps) ; baron d'Empire. Il repart en Espagne, Portugal où il rend de nombreux services. Rentre en 1811 pour santé, sert encore en Russie. À la 1ère Restauration, il s'engage au service des Bourbons : appelé à Paris au moment de Waterloo, il ne participe à aucune action et se retire sur ses terres. Au procès de Ney, il témoigne en sa faveur ; il est rappelé après 1830.

batterie, placée en avant du centre, donna le signal et la division Laborde marcha fièrement à l'ennemi, l'arme au bras, sans tirer un seul coup ; cette audace intimida les Portugais qui commencèrent à se débander. La cavalerie se mit à leur poursuite, les atteignit bientôt et en fit un grand carnage. Nous entrâmes avec eux, pêle-mêle, dans Braga et nous allâmes encore deux lieues au-delà en sorte que nous fîmes quatre lieues au galop, sans donner de relâche à l'ennemi : sa perte fut considérable ; son artillerie, ses bagages, ses caisses militaires et plusieurs drapeaux, tombèrent en notre pouvoir.

À une lieue de la ville, apercevant devant nous une charrette attelée de quatre mules qui s'éloignait avec rapidité, deux de mes camarades et moi suivis de trois dragons, nous nous mîmes en devoir de l'atteindre. Une vingtaine de paysans qui protégeaient sa fuite en tiraillant sur nous se sauvèrent à notre approche : le conducteur de la voiture, imitant leur exemple, coupa les traits et s'enfuit avec ses mules ; arrivés près de cet équipage abandonné au milieu de la route, nous y aperçûmes huit ou dix religieuses à demi mortes de frayeur. Un seul homme, que nous avions distingué parmi les tirailleurs, ne les avait pas quittées ; c'était leur aumônier qui, un fusil sur l'épaule et une ceinture pleine de cartouches, nous attendait fièrement. Quand nous fûmes à dix pas de lui, il nous couche en joue et, lâchant son coup de fusil, il blessa mortellement un de nos dragons ; alors il se jeta dans un champ voisin en rechargeant son arme. Un dragon le poursuit, l'atteint, et le tue d'un coup de pistolet. Cette vue fit jeter les cris les plus douloureux à ces religieuses ; elles se précipitèrent hors de la voiture, se prosternaient dans la poussière et recommandaient leurs âmes à Dieu. Plusieurs nous suppliaient, les mains jointes, de les délivrer de la vie et de les réunir à leur directeur. Deux d'entre elles, qui étaient d'une beauté admirable, ne se plaignaient pas mais leur figure exprimait la douleur la plus profonde : elles versaient des larmes qui auraient attendri le cœur le plus dur.

Nous eûmes beaucoup de peine à faire comprendre à ces bonnes dames que nous respections leur sexe et leur état, et qu'il ne leur arriverait rien ; elles ne nous croyaient pas susceptibles de cette générosité. Après les avoir un peu rassurées, elles nous témoignèrent le désir de rentrer dans leur couvent ; nous les fîmes accompagner à Braga.

Cette ville[1] où s'établit le quartier général du maréchal Soult est sur le Cavado. Sa position est très agréable et ses environs fertiles ; c'est une

---

1. Note de Naylies : Braga était, sous les Romains, une ville considérable. Elle fut longtemps le siège des rois goths : on y voit encore des ruines qui retracent le souvenir de ces deux peuples. Plusieurs auteurs anciens et modernes, tels que Pline, Acuna, Salazar

des jolies villes que j'ai vues ; elle est grande et régulièrement bâtie ; peu de cités d'Espagne peuvent lui être comparées pour l'élégance extérieure des maisons ; elle est riche et commerçante ; son archevêque jouit d'un grand revenu : il est primat du royaume.

Notre division bivouaqua au village de Tabossa, à deux lieues de Braga, sur la route de Porto. Nous envoyâmes plusieurs reconnaissances vers les villes de Guimarães et de Barcellos ; la première est sur l'Ave et la seconde près de l'embouchure de la Cavado : on y trouva des rassemblements armés. Nous apprîmes que l'ennemi occupait près de Troffa, sur la rive gauche de l'Ave, une forte position avec beaucoup d'artillerie : nous restâmes dans nos bivouacs de Tabossa jusqu'au 24.

Alors nous marchâmes sur le bord de Villanova et delà sur l'Ave : l'ennemi avait rompu le pont en bois et le gué qui est au-dessous avait été rendu impraticable par des trous faits dans la rivière et des chevaux de frise. Toutes les avenues étaient barricadées et il fallait, pour les forcer, vaincre les plus grandes difficultés. Nous fûmes obligés d'attendre l'arrivée de l'infanterie et nous bivouaquâmes à Ferreiro.

Sur ces entrefaites, le maréchal Soult, ne voulant laisser sur ses derrières rien qui pût l'inquiéter, avait envoyé deux divisions d'infanterie pour soumettre les villes de Barcellos et de Guimarães : nous attendîmes à Ferreiro l'arrivée de ces troupes.

---

de Mendoza, etc., rapportent une singulière convention, faite sous Auguste, entre les habitants de Braga et de Porto. Ceux-ci ayant été vaincus par les premiers, et les femmes de Braga ayant, par leur courage, contribué au succès de la victoire, ces héroïnes imposèrent aux habitants de Porto les dures conditions que voici :
1° Il n'était pas permis aux habitants de Porto de relever les murailles de leur ville, sans la permission des femmes de Braga.
2° Aucun d'eux ne pouvait occuper un emploi sans l'agrément d'une femme de Braga, qui, armée de pied en cap, devait le faire prosterner en signe de servitude, et lui mettre le pied sur le col. Après cette cérémonie, il entrait en possession de sa charge.
3° Si une fille de Braga épousait un habitant de Porto, elle devait donner sa virginité à celui de ses parents qui lui plaisait le plus, et c'était le nouveau marié qui la conduisait lui-même au lit.
4° Si une femme de Braga se mariait à un habitant de Porto, celui-ci ne recevait la dot que lorsqu'il avait richement habillé le père et les frères de son épouse. Si elle était surprise en adultère, le mari n'avait pas le droit de la tuer, mais il devait la remettre entre les mains de son père, ou de son plus proche parent, qui lui infligeait la punition qu'il jugeait convenable.
5° Si elle était surprise en adultère avec un habitant de Braga, le mari de Porto n'avait le droit de la punir qu'en retranchant le luxe de ses vêtements.
On voit, à la sagesse de ces lois, que ce sont des femmes qui les ont faites, et on peut trop admirer la rare prévoyance qui les leur a dictées.

C'est à Guimarães que fut tué le général Jardon[1], faisant le coup de fusil avec les tirailleurs. Cet officier général était connu de toute l'armée par sa rare intrépidité, son ton brusque et ses formes repoussantes. Il poussait jusqu'au cynisme la négligence de son extérieur : son uniforme et son cheval, équipé, ne valaient pas cent écus. Général depuis le commencement de la Révolution et, toujours aux avant-postes, il avait fait tuer plus de douze aides de camp : il ne pouvait plus en trouver et on lui fournissait des sergents d'infanterie qui en faisaient le service. Dès que les tirailleurs se portaient en avant, il marchait à leur tête, le fusil sur l'épaule et une ceinture garnie de cartouches. Lorsqu'il était fortement pressé par le nombre, il demandait un renfort de douze hommes et un sergent. Il croyait pouvoir tout entreprendre quand on lui envoyait une compagnie de voltigeurs. Les soldats, dont il était l'ami et le compagnon, donnèrent des larmes à sa mémoire.

Le 26, la division de cavalerie légère, ayant passé l'Ave, près de Guimarães, déboucha dans la plaine et vint prendre en queue l'ennemi qui gardait le passage de Troffa. L'infanterie attaqua dans ce moment et la position fut évacuée en un instant. Le reste de la cavalerie passa au pont de Léoncino que l'ennemi n'avait pas coupé. Nous poursuivîmes les fuyards jusqu'à la nuit ; nous bivouaquâmes sur une montagne, dans une forêt de sapins, près de Saint-Christophe de Mourou.

L'ennemi qui gardait le défilé de Sidreira en fut chassé et contraint de se retirer sur les hauteurs de Porto.

Nous avions été assaillis dans toute la route par les habitants qui descendaient de leurs montagnes et venaient tirer sur nous avec impunité : il était impossible de les atteindre. Des femmes, des enfants étaient mêlés avec ceux qui faisaient le coup de fusil, les exhortaient et leur donnaient l'exemple.

S'il arrivait qu'un soldat fatigué restât en arrière, il était aussitôt massacré, même à cent pas de l'arrière-garde. Elle accourait aux gémissements de cet infortuné ; mais on ne voyait plus qu'un cadavre mutilé et ses bourreaux qui, sur un rocher voisin, insultaient à nos regrets.

Les femmes montraient, dans toutes ces occasions, plus de barbarie que les hommes et poussaient plus loin le raffinement de la cruauté. Oubliant la retenue et la modestie de leur sexe, on en a vu commettre des atrocités qui outragent la nature. Ma plume se refuse à tracer tous

---

1. Henri Antoine Jardon (1768-1809), général d'Empire. Prend du service comme lieutenant dans la Légion liégeoise en 1792. Rapidement promu, il réprime des troubles en Belgique, puis passe à l'armée du Danube. Il suit l'Empereur en Espagne en 1808 et le maréchal Soult au Portugal. Il y meurt au combat à Negrelos près de Guimarães en 1809. Estimé de ses soldats, il avait une réputation de probité et de délicatesse.

les outrages qu'elles firent au cadavre d'un officier du 27ᵉ dragons tué dans l'attaque du bivouac de ce régiment par les paysans.

Nous apercevions, sur le sommet de toutes les montagnes, des signaux construits avec deux arbres de cinquante à soixante pieds de haut. Ces signaux, comme des télégraphes, indiquaient de suite la direction que nous suivions et notre nombre. Nous les abattions ; trois ou quatre jours après ils étaient relevés.

Les habitants étaient encore instruits de notre approche par une épaisse fumée qui nous devançait de village en village. Pour transmettre des renseignements plus positifs, ils employaient des jeunes gens lestes et vigoureux, placés à la portée de chaque village et dans un endroit convenu. Un d'entre eux était toujours présent, l'œil et l'oreille au guet ; il partait comme un trait, à travers les rochers, pour déposer au poste voisin la dépêche que venait de lui remettre, en courant, un de ses camarades. Elle parvenait ainsi sûrement au corregidor ou à l'autorité militaire, et plus vite que si elle eût été portée à cheval. Ces messagers ne tombaient jamais entre nos mains tandis qu'il arrive très souvent à l'armée que des courriers sont pris[1].

La population entière des provinces d'Entre-Douro-et-Minho et de Tras-Os-Montes était sous les armes. Près de 40 000 hommes et deux cents pièces de canon défendaient Porto ; ils étaient commandés par l'archevêque de cette ville qui avait sous ses ordres le colonel Harenschild et plusieurs officiers anglais ; la droite de cette armée occupait des rochers escarpés qui se prolongent jusqu'au Douro ; la gauche était appuyée à la mer et le centre avait un fort hérissé de canons dans une position qui dominait le point par où nous devions déboucher. Nous avions encore deux divisions en arrière en sorte que la journée du 27 se passa en attaques d'avant-postes. Pendant la nuit, l'ennemi fit feu de toute son artillerie. Il avait mis en batterie beaucoup de pièces de marine du plus gros calibre qui lançaient des boulets jusque dans les bivouacs de notre division de cavalerie établis à près d'une lieue des redoutes. Le centre de la position ressemblait au Vésuve dans une éruption. Notre infanterie parvint à se loger sous cette voûte de feu où elle fut entièrement à l'abri : l'ennemi n'obtint d'autres résultats que de consumer beaucoup de munitions.

Le général Foy[2] que le maréchal avait envoyé en parlementaire courut le risque de la vie ; il fut entièrement dépouillé et maltraité par

---
1. Note de Naylies : Ces espèces de télégraphes vivants étaient en usage chez les Gaulois. Voyez *La Gaule poétique*, tome 1 et 2.
2. Maximilien Sébastien Foy (1775-1825) général d'Empire blessé à Waterloo, député libéral sous la Restauration.

les paysans qui le jetèrent dans un cachot. Le lendemain, lors de l'attaque de la ville, étant parvenu à échapper, il nous rejoignit presque nu et couvert seulement d'une mauvaise capote de fantassin.

Pendant la nuit du 28 au 29, dans l'intervalle que laissaient entre elles les nombreuses décharges de l'artillerie portugaise, on entendait le son de toutes les cloches de Porto, les cris confus de ses habitants et le tocsin agité dans les campagnes voisines. Depuis que je faisais la guerre, je n'avais pas vu de spectacle plus terrible et une bataille s'annoncer avec plus de fracas. À sept heures du matin, une forte canonnade et la fusillade s'engagèrent sur toute la ligne. La première attaque fut dirigée pour tourner l'aile droite de l'ennemi ; le centre fut emporté, l'arme au bras, par notre infanterie. Le 86ᵉ et le 70ᵉ régiment, après avoir franchi trois lignes de redoutes, entrèrent dans les dernières fortifications. Les Portugais se débandèrent de tous côtés et l'on en fit un grand massacre. Dès que le passage fut ouvert à la cavalerie, elle se mit à leur poursuite et les chargea jusqu'au Douro qui traverse la ville. Quand nous y arrivâmes, on travaillait à couper le pont ; la foule était si grande qu'il se rompit : un nombre infini d'habitants fut noyé ; d'autres furent écrasés dans l'écroulement ; mais la majeure partie, arrêtée sur ce qui restait du pont et pressée par la foule qui allait toujours en croissant, fut mitraillée par le canon portugais qui, de la rive gauche, tirait sur notre tête de colonne : ce spectacle était affreux. J'en vis un autre qui prouve combien le fanatisme de la liberté animait le peuple : un voltigeur d'infanterie légère venait de tirailler sur les bords du Douro, il aperçoit une femme qui luttait contre les flots, il s'y précipite, la saisit par les cheveux et la dépose sur la rive : c'était une jeune de dix-huit à vingt ans, ses vêtements annonçaient une personne d'une classe distinguée. Elle revint de son évanouissement au bout de quelques minutes, jette autour d'elle un coup d'œil égaré, rassemble ses forces et court se précipiter une seconde fois dans le fleuve en disant : non, je ne devrai pas la vie à des monstres qui déchirent ma patrie. Quel héroïsme ! Que ne devait-on pas craindre d'un peuple qui montrait une si grande énergie !...

On se battait encore dans quelques rues, on fit main basse sur tout ce qui était armé. Cette grande ville se vit, pendant quelques heures, en proie à toutes les horreurs d'un assaut. J'eus le bonheur de sauver une jeune personne qui allait être victime de la brutalité de plusieurs fantassins ivres. Apercevant, de la rue où nous étions en bataille, une femme qui allait se précipiter d'un balcon, je la vis en même temps retirée brusquement par des soldats dans l'intérieur de l'appartement ; je monte le sabre à la main, j'écarte ces brigands mais je fus couché en joue par un autre d'entre eux ; le coup part, et je ne dus ma vie qu'à l'ivresse qui l'empêcha de bien m'ajuster. Trois dragons, accourus au bruit, m'aidèrent à les chasser. Je sortis de cette maison, comblé des bénédictions de toute une famille, et avec le contentement qu'inspire une bonne action.

L'ordre se rétablit par les soins du maréchal Soult et l'on vit rentrer les habitants dont la plupart s'étaient enfuis. Porto[1] est la seconde ville du Portugal et une des plus riches de l'Europe. Sa situation à l'embouchure du Douro ne contribue pas peu à la rendre commerçante : elle est bien bâtie. On y remarque de beaux édifices tels que l'archevêché et l'opéra : les vins de Porto sont très estimés et il s'en fait une grande exportation en Angleterre.

Le pont sur le Douro fut réparé ; l'infanterie passa sur la rive gauche et la division de cavalerie légère prit position à Abergana-Nova, poussant des reconnaissances sur la Vouga.

Notre brigade eut ordre de se porter sur Amarante[2], pour tâcher d'ouvrir la communication avec le maréchal Victor qui devait concourir avec nous à l'expédition de Portugal en occupant le pays entre le Douro et le Tage. Nous allâmes bivouaquer près de Valongo, petite ville remplie de boulangers, qui fournissent du pain à Porto. Les hauteurs qui la dominent avaient été fortifiées et garnies d'artillerie ; mais l'ennemi les avait abandonnées. L'on sut, à Valongo, qu'une partie de l'aile droite de l'armée portugaise s'était retirée sur la Tamega.

Le 31 mars, nous passâmes la Souza et nous établîmes nos bivouacs à Penafiel autrefois appelé *Arifana* ; cette petite ville est bâtie sur le penchant d'une montagne : elle forme un défilé très étroit d'une demi-lieue car elle n'a qu'une seule rue qui se prolonge du haut en bas de la montagne. Le 18e régiment de dragons occupa la partie haute de la ville et le 19e la partie basse.

Devancés par la terreur qu'inspirait notre nom, nous ne trouvâmes pas d'habitants dans Penafiel : un vieillard octogénaire, qui n'avait pu suivre les siens dans les rochers, restait seul ; il était assis sur une borne,

---

1. Note de Naylies : Porto est une ville ancienne, sur l'océan, à l'embouchure du Douro ; elle fut bâtie, dit-on, par les Gaulois, 296 ans avant Jésus-Christ. Les Maures la détruisirent entièrement en 716. Elle fut rebâtie en 905, et rasée quelque temps après par Almanzor, roi maure de Cordoue ; elle resta presque déserte jusqu'en 982, époque où elle sortit de nouveau de ses ruines.
2. Note de Naylies : Amarante, petite ville sur la Tamega, a été fondée 360 ans avant Jésus-Christ. Elle a été détruite bien des fois par les Maures et par les Espagnols, dans leurs guerres contre les Portugais. En 1250 il n'en existait plus que la place ; elle commença à se rétablir en 1559, par les soins de Catherine d'Autriche, femme de Jean III, roi de Portugal.

dans la place publique, et adressait des prières au ciel. Le feu qui brillait dans ses yeux, et les regards qu'il nous lançait indiquaient bien la nature des souhaits qu'il faisait pour nous. Un silence effrayant régnait dans la ville ; il n'était interrompu que par le son uniforme des heures et par les aboiements de quelques chiens abandonnés. Les armes de la maison de Bragance, placées sur les édifices publics, étaient couvertes d'un crêpe noir et semblaient porter le deuil de la patrie. Toutes les habitations étaient ouvertes ; les églises seules étaient fermées comme si notre aspect en eût dû profaner la sainteté. Les comestibles et tout ce qui pouvait nous être utile avaient été enlevés ou détruits. Cette haine implacable de nos ennemis, ce soin continuel de nous nuire et ces grands exemples de dévouement firent dès lors quelque impression sur le moral de nos soldats accoutumés à vivre chez les bons Allemands et aussi tranquillement un jour de bataille que dans leurs cantonnements.

Nous devions nous porter jusqu'à Amarante et reconnaître la portion de l'armée portugaise qui s'était retirée sur ce point lorsque nous apprîmes que, à trois lieues de nous, le village de Canaves était occupé par un fort parti en sorte que notre flanc droit allait être entièrement découvert si nous quittions Penafiel. Le général Caulaincourt qui nous commandait voulut s'emparer de Canaves afin de ne pas laisser d'ennemis entre Porto et lui. Il fit un détachement de 500 chevaux et nous marchâmes vers Canaves ; nous ne rencontrâmes personne jusqu'à notre arrivée sur le plateau qui domine le village : là, nous aperçûmes à quelque distance des bandes de 15 à 20 paysans qui semblaient n'attendre que le signal pour nous attaquer. Vêtus de noir ou de couleur sombre, au milieu des rochers blanchâtres, ils avaient l'air de spectres attachés à notre poursuite et qui venaient nous reprocher le malheur de leur pays ; ils suivaient de loin nos mouvements et s'arrêtaient quand nous faisions halte.

La Tamega arrose le village de Canaves dont la plus grande partie est sur la rive gauche ; un pont de pierre étroit et fort long établit la communication entre les deux rives qui sont très escarpées. Cette rivière n'est pas guéable depuis Amarante jusqu'à son embouchure.

Deux cents dragons commandés par le major Montigny mirent pied à terre et descendirent jusqu'au pont ; ils le trouvèrent barricadé et hérissé de chevaux de frise ; 2 000 hommes embusqués dans les maisons et trois pièces de canon défendaient la rive gauche. Nos soldats franchirent une large tranchée et jetèrent dans la Tamega ce qui s'opposait à leur passage ; mais, arrivés à l'autre extrémité du pont, ils ne purent surmonter les obstacles qu'ils trouvèrent. Un capitaine du 19e fut blessé grièvement en arrachant les palissades qui fermaient le passage. Après deux heures d'un combat très vif où nous eûmes 80 hommes tous blessés par devant, le détachement regagna la montagne où nous étions aux prises avec les habitants qui nous avaient attaqués de tous côtés dès que l'action avait été engagée sur le pont. Quoique le pays soit très coupé, nous fîmes plusieurs charges et nous tuâmes beaucoup de monde ; notre position était d'autant plus pénible que les dragons à cheval étaient obligés de tenir les chevaux de ceux qui combattaient à pied.

Nous opérâmes notre retraite sur Penafiel, emmenant nos blessés. Nous fûmes harcelés jusques dans nos bivouacs par une multitude de paysans qui semblaient sortir de la terre ou tomber des nues dès que nous étions un peu éloignés.

Le 3 avril, la haute ville et nos bivouacs de Penafiel furent attaqués par une forte reconnaissance venue d'Amarante ; l'ennemi fut repoussé et poursuivi jusques dans les rochers voisins.

Le 4, environ 600 paysans débouchant par la route de Guimarães se placèrent sur la Souza ; leurs tirailleurs attaquèrent nos postes avancés. Pendant huit jours, nous fûmes continuellement sur pied pour repousser les nombreux assaillants qui, à la faveur des rochers et des plantations d'oliviers, se glissaient près de notre camp et tiraient dans nos baraques et sur nos chevaux ; ils poussaient le fanatisme jusqu'à se livrer à une mort certaine pourvu qu'ils pussent tuer un Français. Dès qu'ils s'aventuraient dans une petite plaine voisine de notre bivouac, nous les chargions avec vigueur : nous en tuâmes un grand nombre ; le reste, loin d'en être intimidé, n'en devenait que plus furieux. A huit lieues de l'armée et environnés d'une population entière sous les armes, notre position n'était plus tenable : on nous envoya de Porto un régiment d'infanterie et deux pièces de canon ; nous espérâmes avec ce renfort nous maintenir sur la Souza car il ne fallait plus songer à Amarante, occupée par le général Silveira qui venait d'y arriver avec 6 000 soldats et 10 000 paysans ; il rentrait d'une expédition sur Chaves, Braga et Guimarães, qui étaient tombés en son pouvoir. Nous apprîmes aussi que Vigo, où étaient les dépôts et la caisse de l'armée, avait été rendu par capitulation aux Galiciens, sous les ordres de Murillo. Ces nouvelles ranimèrent le courage des habitants que la prise de Porto avait consternés et ils allèrent en foule se ranger sous les drapeaux de Silveira. Ils furent aussi joints par les nombreux admirateurs d'une dame des environs de Penafiel, célèbre par sa rare beauté. Méprisant le repos et la timidité naturelle à son sexe, cette fière Portugaise, l'épée à la main, le casque en tête, avait, par ses exemples et ses discours, enflammé tous les esprits.

Promettant aux uns les lauriers de la gloire et la reconnaissance de la patrie, flattant les autres d'un espoir que ses beaux yeux rendaient bien doux, elle voyait marcher sous sa bannière plusieurs centaines d'hommes qui la reconnaissaient pour leur chef. Je suis bien fâché d'avoir oublié le nom de cette amazone.

Cependant le général Loison[1], qui avait été envoyé par le maréchal pour commander sur la Souza, résolut de faire une reconnaissance vers Amarante avec 800 hommes d'infanterie et 600 chevaux. Nous rencontrâmes les postes ennemis à trois lieues au village de Villa Magnia ; nous les poussâmes à une lieue d'Amarante. L'ennemi était en position sur une montagne, en arrière du village de Pedrilla : il avait environ 10 000 hommes d'infanterie. Comme nous n'avions pour but qu'une simple reconnaissance, nous regagnâmes Penafiel : nous ne fûmes suivis que par les paysans.

Le 12 avril à midi, l'ennemi venu d'Amarante nous attaqua sur trois points. Son intention était de s'emparer du pont de la Souza et de nous fermer la retraite ; il fut trompé dans son attente car nous quittâmes Penafiel et nous allâmes prendre position sur la rive droite de cette rivière. Le général Silveira commandait cette expédition ; il avait sous ses ordres un capucin connu dans le pays par son audace et sa force prodigieuse : on le nommait le capitaine More : vêtu de rouge, avec une ceinture noire, on le voyait à la tête de toutes les attaques ; il entra un des premiers dans Penafiel. Cette ville, dans laquelle nous n'avions vu personne pendant notre séjour, fut bientôt remplie d'habitants ; ils paraissaient, comme par enchantement, aux fenêtres et sur les toits, lançant des pierres, des meubles et tout ce qui se présentait sous leurs mains. Un misérable savetier, qui était rentré depuis deux jours et avait beaucoup gagné avec nous, se distingua par son acharnement ; il jetait à la tête des fantassins de l'arrière-garde ses formes, ses outils et paraissait y mettre d'autant plus d'animosité qu'il craignait que ses concitoyens ne lui fissent un crime d'avoir travaillé pour nous. Le tocsin se faisait entendre de toutes parts ; le son lugubre et redoublé des cloches imprimait une sorte d'épouvante que n'avait jamais inspiré le bruit du canon et de la fusillade.

Comme nous passions près d'une église, des coups de fusil tirés par les fenêtres nous blessèrent quelques hommes et tuèrent plusieurs

---

1. Louis Henri Loison (1771-1816), général. Engagé en 1788, remarqué pour ses talents militaires (brillant et brave) et pour son ambition féroce (capable d'odieuses exactions), il est promu, sanctionné et réintégré. Comte d'Empire en 1810, sanctionné à nouveau en 1812 (Vilnius), il sert encore durant la campagne d'Allemagne.

chevaux. Notre route en fut retardée car il fallait débarrasser les cavaliers et les sauver des mains des paysans qui, à l'aspect d'un homme blessé, se précipitaient pour s'en emparer. Cependant les Portugais ne dépassèrent pas Penafiel et notre division s'arrêta devant le village de Baltar où elle bivouaqua.

Le 15 avril, il arriva de Porto deux autres régiments d'infanterie et de l'artillerie pour marcher avec nous sur Amarante. Le duc de Dalmatie voulait absolument avoir des nouvelles du maréchal Victor qui devait être entré en Portugal, et il chargea le général Loison de pousser le plus avant possible pour en apprendre quelque chose.

Nous marchâmes le même jour sur Penafiel d'où nous chassâmes la cavalerie ennemi et nous bivouaquâmes devant le village de Gaïzig.

Le 17, on résolut d'attaquer le général Silveira qui occupait la même position que le jour de notre reconnaissance. Quelques volées de canon tirées sur les masses portugaises dissipèrent en un clin d'œil cette nuée d'ennemis. La cavalerie se mit à leur poursuite sur la route et l'infanterie dans les montagnes. Ils s'arrêtèrent en arrière du village de Fregi, à l'entrée d'un bois de sapins ; pressés de toutes parts, ils abandonnèrent bientôt cette nouvelle position et nous entrâmes pêle-mêle avec eux dans Amarante. Si notre infanterie eût été arrivée, on se serait emparé alors du pont qui est sur la Tamega qui nous coûta, plus tard, bien des hommes et beaucoup de temps. Six cents Portugais se jetèrent dans un grand couvent qui est en face de la rue par où nous devions déboucher. Tout ce qui se présentait dans cette fatale rue, qui n'avait pas plus de huit pieds de large, était renversé par la mousqueterie du couvent et la mitraille de trois bouches à feu, en batterie sur la hauteur de la rive gauche, qui commande la ville.

L'ennemi ayant eu le temps de se retirer derrière les fortifications, il fut reconnu qu'il était impossible d'enlever le pont sans perdre beaucoup de monde. On attaqua le couvent qui ne fut emporté qu'après de grands efforts ; deux compagnies de voltigeurs s'y logèrent. Le 17e d'infanterie légère occupa la ville d'Amarante jusqu'au pont ; la cavalerie, le 70e et le 86e s'établirent sur les hauteurs, dans des bosquets d'orangers et de citronniers. Nos postes d'infanterie qui bordaient la Tamega furent obligés de lever des épaulements pour se garantir du feu des Portugais qui ne laissaient pas nos sentinelles une minute à la même place sans leur tirer des coups de fusil.

Les villages voisins de notre camp étaient entièrement déserts ; ils ne présentaient aucune ressource : tout avait disparu ; nous vivions de ce que nous allions enlever aux paysans réfugiés dans les rochers et nous ne savions pas ce que nous mangerions le lendemain. Il périssait toujours quelqu'un dans ces combats et, lorsque nos provisions étaient finies, on savait que nous ne pouvions nous en procurer d'autres qu'au prix du sang de quelqu'un d'entre nous. Bivouaqués dans un endroit peu fertile, nous eûmes bientôt coupé le blé, le seigle et l'orge des champs voisins pour nourrir nos chevaux. Il fallut ensuite aller jusqu'à deux lieues pour en trouver. Les habitants nous suivaient à une certaine distance et se cachaient dans les moissons jusqu'à ce que nous eussions coupé et lié en botte la provision du jour ; mais, dès que nous en avions chargé nos chevaux et que nous regagnions le camp, nous étions assaillis de tous côtés par une grêle de coups de fusil et souvent nous étions obligés d'abandonner notre fourrage, pour courir sur ces furieux épars çà et là. Ils ne nous attendaient jamais pour combattre corps à corps ; ils se retiraient de rocher en rocher et revenaient sur nous dès que nous avions désemparé. Cet acharnement de nos ennemis, les cruautés qu'ils exerçaient envers ceux d'entre nous qui tombaient entre leurs mains et l'isolement où nous étions depuis notre entrée en Portugal avaient exaspéré l'armée : nos soldats immolaient sans pitié tous ceux qu'ils atteignaient. Pour se venger, ils incendiaient les villages, démolissaient ce qu'avaient épargné les flammes et détruisaient tout ce qui pouvait être de quelque utilité. Ces brigandages, qu'on ne pouvait réprimer dans un tel état de crise, portaient les coups les plus funestes à la discipline. On allait à la maraude et piller en ordre ; chacun rapportait ce qu'il pouvait trouver de grain et le tout, mis en commun en arrivant au camp, était envoyé au moulin. Il avait fallu se battre pour se procurer le grain, il fallait soutenir un combat pour le faire moudre. On discutait la farine par compagnie et chacun faisait cuire une galette sous la cendre. Nous avions du vin en abondance parce que les caves d'Amarante étaient pleines : elles nous furent bien nécessaires ; mais tous les jours il devenait plus difficile de se procurer des fourrages et l'audace de nos ennemis s'accroissait de nos malheurs : ils avaient appris qu'une armée anglaise, forte de 18 à 20 000 hommes, venait de débarquer à Lisbonne et se rassemblait à Coimbra ; que 50 000 hommes de milice étaient devant Lisbonne pour défendre la capitale et se porter sur les défilés d'Abrantès, si le 1er corps, aux ordres du duc de Bellune, voulait entrer en Portugal.

Nous fûmes instruits que le maréchal Ney, enfermé dans la Corogne, le Ferrol et Saint-Jacques, avait de la peine à se maintenir contre la Galice révoltée ; que douze mille Portugais et Galiciens avaient assiégé Tui, où était notre grand parc ; cette place, sans fortifications, fut vaillamment défendue par le général Lamartillière. Le maréchal Soult avait envoyé pour la délivrer une division commandée par le général Heudelet qui, après avoir traversé la province d'Entre Douro et Minho, arriva à Vallança dont il s'empara et fit lever le siège de Tui ; il fit sauter les fortifications de ces deux places et rentra à Porto.

Sur ces entrefaites, le duc de Dalmatie cherchait à rétablir le calme dans Porto : il s'était concilié l'estime de beaucoup de Portugais, et il était aimé autant que pouvait l'être un Français. Mais il se répandit dans l'armée qu'il aspirait à la souveraineté du pays : on en conçut d'abord quelques inquiétudes, qui furent bientôt dissipées. Cependant le maréchal fit arrêter un adjudant-major du 18e dragons qui s'était rendu déguisé de Porto à Lisbonne et qui avait eu plusieurs conférences avec le général anglais. Il fit arrêter aussi deux ou trois officiers supérieurs, qui furent envoyés à Paris pour rendre compte de leur conduite dès que nous fûmes sortis du Portugal. On n'a jamais su exactement ce qu'on leur imputait.

Il était impossible de nous porter sur Lisbonne quoique ce fût l'ordre bien positif de Napoléon. Les provinces du nord du Portugal et la Galice étaient insurgées, nos communications interceptées et nous n'avions aucune relation avec les autres corps d'armée depuis le mois de janvier. Nous ignorions quelle était leur situation et leur attitude en Espagne. Le Maréchal se maintint dans cette position critique pendant le mois d'avril et les premiers jours de mai : voyant enfin qu'il ne pouvait plus tenir, il résolut de quitter le Portugal par Mirandella et Bragance ; mais il fallait, pour opérer cette retraite, se rendre maître du pont d'Amarante. Le 2 mai, à trois heures du matin, il fut enlevé de vive force, par le moyen d'une fougasse et d'une charge à la baïonnette. Le général Silveira et les Portugais furent jetés dans les montagnes de la rive gauche : notre cavalerie poursuivit les fuyards jusqu'à Villa-Réal. La poste de Lisbonne venait d'y arriver : elle nous donna connaissance du commencement des hostilités en Allemagne et des fortes levées qu'avait faites le Portugal.

Jusqu'au 10 mai, que nous occupâmes les mêmes bivouacs sur les hauteurs d'Amarante, nous éprouvâmes les mêmes difficultés pour fourrager et nous procurer des subsistances. Les obstacles toujours croissants et les mouvements des Anglais sur Lamego rendaient notre situation très alarmante ; nous trouvions encore quelques ressources sur la rive gauche de la Tamega mais il fallait les disputer aux paysans dans les bois et dans les rochers : on courait après un habitant comme après une bête féroce et les soldats, dès qu'ils en apercevaient un, s'écriaient en saisissant leurs fusils : « Voilà un homme ! Voilà un homme ! » et on se mettait à sa poursuite jusqu'à ce qu'il fût tué. J'en ai vu un dont la cuisse fut cassée :

il tomba sans abandonner son arme et eut encore le courage de coucher en joue et de tuer un brigadier de mon régiment ; j'ai vu, dans une autre occasion, un vieillard à cheveux blancs, retranché derrière un rocher avec un fusil à deux coups armé d'une baïonnette, blesser trois hommes et cinq chevaux ; il ne voulut par recevoir de quartier et on ne put l'atteindre qu'en faisant le siège de son rocher où il se défendit longtemps.

Depuis notre entrée en Portugal, nous avions continuellement bivouaqué ; mais le climat est si doux que nous n'en étions nullement incommodés. Dès que la fraîcheur du matin se faisait sentir, nous nous réunissions autour du feu pour boire du vin chaud et fumer. La guerre affreuse que nous faisions avait un peu altéré notre gaieté ; il était cependant des moments où nous la retrouvions en fermant les yeux sur l'avenir : le plus souvent, nous nous entretenions de nos campagnes du nord et des aventures de cantonnement. Comme la modestie et la discrétion ne sont pas les vertus favorites des sous-lieutenants de dragons, il est plus d'une baronne allemande à qui ses oreilles ont dû annoncer qu'on parlait de son amabilité et de ses grâces.

Les habitants ne nous laissaient plus un moment de repos et, par ses manœuvres, l'ennemi nous montrait, sur tous les points, des forces supérieures aux nôtres. Ce n'était cependant pas la plus grande calamité : le relâchement de la discipline était à son comble ; beaucoup de chefs, pour mettre à l'abri des richesses honteusement acquises, ne servaient plus et ne soupiraient qu'après le moment de rentrer en France. J'ai vu compromettre le salut d'une troupe pour sauver le fruit des concussions et du pillage. Le maréchal, qui connaissait ceux de ses officiers qui s'étaient ainsi avilis, leur en fit publiquement les reproches les plus sanglants ; mais le coup était porté et la contagion trop répandue : l'on marchait avec sécurité sur la mine qui allait éclater. Nous apprîmes, le 10 mai, que le général Silveira venait d'être joint par lord Beresford[1], que sir Arthur Vellesley avait détaché de son armée tandis qu'il se dirigeait lui-même vers Porto. Ce même jour, la cavalerie légère du général Franceschi fut attaquée sur la Vouga et se replia sur Porto. Le Maréchal fit détruire, le 11, le pont sur le Douro.

Dans la nuit du 11 au 12, un corps anglais, commandé par les généraux Murray et Paget, passa le Douro au bac d'Avintas et à Villa-Nova au-dessus de Porto : soit que le maréchal n'en fût pas instruit, soit qu'il dédaignât cette nouvelle, la même sécurité régna dans la ville. Le dessein

---

1 William Beresford (1768-1854), nommé généralissime de l'Armée portugaise en 1809, il la réorganise, obtient plusieurs avantages sur les Français, affronte Soult à l'indécise bataille d'Albuera, puis enchaîne les victoires à Vitoria, Bayonne, Toulouse.

de l'ennemi était de couper la communication entre le général Loison et le Maréchal : le 12 au matin, ce dernier fut assailli de tous côtés par les Anglais des généraux Murray et Paget et par ceux qui passaient le Douro près du pont de bateaux rompu la veille, le maréchal fut obligé d'évacuer Porto à la hâte ; il y laissa 1 200 malades, 50 pièces d'artillerie et une partie de son bagage. Il se retira sur Penafiel pour opérer sa jonction avec notre division.

Tandis que les Anglais s'emparaient de Porto, lord Beresford nous attaquait vivement à Amarante. L'armée portugaise se prolongeait au loin et couronnait toutes les hauteurs sur la rive gauche de la Tamega. Le but du général ennemi était de nous fermer le passage par Mirandella. Le maréchal, ayant appris ce nouveau contretemps, ordonna la retraite sur Braga.

La division Loison et la cavalerie se mirent en marche dans cette direction après avoir barricadé le pont sur la Tamega.

Nous fûmes joints en route, près de Lissa, par un détachement de vingt-cinq hommes commandé par M. de Saint-Geniès[1], sous-lieutenant au 19e régiment de dragons : cet officier était porteur d'ordres du Maréchal. Avec sa petite troupe, il avait traversé beaucoup de villages insurgés : on l'avait bien traité, le prenant pour un Anglais ; mais, reconnu dans un bourg par l'imprudence d'un dragon, il fut investi par la populace qui l'accabla de coups de fusil et de pierres ; il chargea sur cette multitude furieuse et parvint à sortir d'une rue étroite où il devait périr avec tout son monde. Cet officier sauva son détachement, à l'exception de trois hommes qui furent pris. En passant dans ce bourg, nous les trouvâmes cloués à un mur par les pieds et par les mains : ils respiraient encore.

Dans notre retraite d'Amarante, nous n'avions pas été suivis ; mais lord Beresford avait remonté la Tamega pour aller nous couper la retraite à Chaves : il était précédé par Silveira. Si l'un de ces généraux eût passé le Douro entre Porto et Amarante et se fût placé à la hauteur de Penafiel, nous étions séparés du maréchal et, je crois, forcés de mettre bas les armes. Le général Loison le craignit un instant : il fut bien joyeux lorsqu'il rencontra le Maréchal, à deux lieues de Penafiel. C'est là que celui-ci fit abandonner le trésor, détruire les munitions, et enclouer plusieurs canons. Mon régiment formait l'arrière-garde ; il n'arriva à Guimarães qu'après vingt-quatre heures de marche, continuellement assailli par

---

1. Jean-Marie Noël Delisle de Falcon vicomte de Saint-Geniès (1776-1836), général, guerre de Vendée, armée de Pyrénées ; aide de camp du maréchal Berthier, Égypte (commande le corps des dromadaires), colonel du 19e dragon en Allemagne puis en Espagne ; campagne de Russie. Rallié à Louis XVIII, chevalier de Saint-Louis.

les paysans qui se glissaient près de la route et venaient tirer sur nous. Dès qu'un malheureux soldat restait en arrière, il était massacré ; ces horreurs étaient punies par d'autres horreurs, de village en village nous allumions l'incendie. Près de Guimarães, deux fantassins malades ne pouvaient plus suivre ; l'arrière-garde voulut les faire monter à cheval pour les sauver ; ils étaient si accablés de lassitude qu'ils refusèrent : atteints bientôt par les paysans qui nous poursuivaient, ils furent jetés vivants, à nos yeux, au milieu des flammes.

Dès que nous arrivâmes à Guimarães, au lieu de nous diriger sur Braga, que gagnait en toute hâte lord Vellesley pour empêcher notre retraite sur le Minho, nous prîmes à droite, nous jetant dans les montagnes qui aboutissent au défilé de Carvalho. Nous passâmes la Cavado après avoir détruit ce qui nous restait d'artillerie en sorte que notre marche ne fut pas retardée.

Le 15, l'armée atteignit Salmonde et passa la nuit dans les rochers, sans fourrages et sans vivres, par un temps détestable.

Mon régiment fut placé sur le sommet aride de ces montagnes ; nous n'avions pas un seul arbre pour attacher nos chevaux : nous attendîmes le jour, les tenants par la longe. Tourmentés par la faim, exposés à une pluie qui tombait par torrents, nous aurions encore pu nous livrer au sommeil, tant nous étions fatigués, si nos malheureuses montures ne nous avaient pas sans cesse tirés par le bras en voulant s'échapper pour aller chercher quelque nourriture. Je cédai à ce besoin pressant, je m'endormis sur un rocher très lisse, placé au-dessous d'un autre dont je reçus toute l'eau qui coula sous mon dos. Le lendemain, à mon réveil, j'étais mouillé jusqu'aux os ; je tressaillis involontairement en apercevant un énorme crapaud, que j'avais eu sous moi la nuit : c'est ma bête d'aversion et je n'ai jamais pu en surmonter l'horreur. Je retrouvai mon cheval que, par compassion, je n'osai monter. Au bout d'une lieue de marche, ayant trouvé quelques épis de maïs, je les partageais avec ce compagnon de mes travaux.

À six heures du matin, nous arrivâmes près de Ruivães, à l'embranchement des routes de Chaves et de Monte-Alegre. Nous prîmes cette dernière, donnant le change à l'armée portugaise qui nous attendait à Chaves. Le sacrifice que nous avions fait de notre artillerie et du gros bagage nous rendit possible un trajet de plusieurs lieues dans des montagnes escarpées et par des sentiers presque impraticables. L'armée entra dans un affreux défilé ; deux hommes pouvaient à peine y marcher de front ; à droite sont des rochers à pic et à gauche des précipices dans lesquels la Cavado roule, mugit et disparaît.

De distance en distance des torrents rapides coupaient la route et de petits ponts très étroits retardaient notre marche. L'avant-garde chassa du pont de Saltador des paysans occupés à le démolir. Une centaine de montagnards, embusqués dans les rochers, faisaient un feu continuel sur le pont qui ne pouvait recevoir qu'un cavalier à la fois. Après avoir passé ce mauvais pas, nous entendîmes quelques coups de canon tirés sur l'arrière-garde par la tête de colonne des troupes anglaises. Ce passage devint alors funeste à bien des gens car une terreur panique s'emparant des soldats, la plupart se sauvèrent en jetant leurs armes ; beaucoup furent précipités dans le torrent, voulant passer en foule sur le pont ; d'autres furent tués par le feu des montagnards qu'on aurait aisément chassés avec une ou deux compagnies d'infanterie si on eût pu faire exécuter les ordres ; mais rien ne put faire revenir les soldats de leur frayeur et les arrêter dans leur fuite. C'est là que nous perdîmes le reste des bagages que nous avions sauvés de Porto et de Guimarães.

Notre division alla bivouaquer devant le village de Penela. Depuis le 13, il pleuvait continuellement et nous n'avions rien à manger : on nous fit passer la nuit sans feu, dans une prairie inondée. Telle était notre situation, après toutes les privations que nous venions de supporter ; mais celle du sommeil était la plus pénible : nous arrivions tous les soirs à dix heures pour nous remettre en marche à trois heures du matin ; ce temps si précieux, nous ne pouvions l'employer à dormir : il fallait aller couper du blé ou de l'orge, pour nos chevaux, souvent à une grande distance et chercher au milieu des champs quelques épis de maïs que les habitants conservent dans des petits hangars. Dans ce pays de montagnes qui n'avait vu de quadrupèdes que quelques chèvres sauvages, nous étions obligés de marcher à pied, conduisant nos chevaux par la bride, les hissant quelquefois pour leur faire franchir un rocher qui tout à coup barrait la route. Nous allions ainsi un à un ; la tête d'un régiment était sur le sommet d'une haute montagne tandis que la queue était encore au fond d'un ravin. L'armée entière fut obligée de passer par ces chemins. En faisant sauter nos caissons d'artillerie, on avait donné à chaque fantassin plusieurs paquets de cartouches mais la pluie qui tombait depuis plusieurs jours les avait gâtées en sorte que nous ne pouvions pas tirer un seul coup de fusil.

Le 17, notre division, pour éclairer la marche, gagna le sommet des montagnes qui étaient à notre droite, dans la direction de Chaves. On craignait toujours que l'armée portugaise qui était sur ce point ne se portât sur Monte-Alegre pour nous couper la retraite. Nous voyageâmes toute la journée au milieu des rochers : je crois que rarement la cavalerie a été employée d'une manière aussi extraordinaire.

Nous arrivâmes enfin, avec bien de la peine, à Monte-Alegre ; mais bien joyeux d'y avoir devancé l'armée portugaise. La cavalerie prit position avec l'arrière garde et le reste de l'armée déboucha dans la plaine qui est sur la rive droite de la Cavado : elle s'y mit en bataille et campa.

La ville de Monte-Alegre est petite et sale ; elle est bâtie autour d'un mont qui domine une plaine assez vaste. On aperçoit au-dessus les ruines d'un vieux château. C'est sa position qui a donné le nom à la ville ; elle est la clef du Portugal sur ce point : à une lieue de là, on entre en Galice. Dans la nuit du 17 au 18, nous aperçûmes, sur le sommet des montagnes, les feux de l'ennemi ; il venait, mais trop tard, pour nous couper la retraite.

Le 18, l'armée se dirigea vers Orense, à travers les montagnes. Toute la cavalerie resta en bataille jusqu'à midi, à la vue de Monte-Alegre, derrière la Cavado : nous avions encore 2 000 chevaux et devant nous une plaine assez étendue ; nos soldats brûlaient du désir d'atteindre l'ennemi pour se mesurer avec lui ; mais celui-ci ne jugea pas prudent de sortir du défilé, jusqu'à notre départ. Un peloton d'arrière-garde laissé sur la rivière le vit arriver dans Monte-Alegre. Nous entrâmes en Galice par le village de Santiago de Rubias ; l'espérance vint renaître dans les cœurs en touchant la terre d'Espagne : on pensa que l'on communiquait bientôt avec les autres corps d'armée et que chacun recevait des nouvelles de France dont nous étions privés depuis plus de sept mois.

La pluie continuelle et des routes détestables dans les rochers avaient détruit la chaussure de l'infanterie ; depuis huit jours la plupart des soldats n'avaient vécu que de maïs grillé : aussi un grand nombre d'entre eux était morts, ne pouvant résister à toutes ces privations. Plusieurs restaient sur la route avec la certitude d'être assassinés mais, ne pouvant plus aller, ils n'écoutaient aucune représentation. Le moral de l'infanterie fut très affecté dans cette retraite parce que cette arme souffrit beaucoup plus que nous. Le maréchal ordonna à chaque régiment de cavalerie de prendre 50 fantassins malades qu'on fit monter sur nos chevaux que nous conduisions en main. Ne voulant pas tomber entre les mains des Anglais, ces malheureux étaient sortis de l'hôpital de Porto malgré leurs blessures et avaient eu le courage de nous suivre depuis cette ville. Chargés de leur sac, leur fusil placé horizontalement sur le devant de la selle, quelques épis de maïs en sautoir à côté d'une petite peau de bouc vide[1], ils nous auraient, dans ce bizarre équipage, fort divertis

---
1. Note de Naylies : Depuis notre entrée en Espagne chacun s'était procuré une petite outre, contenant deux ou trois bouteilles, qu'il ne quittait pas plus que son sabre.

en toute autre circonstance ; mais leurs visages pâles et défaits et leurs pieds nus et ensanglantés ne nous permettaient d'éprouver alors que le sentiment de la pitié.

Nous arrivâmes, avant le coucher du soleil, sur le haut d'une montagne d'où nous aperçûmes la belle vallée qu'arrose la Lima. Cette rivière se jette dans la mer, près de Viana ; elle est célèbre par la limpidité de ses eaux et la richesse de ses bords : plusieurs poètes portugais l'ont chantée. C'est, dit-on, le Léthé des anciens.

Nous établîmes nos bivouacs dans des vergers qui avoisinent le pont de Puente de Linarès. Une cave, remplie de bon vin, nous tenta plus que les eaux de Léthé où nos chevaux seuls s'abreuvèrent : je ne sais si elles eurent la vertu de leur faire oublier tout ce qu'ils avaient souffert depuis deux mois.

Le 19 mai, notre avant-garde, formée par le 3e régiment suisse, entra dans Allaris. L'uniforme rouge de cette troupe occasionna une méprise bien singulière : les habitants, à qui on avait dit que l'armée de Portugal avait été exterminée et que les Anglais allaient entrer en Espagne, prirent pour des soldats de cette nation les Suisses du 3e régiment. Ils s'empressèrent à l'envi de leur apporter des vivres et du vin, les appelant leurs libérateurs et donnant mille malédictions aux Français. Un d'entre eux, armé d'un fusil, accourut et, se vantant d'avoir assassiné plusieurs Français, voulait se mettre à la suite de ce régiment pour marcher contre eux. L'arrivée de notre infanterie fit découvrir l'erreur et chacun alla cacher sa bravoure pour une meilleure occasion.

Le 20, nous entrâmes dans Orense où nous trouvâmes des provisions. Après en avoir chargé nos chevaux, nous allâmes bivouaquer sur la rive droite de Minho, près de Santiago de Las-Caldas.

La cavalerie légère passa une partie de la journée du 21 sur la rive gauche ; elle ne vit pas l'ennemi, elle ne fut harcelée que par les paysans. Notre division, en bataille sur les hauteurs de la rive droite, attendit le mouvement rétrograde du général Franceschi et elle bivouaqua près de Lamas de Aguada.

Le 22, nous passâmes la Lesma. Après avoir marché toute la journée dans les montagnes, nous prîmes position au petit village de Carral.

Ce même jour, notre avant-garde arriva devant Lugo bloqué par 18 000 Galiciens aux ordres du général Mahi. Le général Fournier[1] qui

---

1. François Louis Fournier-Sarlovèze (1773-1827), général. Fils d'un cabaretier. Eylau, Guttstadt, Friedland. Guerre d'Espagne : défense de Lugo, Fuentes de Oroño. Honoré, puis destitué par Napoléon suite à une altercation, il reste en retrait durant les Cent-Jours, puis il est honoré par Louis XVIII. Surnommé *el demonio* par les guérilleros pour sa brutalité et son efficacité redoutables.

commandait dans cette place n'avait plus aucun moyen de subsister : nous y fûmes reçus comme des libérateurs ; on était d'autant plus étonné de nous voir que les habitants avaient répandu le bruit que nous avions mis bas les armes en Portugal. Nous apprîmes, dans cette ville, les succès de nos armées d'Allemagne, près de Ratisbonne.

Les troupes de la garnison de Lugo faisaient partie du corps d'armée aux ordres du maréchal Ney qui était en ce moment dans les Asturies où il avait été faire une expédition ; il rentra le 30 mai.

Les vainqueurs des Astutries ne nous reçurent pas comme le méritait le courage malheureux. Nous avions tout perdu, il est vrai, hors l'honneur : nos vêtements en lambeaux, nos pieds déchirés, nos visages hâves et décharnés attestaient nos longues souffrances. Des propos injurieux sur notre retraite occasionnèrent des rixes entre les soldats ; des officiers s'en mêlèrent et il y eût même plus que de l'aigreur dans l'entrevue des deux maréchaux.

Ainsi se termina notre campagne de Portugal que tout concourut à faire échouer. Quoique le maréchal Victor eût battu le général Cuesta à Medellin, il ne put abandonner le pays entre le Tage et la Guadiana, ni communiquer avec notre corps d'armée : livrés à nos propres forces, il avait été impossible de résister à deux armées anglaise et portugaise, et à la population entière du nord du Portugal.

La surprise de Porto par les Anglais est une faute très grave qu'on peut reprocher au maréchal Soult ; mais il sut la réparer : sans son habileté, nous aurions renouvelé les journées de Baylen et de Cintra, ou nous aurions péri victimes de la fureur des Portugais.

Les talents et l'activité du général Ricard[1], chef de l'état-major, ne contribuèrent pas peu au succès de la retraite. Il m'est d'autant plus doux de rendre cette justice à cet officier général, que c'est, parmi mes compatriotes, un de ceux dont le mérite et la bravoure honorent le plus mon pays.

Nous conservâmes nos drapeaux ; l'infanterie rapporta ses baïonnettes et la cavalerie ramena ses chevaux : il était impossible de faire mieux en pareille circonstance.

---

1. Étienne Pierre Ricard (1771-1843), général. Fils de notables d'Aveyron. Iéna, Friedland, Wagram, la Moskova, Lützen. En Espagne en 1808 et à nouveau en 1810 ; il est remarqué au siège de Tarragone. À la Restauration, s'étant rallié aux Bourbons, il est fait chevalier de Saint-Louis ; pendant les Cent-Jours, il accompagne le roi à Gand. En 1818, il est à nouveau en Espagne, sous les ordres du maréchal Lauriston.

DE MAI À NOVEMBRE 1810

L'armée quitte Lugo pour entrer en Castille par les hautes montagnes qui la séparent de la Galice, dispersion des montagnards sur les bords de la Sil, village de Monte-Furado, ville de La Rua, bivouac devant cette ville, sur les bords de la Sil un torrent submerge nos bivouacs, nous rencontrons l'arrière-garde du marquis de la Sanabria à Solvieras, arrivée à la Puebla de Sanabria, à Benavente, à Zamora, assassinat d'un sous-officier français, à Penausende, les corps des maréchaux Soult, Ney et Mortier partent pour marcher vers Placencia, Salamanque, antiquités romaines, voie militaire des Romains, ville de Banos où ce peuple avait des bains, arrivée à Placencia, bataille de Talavera, combat d'Arzobispo, incendie des moissons et des bois qui bordent le Tage, nous retournons à Placencia, arrivée à Galisteo, gardes-magasins, Coria, pillage de cette ville, son ancienneté, Bivouac de Carcaboso, les guérillas commencent à s'organiser, paresse, ignorance et malpropreté des paysans espagnols, leur patience, leur sobriété, profusions de nos soldats, taureaux célèbres de Guisando, bataille d'Ocaña.

L'armée, cantonnée aux environs de Lugo, employa huit jours à réparer la chaussure et à mettre ses armes en état. Manquant d'artillerie et d'habillement, le maréchal Soult résolut de gagner la Castille jusqu'à Zamora où il trouverait de l'artillerie et une forte garnison. Il avait le double avantage, dans cette position, de recevoir des ordres de Napoléon (depuis sept mois, nous n'avions eu aucune communication avec la France) et de pouvoir se porter promptement au secours du maréchal Ney si celui-ci était attaqué.

Cependant le marquis de La Romana parcourait la Galice avec quinze à dix-huit mille hommes. Il occupait Monforte, ville située au milieu des montagnes que nous devions traverser pour éviter la grande route dont tous les environs étaient épuisés. Après avoir reçu des cartouches et du biscuit, nous nous dirigeâmes le 4 juin vers Monforte. Nous passâmes la Tamboja à Puerto-Marino, sur un beau pont construit par les Maures : on remarque dans cet endroit des ruines de monuments anciens. La Tamboja prend le nom de Minho après avoir reçu, à quelques lieues au-dessus d'Orense, la Sil, la Bibey et la Jares ; elle est très rapide, et n'est pas navigable à cause des rochers qui remplissent son lit.

Nous voyageâmes, pendant la journée du 5, sur des montagnes arides, dans des sentiers rocailleux et si étroits que nous étions forcés de marcher un à un. D'un côté, s'élevaient de grandes masses de rochers inaccessibles, de l'autre s'offraient des précipices où roulaient des torrents grossis par les pluies continuelles qui nous avaient tant incommodés. Nous fîmes halte au coucher du soleil et nous bivouaquâmes à une lieue de Monforte.

Notre avant-garde y trouva 800 malades du marquis de La Romana ; on eut pour eux les égards dus à l'humanité souffrante et malheureuse. Le maréchal, n'ayant pu joindre le général espagnol, envoya des reconnaissances vers San Esteban qui rapportèrent que l'ennemi avait gagné Orense. Le quartier général s'établit à Monforte[1].

Cette ville est dans une situation agréable : elle est dominée par un antique château dont l'intérieur est d'une grande magnificence ; la Cabo coule sous les murs de Monforte et fertilise une vallée qui produit de beaux fruits et les plus riches maisons. Au pied des montagnes dont elle est entourée, croissent des vignes qui donnent le meilleur vin de la province.

Le maréchal, voulant nous donner quelques jours de repos, répartit son infanterie dans la ville et dans les villages sur la route de Lugo ; il plaça la cavalerie en avant sur la route d'Orense. Nos soldats, privés de vin depuis plusieurs jours, célébrèrent, par des chants, la vue de ces riches coteaux couverts de vignes ; ils s'écriaient : « Enfin voilà du bois tordu, nous remplirons nos peaux de bouc ».

Le bivouac de mon régiment fut placé devant le village de Moreda, dans une plantation d'oliviers et sur les bords d'un petit ruisseau. De l'intérieur de nos baraques, nous apercevions la belle vallée de la Cabo, Monforte et les hautes tours de son château ; le paysage était terminé par des montagnes arides et des rochers escarpés qui contrastaient de la manière la plus piquante avec la fertilité de la plaine.

Mais si nous trouvions quelquefois en Espagne une riante nature, hélas ! nous n'y rencontrions jamais un ami !... Les deux sexes étaient animés du même esprit de vengeance ; partout où il existait un Espagnol, nous avions un ennemi implacable. Toute la population de la ville et des environs s'était enfuie à notre approche ; il ne restait que quelques vieillards infirmes. Un grand nombre de ceux qui étaient en état de porter les armes avaient été grossir l'armée du marquis de La Romana ;

---

1. Note de Naylies : Monforte : Quelques auteurs prétendent que cette ville a été fondée par des Grecs fugitifs, plusieurs siècles avant Jésus-Christ et que ses habitants ont conservé de leurs ancêtres beaucoup de finesse et de vivacité d'esprit.

les autres, avec les femmes et les enfants, s'étaient cachés dans les rochers et massacraient tous les soldats qui s'écartaient du camp. L'armée en perdit beaucoup pendant les cinq jours de repos qu'elle eut dans cette position.

Le 11, nous continuâmes notre route vers Villa-Franca, pour marcher sur divers rassemblements de paysans armés qui occupaient le pays : nous traversâmes la Lor sur un beau pont d'une seule arche à Puente de Lor. À peu de distance de là, près du val de Quiroya, notre avant-garde trouva un fort parti espagnol qu'elle chargea et dispersa. Nous arrivâmes bientôt sur une haute chaîne de montagnes ; nous la suivîmes jusqu'au point où elle en rencontre une autre qui sépare la Galice de la Castille, en sorte que nous ne pouvions pas espérer de voir de plusieurs jours un pays propre à la cavalerie. Tantôt sur le sommet de ces montagnes, nous apercevions la rivière de Sil rouler à plus de cinq cents pieds au-dessous de nous ; tantôt, logeant cette rivière, la queue de notre colonne semblait sortir de la nue. Les Galiciens, embusqués dans les rochers qui bordaient la route, faisaient un feu continuel. Dès qu'un cheval était tué, toute la colonne était obligée de s'arrêter pour débarrasser le sentier étroit qu'il obstruait ; alors les coups de fusil redoublaient, et les montagnards, devenus plus audacieux par notre embarras, s'approchaient en poussant de grands cris et essayaient de nous fermer le chemin.

Une centaine de ces insurgés occupaient sur la rive gauche de la Sil, en face de San Martìn de Quiroga, une hauteur qui dominait le seul chemin que nous pussions suivre sur la rive droite. La rivière, quoique très étroite, n'est pourtant pas guéable en cet endroit en sorte que l'armée, obligée de défiler sous le feu, souffrit beaucoup ; le nôtre ne pouvait les atteindre derrière un retranchement qu'ils avaient élevé à la hâte. Le maréchal ordonna au général Loison de se porter en avant avec quelques compagnies d'infanterie afin de passer la rivière plus haut et de tirer vengeance de ces ennemis acharnés. Ce général s'acquitta de sa mission avec une sévérité qui justifia la terreur qu'il inspirait aux Espagnols. San Clodio, Castro de Calderar et plusieurs hameaux furent livrés aux flammes : un poteau, dressé à l'entrée de chaque village, indiquait que cet incendie était une juste punition et du massacre que les habitants avaient fait trois mois auparavant d'un escadron de chasseurs, et de leur indigne conduite envers l'armée lors de son passage dans le défilé de San Martìn.

Les vallées qu'arrose la Sil sont charmantes et ressemblent à un jardin bien cultivé. L'olivier, l'oranger, le citronnier et des arbres fruitiers de toute espèce, plantés avec art, bordent de vastes vignobles, au milieu desquels jaunissent les plus belles moissons. Les ceps de vigne sont taillés à hauteur d'homme ; les sillons sont assez larges pour recevoir du blé ou du seigle, en sorte que l'on voit réunies dans un très petit espace les plus riches productions de la nature. Les montagnes qui longent ces vallées sont stériles et ne produisent que des bruyères et quelques chênes verts.

Il existe, dans cette contrée, une grande quantité d'aigles et de vautours qui établissent leur nid sur le sommet des rochers les plus élevés. Nous en vîmes se disputant des lambeaux de chair humaine, ne quitter leur proie et ne s'envoler que lorsque nous étions à quelques pas d'eux : la division qui nous précédait ayant eu la veille un engagement avec les paysans, les cadavres épars dans la campagne fournissaient une ample pâture à ces animaux carnassiers.

Notre division arriva, le 12 juin, devant S. Michel de Montefurado ; ce village prend son nom d'une montagne percée pour donner passage à la Sil. L'ouverture dans laquelle entre la rivière a la forme d'une arche d'environ quarante-cinq pieds de diamètre. Quoique la profondeur de la voûte soit de cent vingt pieds, on aperçoit le jour de l'une à l'autre extrémité. La Sil, resserrée en cet endroit, y coule avec beaucoup de rapidité ; elle forme, en sortant, une belle nappe d'eau dans un lit très large. Ce travail immense où l'art a vaincu la nature est, dit-on, l'ouvrage des Romains : ils l'entreprirent pour diriger la Sil dans l'intérieur d'une mine d'où ils tiraient de l'or. Ils avaient aussi des fabriques d'armes sur cette rivière dont l'eau est excellente pour la trempe.

Le maréchal, ayant appris qu'il existait sur différents points des rassemblements de paysans, résolut de les détruire. Il fit plusieurs détachements de son armée. La division Laborde et la deuxième brigade de la quatrième division de dragons furent chargées de soumettre le val de Orres et arrivèrent devant la petite ville de la Rua. Elles y restèrent huit jours pendant lesquels elles firent des excursions contre les insurgés. La ville et les environs étaient entièrement abandonnés par les habitants ; ils s'étaient réunis à la troupe du curé de Casoyo, qui avait le titre de général, près de 4 000 hommes sous ses ordres. Le reste de la cavalerie et les deux divisions d'infanterie parcouraient en même temps tout le pays en divers sens pour obtenir le même résultat : on atteignit quelques bandes qui, se dispersant dans les montagnes, allaient se rallier plus loin en sorte que le but ne fut pas rempli.

De grands marronniers formaient, près de la Sil, une belle promenade : c'est sous leur ombrage que nous établîmes nos bivouacs. Ils furent bientôt meublés de ce que les habitants avaient laissé dans leurs maisons. Les soldats, poussés par un instinct de désordre et de pillage, apportaient dans le camp même les objets qui ne pouvaient leur être d'aucune utilité. Souvent ils transformaient des habitations passagères en demeures quelquefois plus commodes et toujours plus propres que celles qu'ils venaient de dépouiller. À côté de peaux de bouc pleines de vin, d'un amas de comestibles de toute espèce et de fourrage pour nos chevaux, on apercevait des guitares, des livres, des tableaux et des portes enlevées aux maisons ; dans un autre endroit, on voyait confusément rassemblés des vêtements d'hommes, de femmes et de moines, dont s'habillaient, de la manière la plus grotesque, nos soldats égayés par le bon vin de la Rua. Les uns construisaient en planches des baraques d'une grande solidité ; les autres faisaient des cabanes en paille, qu'ils couvraient avec des draps de lit ou des étoffes de divers couleurs. Les plus paresseux roulaient de grands tonneaux où ils se plaçaient trois ou quatre. J'ai remarqué que les soldats, en établissant leurs différents abris, ne négligeaient jamais la précaution de s'orienter, afin de placer l'ouverture de leur baraque au nord en été et au midi en hiver.

La Rua est située dans une étroite vallée entourée de montagnes. Dès qu'il pleut, l'eau qui en découle forme plusieurs torrents. Il arriva qu'une nuit, lorsque tout le camp dormait, nous fûmes tout à coup presque submergés, plusieurs de nos baraques emportées et nos provisions dispersées. On se réveille en sursaut, mouillé et cherchant d'où vient cette mésaventure ; cependant on revient de cette première surprise : en un instant plus de mille torches de paille sont allumées, et c'était un singulier spectacle que de voir chacun à la quête de ses effets entraînés pêle-mêle par le torrent. Le jour nous montra que le mal n'était pas si grand que nous l'avions pensé d'abord ; mais, pour ne plus nous exposer à de pareilles alertes, nous plaçâmes nos bivouacs dans un lieu plus élevé.

Après une station de six jours, l'armée se mit en marche et passa la Sil au pont de Cigarosa[1], se dirigeant sur Bolo, par Portomourisco, où elle traversa la Jarres. Notre brigade se porta vers la petite ville de Nuestra Señora de las Ermitas, renommée par ses pèlerinages, et nous dispersâmes sur la route plusieurs attroupements. Arrivés devant Viana, on apprit que le marquis de La Romana y était attendu avec un renfort d'Anglais et de Portugais et qu'il était à la Gudiña.

---
1. Note de Naylies : Le pont de Cigarosa est remarquable par sa structure singulière ; il a cinq arches, toutes de diverses grandeurs et d'une forme différente : presque toujours la Sil ne passe que sous deux.

Viana est située sur une hauteur et parait avoir été fortifiée car on y aperçoit des ruines de murailles et une grande tour carrée ; au bas de la colline, où elle est bâtie, coule la Bibei, formée par la jonction des deux petites rivières de Fragoso et de Camba.

Notre division marcha sur le bourg de la Gudiña ; elle était précédée de la cavalerie légère aux ordres du général Franceschi qui eut un engagement assez vif avec un parti espagnol, près du village de Solvieras. Quelques prisonniers nous apprirent que M. de La Romana se retirait sur Monterrei et qu'un corps de 4 000 hommes, commandé par Chavarria qui ne voulait pas entrer en Galice, se retirait en Castille par Porto.

L'arrière-garde ennemie avait déjà évacué Caniso et la Gudiña lorsque nous y arrivâmes ; nous n'y trouvâmes pas même d'habitants. Ces deux bourgs sont d'ailleurs très misérables ; toutes les maisons sont construites en terre et couvertes de paille. L'intention du maréchal Soult n'étant pas de suivre en Galice le général espagnol, il continua sa route sur Zamora pour lier ses opérations à celles du maréchal Victor qui couvrait Madrid.

Nous étions parvenus sur le sommet des plus hautes montagnes de la Galice et les sources que nous avions trouvées jusqu'alors se jetaient dans le Minho ; mais, lorsque nous commençâmes à descendre le côté des montagnes qui regarde la Castille, nous vîmes toutes les eaux porter leur tribut au Douro. Nous traversâmes un petit ruisseau qui sort d'un rocher ; c'est l'origine du rio Tuela qui coule en Portugal.

Le 23 juin, l'horizon était plus étendu et les montagnes paraissaient s'abaisser ; cependant nous ne pouvions pas voir au-delà de deux ou trois lieues. Après avoir passé le col de Lubian, l'armée prit position près du village de ce nom. Différentes parties de ces montagnes prennent le nom des villages voisins. Nous traversâmes successivement ceux de Chanos, de Villavieja, etc., bâtis dans des gorges fertiles, arrosées par des torrents d'eau vive. Comme nous étions près du Portugal, plusieurs de nos soldats allèrent marauder sur les frontières de ce royaume. Chavarria, ayant appris que nous marchions dans sa direction et craignant d'être atteint, dispersa sa troupe dont plusieurs partis tombèrent entre nos mains.

Le 24 juin, l'armée entra en Castille, descendit dans une riche plaine couverte de moissons et arrosée par la Tera et la Sancas ; ces rivières baignent les murs de la Puebla de Sanabria[1] qui s'élève sur une hauteur

---
1. Note de Naylies : La Puebla de Sanabria est assez bien fortifiée. Cette place fut prise par les Portugais en 1710 et ils la gardèrent jusqu'en 1713 où ils la rendirent à l'Espagne, par le traité d'Utrecht.

dominant toute la vallée. On y remarque deux beaux ponts ; au nord on voit les restes d'un vieux fort et au midi un château bâti en pierres de taille, flanqué de quatre tours et bien conservé : les Espagnols y avaient laissé douze pièces de gros calibre qu'ils avaient enclouées.

La partie montagneuse de la Galice que nous venions de parcourir étant très stérile et les paysans ayant enlevé ce qui restait dans leurs habitations, le Maréchal, arrivé dans un pays fertile, voulut profiter des ressources qu'il offrait en donnant un repos de trois jours. Nous trouvâmes effectivement dans les villages aux environs de la Puebla une quantité immense de farine dont nous fîmes du pain et du biscuit pour quinze jours : il est nécessaire de remarquer que les rivières se desséchant pendant l'été et les moulins à vent étant inconnus dans cette partie de l'Espagne, les habitants font moudre leurs grains pour six mois.

L'armée leva le camp le 27 juin et se dirigea vers Zamora par Benavente où il fallait passer l'Esla. Notre division, formant l'avant-garde, bivouaqua dans un bois éloigné de toute habitation en vue du bourg de Maubey.

Déjà le pays était plus uni et moins désert, les habitants ne s'enfuyaient plus à notre approche : on voyait aisément que nous quittions les montagnes. Nous passâmes la Tera à gué, près de Mansanal ; cette rivière fait tant de circuits que, marchant dans la même direction, nous la passâmes trois fois en deux jours.

Le 29, nous aperçûmes Benavente et son vaste château : nous le saluâmes par des cris d'allégresse ; notre joie était bien vive, nous allions retrouver des Français après une si longue absence car nous ne pouvions compter les huit jours passés devant Lugo, en proie aux privations de toute espèce et mal reçus du sixième corps ; enfin nous pouvions espérer une abondance qui nous était inconnue depuis longtemps ; la cavalerie traversa l'Orbigo à gué et bivouaqua dans le parc de la duchesse de Benavente. L'armée ne passa qu'une nuit à Benavente ; mais elle n'eut qu'à se louer de la garnison qui nous traita comme des frères.

Le lendemain on passa l'Esla et on prit la route de Zamora. L'infanterie y fut envoyée ; la cavalerie occupa la plaine et borda le Douro ; la deuxième brigade de notre division fut chargée de garder le pays entre Benavente et Zamora.

Le bivouac de mon régiment fut établi près de l'abbaye de Moreruela ; ce monastère est situé dans une austère solitude, au milieu d'un bois de chênes verts qui se prolonge jusqu'à l'Esla. L'intérieur dédommage bien ses habitants de la privation de la société ; il offre toutes les commodités de la vie, et trente-six moines y consomment, dans une pieuse indolence, de riches revenus : son origine remonte au VIIIe siècle. L'église, d'une architecture gothique, est très riche ; on y remarque les tombeaux d'un roi de Portugal et de sa femme qui ont doté ce couvent.

Nous aurions pu loger, ou du moins mettre à l'abri, 300 hommes sous les hangars de ce vaste édifice ; mais notre général de brigade trouva plus à propos d'habiter seul le couvent, et de nous laisser exposés aux rayons du soleil sous un ciel brûlant. Ce n'était certainement pas par un motif d'humanité pour les moines.

Le terrain sur lequel nous campions était sec, pierreux, et les arbres n'offraient presque pas d'ombrage en sorte que nous éprouvions pendant le jour une chaleur insupportable, nous avions beaucoup de peine à nous garantir la nuit d'un froid très piquant, de la rosée et des brouillards qui s'élevaient des bords de l'Esla. Nous restâmes ainsi quatre jours sans un brin de paille pour nous coucher. Cet endroit était plein de scorpions : en nous levant, nous en trouvions sur nos manteaux et sur nos vêtements ; il paraît qu'ils ne sont pas malfaisants car il n'arriva aucun accident.

Le maréchal trouva de l'artillerie et de l'argent à Zamora ; il s'occupa de faire réparer les armes et l'habillement, afin d'être en état de marcher au premier ordre. Ainsi se passa une partie du mois de juillet.

On cantonna la cavalerie dans les villages qui avoisinent l'Esla ; celui de Pacarès nous échut en partage. Pour la première fois, depuis bien longtemps, nous logeâmes dans des maisons, et nous pûmes nous débotter. La plupart des habitants étaient restés ; ils sont moins sauvages que ceux des montagnes qui, ayant la facilité de nous nuire et d'échapper à nos coups, ne se montraient que pour combattre. En général, les inclinations guerrières distinguent le montagnard tandis que les vertus paisibles caractérisent l'habitant des plaines qui sent qu'on peut facilement le soumettre.

Zamora[1] est une jolie ville située dans une plaine fertile en grains ; on n'aperçoit, à une très grande distance, ni villages ni habitations. Le Douro baigne ses murs et on le passe sur un beau pont où s'élèvent deux tours qui en défendent l'approche. Zamora est bien bâtie, renferme de beaux édifices et un grand nombre de couvents des deux sexes. Il y a une école militaire pour le génie et l'artillerie qui est en grande réputation. Avant d'entrer à Zamora, sur la route de Benavente on aperçoit, dans

---

1. Note de Naylies : L'origine de Zamora est incertaine. Son nom qui est arabe, vient, dit-on, de la quantité de turquoises qu'on trouvait aux environs ; elle est entourée de bonnes murailles flanquées de tours. Alphonse le Catholique la prit sur les Maures en 748 ; mais elle fut reprise et presque détruite par Almanzor, roi maure de Cordone, en 985 ; elle ne fut repeuplée qu'en 1053, par Ferdinand Ier ; enfin, Alphonse VIII, roi de Castille, l'embellit par la construction de plusieurs bâtiments.

le vestibule d'une petite chapelle consacrée à la Vierge, la peau d'un monstrueux serpent tué dans le dernier siècle au pied des montagnes près de Douro.

Le 20 juillet, je reçus une mission pour Toro ; je ne pus m'y rendre par la route directe qui n'était pas sûre à cause des nombreux partis qui infestaient la province ; je passai par Zamora ; avant notre arrivée, la garnison de cette ville avait été quelquefois contrainte de s'enfermer dans le château parce que des rassemblements de paysans, connus depuis sous le nom de *guerilla*, venaient l'insulter jusque dans les rues. On avait établi un poste de correspondance entre Zamora et Toro, pour protéger nos courriers ; j'arrivai sans mésaventure à ma destination. La ville de Toro[1] est dans une agréable position sur une hauteur de la rive droite du Douro. Ce fleuve coule en cet endroit dans un lit très large et on le passe sur un pont de vingt-deux arches ; il n'est remarquable que par sa longueur.

Je regagnai Zamora le lendemain ; j'y rencontrai mon régiment qui traversait le Douro pour se porter vers Ledesma sur la Tormes. Il prit ses bivouacs à Peñausende, petit village au milieu des rochers quoique dans une plaine. On y trouve les ruines d'un château maure.

Quinze jours avant notre arrivée, un détachement de cavalerie légère du corps d'armée ayant poussé une reconnaissance en avant de Peñausende avait perdu un maréchal des logis à une lieue du village. Ce sous-officier, resté en arrière de sa troupe, avait été assassiné par trois paysans, dépouillé entièrement, et son corps mutilé de la manière la plus inhumaine. Le soupçon planait sur trois jeunes gens de Peñausende de fort mauvaises mœurs. Un d'entre eux s'échappa dès qu'il apprit que l'autorité militaire voulait faire des poursuites. Les deux autres furent arrêtés, avouèrent leur crime et indiquèrent le lieu où ils avaient déposé leur victime. On trouva le corps caché dans des bruyères derrière un rocher ; ce n'était plus qu'une masse informe, pleine de vers et exhalant une odeur insupportable. Les alcades contraignirent les coupables à le déposer sur une voiture en le portant dans leur bras et à rester à ses côtés, le soutenant tout le temps du trajet jusqu'au village. Ils arrivèrent

---
1. Note de Naylies : La ville de Toro existait déjà sous les Romains : elle est le *Sarabris* ou l'*Octodurum* du pays des Vaccéens. On y trouve encore quelques ruines romaines. Elle fut détruite par les Maures et rétablie ensuite par don Garcias, fils d'Alphonse III, roi de Léon, en 904. Elle est célèbre par la bataille qui s'y donna entre les rois de Castille, Ferdinand et Isabelle, et le roi de Portugal, Alphonse V, en 1476. C'est aussi dans cette ville que Henri III, roi de Castille, rendit l'ordonnance qui enjoignait aux Juifs et aux Maures de ne paraître en public qu'avec une distinction particulière ; les premiers portaient sur l'épaule droite, un morceau de drap rouge, large de trois doigts ; les autres, un croissant en drap bleu, à la même place.

ainsi à l'église pleine d'habitants ; là, le curé fit un sermon très touchant pour montrer l'horreur et la lâcheté d'une telle action. Après les prières des morts, les assassins ensevelirent de leurs mains ces restes que la putréfaction avait divisés, et placèrent la pierre du tombeau sur leur victime.

Je n'ai rien vu de plus affreux que cette punition, la mort même semble moins terrible.

Les deux coupables furent fusillés trois jours après ; ils donnèrent des marques d'un sincère repentir et moururent en chrétiens.

Le 25 juillet, nous fîmes une reconnaissance dans la direction de Ciudad Rodrigo qu'occupait le duc del Parque avec 20 000 hommes. Notre avant-garde culbuta, à Ledesma, 200 cavaliers espagnols qui gardaient ce point.

Cependant l'armée anglaise commandée par sir Arthur Wellesley[1], avec celle de Cuesta, était aux environs de Talavera, au centre de l'Espagne, tandis que Venegas, avec 20 000 hommes, menaçait Tolède. Leur but était de s'emparer de Madrid et de forcer le roi Joseph à livrer bataille. Celui-ci ayant concentré les corps du maréchal Victor et du général Sébastiani, à Torrijos, le 26 juillet, le corps de Cuesta, qui s'était porté en avant, après avoir laissé l'armée anglaise derrière l'Alberche, près de Talavera. Les Français poursuivirent leurs succès ; le général espagnol fut rejeté sur l'Alberche et, le 27, les deux armées furent en présence. On se disposa de part et d'autre à une grande bataille ; elle se donna le 28, devant Talavera qui formait le centre de l'armée anglo-espagnole. Son aile droite était appuyée au Tage et sa gauche à un mamelon qui se liait à une chaîne de montagnes très élevées ; un vaste champ d'oliviers garni d'infanterie, des coupures, des palissades et des pièces d'un gros calibre couvraient le front de l'armée ennemie. Les Français attaquèrent avec leur courage ordinaire, ils firent des prodiges de valeur ; mais il n'y eut ni ensemble, ni liaison dans les opérations ; on voulut faire emporter par un régiment des positions hérissées d'artillerie et défendues par plusieurs divisions. Nous perdîmes beaucoup de monde dans des attaques successives si mal combinées qu'elles n'eurent aucun résultat. Notre perte fut plus considérable que celle de l'ennemi et l'armée française repassa l'Alberche.

Mais le maréchal Soult n'avait reçu que le 27 juillet, à Zamora, l'ordre de se porter sur Plasencia avec les corps des maréchaux Ney et Mortier, afin de couper la retraite de l'armée ennemie qui s'était ménagé, sur le Tage, les ponts d'Almaraz et d'Arzobispo. Si le roi Joseph n'eût pas

---

1. Voir Wellington.

été si pressé de livrer bataille et qu'il eût donné le temps au maréchal Soult de déboucher des montagnes et de prendre l'ennemi en queue, non seulement il n'aurait pas été battu à Talavera, mais encore l'armée anglo-espagnole eût couru de grands risques. Nous arrivâmes trop tard, l'armée anglaise venait de passer le fleuve à Arzobispo, et Cuesta l'avait suivie.

Cependant, à la réception des ordres de Joseph, le maréchal Soult avait levé ses cantonnements et réuni son armée à Salamanque ; notre division y arriva le 28.

Cette ville est bâtie sur la rive droite de la Tormes, dans une agréable position ; elle est très ancienne et célèbre par son université. Le bâtiment où sont rassemblés les nombreux étudiants qui viennent de toutes les parties de l'Espagne est d'une étendue immense et d'un bon goût. La cathédrale est remarquable par son architecture gothique. Le portail excite la curiosité des amateurs par la beauté et le fini de ses bas-reliefs. Autour de la ville règne une belle promenade d'ormes, ce qui est très rare en ce pays ; elle conduit à la Tormes, qu'on passe sur un pont de vingt-sept arches, construit par les Romains sous Trajan ; il est bien conservé. La *Plaza Mayor* passe pour une des plus belles places du royaume : elle est de forme carrée, entourée d'un portique qui représente quatre-vingt-dix arcades. Les édifices qui l'entourent sont très régulièrement bâtis, tous à la même hauteur et ornés de balcons ; on y voit les bustes des rois de Castille et de plusieurs grands capitaines espagnols.

Le 29, l'armée se mit en marche : le corps du maréchal Mortier faisait l'avant-garde et notre division y fut attachée ; venait ensuite le deuxième corps, et après lui le sixième, commandé par le maréchal Ney. Après avoir passé la Tormes, nous voyageâmes environ deux lieues sur une belle route qui était la voie militaire des Romains, de Salamanque à Mérida ; on voit encore en plusieurs endroits, épars çà et là, des débris de colonnes militaires, de frises et de chapiteaux. Nous entrâmes bientôt dans les montagnes qui séparent l'Estrémadure de cette partie du royaume de Léon et qui sont un prolongement de Puertodel Pico, de Guadarrama, de Fuenfria et de Somosierra : le pays est stérile, les villages sont peu nombreux, tous les habitants sous les armes gardaient les défilés et couronnaient les hauteurs.

Dans le village de Val de Fuente où notre division de dragons bivouaqua le 30, on découvrit les cadavres de dix fantassins cachés sous la paille : ils avaient été assassinés le même jour lorsqu'un bataillon d'avant-garde avait fait halte en ce lieu. On crut nécessaire de faire un exemple en brûlant le village ; mais de pareils actes de sévérité exaspéraient d'autant plus les esprits qu'ils tombaient souvent sur des innocents et ils nous suscitaient de nouveaux ennemis.

Le 31 juillet nous traversâmes Candelario et la petite ville de Baños[1] située dans un défilé auquel elle a donné son nom. Les Romains y avaient des bains d'eaux minérales très renommées dont il reste quelques vestiges.

Trois bataillons de milices espagnoles avaient d'abord voulu s'opposer à notre passage ; mais ils s'enfuirent aux premiers coups de fusil. Mon régiment bivouaqua devant Hervàs, petite ville aux pieds de montagnes inaccessibles dont le sommet est toujours couvert de neige. Toutes les habitations étaient vides ; deux vieillards seulement étaient restés au milieu de cette solitude. D'après l'idée qu'ils se faisaient de nous, ils avaient cru se livrer à une mort certaine ; mais leur grand âge rendait moins douloureux le sacrifice de la vie que l'abandon de leurs foyers.

Vers le commencement du XVIe siècle, on découvrit, dit-on, dans ces montagnes, des peuplades restées inconnues jusqu'alors ; leur langage, leurs mœurs et leurs usages ne ressemblaient en rien à ceux de leurs voisins, avec lesquels ils étaient restés sans aucune communication pendant plusieurs siècles : ce ne fut pas sans peine qu'on les assujettit aux lois et aux coutumes du royaume. On prétend qu'ils conservent encore quelque chose de leur caractère sauvage et de leur éloignement pour la vie sociale : on les appelle *Battuecas*. Je ne citerai aucun des faits merveilleux qu'on m'a rapportés sur ces habitants, parce que je les crois dénués de toute vérité.

Le 1er août, au point du jour, nous étions sur le sommet des montagnes qui séparent les deux provinces ; nous descendîmes vers l'Estrémadure, et notre avant-garde n'arriva que tard à Placencia.

Nos bivouacs furent placés dans un champ d'oliviers, sur les bords de la Xerte ; nous ne trouvâmes pas d'habitants dans la ville qui est cependant l'une des plus considérables de la province : les enfants, les femmes et les vieillards, tout avait fui dans les rochers ; mais les hommes avaient été grossir l'armée de Cuesta. Le silence qui régnait dans cette ville abandonnée n'était troublé que par les cris de quelques soldats égarés qui retournaient au camp. On trouva dans plusieurs maisons

---

1. Note de Naylies : Baños est à peu près situé sur le point de division qui sépare l'Estrémadure de la Castille. Plusieurs ont pensé que cette ville était le *Vicus Cecilius* des Romains ; elle est bâtie sur l'ancienne voie militaire et on trouve souvent sur la route des portions de colonnes militaires qui portent des inscriptions presque toutes effacées ; on peut lire encore sur une pierre qu'on trouve sur la hauteur, avant d'arriver à Banos, le nombre CXXXI, qui devait indiquer, sans doute, la distance de cette ville à Mérida.

une proclamation du corregidor adressée aux Alcades de sa juridiction, qui enjoignait, par ordre de la Junte et de Cuesta, à tous les Espagnols de quatorze à soixante ans de se lever en masse : ils devaient, en quittant leurs villages, prendre le nom de *Croisés* et rejoindre l'armée avec un drapeau noir au milieu duquel était une croix rouge ; cette guerre, ajoutait-il, était déclarée guerre de religion et obtiendrait les mêmes indulgences que celles de la Terre Sainte. C'est avec de pareils moyens qu'on agissait sur l'imagination d'un peuple que le climat rend déjà si susceptible d'exaltation et qu'on a fait de cette guerre une guerre vraiment nationale.

Les Anglais, en quittant Placencia pour se porter sur Talavera, y avaient laissé 400 malades ; ils furent traités avec beaucoup d'égards.

Le 2 août, le deuxième corps étant arrivé, il remplaça à Placencia les troupes aux ordres du maréchal Mortier qui allèrent s'établir à Malpartida de Placencia, à deux lieues en avant sur la route de Talavera.

Le lendemain, nous marchâmes vers Le Pont d'Arzobispo, nous passâmes le Tietar à gué et notre division de cavalerie prit position près du village de Torril dont il n'existait plus qu'une seule maison. Ce lieu et les environs offraient l'image de la dévastation la plus complète ; les grains avaient été foulés aux pieds, les arbres coupés, les maisons démolies et l'église brûlée ; on ne voyait pas un seul habitant et il était impossible de se procurer quelques aliments ; pour comble d'infortune, par un temps si chaud et dans une plaine sans arbre, on ne trouvait d'eau que dans un seul puits plein d'immondices et de cadavres.

Les reconnaissances envoyées le 4 sur l'Arzobispo rapportèrent que l'arrière-garde ennemie passait le Tage ; on lui aurait fait beaucoup de mal si nos trois corps d'armée eussent été réunis mais, forcés de marcher en colonnes dans les défilés des monts Gredos, il eût fallu plus de deux jours pour concentrer nos forces en sorte qu'on ne put rien entreprendre ; et l'armée anglo-espagnole ne fut pas troublée de sa retraite. Cependant notre division se porta en avant sur Navalmoral, gros bourg à l'embranchement des routes de Madrid, de Lisbonne et de Placencia qu'il était important d'occuper. Quelques habitants qui étaient restés à Navalmoral s'enfuirent à notre arrivée.

Le 5 et le 6, nous eûmes quelques engagements avec la cavalerie espagnole qui faisait l'arrière-garde ; elle fut poursuivie jusques sous les murs d'Arzobispo et nous reçûmes quelques volées de canon des pièces qui étaient en batterie sur la rive gauche du Tage.

Le 7, nous fîmes jonction avec le duc de Bellune qui s'était avancé de Talavera sur Oropeza. L'armée anglaise, qui la première avait passé le Tage, occupait Deleitosa et Messa-de-Ibor tandis que les troupes espagnoles de Cuesta bordaient ce fleuve en face d'Arzobispo. Si le pont d'Almaraz n'avait pas été détruit et que le maréchal Ney eût pu passer le Tage sur ce point pendant que nous aurions forcé le Pont d'Arzobispo, les armées ennemies étaient fort compromises. Le maréchal Soult décida que Cuesta serait attaqué le lendemain par le maréchal Mortier et qu'on choisirait l'heure de la plus forte chaleur du jour, pendant que les Espagnols font la sieste. Il fit reconnaître un gué au-dessus du pont d'Arzobispo ; l'accès en était difficile : le bord avait, en cet endroit, trois pieds d'escarpement et on ne pouvait pas descendre, il fallait se jeter dans le fleuve. Plusieurs batteries ennemies, pointées dans cette direction, en défendaient l'approche et le pont était inabordable par la quantité d'infanterie placée sur une haute tour qui en ferme l'entrée.

Le 8 août, à deux heures après midi, les corps des ducs de Trévise et de Dalmatie, placés derrière une colline qui les garantissait en partie du feu de l'ennemi, s'ébranlèrent et marchèrent en colonnes d'attaque ; une division du cinquième corps occupa une plantation d'oliviers touchant au faubourg d'Arzobispo ; une autre s'échelonna sur la grande route et une brigade fut placée derrière la cavalerie qui se formait en face du gué. Les troupes aux ordres du duc de Dalmatie couronnèrent alors toutes les hauteurs de la rive droite. La cavalerie devait passer à gué pour prendre l'ennemi en flanc et se charger de quelques sapeurs qui, se dirigeant vers le pont, enlèveraient les barricades et ouvriraient un chemin à l'infanterie.

On voyait réunis, sur le même point, douze régiments de cavalerie, dont quatre de troupes légères ; les 18e et 19e régiments de dragons réclamèrent la faveur de passer les premiers : ils l'obtinrent. Notre général, après une courte harangue, moins pour stimuler notre courage que pour nous pénétrer de l'honneur qu'on nous faisait, se jette dans le Tage ; le 18e suivit son exemple. Cependant les chevaux marchaient avec peine sur un sable mouvant, au milieu d'un courant rapide et la mitraille faisait de grands ravages ; on ne pouvait aborder sur la rive opposée que trois de front en sorte qu'un ennemi plus aguerri aurait pu aisément nous arrêter. Dès que les cinquante premiers dragons furent formés sur la rive gauche, ils s'élancèrent sur les batteries, entrèrent dans les redoutes, et s'en emparèrent. Un grand nombre de canonniers espagnols furent tués sur leurs pièces, d'autres furent contraints de les pointer sur leurs camarades en fuite. L'infanterie ennemie, forte de 8 à 9 000 hommes, chercha vainement à se mettre en ordre de bataille : les 18e et 19e de dragons, déjà passés, la chargèrent avec impétuosité et l'enfoncèrent de toutes parts. Un régiment de hussards espagnols sembla vouloir rétablir le combat et se présenta devant nos escadrons désunis : le moment était favorable pour nous faire repentir de notre témérité ; mais il ne sut pas en profiter, il fit demi-tour à portée de pistolet. Pendant ce temps, les sapeurs que nous avions passés sur nos chevaux avaient descendu le fleuve et gagné le pont, enlevé les palissades et les chevaux de frise qui le défendaient et ouvert un passage à l'infanterie du général Girard[1]. Comme nous poursuivions l'épée dans les reins le régiment de hussards qui fuyait devant nous, on aperçut une nombreuse cavalerie déboucher du village d'Azutan éloigné d'une petite lieue du champ de bataille. C'était le duc d'Albuquerque[2] avec 4 000 cavaliers d'élite, carabiniers et gardes du corps, qui venait porter secours à l'infanterie. Sa marche fut si rapide qu'en un instant il se trouva en face de nous et il se forma sur trois lignes et chacune de ses ailes débordait de plus de cent toises nos deux faibles régiments. Les Espagnols poussèrent de grands cris, sonnèrent la charge et l'on vit leurs masses s'ébranler et manœuvrer pour nous envelopper. Nous leur épargnâmes la moitié du chemin en allant à leur rencontre ; bientôt on se joignit et la mêlée fut générale ; on était si près, si serrés que souvent les deux poignées de sabre se touchaient et le fer devenait inutile dans la main de ces ennemis qui ne respiraient que le carnage.

La mêlée fut un instant si terrible que le maréchal Soult voulut faire tirer à mitraille sur le tourbillon de poussière qui nous enveloppait comme le seul moyen d'arrêter l'ennemi. D'après sa force et notre petit nombre, il est probable que sa perte eût été six fois plus forte que la nôtre ; mais ce funeste moyen ne fut pas employé car la victoire se déclara pour nous et les Espagnols se débandèrent de toutes parts en apercevant le reste de notre cavalerie qui, après avoir passé le Tage, se formait sur la rive gauche. Une batterie d'artillerie légère, avantageusement placée sur le bord du fleuve, leur fit beaucoup de mal. Nous poursuivîmes les fuyards jusqu'à deux lieues du Tage ; tous nos soldats eurent leurs sabres teints de sang. Quatre-vingts dragons du 19e furent blessés, mais légèrement ; nous perdîmes trois officiers[3].

---

1. Jean-Baptiste Girard (1775-1815), général, baron d'Empire, duc de Ligny. Armée d'Italie, Marengo, Iéna, Espagne ; il est remarqué au Pont d'Arzobispo, il remporte la bataille d'Ocaña, puis est rappelé en France. En 1812, il repart pour la campagne de Russie, d'Allemagne, est blessé à Lützen, est fait prisonnier à Liegnitz. Libéré après la 1ère abdication de Napoléon, il se rallie immédiatement à lui au retour de l'île d'Elbe, mais est blessé à mort à la bataille de Ligny.
2. Don Carlos d'Espagne, duc d'Albuquerque.
3. Note de Naylies : MM. Decrauzat, adjudant-major, des Essarts, lieutenant, et de Bouders, sous-lieutenant, qui mourut de ses blessures. Nous fûmes d'autant plus affectés de la

Nous bivouaquâmes au village de Villard el Pedroso, au pied des montagnes de Deleitosa. Le soleil était couché depuis longtemps et l'heure où les ténèbres couvrent la terre était arrivée ; mais un violent incendie qui s'étendait sur un espace de deux lieues donnait au ciel une clarté pareille à celle du jour. Les obus avaient mis le feu aux moissons et aux gerbes entassées dans la vaste plaine qui borde le Tage en face d'Arzobispo ; on voyait des torrents de feu, poussés par un vent impétueux, se précipiter sur tout ce qui leur offrait un aliment et faire des progrès effrayants. En un instant, un bois de chênes verts fut consumé.

Les plaintes des blessés qui se sauvaient pour éviter l'incendie et le cri du désespoir des malheureux qui ne pouvaient fuir faisaient éprouver à l'âme les sentiments les plus pénibles. Plusieurs Espagnols, ayant une jambe ou une cuisse emportée par le canon, se traînaient sur leurs mains jusqu'à nos bivouacs : nous en recueillîmes beaucoup ; et l'on vit des soldats français aller chercher dans le feu plusieurs de ces infortunés. Nous entendîmes toute la nuit des coups de fusil et, de temps en temps, des détonations semblables au bruit du canon : c'étaient les armes à feu et les caissons d'artillerie laissés sur le champ de bataille qui étaient atteints par les flammes. Leur ravage continuait encore le lendemain à notre départ.

Après ce combat qui coûta aux Espagnols trente pièces d'artillerie et 1 600 hommes, ils se retirèrent dans les montagnes de Deleitosa sous les ordres du duc d'Albuquerque et une partie alla joindre Vénégas dans la Manche. L'armée anglaise se porta sur Merida et Badajoz.

L'infanterie du maréchal Mortier occupa la tête du pont d'Arzobispo et garda la rive droite jusqu'à Talavera ; le maréchal Ney se mit en marche pour rentrer en Castille et s'opposer aux progrès du duc del Parque qui était aux environs de Salamanque. Le deuxième corps, commandé par le maréchal Soult, fut destiné à couvrir le pays entre Albuquerque, Coria, Placencia, etc… et à faire face à l'armée portugaise.

Le 9 août, nous traversâmes le champ de bataille, nous y rendîmes les derniers devoirs à ceux des nôtres qui étaient restés ensevelis dans leur triomphe. Nos regrets et le tribut de louanges que chacun paya à la valeur de ces guerriers furent les adieux dont nous saluâmes leurs restes ; leurs tombeaux décorés des palmes de la victoire eurent encore pour trophées les nombreuses hécatombes d'ennemis et les débris d'armes

---

perte de cet officier que nous l'avions vu déjà convalescent grâces aux soins attentifs du maréchal Mortier ; mais ayant voulu sortir trop tôt pour aller remercier le maréchal, il se rompit l'artère crurale et il expira dans quelques heures.

de toute espèce dont la terre était couverte ; ils étaient les témoignages parlants des belles actions qui avaient illustré leur trépas. Ces épitaphes militaires valent bien les basses flatteries que souvent le marbre reçoit sur le tombeau d'un courtisan !

On ne s'arrêta pas dans Arzobispo où des cadavres d'hommes et de chevaux jonchaient les rues et exhalaient une odeur pestilentielle. Les maisons étaient désertes et ravagées. Nous prîmes la route de Placencia, suivis par le deuxième corps d'armée.

Le soir on distribua nos bivouacs sur les bords du Tietar, dans un bois à haute futaie ; ce lieu sauvage était préférable aux villages ruinés que nous trouvions depuis longtemps sur notre passage.

À l'abri des ardeurs du soleil, sous de grands halliers auxquels se mariaient des vignes qui nous fournirent abondamment du raisin, nous goûtâmes un repos délicieux. Au coucher du soleil nous délassâmes nos corps fatigués dans les eaux du Tietar. Leur fraîcheur et leur limpidité invitaient à s'y baigner ; à travers les arbres qui bordent cette rivière, on apercevait les riches coteaux de la Vera et Puertodel Pico, dont les sommets couverts de neige semblaient braver toutes les ardeurs de la canicule. Nous quittâmes ce beau site au point du jour et nous arrivâmes à Placencia que quittait le maréchal Ney, marchant sur Salamanque. Quelques bataillons de milices voulurent lui disputer le passage du col de Baños, il les culbuta et continua sa route.

Notre division alla occuper à trois lieues en avant de Placencia, la ville de Galisteo, entourée de murailles crénelées qui la mettaient à l'abri d'un coup de main. On y remarque un antique et vaste château appartenant au duc d'Arco. La Xerte coule au pied de ses murailles.

On ne trouva pas un être vivant dans Galisteo, les maisons étaient désertes et les portes fermées ; nos soldats les ouvraient d'un coup de fusil dans la serrure ; c'était le moyen le plus ordinaire, le plus expéditif et celui qui occasionnait le moins de dégât.

Fidèles aux instructions qu'ils avaient reçues de la Junte, les habitants n'avaient rien laissé dans leurs demeures, nous étions sans aucune subsistance. Cependant nous parvînmes, avec beaucoup de peine, à nous procurer du grain dans les villages voisins et, malgré les commissaires et les inspecteurs des vivres, nous eûmes du pain ; il est vrai que nous le fîmes nous-mêmes. Ces messieurs, pour se donner un air important, ne manquaient jamais de faire naître mille difficultés lorsqu'il n'en existait pas ou lorsqu'ils auraient pu aisément les lever ; leur unique soin se bornait à procurer des vivres au quartier général. Ils disaient alors effrontément, « La division a du pain, la division a de la viande », tandis que sur deux ou trois mille personnes, une trentaine seulement d'individus privilégiés en avaient obtenu. Les inspecteurs de vivres et de fourrages seraient utiles dans une armée où il y aurait des magasins et où l'on ferait des distributions régulières ; mais avec notre manière de faire la guerre et ce système dévastateur où l'on compte sur les ressources du pays pour faire vivre les armées, ils sont inutiles. Je n'ai pas vu ces agents du Gouvernement faire vingt distributions par an ; au lieu d'un abus, il en existait deux : c'est que l'on pillait et ravageait, sous le prétexte de chercher des vivres, et que l'on payait des gens qui ne faisaient rien.

Le 15 août, nous apprîmes que le général Sebastini avait battu complètement Vénégas à Almonacid.

La division d'infanterie aux ordres du général Heudelet vint s'établir avec nous à Galisteo ; les reconnaissances envoyées sur Coria nous donnèrent avis que les Anglais faisaient des mouvements vers Alcantara pour rentrer en Portugal et que les Portugais qui étaient dans la Sierra de Gata, avaient évacué Moraleja. À cette nouvelle, notre division de cavalerie partit pour Coria. On y arrive en longeant la rivière d'Alagòn, nous la passâmes près de l'endroit où elle se réunit à la Xerte. Le pays, jusqu'à Coria, est stérile, couvert de bruyères et de chênes verts. Cette ville est bâtie sur la rive droite de l'Alagòn quoique certains géographes la placent sur la rive gauche ; elle est le siège d'un évêché et on y remarque la cathédrale et quelques autres édifices.

Il était déjà tard quand nous arrivâmes à Coria où on nous mit au bivouac dans un champ d'oliviers et nous n'avions pour toute subsistance que le biscuit que nous apportions de Galisteo. Dès que les postes furent placés et les chevaux attachés aux arbres, les soldats se répandirent dans la ville ; elle était déserte. Munis de gros cierges enlevés dans les églises et une hache à la main, ils enfonçaient les portes, les coffres et les armoires sous prétexte de chercher des comestibles ou de la paille pour les chevaux. Le fracas qu'on entendait dans l'intérieur des maisons, la vue des flambeaux mouvants et des hommes qui retournaient au camp chargés de butin, les cris confus des moins diligents, offraient un spectacle pénible et curieux tout à la fois. Cette malheureuse ville fut pillée toute la nuit. La cupidité n'eut plus de bornes parmi nos soldats : enflammés par le récit de ceux de leurs camarades dont les recherches avaient été fructueuses, l'asile révéré des tombeaux ne fut pas même épargné ; tels on vit dans les jours de crime et d'anarchie qui ont désolé notre belle patrie, des monstres porter leurs mains sacrilèges dans le sanctuaire de la mort et troubler le repos des mânes sacrés qui, depuis dix siècles, goûtaient la paix du cercueil. Voilà cependant à quelles atrocités nous conduisait notre affreux système de faire la guerre sans magasins. Le soldat n'ayant pas de vivres se croyait tout permis, il était impossible d'arrêter le mal qui se faisait même sous nos yeux parce qu'un homme pressé par la faim se met au-dessus de la discipline et que, raisonnablement, on ne pouvait empêcher ces excès à cause du prétexte. Je maudissais tous les jours l'auteur de cette guerre odieuse et j'appelais sur sa tête tous les maux qu'il causait. Je considérais les Espagnols comme les héroïques victimes de leur patriotisme et de leur dévouement à la noble cause de leur indépendance ; je les admirais. J'ai fait comme particulier le moins mal que j'ai pu et je n'ai rien à me reprocher ; mais comme officier et combattant sous les bannières françaises, lorsque je me trouvais en présence de l'ennemi, je faisais mon devoir.

Les malheureux habitants de Coria erraient dans les montagnes voisines ; ils entendaient le bruit de la dévastation et leur haine s'en augmentait ; ils invoquaient contre nous le courroux du Dieu vengeur : il a exaucé leurs prières ! ...

Coria[1], autrefois sur l'Alagòn, en est maintenant assez éloignée. On aperçoit au bas de la ville un pont de sept arches, sous lequel passait cette rivière. Maintenant le pont est sans rivière tandis que plus loin la rivière est sans pont. Une autre particularité non moins remarquable, c'est que l'Alagòn n'est qu'un filet d'eau en face de Coria quoiqu'il ait reçu plusieurs rivières dans son cours, pendant que vers Galisteo, plus près de sa source, il n'est pas guéable. On attribue ce phénomène à plusieurs crevasses qui existent dans son lit et qui absorbent une partie de ses eaux.

Comme on voulait connaître les mouvements de l'ennemi, on envoya des partis de cavalerie vers la petite ville de Gata ; ils furent attaqués chaque fois dans les montagnes de ce nom par les habitants qui avaient pris les armes. On crut s'en venger en livrant Gata aux flammes ; cette punition exaspéra les montagnards qui ne nous laissèrent plus de repos et qui, par représailles, égorgeaient tous ceux qui tombaient dans leurs mains. Le maréchal prit le parti d'envoyer notre brigade à Moraleja, gros bourg sur la rivière de Gata, à l'embranchement des routes d'Alcantara et de Ciudad-Rodrigo. Cette occupation n'empêcha pas le marquis de La Romana de passer très près de nos postes, avec

---

1. Note de Naylies : Coria est le *Caurium* des Romains. Il n'y a peut-être pas de ville en Europe qui puisse montrer des antiquités aussi bien conservées. Elle est entourée de murailles de construction romaine, qui ont environ trente pieds de haut et de dix-huit à vingt d'épaisseur : des tours carrées y sont placées de distance en distance. On est étonné de voir que dix-huit siècles ont à peine atteint cet ouvrage qui démontre la solidité des monuments anciens.

soixante chevaux, se rendant à Séville pour conférer avec la Junte sur les plans d'opérations.

Une compagnie d'infanterie, envoyée dans le village de Torrejoncilio pour faire des vivres, fut massacrée toute entière par un parti de 1000 Espagnols. On mit à leur poursuite le 19e régiment de dragons mais il arriva trop tard : ceux-ci avaient passé le fleuve en face de Garrovillas.

La position du deuxième corps aux extrémités de l'Estrémadure et entouré d'ennemis était très hasardée. Le duc del Parque, maître des environs de Salamanque, pouvait occuper le col de Banos qui était derrière nous ; le duc d'Albuquerque était sur notre flanc gauche, à Alcantara ; nous avions le maréchal Beresford en tête, et les Anglais, qui tenaient Merida, pouvaient passer le Tage à Almaraz ou à Arzobispo et nous couper toute retraite. Je ne conçois pas ce qui empêcha les Alliés de nous prendre dans leurs filets : si la bonne intelligence eût régné parmi les généraux, nous ne pouvions leur échapper.

Comme les Portugais paraissaient vouloir s'emparer de Coria et qu'ils déployaient des forces considérables, nous nous retirâmes sur Placencia où était notre infanterie. On nous plaça au bivouac en avant de cette ville, près du village de Carcaboso[1] où nous restâmes quelques jours. Nous vécûmes, pendant ce temps, de ce que nous allions enlever aux paysans en faisant le coup de fusil, livrés à nos propres moyens et chaque jour amenant de nouveaux besoins. L'industrie se développait et chacun contribuait, par les talents qu'il possédait, au bien-être général. Nos bivouacs offraient l'image d'une colonie ; ici on allait moudre du grain et l'on faisait cuire du pain ; là on tuait un bœuf et les soldats ajustaient à leurs pieds le cuir sanglant de l'animal pour s'en faire une chaussure[2]. Les uns fabriquaient du charbon pour forger les fers de nos chevaux ; les autres raccommodaient les équipages et les vêtements. Cette activité,

---

1. Note de Naylies : Pendant mon séjour à Carcaboso, je fis quelques excursions pour voir des fragments de colonnes et de pierres antiques avec des inscriptions, qu'on m'avait dit être dans les environs. J'en trouvai plusieurs dont je ne pus déchiffrer aucun caractère ; mais près de l'église de Carcaboso on voit l'inscription suivante, qui est très lisible :
IMP. CAES. DIVI. TRAIANI. PAR THICI. F. DIVI. NERVAE. NEPOS. TRAIANVS. HADRIANVS AVG. PONTIF. MAX.TRIB. POT. V. COS III. RESTITVIT.CIII
Traduction par François Desplanques (F. D.) : « Hadrien Trajan, petit-fils de Narva, fils adoptif du divin empereur Trajan Parthiens auguste, grand prêtre [revêtu] de la puissance tribunicienne pour la cinquième fois, consul pour la troisième fois, a restauré [ce monument] ».
2. Note de Naylies : Les soldats, manquant souvent de chaussures en Espagne, façonnaient une espèce de bottes avec la dépouille des bœufs, et la laissaient continuellement à leurs pieds jusqu'à ce qu'elle en eût pris la forme et que le cuir fût, pour ainsi dire, tanné : ils avaient soin de mettre le poil en dehors.

cette variété d'occupations faisaient couler la vie et nous procuraient les secours dont nous privait une guerre aussi désastreuse.

Le 1er octobre, les mouvements de l'ennemi ne nous permettant pas de conserver cette position, le corps d'armée se mit en marche pour se lier au 5e corps en se portant vers Oropeza ; l'infanterie nous précédait ; notre division de dragons forma l'arrière-garde, elle se plaça en observation sur la Xerte, pour voir si les Portugais, instruits de notre opération, voudraient nous inquiéter. À midi, nous quittâmes Placencia et gagnâmes le sommet de la montagne qui conduit à Malpartida. L'ennemi ne parut pas jusqu'à quatre heures du soir que nous restâmes en vue de la ville. De ce point très élevé, on aperçoit se prolongeant à l'infini les montagnes de Gata, de Pena de Francia et de Puerto del Pico, les riches coteaux couverts de vignes de la Vera de Placencia, la vallée de la Xerte, la ville de Placencia, ses jardins et ses trois ponts, qui aboutissent chacun à une porte de la ville. C'est dans ces environs qu'est la célèbre abbaye de Saint-Just où Charles V[1] se retira en 1556 après son abdication. Il était nuit lorsque nous arrivâmes sur les bords du Tietar, et nous y bivouaquâmes.

Le 2 octobre, nous marchâmes vers Navalmoral. Quoique la saison fût déjà avancée, il faisait si chaud dans ces plaines qu'un soldat, qui n'avait qu'une blessure légère mais qui le forçait de se tenir sur le dos, mourut pour avoir reçu, pendant plusieurs heures, les rayons du soleil d'aplomb sur la figure.

Le maréchal Soult venait d'être nommé major général, on en tira d'heureux présages ; on pensa que du moins chaque général n'agirait plus d'après son caprice ou ses intérêts particuliers, comme il arrivait très souvent ; et qu'il y aurait plus d'ensemble dans les opérations. Notre division passa sous les ordres du maréchal Mortier et fut chargée de couvrir le Tage, en protégeant les communications entre Talavera et Madrid.

Déjà des partis nombreux, connus sous le nom de *guérilla*, ayant à leur tête des chefs braves et audacieux, interceptaient nos courriers, s'emparaient de nos convois, enlevaient les garnisons et massacraient sans pitié les malades ou les soldats isolés qui restaient en arrière. Ils nous faisaient, de cette manière, autant de mal qu'un ennemi formidable dans une bataille rangée. Pour envoyer des ordres et communiquer d'une place à une autre, il fallait employer des bataillons entiers. Il était presque impossible d'atteindre ces guérillas, parce qu'ils étaient parfaitement servis par les habitants et qu'ils avaient une connaissance

---
1. Note de Naylies : connu sous le nom de Charles Quint.

exacte des lieux. Ils savaient toujours d'avance que, s'ils étaient attaqués et dispersés, ils se rallieraient sur tel point pour tomber dans un endroit où on ne les attendait pas. Ils n'attaquaient jamais qu'avec la certitude d'un avantage : leurs succès exagérés par la haine nationale et l'appât du brigandage, multipliant ces bandes dans toute l'Espagne, elles se partagèrent le royaume, et chacune, dans la province qui lui était assignée, faisait aux Français tout le mal imaginable. Elles rendaient compte de leurs opérations à la Junte-Suprême, qui récompensait par des honneurs et des dignités, ceux qui s'illustraient par des actions d'éclat. La plupart des chefs sortis des derniers rangs de la société, furent désignés par la profession qu'ils y exerçaient, tel que *el Cosinero*, le Cuisinier, *el Medico*, le Médecin, *el Capucino*, le Capucin, *el Pastor*, le Pasteur ; ou par quelque trait caractéristique, comme *el Empecinado*, l'Implacable, surnom de Juan Martin, *el Abuelo*, le Grand-Père, *el Maquesito*, le Marquis (de Porlier). Les deux plus fameux chefs, ceux qui nous ont fait le plus de mal et qui ont réuni jusqu'à vingt mille hommes, sont l'Empecinado et Mina : le premier faisait trembler les deux Castilles, l'autre régnait dans la Navarre avec l'autorité d'un souverain.

Chargés d'observer la rive gauche du Tage que bordait l'armée espagnole du duc d'Albuquerque, les quatre régiments de notre division prirent position sur la rive opposée qu'ils gardaient depuis le pont d'Almaraz jusqu'à Talavera. Le Tage coule en Estrémadure dans un lit de rochers : on n'y reconnaît pas ce fleuve majestueux ni ses bords enchanteurs que les poètes ont embelli des plus aimables fictions. Son cours, entre deux montagnes, est très rapide près du village de Berrocalejo, et ce fleuve qui, en beaucoup d'endroits, n'a pas vingt pieds de large est toujours très profond. Des rochers à pic, couverts de genêts et d'une mousse blanchâtre, se prolongent sur ses rives qui offrent l'aspect le plus agreste. On n'y voit que quelques chèvres suspendues sur le sommet des rochers et de misérables pâtres couverts de peaux de mouton. Nul arbre, aucune verdure vient reposer la vue ; toujours s'offre aux yeux une terre stérile et sauvage ; mais à quelque distance du fleuve, le pays est riant et fertile, comme toute la partie de l'Estrémadure qui est entre l'Alberche et le Tage.

Un climat si doux, un ciel presque sans nuage rendraient ce pays le plus beau du monde si les habitants avaient plus d'industrie et d'amour du travail. La terre, pour produire, ne demande qu'à être cultivée et on peut y recueillir deux moissons par an ; mais ce peuple paresseux ne sème que ce qui est absolument nécessaire à sa subsistance et, au lieu d'ouvrir de larges sillons, il se contente de gratter la superficie de cette terre si fertile qu'elle produit encore les plus beaux grains. Une profonde ignorance, commune à toute la basse classe du peuple, est le résultat naturel de cette paresse et de cette apathie auxquelles il faut ajouter encore la malpropreté ; car la réputation qu'ont les Espagnols de laisser propager chez eux une sorte de vermine très désagréable, est justement méritée : peu de personnes en sont exemptes et souvent l'hidalgo, comme le paysan, a sa tête et son corps garnis de ces insectes. Lorsqu'une jeune Espagnole veut donner à son amant une preuve d'amour, elle le fait asseoir à ses pieds et prend plaisir à le débarrasser de ces hôtes incommodes ; cette aimable attention est la marque d'une grande intimité et l'expression la plus délicate du sentiment.

Le costume des habitants de l'Estrémadure consiste en une veste de couleur brune, sans manches et sans col, une large culotte de la même étoffe et des guêtres ; on leur voit aussi une peau de mouton noire, façonnée en veste, dont la laine est en dehors ; de sorte qu'avec une figure basanée, ils ont, au premier aspect, quelque chose d'effrayant.

J'étais logé à Berrocalejo dans une petite maison tenant au bivouac ; une partie des habitants de ce village y étaient restés et mon ménage se composait du mari, de sa femme et de ses trois enfants. Ils n'avaient d'autre couche que le sol sur lequel ils étendaient des nattes recouvertes de peaux de mouton. Au lever du soleil, la famille faisait un repas très frugal que la misère des temps rendait encore plus simple : un pied de bœuf bouilli dans l'eau et un morceau de pain noir, le plus souvent des glands composaient toute leur nourriture. Ils paraissaient accoutumés à ce genre de vie ; car les Espagnols sont très sobres : du pain, de l'eau et des cigares leur suffiraient ; mais ce dernier objet est de première nécessité. Nos soldats au contraire ne se soutenaient qu'en mangeant beaucoup de viande et en buvant du vin. Quand ils étaient dans l'abondance, ils devenaient très difficiles : j'en ai vu tuer un bœuf pour avoir les filets et ne prendre d'un mouton que les gigots seulement.

Au commencement de novembre, notre brigade se rapprocha de Madrid pour protéger les convois, les courriers et l'arrivée des vivres que les guérillas interceptaient. Ils maltraitaient les paysans qu'ils trouvaient avec des subsistances à une certaine distance de la capitale et ils les renvoyaient après avoir pris leur argent et leurs mules.

Si l'amour de la patrie et de la légitimité arma le bras des généraux espagnols qui voulaient reconquérir leur indépendance, on vit aussi une foule de vagabonds et de malfaiteurs profaner le drapeau national et, avec les mots de Ferdinand et de liberté, commettre sur leurs compatriotes des atrocités qu'on a rarement imputés aux Français.

Dragons du 19ᵉ régiment à la bataille d'Ocaña et trompette dont le cheval a été tué
Dessins de Peter Bunde parus dans La bataille d'Ocaña, la plus grande victoire de l'Armée d'Espagne
Sur les dessins de ce livre de Pierre O. Juhel (*Histoire et collections*, 3ᵉ trimestre 2003), on reconnaît le trompette à ce que les couleurs de la vareuse et du col sont inversées par rapport aux dragons.

Le 19ᵉ dragons alla occuper Santa Cruz sur la route de Madrid, entre le Tage et l'Alberche. Divers détachements allaient tous les jours faire des expéditions sur la rive droite de cette rivière à Escalona, à Ormigos, à Cadahalso et à Guisando. C'est près de ce dernier endroit que l'on voit quatre taureaux monstrueux en pierre dont on fait remonter l'origine au temps de César. On prétend que ce prince ayant défait complètement dans ces montagnes de la Castille, Sextus et Cneius, fils de Pompée, il fit célébrer cette victoire par des hécatombes de taureaux et qu'on éleva ceux-ci pour en perpétuer le souvenir. On aperçoit sur leurs corps quelques traces d'inscriptions qu'on ne peut déchiffrer ; on a même beaucoup de peine à reconnaître sur ces masses informes et colossales la forme des animaux qu'elles représentent.

Le 5 novembre, nous apprîmes la conclusion de la paix avec l'Autriche ; on chanta le *Te Deum* et le canon fut tiré dans toutes les villes.

Cependant le général Arisaga, commandant l'armée espagnole de la Manche et d'Estrémadure, forte de 50 000 hommes, résolut de marcher sur la capitale et s'avança jusqu'à Aranjuez. Le maréchal Soult partit aussitôt de Madrid avec le roi Joseph. Le maréchal Mortier rassembla ses troupes, se réunit à la réserve, composée des gardes de Joseph et du quatrième corps, et se dirigea vers Ocaña. Le 19 novembre, les deux armées étaient en présence : nous n'avions qu'environ 25 000 hommes.

L'ennemi, sur plusieurs lignes, avait sa droite à Noblegas, son centre à Ocaña, et sa gauche se prolongeait au-delà de cette ville. Un ravin profond couvrait une partie de son front. Le général espagnol avait pour lui l'avantage du nombre et du terrain ; il n'en sut pas profiter : il ne put faire aucun usage de sa cavalerie, mal placée derrière ses masses d'infanterie. Le général Leval[1], qui formait notre gauche, commença l'attaque sur la droite de l'ennemi ; il ne put forcer les positions ennemies, défendues par beaucoup d'artillerie. Cédant au nombre, notre aile gauche plia et fut obligée de repasser le ravin. Elle revint bientôt à la charge avec impétuosité, soutenue par le général Girard, du cinquième corps ; les Espagnols avaient pu résister d'abord. Le général Sébastiani les prit en flanc avec sa cavalerie, enfonça plusieurs bataillons et notre infanterie reprit l'avantage sur tous les points. En peu d'heures, il resta à peine de cette grande armée 2 000 hommes réunis ; 20 000 hommes,

---

1. Jean-François Leval (1762-1834), général. Fils de bourgeois de Paris, commence comme simple soldat, gravit rapidement les échelons, devient général en 1799. Iéna, Eylau, Espagne (blessé à Ocaña). Pendant huit campagnes consécutives, il est à l'avant-garde et, pour cela, il est fait baron d'Empire en 1809.

50 pièces d'artillerie, plusieurs drapeaux et tout le bagage tombèrent en notre pouvoir.

Le général Arisaga qui, dit-on, observait la bataille du haut du clocher d'Ocaña, faillit être pris.

Si, au lieu de se présenter en rase campagne avec des troupes levées à la hâte et mal armées, ce Général eût gardé les défilés de la Sierra-Morena, son armée se serait augmentée, ses soldats auraient acquis de la confiance, se seraient aguerris et nous n'aurions pas envahi l'Andalousie que nous livra la perte de cette bataille.

De novembre 1810 à janvier 1811

Cantonnement de Cebolla, postes de correspondance établis sur les routes, séjour à Almaraz, pont d'Almaraz, Trujillo, Medellin, Mérida, ses antiquités romaines, Cacerès, Casar de Caserès, bords de la Guadiana, départ du deuxième corps pour le Portugal, la quatrième division de dragons se rend dans la Manche, passant par les hautes montagnes de Guadelupe, manifeste de l'évêque de Laodicée, président de la Junte de Séville, au sujet de la paix avec l'Autriche en 1809, Mora, Consuegra, Puerto-Làpice, Ojos de la Guadiana, Manzanares, Toboso, séjour dans la Manche, retour dans la province de Tolède ; ses antiquités, ville de Tolède ; ses antiquités, récit d'un officier échappé des pontons de Cadix, troupeaux voyageurs, progrès des guérillas, mort du chef d'escadron Labarthe et de quatre-vingts grenadiers d'infanterie, près d'Illescas, sur la route de Madrid.

Après la bataille d'Ocaña, les corps d'armée du général Sébastiani et des maréchaux Victor et Mortier se dirigèrent sur la Sierra Morena sous les ordres du roi Joseph et du maréchal Soult. Les Espagnols avaient élevé des fortifications et pratiqué des mines dans les défilés de ces montagnes. Ils espéraient se maintenir dans les nombreuses positions de Puerto del Rey, de Despenna-Perros et du col de Mudelar et, si elles étaient forcées, faire sauter des quartiers de rochers et des portions de route dans les endroits où celle-ci se trouve resserrée entre deux montagnes à pic.

À l'arrivée de nos troupes, les points fortifiés ayant été tournés, l'ennemi épouvanté mit trop tôt le feu aux mines ; il n'en résulta que beaucoup de bruit et aucun mal pour nous. Lorsque les Espagnols virent le peu de succès d'une opération sur laquelle ils avaient fondé tant d'espérances, ils abandonnèrent leurs positions. Le passage resté libre, les Français entrèrent sans obstacle en Andalousie. Grenade, Cordoue, Séville ouvrirent leurs portes ; et si Joseph ne se fut pas arrêté mal à propos dans cette dernière ville, on se serait emparé de Cadix qui était sans garnison. Six jours perdus donnèrent le temps au duc d'Albuquerque d'entrer dans cette place avec quelques troupes et, dès lors, il fut impossible de rien tenter sur ce point.

Notre division de cavalerie, qui n'avait pas fait partie de l'expédition d'Andalousie, fut placée sur les bords du Tage aux environs de Talavera[1] pour observer la rive gauche. Les paysans de cette contrée avaient abandonné leurs demeures pour se retirer dans les montagnes de sorte que les subsistances étaient devenues très rares ; cependant on voyait encore des champs couverts de moissons que le départ des habitants et la présence continuelle de l'ennemi avaient empêché de récolter ; nos soldats armés d'un fusil et d'une faucille allaient, par détachements de 100 hommes, couper du blé qu'ils rapportaient en gerbes ; il fallait ensuite battre, vanner, moudre et faire le pain.

Mon régiment fut bivouaqué pendant quelques jours devant Cazalegas, près de la route de Madrid. Ce malheureux village avait été entièrement ruiné par suite de la bataille de Talavera. Il était autrefois riche et peuplé ; il n'y restait plus que quatre familles indigentes. Le jour de la bataille, on y avait établi l'ambulance de notre armée ; les maisons étaient pleines de cadavres qui exhalaient une odeur insupportable et, après quatre mois, on voyait encore, dans les rues, des membres épars au milieu des débris de toits, de meubles et de poutres à demi brûlés.

Nous éloignâmes notre camp de cet air pestilentiel et nous le plaçâmes dans un champ d'oliviers, à un quart de lieue de Cazalegas.

Une grande quantité d'aigles et de vautours, attirés par les cadavres, venaient dans les champs voisins se repaître de chair humaine. Lorsqu'on voyait à une certaine distance une douzaine de ces animaux réunis, on les prenait pour l'ennemi, ce pays étant infesté de bandes de guérillas, et ils ont souvent occasionné des méprises singulières.

Les nombreuses troupes qui avaient séjourné dans ce canton l'avait réduit à la plus affreuse misère. Nous manquions de pain ; nous ne pouvions plus même nous procurer de l'orge et de la paille hachée[2] pour les chevaux. Notre général se rapprocha du Tage et sa brigade s'établit dans le bourg de Cebolla, à une demi-lieue du fleuve.

---

1. Note de Naylies : Talavera est dans une belle situation, au milieu d'une plaine fertile, arrosée par l'Alberche et le Tage. On ne compte plus que douze mille habitants dans cette ville qui était considérable sous les Romains, dont plusieurs ruines retracent le souvenir. Cette ville est commerçante et occupe beaucoup d'ouvriers qui y font des soieries estimées ; un Français y porta cette branche d'industrie, en 1748. Talavera a donné naissance à plusieurs hommes célèbres parmi lesquels on distingue l'historien Mariana.
2. Note de Naylies : Nourriture ordinaire de nos chevaux depuis que nous avions passé les Pyrénées et la seule en usage chez les Espagnols.

Ce lieu est renommé par ses vins blancs et son agréable position. Quoiqu'il ait plus de six cents feux, il n'y était resté qu'une trentaine de misérables qui cherchaient de quoi subsister dans les maisons abandonnées ou qui venaient implorer l'humanité de nos soldats. Le bois est très rare dans la plaine qui avoisine le Tage en sorte que ceux qui nous avaient précédés avaient brûlé les meubles, les portes et les fenêtres ; ainsi il ne nous restait plus d'autre ressource que celle de démolir entièrement les maisons et tous les jours on en assignait un certain nombre à chaque compagnie : il valait encore mieux employer ce cruel moyen que de brûler les vignes et les oliviers qui sont la richesse du pays. Avant de quitter leurs demeures, les habitants avaient caché des grains dans la partie la moins apparente de leurs maisons et ils avaient muré cet endroit avec précaution : la fraîcheur du ciment ou telle dimension intérieure qui ne paraissait pas d'accord avec la dimension extérieure correspondante, découvrait souvent cette innocente ruse. Nos soldats passaient leurs journées à inspecter toutes les habitations et le mur qui excitait leur soupçon était abattu en un clin d'œil ; d'autres fois ils sondaient les jardins avec les baguettes de leurs fusils ; dès qu'ils rencontraient un obstacle, ils creusaient la terre à cet endroit et trouvaient ainsi tous les jours des sacs de blé, des jambons et des *tenacas*[1] remplies de vin.

Quelques jours après notre arrivée, beaucoup de paysans vinrent de la rive gauche du Tage pour faire la récolte des olives ; ils approchaient avec crainte et jetaient un coup d'œil furtif sur leurs demeures pour voir si elles étaient encore debout. Les propriétaires de celles que nous avions abattues montraient le plus violent désespoir : ils allaient à leur travail en invoquant la Mère de Dieu, saint Joseph et tous les Saints et nous souhaitaient mille malédictions. Ils avaient soin de n'amener avec eux aucune jeune femme ; celles qui partageaient leurs travaux étaient vieilles et laides. Tous les soirs ils repassaient le Tage avec leurs mulets et leurs ânes chargés d'olives car, malgré nos instances réitérées, nous ne pûmes les déterminer à coucher à Cebolla : ils étaient de retour au lever du soleil ; on avait beau leur répéter qu'en habitant leurs maisons ils échapperaient au fléau qu'ils redoutaient, ils préféraient ajouter ce sacrifice à tous ceux qu'ils avaient déjà faits pour éviter notre présence.

Le jour des Rois, nous fîmes célébrer la messe dans l'église de Cebolla qu'il fallut débarrasser des décombres qui la remplissaient : il n'y avait d'Espagnols que le prêtre et un sacristain ; aucun habitant n'avait voulu s'y retrouver, regardant comme un sacrilège une messe à laquelle des Français assistaient.

---

1. Note de Naylies : Grande jarre de cinq à six pieds de haut, faite en forme d'urne.

Une bande de guérillas, commandée par un nommé Camille, s'augmentait tous les jours et nous faisait le plus grand mal : le pays entre Talavera et Madrid était le théâtre des opérations. Ce Camille était un laboureur très riche des environs de Talavera, qui avait vu deux fois, avec résignation, piller sa maison et tous ses bestiaux ; mais sa femme et ses deux filles ayant été violées par nos soldats, il voua une haine éternelle aux Français et jura de ne leur faire aucun quartier ; aussi tout ce qui tombait entre ses mains était immolé sans pitié.

Seize dragons du 19e, allant de Valmojado à Santa-Crux, furent attaqués par 200 chevaux de sa bande ; le maréchal des logis qui les commandait était brave et déterminé, il se fit jour à travers l'ennemi et se sauva avec cinq hommes : les dix autres furent massacrés. On avait établi à des distances de cinq ou six lieues, sur la route de Madrid à Talavera, des postes chargés de la communication. Les convois ou les officiers porteurs de dépêches y prenaient un certain nombre d'hommes pour les escorter ; la nuit convenait mieux que le jour à cette correspondance, dans un pays si plat où l'on était aisément aperçu à trois ou quatre lieues et où il était difficile d'échapper à un ennemi toujours plus fort que les faibles détachements qu'on y employait. Pour communiquer sûrement sur cette route, il aurait fallu au moins 100 chevaux : chaque poste était retranché à l'extrémité du village dans une maison crénelée, autour de laquelle régnait un fossé hérissé de palissades ; souvent des guérillas, vêtus comme le reste des paysans, après avoir déposé leurs armes, venaient rôder autour de l'enceinte et reconnaître la position ; une sentinelle placée sur le toit avertissait de l'approche de l'ennemi et alors on se défendait dans cette petite forteresse. Nos troupes n'avaient de communication avec les habitants des villages que lorsqu'il fallait en exiger des vivres.

Pour réprimer l'audace des bandes de Camille et du Médico[1] et pour assurer la route de Tolède, le 19e régiment fut envoyé à la Puebla de Montalban : c'est une petite ville riche, bien bâtie et dans un pays fertile ; ses environs produisent d'excellents vins et beaucoup d'huiles.

Le 10 février, notre division rejoignit le deuxième corps dont elle avait été un moment séparée ; il opéra ce jour-là même son mouvement sur l'Estrémadure afin de se lier au maréchal Mortier détaché de l'armée d'Andalousie pour s'emparer de Badajoz. L'armée traversa le Tage à Arzobispo et franchit les montagnes de Deytosa pour gagner Trujillo où son quartier général fut établi : c'est là qu'arriva le général Régnier pour prendre le commandement du deuxième corps. Cependant, le pont

---
1. Autre chef, dont la bande infestait aussi cette province.

d'Almaraz ayant été coupé quelques mois auparavant, on jugea nécessaire de jeter un pont volant sur le Tage, au même endroit, pour rétablir la communication de Trujillo à Madrid. Mon régiment fut détaché à Almaraz pour protéger les travailleurs et faire la correspondance jusqu'à Talavera.

Le village d'Almaraz ne présentait plus qu'un morceau de décombres ; les Français et les Espagnols, qui l'avaient occupé tant de fois, avaient démoli les maisons pour en tirer le bois nécessaire à la construction des ponts volants qui étaient ensuite brûlés à l'approche de l'ennemi. Un vaste plant d'oliviers qui était à l'est du village et tous les arbres des environs avaient été brûlés ; on voyait partout les traces de nombreux bivouacs et la terre était couverte de boulets, d'éclats d'obus, de bombes et des débris d'un parc d'artillerie que le premier corps avait été obligé de faire sauter.

C'est au milieu de ces ruines et sans aucune ressource que nous nous établîmes autour de quelques troncs d'oliviers ; pour comble d'infortune, nous manquions d'eau. Autrefois une belle source, venant d'une petite montagne située à un quart de lieue du village, répandait son eau limpide dans un vaste bassin, maintenant desséché et rempli de vêtements, de cadavres d'hommes et d'animaux qui exhalaient une odeur infecte ; les conduits avaient été brisés par les paysans, de sorte que l'eau se perdait dans la terre avant d'arriver à sa destination. Notre premier soin fut de nettoyer le bassin, de rétablir les tuyaux et des gardes furent placées à la source de la fontaine pour que les paysans ne vinssent pas détruire notre ouvrage pendant la nuit. Dans ce désert, séparés de tous villages habités, nous étions obligés de faire des excursions à plusieurs lieues pour nous procurer des vivres ; nous en tirions des bords du Tietar d'où les habitants nous apportaient tous les jours un certain nombre de rations. La paille hachée pour nos chevaux était en si petite quantité que ces malheureux animaux vécurent pendant plus de deux mois avec du chiendent et de la camomille ; chaque soldat, armé de son fusil, allait avec une faucille couper, jusqu'à une demi-lieue du camp, la ration de son cheval. Cette détestable nourriture les empêchait de mourir de faim mais occasionna des maladies qui en firent périr plus de quarante.

En proie à toutes les privations, nous éprouvions dans ce triste séjour le supplice de Tantale. De nos bivouacs nous apercevions le revers sud des monts Gredos, toujours couverts de fleurs et de fruits. La fertilité de cette contrée lui a mérité le nom de *Vera* (printanière) ; elle donne naissance à l'Alberche, au Tietar, à l'Alagon et à la Xerte, qui arrosent de riches vallées. Plusieurs villages entourés de vignes et d'arbres fruitiers annonçaient l'abondance dans laquelle vivaient les habitants de ce beau pays tandis que dans une étendue de plus de vingt lieues tout offrait le deuil et la destruction ; on apercevait, sur la rive gauche du Tietar, paître de nombreux troupeaux et la fumée des foyers s'exhalait des paisibles habitations. C'était à la fois l'image de l'Élysée et des Enfers. Pour nous empêcher de pénétrer chez eux, ces montagnards avaient appelé plusieurs bandes de guérillas qui combattaient nos détachements car ils savaient bien qu'étant chargés de garder les travaux du pont, nous ne pouvions leur opposer beaucoup de monde en sorte qu'ils éludaient nos demandes par mille défaites où l'on découvrait toujours l'intention de nous tromper.

Le 15 mars, nous apprîmes qu'il se formait un rassemblement de 500 hommes dans le Vera et que les guérillas occupaient Xarais, Aldea Nueva et Xarandilla. Leur but était de s'emparer du détachement de sapeurs qui coupait du bois sur le Tietar pour la construction de nos bacs ; mais le bois était déjà enlevé et les ouvriers rentrés lorsque les Espagnols se présentèrent dans la forêt. Enfin, les officiers du génie parvinrent à établir sur le Tage ces deux bacs qui étaient le but de notre détachement.

Le village d'Almaraz, quoique à une demi-lieue du fleuve, a donné son nom à un pont, jeté entre deux montagnes, qui est au-dessus de l'hôtellerie de Lugar Nuevo. C'est sous Charles V qu'il a été construit ; il est remarquable par son élévation, sa solidité et la hardiesse de son beau travail. Il n'a que deux arches d'environ cent vingt pieds de largeur et de plus de cent quarante de hauteur. Celle qui aboutit à la rive droite avait été rompue par les Espagnols en 1809. Sous cette dernière, coulait le Tage ; maintenant, il roule ses ondes avec grand fracas parmi les ruines de l'arche tombée. Il a, dans cet endroit, plus de quarante pieds de profondeur tandis qu'il ne passe que dans les grandes crues d'eau sous l'arche qui touche à la rive gauche. Le pont est dominé, sur cette rive, par la crête d'une montagne où l'armée de Cuesta avait construit des batteries. Elles furent enlevées, ainsi que toutes les positions qui bordent le fleuve lorsque, dans le mois de mars, le premier corps passa le Tage et força le col de Miravette que les Espagnols regardaient comme imprenable.

Pendant notre long séjour à Almaraz, nous relevâmes quelques maisons. Les jardins qui avaient le moins souffert furent cultivés : la colonie s'augmenta de quelques vaches et des poules enlevées dans les villages des bords du Tietar : notre exil devint plus supportable ; mais les ustensiles de cuisine étaient si rares que j'ai vu beaucoup de soldats qui mangeaient leur soupe dans des éclats de bombes ; ainsi ces instruments de mort servaient, dans notre détresse, à la commodité des premiers besoins de la vie.

Le seul être vivant qui n'ait pas fui à notre approche fut une cigogne qui avait son nid sur le clocher, l'unique partie de l'église qui soit restée entière : nos soldats l'avaient surnommée Catherine ; ils lui donnaient à manger et l'avaient rendue si familière qu'elle venait jusque dans nos bivouacs. La sentinelle placée sur le clocher pour sonner dès qu'elle apercevait quelque troupe ne l'intimidait plus. Il lui vint une compagne et ce couple, indifférent à tant de désastres, éleva sa paisible famille sous la sauvegarde du régiment. Nous fûmes relevés vers le milieu du mois d'avril et nous passâmes le Tage pour rejoindre le corps d'armée qui était sur la Guadiana vers Merida.

Avant d'arriver à la tour de Miravette, nous aperçûmes, au couchant, le cours du Tage qui, par une bizarrerie de la nature, coupe en deux une haute chaîne de montagnes (le prolongement de celle de Guadelupe) et passe au travers. Devant nous, se déroulait la plaine, entre le Tage et le Tietar, terminée par les riches paysages de la Vera. Au levant, la campagne d'Oropeza et d'Arzobispo qui se prolonge jusqu'à l'extrémité de l'horizon et, à l'ouest, les cimes élevées des montagnes de Gata et d'Alcantara, venaient compléter la beauté de ce tableau. Les délicieuses sensations que fait éprouver à l'âme l'aspect des grandes merveilles du Créateur étaient changées en un sentiment pénible en pensant que la destruction et la mort avaient dévasté cette belle province, et que nous n'y avions pas un seul ami ! ... Après avoir traversé de vastes champs de bruyères, nous arrivâmes à Jaraycejo, bourg autrefois très peuplé, près duquel nous passâmes la rivière d'Alamonte qui coule entre deux montagnes, nous entrâmes dans une vaste forêt de chênes verts qui nous séparait de Trujillo ; nous arrivâmes tard dans cette ville : elle est assez grande et bien bâtie ; on y voit de beaux hôtels. Sur une colline qui la domine, il n'existe, de ce qu'on appelle le château, que quatre murs qui tombent en ruine. On s'occupait de le réparer et de fortifier cette position. Autrefois Trujillo était une ville considérable. Les ruines qu'on y aperçoit attestent son ancienne splendeur. C'est la patrie du fameux François Pizarre, un des conquérants du Nouveau Monde.

Après avoir été si longtemps au bivouac, nous eûmes des lits à Trujillo. De peur de nous y accoutumer, nous partîmes le lendemain pour Miajadas où nous logeâmes, par vingtaine, dans les principales maisons. Nous trouvâmes, dans ce village, un poste de 150 dragons du 18e chargés de la correspondance. Ils étaient retranchés dans l'église dont la porte était murée et les autres issues barricadées. Ces braves avaient soutenu un siège, quelques jours auparavant, contre un parti de 1 000 Espagnols sortis de Badajoz. Menacés d'être passés au couteau, expression qu'emploient les Espagnols, s'ils ne se rendaient pas, nos soldats ne répondirent qu'à coups de fusil et forcèrent l'ennemi à se retirer après avoir perdu une centaine d'hommes.

Vers la même époque, le général Foy, qui avait été envoyé en reconnaissance vers Cacerès avec quelques compagnies d'infanterie, fut attaqué près de cette ville par des forces bien supérieures, surtout en cavalerie. Cet officier qui passait pour un des plus instruits et des plus braves de l'armée prouva, dans cette circonstance, que cette réputation n'était pas usurpée. Il fit plus de six lieues, marchant en carré ; il ne put jamais être entamé et fit éprouver une perte considérable à l'ennemi.

Le lendemain, nous arrivâmes sur les bords de la Guadiana (l'Anas des Anciens) que nous passâmes à Medellin[1], assez jolie petite ville : elle est célèbre par la naissance de Fernand Cortez et par la bataille que le maréchal Victor y remporta, le 28 mars 1809, sur l'armée de Cuesta. Le quartier général de notre division y était établi. Mon régiment reçut ordre d'aller cantonner à la Hava ; il traversa le champ de bataille qui est dans une plaine immense, entre Medellin et Don Benito. A l'affaissement du sol on reconnaissait les nombreuses fosses où avaient été enterrés les morts ; nos chevaux s'enfonçaient dans ces terres mouvantes ou foulaient aux pieds des cadavres à peine recouverts. La bataille de Medellin fut très sanglante ; les Espagnols perdirent plus de huit mille des leurs, les Français eurent trois mille hommes mis hors de combat. Après cette affaire, quoique les troupes espagnoles n'eussent pas toutes fait leur devoir, la Junte accorda des récompenses au général Cuesta et institua une décoration pour les militaires qui étaient présents à cette action. L'ordonnance portait qu'ils avaient bien mérité de la patrie. Cette politique adroite rehaussa le courage abattu de l'armée espagnole que des reproches, hors de saison, auraient aigrie.

Le 18 avril, des reconnaissances envoyées jusqu'au pied des montagnes qui séparent l'Estrémadure du royaume de Cordoue, ne trouvèrent que des paysans armés.

Étant en communication avec le maréchal Mortier qui occupait Villa-Franca, Zafra et Los-Santos, notre division reçut ordre de se rapprocher de Merida où était le général Régnier, commandant le deuxième corps ; elle occupa pendant plusieurs jours Almendralejo, petite ville au

---
1. Note de Naylies : Medellin fut bâti, dit-on, 74 ans après la naissance de Jésus-Christ, par Quintus Coecilius Metellus, consul romain. C'est du mot de Metellus que, par corruption on a fait *Medellin*. Cette ville, après avoir été longtemps sous le joug des Maures, fut reprise sur eux en 1234, par un Grand-Maître d'Alcantara.

milieu d'une vaste plaine très fertile en grains ; elle est bien bâtie et très agréable ; il y a beaucoup de noblesse et de gens aisés dont plusieurs accueillirent nos compatriotes lorsque, fuyant le règne de l'anarchie, ils vinrent chercher asile chez un peuple ami ; ce souvenir doit être cher à tous les Français ; il doit, en rappelant des moments bien cruels, faire naître dans nos cœurs des sentiments de vénération et de reconnaissance pour les êtres bienfaisants qui vinrent au secours de leurs frères. J'ai vu à Almendralejo deux vieux prêtres, l'un Gascon et l'autre Picard, qui voulaient finir leurs jours dans leur patrie d'adoption.

On voit dans les environs de cette ville quelques palmiers et une grande quantité d'aloès dont les feuilles aiguës s'élèvent à une grande hauteur ; ils servent de haies pour la clôture des jardins. En approchant de Merida, au pied de la montagne qui borde la Guadiana, des vignes, de belles plantations d'oliviers et des vergers d'orangers et de citronniers présentent un coup d'œil ravissant.

Notre division s'établit dans les villages qui bordent le fleuve. Le 19e de dragons cantonna à Calamonte, à une lieue de Merida[1].

---

1. Note de Naylies : cette ville prit sous Auguste le nom d'*Augusta Emerita* et devint capitale de la Lusitanie ; elle était si considérable et d'une si grande étendue qu'elle a eu, dit un historien, jusqu'à quatre-vingt mille hommes de garnison : à peine y compte-t-on maintenant trois mille habitants. On aperçoit des ruines de grands monuments et des traces de rues à plus d'une demi-lieue de la Guadiana sur la rive gauche. Ce qui reste de cette ville, jadis si florissante, se trouve sur la rive droite : on y remarque un très beau pont, deux aqueducs d'une solidité surprenante et un cirque très vaste. En entrant dans la ville, venant de Badajoz, par la rive droite, on passe sous un arc de triomphe, bien conservé, que les ravages de dix-huit siècles paraissent à peine avoir atteint. Au milieu de la ville, on voit les ruines d'un temple consacré à Diane ; plusieurs colonnes sont encore debout ; le temple de Mars, dont on a fait une chapelle qui occupe l'entrée des faubourgs de Trujillo, offre des morceaux qui attestent la perfection des arts chez les maîtres du Monde. Des trophées militaires, des armes de toute espèce en relief, d'une beauté et d'un travail admirables, sont maintenant à côté des images grossièrement façonnés de la Vierge et des saints. On lit encore sur un marbre cette inscription :
MARTI. SACRUM VETILLIA. PACULI
Traduction par F. D. : « à Mars sacrifia Vetillia Paculus ».
Peu de villes renferment autant d'antiquités que Merida ; on n'y peut faire un pas sans trouver des vestiges de la grandeur et de la magnificence romaine. Les temples, les ponts, le cirque, le théâtre, la naumachie, l'arc de triomphe ne le cèdent en rien aux plus beaux monuments de l'ancienne Rome. Ses aqueducs, qui se prolongeaient jusqu'à une lieue de la ville, passant par-dessus la rivière d'Albarregas, fournissaient de l'eau aux citoyens et aux jeux de la naumachie. Cette eau venait de deux vastes bassins creusés par les Romains ; ils sont l'un et l'autre entourés de murailles, le plus grand a près d'une lieue de circuit et cinquante pieds de profondeur. Ces vestiges de la savante antiquité sont si peu respectés que l'on voit quelquefois un paysan porter sa main sacrilège sur ces restes précieux, transformer en borne la statue d'un dieu que peut-être adorèrent ses aïeux et confondre avec le torchis, qui forme le mur de sa cabane, la pierre qui couvrit la cendre d'un prêteur ou d'un général romain. On remarque, dans presque toutes les rues et à chaque maison, des inscriptions latines de différentes époques.

Le général Régnier, ayant appris que la petite ville d'Albuquerque, occupée par huit mille Espagnols envoyait souvent des partis jusqu'au village de la Roca, résolut de les surprendre. Notre division monta à cheval à minuit le 21 avril, et marcha sur ce point, après avoir traversé la Guadiana à Merida. Le général espagnol, don Carlos d'Espagne, y fut pris à l'improviste ; le 17ᵉ dragons y fit une très belle charge sous les ordres du général Digeon[1] qui, dans toutes les occasions, donnait le premier coup de sabre. Deux cents morts restèrent dans les champs voisins de la Roca et nous ramenâmes 300 prisonniers. Après cette expédition, nous marchâmes vers le petit fort de Zagala situé près d'Albuquerque. L'ennemi l'évacua à notre approche.

Le 24, la cavalerie légère aux ordres du général Soult et notre division de dragons se portèrent sur Cacerès où existait un fort rassemblement de paysans armés. Ceux-ci, instruits de notre mouvement, se dispersèrent aux environs d'Aliseda. Nous parcourûmes huit lieues de pays sans trouver de champ cultivé ; nous ne vîmes que des espèces de bivouacs de paysans et quelques abris de bergers. La terre était couverte de bruyères, on n'apercevait au loin que la couleur triste et monotone de cette plante et le ciel jusqu'aux extrémités de l'horizon le plus étendu[2].

Voici celle qui était sur la porte de mon logement :
D.M.S.
CASIVS
VICTORINVS
RETIARIVS. AN
XXXV H.S.E.S.T.T.L.
ANTONIA SEVERA
F.C.
Traduction F. D. : « Aux dieux mânes de Casius Victorinus rétiaire mort à 35 ans HSESTT [non traduit] Antonia Severa fait construire ce monument ». Par les soins du général Régnier, commandant le deuxième corps, qui aimait et protégeait les beaux-arts, on avait recueilli, à Merida et dans les environs, beaucoup de débris de statues et divers objets curieux. Je ne sais ce qu'ils sont devenus.

1. Alexandre Elizabeth Michel Digeon (1771-1826), général. Fils d'un directeur des Toiles de Melun. Campagne d'Italie, Marengo, Austerlitz, Friedland, plusieurs fois blessé, mais toujours battant, il gagne décorations et grades. Envoyé en Espagne en 1808, il y est gouverneur civil et militaire des provinces de Cordoue et Jaen ; pour son administration sage, il est apprécié par la population épuisée car il lui évite la famine ; pendant la difficile retraite d'Andalousie, il est encore remarqué pour son courage et son efficacité. Puis, armée de Catalogne, armée du Midi. À la Restauration, il se rallie aux Bourbons. Aux Cent-Jours, il reste en retrait. À la seconde Restauration, il appuie la politique côté droit. En 1823, il devient ministre de la Guerre, puis commandant en chef de l'armée d'occupation d'Espagne.
2. Note de Naylies : Nous vîmes, en certains endroits, des fragments de la route romaine qui existait entre Cacerès et Merida et plusieurs colonnes militaires dont les inscriptions sont effacées.

Nous entrâmes dans Cacerès[1] qui est bâti au pied d'une montagne. Après Merida, c'était la ville la plus considérable de l'ancienne Lusitanie ; sa position est agréable : il y a beaucoup de noblesse ; on y voit de beaux hôtels : à la construction de plusieurs et à la distribution des appartements, on reconnaît l'élégant travail des Maures qui ont occupé longtemps ce pays.

Pendant le séjour de la division à Cacerès, mon régiment fut envoyé à Casar de Cacerès qui est éloigné de quatre lieues. Cette petite ville contient à peu près quatre mille habitants. Ils ont tous une profession et s'adonnent à divers genres de métiers. On est étonné de voir une activité continuelle régner dans cette ville, tandis que tous les Espagnols sont du caractère le plus indolent. Si ce n'était le langage, on se croirait transporté en Allemagne. Dans cette petite république où l'égalité des conditions est la base de leurs institutions, on n'admet aucune distinction particulière. Les vêtements, la manière de vivre, tout y est d'une uniformité que n'altère pas une plus grande aisance. Cette rigidité est poussée si loin qu'on ne permet pas même une épitaphe sur le tombeau d'un habitant qui se serait rendu célèbre.

Nous rentrâmes à Merida pour aller faire une reconnaissance sur Badajoz qui en est à sept lieues. Parvenus à Talaverade la Reina, le général Régnier y laissa une division d'infanterie. Avec sa cavalerie et quatre compagnies de voltigeurs, il s'approcha de Badajoz. Cette ville est bâtie sur la rive gauche de la Guadiana. On communique au fort Saint-Christophe, qui défend la rive droite, par un beau pont. L'ennemi fut jeté dans la place par notre cavalerie légère ; elle s'empara des bestiaux qui paissaient sur les bords du fleuve. Après avoir passé la journée devant la place, l'armée se dirigea, le 13 mai, vers Zafra[2] ; elle fit halte, pendant quelques heures, devant le petit village d'Albuera, sur la route de Séville. Nous entendîmes delà une forte canonnade, dans la direction d'Elvas, forteresse portugaise, et nous apprîmes que c'était pour célébrer l'anniversaire de notre sortie du Portugal.

Notre division bivouaqua à Santa-Martha. Près de ce village, s'élève, sur une montagne, le fort de Feria que les Espagnols avaient abandonné ; on y laissa un bataillon du 36e régiment et l'armée continua sa route sur Zafra. La 5e division de dragons, qui avait marché vers Olivença,

---
1. Note de Naylies : Cacerès était le *Castra Coecilia* des Romains. On y trouve partout des ruines et des inscriptions. On voit sur la place, près de la Maison de Ville, une statue antique, de marbre, que l'on croit représenter l'*Abondance* : elle a la tête couverte d'un voile, et tient dans sa main gauche une corne d'abondance.
2. Note de Naylies : Zafra était déjà connu sous les Romains : on y voit des ruines et des inscriptions.

rencontra, à la hauteur de Zafra, un fort parti ennemi ; elle le culbuta, il se retira en désordre sur Jerez-de-los-Caballeros[1]. Après avoir dispersé les divers rassemblements qui s'étaient formés dans cette province, nous reprîmes le chemin de Merida. Mon régiment campa devant Arroyo de San-Servan, au pied d'une montagne. De son sommet, qui est très élevé, on aperçoit une grande partie de l'Estrémadure, et les villes de Zafra, Medellin, Badajoz, Elvas, Albuquerque, Alcantara, Merida, etc. etc. Les Romains avaient, près du village d'Alhange où nous allions souvent chercher des vivres, des eaux minérales très renommées. On y voit des ruines de leurs bains et l'inscription suivante :

JUNONI.REGINAE.
SACRUM
LIC. SERENIANUS. V. C. ET
VARINIA … ACCINA. C. I.
PRO.SALUTE. FILIAE.SUAE.
VARINIAE. SERENAE
DICAVERUNT[2]

Pendant tout le mois de juin, on nous tint en haleine, par des marches continuelles : avec très peu de monde, le général Régnier sut se maintenir en Estrémadure, menaçant tantôt Badajoz tantôt le corps du général Hill, et se portant à l'improviste sur tous les points où l'insurrection formait des partis qu'il détruisait avant qu'ils ne fussent organisés. L'armée se ressentit de cette sage prévoyance : nous vivions très bien dans nos courses et le soldat, jamais oisif, ne songeait qu'à son métier.

Napoléon, qui, au retour de la campagne de 1809, avait promis au Sénat de planter ses aigles sur les tours de Lisbonne, venait d'envoyer le prince d'Essling pour envahir le Portugal, avec une armée de près de 80 000 combattants ; il avait sous ses ordres les corps de maréchal Ney et des généraux Junot[3] et Régnier. Le 5 juillet, comme nous étions

1. Note de Naylies : Ainsi appelé parce que Ferdinand III le donna aux chevaliers du Temple.
2. Traduction par F. D. : « Serenianus VC et Varinia… Accina [chanteuse ?] CI ont dédié ce monument sacré pour la santé de leur fille à la royale Junon ».
3. Jean-Andoche Junot (1771-1813), duc d'Abrantes. Fils d'un fermier de Buffon à Montbard. Il s'engage en 1791, participe au siège de Toulon (1793), devient secrétaire de Napoléon qui se détachera progressivement de lui, le trouvant trop téméraire. Il se distingue lors de la campagne d'Italie, mais Napoléon l'envoie à Arras instruire les grenadiers. Il participer tout de même à Austerlitz. À nouveau exilé comme gouverneur de Parme, il démissionne, puis devient gouverneur à Paris. Son train de vie fastueux le fait à nouveau relever. Ses frasques lui valent un nouvel éloignement : en 1807, il est envoyé envahir le Portugal. Il part de Salamanque, s'empare de Lisbonne (la famille royale portugaise s'enfuit au Brésil). Son comportement provoquant les Portugais, la population réagit, les incidents

en reconnaissance vers Alconetar, sur le Tage[1], un aide de camp du maréchal Massena[2] vint apporter au 2ᵉ corps l'ordre de passer le Tage et de marcher vers Ciudad-Rodrigo dont on faisait le siège. Cette place et Almeida tombèrent en notre pouvoir et l'armée entra en Portugal.

Le maréchal Soult, employant le système des colonnes mobiles, était parvenu à pacifier les plaines d'Andalousie. Ayant besoin de cavalerie pour la Manche et établir la communication du Tage à la Sierra Morena, il obtint que notre division fût distraite du 2ᵉ corps ; elle se mit en marche le 15 juillet, quittant les environs de Cacerès pour se rendre à cette destination.

Le 16 juillet, la division coucha à Torremocha et à Montanches ; ce dernier endroit est situé sur une montagne assez élevée qui produit du vin exquis renommé dans toute la province. On y voit des ruines maures ; la rive droite de la Guadiana, que nous avions parcourue en tous les sens, est en général stérile, mal cultivée, ou couverte de bruyères ; les voisinages d'Albuquerque, de Cacerès et d'Aliseda offrent l'image d'un désert, tandis que la rive gauche présente des sites charmants et les campagnes fertiles de Merida, d'Almendralejo et de Villa-Franca. Cependant, il se formait de forts rassemblements dans les montagnes de Deleitosa et de Guadelupe : nous reçûmes ordre de traverser ce pays pour nous rendre dans la Manche. Nous trouvâmes Trujillo désert ; le manque de subsistances avait forcé les habitants de se répandre dans les

---

se multiplient. En mars 1808, Napoléon proclame la destitution de la maison royale portugaise de Bragance. L'armée portugaise est dissoute. Mais les Britanniques arrivent en août 1808 et Junot est isolé à Vimeiro. Il est mis sous la tutelle du maréchal Lannes, ce qu'il n'apprécie guère. En 1809, il rejoint la Grande Armée pour la campagne d'Autriche, retourne dans la Péninsule ibérique en 1810, dans l'armée de Masséna, y est gravement blessé. Il fait encore la campagne de Russie. Sa santé mentale diminuant, il perd son poste en 1813. Rapatrié en Bourgogne, il meurt peu après.

1. Note de Naylies : Allant de Casar de Cacerès à Alconetar, on trouve souvent des fragments de la voie militaire des Romains qui conduisait de Salamanque à Merida. On voit à Alconetar les ruines d'un superbe pont construit par ce peuple ; il en reste quatre arches et plusieurs piles. On passe maintenant le Tage en bac près de ces ruines.
2. André Masséna (1758-1817), maréchal d'Empire, duc de Rivoli, prince d'Essling. Commence sa carrière sous l'Ancien Régime, se révèle un des meilleurs chefs militaires de la République puis de l'Empire par son sens tactique et stratégique, capable d'énergie et de prudence. En 1796, il est chef de l'avant-garde de Napoléon et mérite, en 1797 à Rivoli (Vénétie), le surnom d'*enfant chéri de la victoire*. À Rome, il lutte contre l'insubordination des troupes. En 1799, il est à la tête de l'armée d'Helvétie. En 1800, bloqué à Genève, il résiste quatre mois et permet le succès de Marengo. Il assure au roi Joseph le royaume de Naples. En 1807, il contient les Russes. Vainqueur à Eckmühl, il joue un rôle majeur à Essling (1809) et à Wagram (1809), mais son échec au Portugal face à Wellington lui vaut la disgrâce de l'Empereur, il est privé d'emploi pendant deux ans et doit se replier en Espagne (1811). Sous la Restauration, il se rallie aux Bourbons, reste en retrait durant les Cent-Jours. Après Waterloo, il est nommé gouverneur de Paris.

villages éloignés de la route. Nous entrâmes dans la chaîne de montagnes qui sépare l'Estrémadure de la province de Tolède ; les chemins étaient affreux et, en plusieurs endroits, inaccessibles à la cavalerie : nous fîmes quelques lieues sur une route que les Anglais avaient pratiquée dans le mois d'août 1809, après la bataille de Talavera, lorsqu'ils se portèrent sur Merida. Nous passâmes l'Ibor qui se jette dans le Tage près d'Almaraz : arrivés sur le sommet d'une montagne fort élevée, nous eûmes à descendre une pente si rapide que, même en tenant nos chevaux par la bride, avec la plus grande précaution, nous ne pûmes éviter qu'il n'en tombât dans des précipices où roule la Gualeja : les premiers dragons parvenus dans la vallée et qui se désaltéraient en passant la rivière, semblaient des pygmées à ceux qui étaient encore sur le haut de la montagne. La chaleur était insupportable ; nous en souffrîmes toute la journée. Près du village de Burgisa, un attroupement de paysans fut chargé et dispersé, et on détruisit beaucoup d'armes ; les fuyards gagnèrent la petite ville de Guadelupe, renommée par son pèlerinage en l'honneur de la Vierge. On trouve, dans ses environs, des rochers de granit, des carrières de beau marbre et des mines d'argent, de cuivre et de plomb. Nous arrivâmes à onze heures du soir, bien fatigués, à Peraleda de Garbin où nous bivouaquâmes ; ce village n'avait pas un seul habitant : la haine multipliait les solitudes.

Aux environs d'Aldea-Nueva, on est sorti des hautes montagnes ; l'horizon moins borné laisse voir une plaine qui se prolonge jusqu'au Tage. Notre brigade arriva le 20 juillet à Navalmoral de Puza lorsque 1 600 Espagnols, commandés par le brigadier Isidoro, venaient d'en sortir. Nous poursuivîmes son arrière-garde dans la direction d'Espinosa. Je trouvai, à Navalmoral de Puza, le fameux manifeste publié en novembre 1809 par l'évêque de Laodicée, président de la Junte de Séville, au sujet de la paix avec l'Autriche. Cette pièce est pleine de force et de beaux mouvements oratoires. Comme elle est fort peu connue, j'ai pensé que quoique très longue, elle ne serait pas déplacée dans cet ouvrage :

> « Espagnols ! Nos ennemis annoncent comme certaine leur paix avec l'Allemagne ; et le concours des circonstances qui viennent à l'appui de cette nouvelle lui donne un caractère d'authenticité tel qu'il est désormais bien difficile et même impossible d'en douter. Ils nous menacent déjà de puissants renforts qu'ils supposent en marche pour achever notre ruine. Plus présomptueux et plus fiers depuis leurs succès dans le nord, ils osent en appeler à notre cœur qu'ils croient peut-être accessible à la bassesse et, dans leur hypocrite humanité, ils nous engagent à implorer la clémence du vainqueur et à courber nos têtes sous le joug pour les soustraire au glaive. Insolence inouïe, outrage sans exemple, que la postérité refusera de croire,

malgré les monuments qui en parviendront jusqu'à elle. Et ces barbares ne rougissent pas de nous imputer les maux que leur injuste agression a fait fondre sur notre malheureux pays ! Ils nous rendent responsables de tous ceux où ils vont encore le précipiter si nous prolongeons notre résistance ! … Mais depuis quand accuse-t-on la victime innocente de la férocité du sacrificateur inhumain ? Ils ont bien vite oublié, ces odieux déclamateurs, et l'époque et le prétexte de leur invasion, et quels postes leurs armées occupèrent, et quel fut le signal des combats dont elles ont ensanglanté l'Espagne, et cette longue suite d'atrocités inutiles dont ils ont rassasié leur inventive barbarie !… Ces cœurs dépravés, dont la faiblesse n'est que lâcheté, la force que cruauté, croient-ils que les cœurs espagnols abandonnent leurs nobles et légitimes espérances parce que tout appui parait leur manquer ? Notre vertu leur a-t-elle donc semblé si facile à décourager. La fortune nous oppose des obstacles redoublés ; nous redoublons nos efforts. Les travaux et les périls augmentent ; notre gloire en augmentera d'autant. Non, non, esclaves du tyran, laissez-là tous ces vains sophismes, ils ne séduisent personne. Dites-le franchement : « Parce que nous nous croyons les plus forts, nous voulons être les plus injustes des hommes ». Cet horrible langage est du moins conséquent, et nous le comprendrons ; mais c'est en vain que vous vous épuisez en spécieux arguments : nous ne croirons jamais que l'oubli de nos droits et de nos devoirs soit sagesse. La lâcheté ne sera jamais prudence à nos yeux. Votre machiavélisme nous a placés entre l'ignominie et la mort. Dans cette situation cruelle, à quoi pensez-vous que se décide une nation généreuse ? Est-il, pour elle, d'autre parti que de verser jusqu'à la dernière goutte de son sang plutôt que de se déshonorer par une basse soumission ? Meurtres, pillages, dévastations …, n'épargnez aucuns crimes. Depuis vingt mois, vos bras ne sont pas encore fatigués de tant d'horreurs. Quels fruits en avez-vous retirés ? Vous le savez !… Elles le savent aussi, ces provinces, théâtres de vos fureurs ; ces provinces qui vous jurent incessamment une vengeance éternelle ; ces provinces, dont l'invincible inimitié ne fait que s'enflammer de plus en plus à vos brandons destructeurs …

Nous, céder !… C'est au peuple de la terre le plus idolâtre de l'honneur que l'on ose donner cet indigne conseil. Les pages de notre histoire sont pures, nous n'y laisserons pas inscrire, qu'après des efforts si miraculeux, et de si incroyables succès, nous nous sommes courbés devant l'esclave couronné que Buonaparte voudrait nous imposer ! Et pourquoi ? Pour que, du sein de ses orgies sacrilèges, voluptueusement assis au milieu de ses vils complaisants et de ses impures courtisanes, il désigne, d'un doigt homicide, les temples qu'il veut voir la proie des flammes : les antiques héritages dont il prétend récompenser ses odieux satellites ; les vierges et les épouses que ses ministres vont enlever à leurs familles pour en peupler son sérail criminel ; les jeunes gens qu'il s'est engagé à envoyer en tribut au minotaure français… Non, il n'est pas fait pour nous commander, cet homme incapable et nul, fier du faux nom de philosophe, qui permet tant d'atrocités inouïes, commises chaque jour en son nom, et sous ses yeux, et bravant le mépris de ses soldats, s'obstine à régner, au prix de leur sang, sur des hommes dont il n'obtiendra jamais que la haine.

Et ne pensez pas, braves Espagnols, que la Junte se serve ici de paroles artificieuses pour électriser vos courages. Les faits parlent d'eux-mêmes, et avec bien plus d'énergie que ne le pourrait faire toute l'éloquence humaine. Voyez vos maisons démolies, vos temples abîmés, vos campagnes désolées, vos familles errantes et dispersées dans la montagne, et précipitées en foule dans le tombeau !... Tant de sacrifices seraient inutiles ; le feu de la guerre aurait consumé la moitié de l'Espagne pour que nous abandonnions l'autre moitié à une paix plus funeste encore que cette funeste guerre ! Car nous ne nous laissons pas séduire par l'appât des prétendus bienfaits que les Français nous promettent avec tant d'emphase ; eux, qui ne nous apporteront jamais que l'esclavage et la mort. Le barbare qui les conduit a décrété : L'Espagne n'a ni industrie, ni commerce, ni colonies, ni population, ni représentation politique. C'est un immense pâturage, où de nombreux troupeaux abondamment nourris prodigueraient à la France leurs toisons précieuses ; une vaste pépinière destinée à alimenter les feux dont elle couvrit l'Univers. Misère, ruine, dévastation, voilà le sort que l'on prépare au pays que le ciel semble avoir pris plaisir à favoriser. Et quand même nous serions assez indifférents pour sacrifier de si précieux intérêts, pourrions-nous consentir à la ruine totale de la divine religion dans laquelle nous sommes nés et que, dans tous les actes de notre vie publique et privée, nous avons juré de maintenir ? Pourrions-nous abandonner la cause du ciel à l'athéisme de ces montagnards frénétiques ? Et la Nation espagnole, connue par sa piété si pure, cesserait-elle de combattre pour ces saints autels que, pendant sept siècles et dans mille et mille combats, nos ancêtres défendirent contre l'impie férocité du Sarrasin. Si telle était notre lâcheté, vous verriez les victimes de cette mémorable guerre élever, du fond du sépulcre, une tête accusatrice et vous dire : « Ingrats, voilà donc le prix de nos sacrifices : c'est donc ainsi, perfides, que vous avez prodigué notre sang ? » Non, héros de la patrie, rentrez dans la paix du tombeau ; que cette crainte ne trouble pas le repos de vos cendres. Votre glorieux exemple nous apprit notre devoir. Nous sommes bien convaincus que la paix n'est pas derrière nous, mais qu'elle est devant nous. A force de combats et de travaux, à force de valeur et d'audace, nous devons obtenir enfin cette heureuse tranquillité que les barbares nous ont enlevée. Craindrions-nous la mort ? D'autres, avant nous, l'ont trouvée : ils ont scellé de leur sang le noble serment auquel nous avons toujours juré de demeurer fidèles. Qui nous a dégagés ? Qui a rompu cette alliance de gloire et de périls que nous avons tous contractée ? Notre patrie est dévastée ; on nous insulte ; on nous regarde comme un vil troupeau que l'on vend, que l'on achète, et que l'on égorge quand on veut. Notre roi !... A ce nom, nobles Espagnols, vous sentez bouillonner dans vos cœurs l'ardeur et l'énergie qui conduisent à la victoire. Rappelez-vous les vils moyens que l'exécrable usurpateur employa pour l'arracher de vos bras. Il se dit son allié, son protecteur, son ami ; il lui donna le baiser de la paix, et ses perfides embrassements sont les étreintes dans lesquelles le serpent enchaîne son innocente victime et l'entraîne dans son antre. Une semblable perfidie, dont la civilisation moderne ne donne aucun exemple et qui semble presque inconnue aux barbares, était réservée pour la perte de notre roi. Il gémit dans la solitude et dans les fers, dévoré d'ennui, entouré de satellites inquisiteurs ; l'objet idolâtre de vos espérances, celui que vous destiniez à la gloire du trône et qui devait s'y asseoir avec la justice et la bienfaisance ; voyez-le tourner à chaque instant ses yeux affligés vers sa patrie, seule mère que le malheureux ait connue. Écoutez sa triste voix ; il implore la valeur espagnole ; il vous demande ou la liberté ou la vengeance. Il n'y a pas de paix ; il ne peut y en avoir tant que la face des affaires n'aura pas changé. Que l'Espagne soit libre ! Tel fut alors le vœu universel. Que l'Espagne soit libre ! Tel est aujourd'hui le vœu national. Si elle ne peut l'accomplir, qu'elle devienne au moins un vaste désert, un large tombeau, où les cadavres français et espagnols, entassés pêle-mêle, attesteront aux siècles futurs et notre héroïsme et le châtiment de nos oppresseurs.

Mais la fortune n'est pas si ennemie de la vertu qu'elle ne laisse à ses défenseurs que cette fatale extrémité. Il est écrit dans le ciel, et l'histoire des nations nous l'atteste, que le peuple vraiment ami de la liberté finit par conquérir son indépendance, malgré les ruses et la violence de la tyrannie. La victoire, qui si souvent est un présent du sort, est tôt ou tard le prix de la constance. Qui défendit les petites républiques de la Grèce contre l'invasion de Xercès ? Qui releva le Capitole renversé par les Gaulois ? Qui en détourna les foudres d'Annibal ? Qui, dans des temps plus rapprochés, délivra la Suisse de la tyrannie germanique ? Et qui donna l'indépendance à la Hollande, malgré les forces de nos aïeux ? Qui, enfin, inspire aujourd'hui au peuple tyrolien son héroïque résolution ? Entouré d'ennemis, dénué de secours, il n'écoute que son horreur pour le tyran ; et les arbres et les rochers qu'il arrache aux montagnes sont pour lui des armes irrésistibles dont il accable les bataillons du vainqueur de Dantzick. Suivons sans crainte un si bel exemple : notre situation est la même ; la même ardeur nous anime, les mêmes espérances doivent nous encourager. Le Dieu des armées nous couvrira de ses ailes ; et, satisfait de la constance avec laquelle nous avons bravé tous les périls, il nous conduira, à travers les écueils et les orages, au port de l'indépendance.

Espagnols ! La junte vous fait franchement cette déclaration parce qu'elle ne veut pas vous laisser ignorer un moment le nouveau danger qui vous menace ; elle vous l'annonce dans l'espoir que, bien loin de vous laisser abattre comme nos ennemis s'y attendent, vous allez déployer de nouvelles forces et vous rendre encore plus dignes de la cause que vous défendez et de l'admiration de l'Univers : elle vous l'annonce parce que, saintement engagés à sauver l'État, et assurés que le vœu unanime des Espagnols est d'être libres, à quelque prix que ce soit, nous ne manquerons d'employer, pour chasser l'ennemi, aucune ressource, aucun moyen, quelque violent, quelque extraordinaire qu'il soit. Nul privilège ne pourra dispenser de voler au secours de la patrie. Dans une tempête, on jette tous les trésors à la mer pour alléger le vaisseau et le sauver du naufrage. Pour franchir des torrents de feu, pour échapper à l'incendie, on abandonne à la voracité des flammes et les meubles les plus précieux et les plus riches habits. Voilà l'image frappante de notre position. Un vaste incendie consume la patrie ; le vaisseau de l'État fait naufrage : forces, richesses, vies, sagesse, talents, tout ce que nous avons lui appartient ; et nous pourrions balancer un moment à tout mettre à ses pieds pour son salut et sa gloire. Périsse l'égoïste vil qui transige avec son devoir et dérobe à la défense de ses frères ce qu'ils réclament de lui ! Périsse mille fois le pervers qui abuse, par intérêt personnel, du désintéressement général ! L'État les poursuivra comme traîtres ; et là où ne s'allumera pas le feu de l'enthousiasme, nous porterons la faux de la terreur. Eh quoi ! Notre ennemi n'épargne rien pour nous dompter, et nous n'emploierions pas tous les moyens pour nous défendre. Il y a des provinces qui ont su chasser l'ennemi de leur sein ; et celles que le ciel a préservées d'un si terrible fléau n'exposeraient pas tout pour s'en garantir ! Nos braves soldats, en proie à l'inclémence de l'air, au milieu des glaces de l'hiver et des ardeurs de l'été, manquant même du nécessaire, ont soutenu deux campagnes, affronté les hasards et la mort dans cent batailles, et se préparent à en livrer encore de nouvelles, sans se laisser intimider, ni par le nombre, ni par l'habileté, ni par la fortune des ennemis ; et nous, tranquilles dans nos foyers, dont leur héroïque dévouement et leurs étonnants travaux nous ont garanti la sûreté, nous aspirerions à conserver nos trésors ; nous ne consentirions pas même à retrancher la plus légère superfluité de notre luxe.

La victoire est à nous ; à nous si, jusqu'à la fin de cette glorieuse entreprise, nous savons conserver cet enthousiasme sublime qui nous la fit commencer. Des efforts de tous, des sacrifices de tous, doit se former cette masse colossale que nous opposerons au choc de notre ennemi. Qu'importe alors qu'il déchaîne contre nous des légions devenues inutiles en Allemagne ou l'essaim de conscrits qu'il veut arracher à la France ? Nous commençâmes la guerre avec moins de 80 000 hommes ; il en avait plus de 200 000 : qu'il les rétablisse, s'il le peut ; qu'il les envoie, ou plutôt qu'il les traîne à cette région de la mort, non moins funeste aux oppresseurs qu'aux opprimés. Pour nous, ajoutant à l'expérience de deux campagnes les forces du désespoir et de la rage, nous préparons à ces phalanges de brigands le même sort qu'aux premières ; et nos campagnes engraissées de leur sang nous paieront avec usure les fruits qu'ils nous ont ravis.

Si les princes du nord, oubliant et leurs droits et leur pouvoir, consentent à rester esclaves du nouveau Tamerlan ; si, retardant de quelques heures leur inévitable destruction, ils achètent à si grand prix leur tranquillité d'un moment, que nous importe, à nous qui sommes un grand peuple déterminé à vaincre ou à périr ? Lorsqu'il y a vingt mois, nous avons rejeté le joug appesanti sur nos fronts, avons-nous été leur demander leur consentement ? Ne sommes-nous pas entrés seuls dans la lice ? Seuls n'avons-nous pas soutenu une campagne ? L'Europe, en l'apprenant, refusa de la croire. Quand elle vit, elle pensait que ce n'était qu'un feu léger qui, demain, s'évanouirait en fumée. Et aujourd'hui qu'elle considère les effets de notre constance magnanime, au milieu des revers qui nous « ont accablés, elle la regarde avec étonnement, comme un phénomène unique dans l'ordre politique. Qu'elle continue à nous payer le tribut d'admiration qu'elle nous doit, ou, si elle le veut, de terreur. Chacun des appuis nécessaires à notre défense ne nous manquera ; chaque jour resserre davantage notre union avec l'Amérique, dont les secours généreux mériteront toujours la reconnaissance de la Métropole ; c'est dans son zèle et dans sa loyauté que nous plaçons une partie de nos espérances. Elle dure aussi, elle durera longtemps, l'alliance que nous avons faite avec la nation britannique qui, prodiguant pour nous son sang et ses trésors, s'est acquis des droits éternels à notre gratitude et à celle de tous les siècles. Que les machinations de l'intrigue et les suggestions de la crainte agissent dans les gouvernements faibles ou dans les cabinets corrompus ; que l'on fabrique des traités illusoires pour celui qui les impose, honteux pour celui qui les reçoit ; que ces grands potentats sacrifient la cause des nations civilisées, et délaissent inhumainement leurs alliés ; que nous importe ? Le peuple espagnol restera seul debout, au milieu des ruines européennes. C'est ici que la vengeance a levé contre l'exécrable tyran son juste glaive qu'elle ne déposera que teint de son sang. C'est ici que combattent la justice et l'indépendance. Venez tous vous ranger sous ses étendards, vous qui ne voulez pas vous soumettre au joug insupportable qui pèse sur l'Europe, vous qui rejetez toute alliance avec l'iniquité et qui vous indignez du funeste abandon de vos Princes trompés, accourez parmi nous ! Ici, le brave trouvera mille occasions de se couvrir de gloire ; ici, la sagesse et la vertu recevront des hommages, les infortunés y trouveront un asile. Notre cause est une, la récompense est une. Venez, et malgré tous les artifices et tout le pouvoir du despote inhumain, vous verrez quels efforts nous opposons à sa fortune et comme nous savons faire notre destinée. »

En entrant dans les plaines de la province de Tolède, nous renouvelâmes la remarque de l'influence de la position géographique sur les mœurs des habitants ; ceux-ci, quoique nos ennemis irréconciliables, comme tout ce qui était Espagnol, étaient restés la plupart dans leurs demeures et nous accueillaient assez bien, tandis que ceux des montagnes de l'Estrémadure que nous quittions, ne nous avaient vu qu'au bout de leurs fusils. Cette province a bien peu d'habitants par rapport à son étendue : on attribue sa dépopulation à l'expulsion des Maures et aux émigrations successives des Estrémaduriens qui voulurent suivre le chemin de la fortune ouvert par leurs compatriotes Fernand Cortès et les Pizarres[1].

Deux régiments de la division s'établirent à Ajofrin, gros bourg dans une contrée fertile et bien cultivée, près d'Almonacid dont on découvre le château. Le 28 juillet, la division marcha sur Mançanarez, dans la Manche ; elle traversa Mora près duquel on voit les ruines d'un fort bâti par les Maures : il défendait le pays entre le Tage et la Guadiana et fut souvent pris et repris par les rois de Castille et les souverains arabes de l'Andalousie. Sur presque toutes les hauteurs, jusqu'à la Sierra Morena, on aperçoit de semblables vestiges ; les Arabes avaient eu besoin, comme nous, pour conserver leur conquête, d'établir des garnisons qui faisaient des excursions dans le pays : c'était le plus souvent sur les mêmes points que se plaçaient nos postes de correspondance ; ils relevaient les murs écroulés, creusaient des fossés, s'entouraient de palissades et se mettaient ainsi à l'abri des guérillas sans cesse attachés à leur destruction.

Après avoir passé la chaîne des montagnes de Mora, nous arrivâmes à Consuegra où il y a un vaste château sur une hauteur qui domine la ville. Après quelques heures de repos, la division alla coucher à Madridejos, gros bourg sur la route de Madrid par Aranjuez : c'était le point de réunion de la bande d'un nommé Francisquette qui regardait ce lieu comme sa garnison ; aussi les habitants se ressentaient du séjour de pareils hôtes ; ils ajoutaient à la fierté espagnole l'arrogance que leur donnaient les succès fréquents de leur protecteur ; ils auraient, je crois, fait un mauvais parti à une troupe moins forte que la nôtre : c'est delà et des villages voisins que partit le signal qui fit égorger, en juin 1808, tous les malades que le général Dupont[2] avait laissés sur la route de Tolède à la Sierra-Morena.

---

1. Note de Naylies : L'Estrémadure est une des provinces les plus considérables du royaume ; elle a près de cinquante lieues du nord au sud, et de quarante de l'est à l'ouest ; on n'y compte cependant guères plus de quatre cent mille habitants tandis que, du temps des Romains, la seule ville de Merida et son territoire en contenait davantage. La terrible peste de 1348, la découverte du Nouveau Monde et l'expulsion des Maures et des Juifs en ont fait un vaste désert sans culture. Sous les Romains et sous les Maures, l'Estrémadure était un jardin délicieux, percé d'une infinité de belles routes et arrosé par plusieurs rivières dont deux étaient navigables (le Tage et la Guadiana). Les ruines que l'on trouve à Merida, à Trujillo, à Badajoz, à Cacerès, à Placencia, à Caparra, à Carcaboso, à Coria, à Banos-Allerena, à Talavera de Lavieja, etc… attestent la prédilection qu'avaient les vainqueurs du Monde pour les bords délicieux du Tage et de l'Anas. Elle fut encouragée par plusieurs empereurs romains qui étaient espagnols, tels que Trajan, Adrien et Marc-Aurèle, tous célèbres par leur amour pour les arts et qui se plurent à embellir leur pays de superbes monuments.
2. Pierre Antoine Dupont (1765-1840), comte de l'Étang, général et ministre. Aide de camp du général Dillon en 1791, combat à Valmy ; seconde Bonaparte le 18 Brumaire ; chargé d'organiser la République cisalpine ; envoyé en Espagne en 1808, doit capituler

Le 30 juillet nous arrivâmes à Villarrubia, située auprès d'une chaîne de montagnes ; nous passâmes à Puerto Lápice sur la route de Séville où, d'après l'ingénieuse fiction de Cervantes, Don Quichotte termina les terribles aventures du Biscaïen et des deux moines de Saint-Benoit. Nous y trouvâmes une mauvaise auberge dont les Français avaient fait un fort où ils avaient mis une garnison de quatre-vingts hommes : le héros de la Manche aurait bien pu y voir cette fois des fossés, un pont-levis et des créneaux car on l'avait fortifiée avec beaucoup de soin. Nous étions accablés de lassitude et de chaleur quand nous arrivâmes à Villarrubia ; nous trouvâmes heureusement une *botilleria* bien pourvue et nous pûmes nous désaltérer[1].

Après avoir passé Puerto Lápice, on entre dans une plaine immense : à un éloignement de plusieurs lieues, on aperçoit les clochers de différents villages, semblables aux mâts de vaisseaux en pleine mer, de vastes marais et, à l'extrémité de l'horizon, les sommets couverts de neige de la Sierra Morena.

Au sortir de Villarrubia, nous traversâmes les marais appelés Ojos de la Guadiana ; le fleuve de ce nom prend sa source dans les montagnes d'Alcaraz, près de Ruydera ; il se perd ensuite dans des prairies aux environs de Castillo de Cervera et, après avoir coulé sous terre l'espace de cinq lieues, reparaît et forme les marais ; aussi les habitants de la Manche disent, avec l'assurance de l'hyperbole méridionale, qu'ils ont dans leur province le pont le plus long qui existe au monde : les vapeurs qui s'élèvent de ces eaux stagnantes et des plantes aquatiques desséchées exhalent une odeur insupportable. Quoique la Guadiana reçoive dans son cours plusieurs rivières, elles ne peuvent corriger son origine insalubre et l'amertume de ses eaux.

On ne cultive que du seigle et de l'orge dans la plaine qui est entre Villarrubia, Daymiel et Mançanarez mais, près de cette ville, on voit beaucoup de vignes et d'oliviers dans le même champ ; ceux-ci sont plantés entre deux sillons et sont taillés à une certaine hauteur pour que leur ombrage ne nuise pas au raisin. Le 19e régiment de dragons resta à Manzanares et les autres régiments occupèrent Almagro, Ciudad-Real,

---

à Baylen, ce que Napoléon ne lui pardonne pas. Interné au fort de Joux, il est réhabilité par Louis XVIII qui en fait son ministre de la Guerre en 1814 ; membre du Conseil privé du Roi, il fut député de la Charente sous la Restauration.
1. Note de Naylies : Dans presque tous les villages d'Espagne il existe une espèce de cabaret appelé *botilleria* où l'on trouve toujours de l'orgeat et de la limonade à la glace, ainsi que du sucre très spongieux qu'on fait dissoudre dans de l'eau fraîche, il s'appelle *rosado* et les Espagnols en sont très friands.

Infantes et Val de Penas. C'est dans ce dernier endroit que l'on récolte le meilleur vin de la Manche.

Quoique logés chez les habitants, nous n'avions pas beaucoup de relations avec eux, nous recevions nos vivres et nous mangions à part : tandis qu'il nous fallait plusieurs mets et du vin, ils ne vivaient que de *garbansos*[1] et de tomates et ne buvaient que de l'eau, encore est-elle si mauvaise qu'ils sont obligés de la purifier ; ils la font rafraîchir dans des jarres de grès qu'ils exposent entre deux courants d'air.

De toutes les habitudes des Espagnols, celle que nous avions contractée le plus généralement était la sieste qui convenait parfaitement à notre vie oisive. La sieste est nécessaire dans les climats chauds pour réparer les forces qu'épuise une atmosphère brûlante. Chez la plupart des gens riches on trouve une cousinière pour se garantir des insectes dont ce pays abonde : à l'entrée de la nuit, dès qu'un vent frais venait tempérer cette chaleur insupportable, chaque famille sortait de sa demeure ; les femmes assises à l'orientale sur des nattes[2] placées devant leur porte chantaient des seguidillas, les hommes les accompagnaient de leurs guitares tandis que tous les enfants dansaient et jouaient des castagnettes. Je n'ai rien vu d'animé comme ce tableau : le son des instruments, les accords de ces voix réunies et la vivacité des mouvements avaient une telle magie qu'on était tenté de les imiter.

Dans ce pays éloigné des montagnes, la plupart des habitations sont bâties en terre et couvertes de paille ; elles ont presque toutes une cour où se trouvent des citernes ombragées d'orangers, de laurier-rose et d'arbres odoriférants ; ces maisons n'ont qu'un étage et, comme dans toute l'Espagne, les fenêtres y sont grillées ; c'était à travers ce rempart que les femmes d'une certaine classe cédaient à leur curiosité en nous examinant sans être aperçues. Cette rigidité extérieure de mœurs, qui atteste le long séjour des Orientaux en Espagne, n'a pas pour principe une vertu sévère. Les Espagnoles sacrifient encore à un ancien préjugé, mais s'en dédommagent bien quand un étranger qui a su plaire a franchi le redoutable seuil de leur appartement ; elles sont alors aimables comme des Françaises, tendres et sensibles comme des Allemandes.

Nous passâmes un mois à Manzanares, faisant des incursions dans le pays pour courir après les guérillas ou pour escorter les convois de munitions destinés au siège de Cadix.

---

1. Note de Naylies : Espèces de pois.
2. Note de Naylies : Cette coutume est presque généralement observée en Espagne dans les églises. On n'y voit pas de chaises, et une duchesse ou la femme d'un artisan sont assises également sur des nattes de jonc ou de palmier.

Je vis dans ces courses les belles mines de vif-argent d'Almaden et de la Sierra Morena à Santa-Crux ; un escadron de mon régiment fut envoyé au Toboso pour faire rentrer des vivres ; les noms de Don Quichotte et de sa chaste maîtresse, répétés par nos soldats, faisaient sourire les habitants, accoutumés à ces plaisanteries depuis qu'ils voyaient des Français. Un maréchal des logis, qui n'avait vu dans cette fiction qu'une histoire véritable, demandait très sérieusement s'il existait encore des descendants de Dulcinée.

Dans les intervalles de repos que nous donnaient nos expéditions, nous trouvions quelques délassements à Manzanares ; il y eut des bals chez le général commandant la division et chez l'intendant de la province : on faisait succéder ainsi le plaisir aux combats, et souvent un officier, commandé pour aller escorter un convoi ou marcher sur quelques bandes de Guérillas, n'avait que le temps de mettre ses bottes et de monter à cheval.

Le patriotisme des dames résiste peu, en général, aux attraits d'un bal ; cependant nous n'avions de femmes que celles dont les maris tenaient des emplois de Joseph ou celles que l'amabilité française entraînait à son char. Il était convenu de les appeler du nom du possesseur, quoique l'amour seul eût scellé leur contrat, et nos autres Espagnoles *libérales* ne s'offensaient pas de ce mélange. La pureté du ciel, la douce influence du climat, ou bien la tranquillité dont nous jouissions après nos courses, tout nous portait aux tendres sentiments ; la beauté était la déesse qui présidait à Manzanares : on la trouvait chez les généraux, chez les colonels, et souvent même elle ne dédaignait pas l'obscur manoir d'un officier subalterne dont elle partageait les pénibles travaux ; mais la fidélité qui a si peu d'autels sur la terre était bannie de notre cantonnement : la belle d'un riche garde-magasin ou d'un employé de Joseph résistait difficilement aux attaques de nos sous-lieutenants, accoutumés à brusquer une aventure galante comme ils enlevaient un poste à l'ennemi. Enfin, notre position entre Séville et Madrid entretenait un échange rapide ; l'amour et la variété, également chéris des Français, nous faisaient couler des jours heureux.

Il y a, dans le faubourg de Mançanarez, un vieux château qu'on réparait ; on y avait ajouté quelques fortifications extérieures et c'est là où se retiraient les administrations de Joseph lorsque nous allions faire nos expéditions. Le village de Membrillo, qui en est à une demi-lieue, avait un escadron de garnison retranché dans un couvent : malgré notre activité, les Guérillas ravageaient le pays et maltraitaient les villages sous le prétexte de les punir de nous avoir envoyé des vivres ; il fallait violenter les habitants pour leur faire accepter le titre d'Alcade : personne ne voulait d'une autorité qui mettait dans le cas d'être tracassé par les deux partis ; quelquefois dans un même jour un Alcade recevait, des Espagnols et des Français, l'avis qu'il serait pendu s'il continuait d'alimenter et de protéger ses adversaires ; la circonstance était assez embarrassante mais c'était toujours les Français dont les intérêts étaient sacrifiés.

Le maréchal Soult appela en Andalousie la 1ère brigade de notre division, commandée par le général Digeon, et notre mauvaise étoile nous fit passer à l'armée du centre ; notre brigade prit la route de Tolèdeoù elle arriva le 29 août, en passant par PuertoLàpice, Consuegra et Mora.

La ville de Tolède est située sur la rive droite du Tage, qui l'entoure de toutes parts, excepté au nord ; elle est bâtie en amphithéâtre sur un rocher que dominent cependant les montagnes de la rive gauche. Sous les rois goths, elle contenait plus de cent-cinquante mille habitants ; à peine en referme-t-elle vingt mille aujourd'hui. Les rues sont étroites et tortueuses, et souvent d'une pente très rapide ; on aperçoit en plusieurs endroits des blocs de rochers informes et d'autres coupés au niveau du sol et qui servent de pavé. On y traverse le fleuve sur deux beaux ponts, celui de Saint-Martin et d'Alcantara ; près de ce dernier on voit encore les ruines d'un ancien pont et de divers bâtiments mauresques, au nord de la ville le reste d'un cirque, d'un temple d'Hercule et d'un aqueduc bâti par les Romains.

L'Alcazar, ancienne habitation des rois goths et maures, occupe le point le plus élevé de la ville ; il est de forme carrée et construit en pierres de taille ; l'architecture en est simple et majestueuse. C'est à Charles V que l'on doit la restauration de ce palais que les incendies de 1710 et de 1809 ont presque détruit : il existe encore quelques statues et un bel escalier. Ce même lieu, que sous les rois maures admirait une Cour où régnaient la mollesse, les plaisirs et tout le luxe de l'Orient, est devenu un atelier, où des misérables travaillent pour gagner leur vie, et un hôpital, où la vieillesse et le malheur trouvent un refuge ; on doit ces pieuses fondations à un des derniers archevêques de cette ville.

La cathédrale est remarquable par son ancienneté qui remonte au VIe siècle, sous le roi Recarede, comme l'annonce une inscription qu'on lit dans le cloître. Il s'est tenu un grand nombre de conciles dans cette église qui est un des plus anciens et des plus beaux monuments de l'architecture gothique ; elle servit de mosquée après la prise de Tolède par les Maures mais elle fut rendue au vrai culte lorsque le roi Alphonse VI chassa ces étrangers. La vaste étendue de ce vaisseau, la hauteur des voûtes et ses murailles noircies par la poussière de tant de siècles, font éprouver à l'âme un saisissement religieux dont on ne peut se défendre. Rien n'est plus majestueux que le chœur, où l'on voit près du maître-autel le tombeau de quatre rois de Castille et celui du cardinal Mendoza. Les sculptures et les bas-reliefs qui ornent les stalles et le pupitre sont d'un goût admirable : parmi les différentes chapelles qui sont autour du chœur, on remarque celle où sont enterrés plusieurs rois de Castille appelés nouveaux rois et, près de celle de la Sainte Vierge, le tombeau du cardinal Porto-Carrero dont le génie et la souplesse triomphèrent de l'éloignement de Charles II pour la maison de Bourbon et lui dictèrent le testament qui fit monter sur le trône d'Espagne le duc d'Anjou, petit-fils de Louis XIV.

Les chefs-d'œuvre de Rubens, de Van Dyck et du Tintoret abondent dans la sacristie, dans les chapelles ; des peintures à fresque des meilleurs maîtres de l'école moderne ornent le cloître et le passage qui conduit de la cathédrale à l'archevêché.

Plus de deux cent cinquante prêtres sont employés dans cette église, dont les trésors sont immenses ; l'archevêque est primat du royaume, et jouit d'un revenu de plus de deux millions[1].

On voit sur les murs extérieurs de l'église de San-Juan de los Reyes, bâtie par Ferdinand et Isabelle, les chaînes des chrétiens délivrés après la prise de Grenade.

L'Université est très célèbre, le beau bâtiment qu'elle occupe est d'une construction moderne, la façade est ornée de colonnes de granit ; ce séjour des sciences était devenu la caserne d'un bataillon, et ces mêmes voûtes qui n'avaient entendu que les sublimes leçons d'Aristote, de Leibnitz et de Newton, retentissaient des jurements de la soldatesque ou de la voix rauque d'un instructeur. On voit sur le bord du Tage une manufacture d'armes estimée, elle a été restaurée par Charles III qui l'a agrandie ; les lames qui en sortent sont d'une trempe excellente.

Non loin de cet établissement se voit un endroit qui servait de port aux grandes barques qui allaient de cette ville à Lisbonne. Ce fleuve n'est plus navigable maintenant ; il est hérissé de rochers dans tout son cours.

Il y a beaucoup de moines à Tolède ; la suppression des couventsqui les avait remis dans la société semblait en avoir encore augmenté le

---

1. Note de Naylies : L'archevêque de Braga prétend être le primat de toute la Péninsule parce qu'après la prise de Tolède par les Maures, cette dignité fut conférée aux archevêques de Braga ; mais ceux de Tolède rentrèrent en possession de leur ancien titre lorsque cette ville fut reprise par les Chrétiens.

nombre ; comme leur influence est très grande sur l'esprit du peuple, ils nous avaient fait autant d'ennemis qu'il y avait d'habitants en sorte que nous avions à nous défier au-dedans d'une population nombreuse, et à nous défendre au dehors des guérillas qui venaient jusque dans les faubourgs où ils prenaient tous les jours des soldats négligents qui n'avaient pas leurs armes.

Un officier de dragons qui, dans le mois de mai, s'était échappé du ponton la *Castille* à l'ancre devant Cadix, nous joignit à Tolède. Il nous raconta tout ce qu'avaient souffert les prisonniers français qui étaient souvent plusieurs jours sans vivres et sans eau, et continuellement maltraités par leurs implacables ennemis.

« Le ponton la *Castille*, nous dit-il, était en rade à côté de l'amiral Parvis, à un quart de lieue de Cadix et environ à une lieue de la côte occupée par les Français qui assiégeaient cette ville ; il contenait environ 600 prisonniers, dont 500 officiers qui, la plupart, appartenaient au corps du général Dupont, et auraient dû être rendus depuis longtemps à leur pays si la Junte n'eût pas violé la capitulation de Bayen, faite le 20 juillet 1808, entre les généraux Dupont et Castanos. Privés des premiers besoins de la vie, entassés pêle-mêle dans un lieu si resserré et si mal sain, une captivité de près de deux ans nous était devenue insupportable ; il ne se passait presque pas de jours où nous n'inventassions, pour nous sauver, mille moyens dont un moment de réflexion nous montrait l'accablante impossibilité de la réussite. Nous voulions nous sauver tous à la fois et courir ensemble les mêmes dangers car nous avions eu la douleur de voir fusiller plusieurs de nos camarades qui avaient tenté de s'échapper individuellement.

M. Faurax, chef d'escadron au 10e dragons, officier entreprenant et audacieux, proposa de profiter d'un gros temps pour couper les câbles de nos ancres et de se laisser aller en dérive sur la côte. Cette résolution hardie fut approuvée par le plus grand nombre ; mais l'influence de quelques officiers supérieurs qui s'y opposèrent hautement en empêcha l'exécution.

Cependant nous ne pouvions espérer un temps plus favorable car nous étions dans l'équinoxe et les chaloupes ne pouvaient tenir la mer qui était si mauvaise que plusieurs vaisseaux anglais et espagnols périrent à nos yeux.

Bientôt le calme revint et avec lui le repentir et, chez plusieurs, la honte d'avoir arrêté l'exécution d'un projet qui nous avait fait entrevoir notre prochaine délivrance. Nos maux allaient toujours en croissant, et nous n'avions que l'affreuse perspective de suivre, avant peu, nos camarades déjà partis pour les îles Canaries.

De janvier 1811 au retour en France, janvier 1812

Le maréchal Soult quitte l'Andalousie et vient mettre le siège devant Badajoz dont il s'empare, il défait les généraux La Carrera et Mendizabal, combat de Chiclana, devant Cadix, combat près d'Illescas, en Castille, où fut pris le colonel Lejeune, soldats espagnols recrutés par Joseph, expédition du général Lahoussaye sur Cuenca, bataille d'Albuera, assaut et prise de Badajoz par les Anglais, trait hardi d'un maréchal-des-logis de chasseurs après l'assaut de Badajoz, le général Lahoussaye marche contre le général de Sayas qu'il bat à Alcocer, Madrid, sa situation, ses palais, ses promenades, ses théâtres, grands d'Espagne, vie du roi Joseph, marchands français établis à Madrid, usages espagnols, fandango, courses de taureaux, départ pour Bayonne, Ségovie, ses monuments anciens, attaque de notre convoi, vêtements bizarres des Guérillas, arrivée en France

Dans les premiers jours de janvier 1811, le maréchal Soult laissa le duc de Bellune en Andalousie et se porta en Estrémadure, avec la majeure partie de ses forces, pour s'emparer de Badajoz et d'Elvas, et communiquer ainsi avec le maréchal Masséna. Il battit les généraux la Carrera et Mendizabal, envoyés avec 10 000 Espagnols au secours de ces places : ils furent forcés dans leur camp, assis sur la rive droite de la Guadiana près d'Evora, et perdirent près de 8 000 hommes. Ils ne se sauvèrent eux-mêmes qu'avec peine en se jetant dans Elvas avec quelques cavaliers. Après cette victoire, le maréchal Soult poussa vigoureusement le siège de Badajoz commencé le 26 janvier : cette ville ne capitula que le 11 mars. On apprit aussitôt que l'armée du Portugal opérait sa retraite vers l'Espagne et les projets sur Elvas furent abandonnés. Le maréchal Soult rentra en Andalousie.

Tandis que nos armées obtenaient des succès si éclatants en Estrémadure, il y eut le 5 mars, en Andalousie, un combat très meurtrier à Chiclana, entre le corps du maréchal Victor, fort de 6 000 hommes qui occupait les lignes devant Cadix, et un corps anglo-espagnol de 15 000 hommes, débarqué à Algésiras pour faire lever le siège. Les Français firent des prodiges de valeur, se maintinrent dans leurs positions et forcèrent l'ennemi à rentrer dans la place ; mais ils perdirent 2 000 hommes, beaucoup d'officiers supérieurs et deux généraux. Ce fait d'armes, très glorieux pour les troupes françaises, n'est pas un des moins honorables de la brillante carrière du duc de Bellune en Espagne.

Cependant mon régiment quitta la province de Tolède et reçut l'ordre de parcourir les environs de Madrid pour en éloigner les bandes de Guérillas qui venaient jusque dans les promenades de cette capitale. Nous séjournâmes pendant quelques temps dans la petite ville d'Alcala, célèbre par son université fondée par le cardinal Ximenès, et dans celle de Guadalajara, renommée par ses fabriques d'étoffes.

L'Empecinado, avec un corps de cinq à six mille hommes, occupait tantôt Siguenza, Brihuega et Cuenca ; il harcelait nos postes, percevait les contributions et maltraitait les autorités qui ne prenaient pas la fuite à notre arrivée. Nous le poursuivîmes pendant plus d'un mois sans pouvoir le forcer à combattre : dès qu'il était serré de trop près, il indiquait un point de réunion à ses guérillas qui se dispersaient aussitôt dans les montagnes ; Ils n'en sortaient que pour tomber tout à coup sur un poste souvent éloigné de 15 lieues de l'endroit d'où on les avait vu disparaître.

Le 5 avril, aux environs d'Illescas, sur la route de Madrid, près du lieu où, dans le mois de décembre dernier, 80 Français avaient été brûlés, le Medico attaqua avec 600 chevaux un détachement de 25 dragons du 22e et quelques fantassins qui escortaient le colonel Lejeune attaché au prince Berthier. Cet officier venait d'accomplir une mission en Andalousie et rentrait en France. Nos soldats se défendirent en désespérés dans ce combat si disproportionné. Une partie des fantassins parvint à se sauver en gagnant une hauteur et se jetant derrière quelques oliviers. Les 25 dragons furent égorgés sans pitié ; M. Duhamel, sous-lieutenant qui les commandait, et le colonel Lejeune eurent le bonheur d'échapper au massacre. Le Medico leur sauva la vie et ils furent envoyés prisonniers en Angleterre.

Nous prîmes, en différentes circonstances, beaucoup de soldats qui avaient été habillés et équipés de neuf par le roi Joseph. Plusieurs avaient été pris trois ou quatre fois. Dès qu'il arrivait à Madrid un convoi de prisonniers, Joseph qui affectait une grande popularité se rendait au milieu d'eux, leur promettait la liberté, de l'argent et des habits s'ils voulaient prendre parti pour lui ; il n'était pas difficile d'obtenir un consentement de malheureux soldats nus, mourant de faim et qui avaient la perspective d'être envoyés prisonniers en France tandis qu'on leur offrait de rester dans leur patrie d'être nourris et bien vêtus. Joseph parvint ainsi à former quelques bataillons. Le seul régiment d'infanterie de Castille compta sur ses contrôles 12 000 hommes en cinq mois mais des compagnies entières, les officiers en tête, partaient avec armes et bagages ; aussi les Espagnols appelaient-ils Joseph leur capitaine d'habillement. S'il eut voulu sévir contre ceux qu'on reprenait, il aurait eu trop à faire ; il se contenta de fermer les yeux. Il ne resta, en peu de temps, que le cadre des régiments et Joseph reçut défense de Napoléon de recruter à l'avenir.

Le général espagnol Saint-Martin, avec 4 000 hommes la plupart des Guérillas des provinces de Cuenca et de Tolède, occupait Cuenca et faisait des incursions jusque sur le Tage. On envoya contre lui, le 22 avril, le général Lahoussaye[1], avec le 19e dragons, le 75e d'infanterie et quelques pièces d'artillerie légère. Nous passâmes le Tage à Fuente-Duenas. Tarencòn reçut une garnison de 200 hommes et nous nous portâmes sur Cuenca. Nous trouvâmes trois escadrons de cavalerie ennemie en bataille à une lieue en avant de cette ville : ils furent culbutés par une charge commandée par le colonel de Saint-Geniès et nous les poursuivîmes l'épée aux reins jusques sur les retranchements de l'infanterie. Celle-ci défendait la tête du pont sur le Jucar et les hauteurs voisines. Quelques obus bien dirigés jetèrent le désordre et quatre compagnies d'élite du 75° enlevèrent ces positions, l'arme au bras : la cavalerie poursuivit les fuyards sur la route de Requena, fit 500 prisonniers dont une trentaine d'officiers et les chefs de bande Guttières et Ximenès.

La nouvelle de notre arrivée avait fait de Cuenca[2] une affreuse solitude. Ses habitants se rappelaient l'indigne conduite des troupes françaises qui, le 3 juillet 1808, pillèrent et ravagèrent leurs maisons : rien n'y fut respecté ; ceux même qui devaient donner l'exemple et réprimer le brigandage furent les premiers à s'avilir et à déshonorer le caractère national.

---

1. Armand Lebrun comte de Lahoussaye (1768-1846) général de l'Empire.
2. Note de Naylies : Cuenca a longtemps appartenu aux Maures et fut apportée en dot au roi de Castille, Alphonse IV, par son mariage avec la princesse Zaida, fille de Benabet, roi maure de Castille. Cette ville est considérable, elle est bâtie au pied d'une montagne sur les deux rivières de Jucar et de Huecar et divisée entre haute et basse ville. La première, qui est plus grande, contient l'évêché, la cathédrale et plusieurs beaux bâtiments ; elle est située sur un plateau d'où on aperçoit, à une profondeur de deux cents pieds, couler avec rapidité le Huecar à travers des masses de rochers. Le pont de Saint-Paul est jeté sur cet abîme, il a été construit par un chanoine nommé Juan Del Pozo pour communiquer avec la haute ville au couvent de Saint-Paul. Ce pont, dont la longueur est d'environ trois cents cinquante pieds, a cinq arches dont les piliers ont cent cinquante pieds de haut.

Combien de fois l'honnête homme n'eut-il pas à rougir dans cette guerre injuste et cruelle où l'innocent était confondu avec le coupable ! Et ce coupable encore était celui qui défendait sa patrie et son roi ! Si la rigidité du devoir armait notre bras, les Espagnols virent très souvent que l'humanité peut s'allier avec les principes sévères de l'honneur. C'était une douce consolation de pouvoir faire quelquefois le bien lorsque tous les jours notre cœur désavouait la plupart de nos actions.

Après cette expédition, nous allâmes cantonner à Tarencòn d'où nous partions pour battre les environs d'Uclès[1], de San-Clémente, de Belmonte et de Valverde. Nous étions chargés de protéger les convois de vivres destinés à alimenter la capitale et de faire rentrer les contributions qui, grâce aux soins des intendants et des gouverneurs, n'arrivaient jamais entières dans les coffres du trésor royal.

À peine deux mois s'étaient-ils écoulés depuis la prise de Badajoz[2] que lord Besford, commandant l'armée anglo-portugaise, vint mettre le siège devant cette place après s'être rendu maître d'Olivença. À cette nouvelle, le maréchal Soult réunit en toute hâte des troupes à Séville et, faisant lever les cantonnements à quelques régiments qui étaient en Estrémadure, accourut pour dégager Badajoz. On portait ses forces à 16 000 hommes d'infanterie et à 4 000 de cavalerie.

À son approche, lord Beresford abandonna ses lignes devant Badajoz, renvoya ses bagages et sa grosse artillerie sur Elvas et se porta au-devant de l'armée française jusqu'au village d'Albuera, à quatre lieues de Badajoz. Son armée était d'environ 45 000 hommes, en comptant les corps espagnols de Castanos, de Ballesteros[3] et de Blake, récemment arrivés de Cadix.

Il la mit en position à l'embranchement des routes qui conduisent à Badajoz et Jurumenha, par Valverde et Olivença. Il plaça le centre sur un mamelon qui se liait à d'autres hauteurs qu'occupaient les troupes espagnoles formant l'aile droite (ce point était le plus fort de la position).

---

1. Uclès est célèbre par les batailles que les Espagnols y ont perdu en 1108 contre les Maures et en 1809 contre les Français commandés par le général Victor.
2. Note de Naylies : Badajoz est une très ancienne ville qu'on dit être la *Pax Augusta* des Romains. On y voit un très beau pont sur la Guadiana qui a vingt-huit arches et dix-huit cents pieds de long : il établit la communication entre la ville et le fort Saint Christophe qui défend la rive droite ; le fort de Pardaleras protège la ville du côté d'Olivença et de la route de Séville.
3 Francisco Ballesteros (1770-1833), général espagnol, défend l'Andalousie contre Soult et Mortier. À la suite de la nomination de Wellington à la tête de l'armée en Espagne, il s'insurge, est exilé à Cuba. Rappelé par le roi Ferdinand en 1820, il ferme les prisons de l'Inquisition et restaure les libertés municipales. En 1823, à l'entrée des Français en Espagne, il capitule devant le duc d'Angoulême. Accusé de tous côtés, il doit se retirer en France où il meurt oublié de tous.

Mémoires sur la guerre d'Espagne

L'aile gauche fut appuyée au village d'Albuera. Enfin l'armée alliée avait devant elle un ruisseau qui s'étendait sur toute la ligne ; il n'était guéable qu'au-dessus d'un pont en pierre situé en face d'Albuera, sur la grand' route de Séville. Le général Beresford ne l'avait pas fait occuper ; mais il avait établi trois batteries qui en défendaient l'approche.

Le maréchal Soult arriva le 15 mai à la vue d'Albuera et campa dans un bois à une portée de canon de ce village. Ayant reconnu la position des Alliés, il jugea que le succès de la bataille dépendait de la prise du mamelon de droite qui était la clé des positions ; et que, s'il parvenait à le tourner, il couperait la retraite de l'ennemi par Valverde de Leganes, sur Olivença, place en arrière de laquelle il avait ses ponts sur la Guadiana et ses communications avec Elvas ; ce fut suivant ce plan que l'armée française attaqua le 16 au matin. Beresford comprit la manœuvre du maréchal Soult et renforça son aile droite quoique son adversaire eût voulu lui faire prendre le change par quelques mouvements sur son centre et sur la gauche. Une grande partie de l'infanterie française, commandée par le général Girard, passa le ruisseau au-dessus du pont et se porta en colonne serrée sur le mamelon. Les cris *d'en avant* se firent entendre de toutes parts et nos fantassins avancèrent au pas de charge sur les lignes ennemies. Ils furent reçus par un feu terrible si nourri et si bien dirigé que nos colonnes furent éclaircies en un instant : grand nombre d'officiers supérieurs et de généraux tombèrent morts. Nos soldats balancèrent un moment ; plusieurs se permirent tout haut des observations sur cette manœuvre. Le désordre et la confusion succédèrent à ce manque de subordination. Le général anglais s'en aperçut à temps ; il en profita. Quelques bataillons furent lancés contre notre infanterie qui avait rompu son ordre de bataille, ils la repoussèrent, elle gagna le ruisseau derrière lequel elle se forma sous la protection de l'artillerie. Cette attaque infructueuse nous coûta beaucoup de monde.

Le 27e chasseurs, les 2e et 10e hussards firent de belles charges, prirent quelques pièces d'artillerie et bon nombre de prisonniers. Les dragons du général Latour-Maubourg[1] qui cherchaient à tourner l'ennemi par Valverde de Leganes eurent aussi quelques succès partiels. Les lanciers de la Vistule se distinguèrent particulièrement dans cette journée par

---

1. Marie-Victor Nicolas de Faÿ de Latour-Maubourg (1768-1850), général. Mousquetaire de la Reine à 14 ans, il émigre avec sa famille en 1792 puis rejoint Bonaparte pour la campagne d'Égypte. Austerlitz, Friedland, Espagne, campagne de Russie. Il se couvre de gloire à Leipzig et à Dresde (où il est amputé d'une jambe sur le champ de bataille même). En 1814, il adhère à la déchéance de l'Empereur, reste en retrait pendant les Cent-Jours, sera ministre de la Guerre de 1819 à 1821. Estimé de ses contemporains, Wellington avait une haute opinion de lui.

de brillantes charges sur l'infanterie. La nouveauté de leurs armes jeta l'épouvante dans les rangs ennemis qu'ils enfoncèrent plusieurs fois.

Les deux armées reprirent le soir les positions qu'elles occupaient la veille ; elles y restèrent toute la journée du 17. Nous eûmes environ 1 500 morts et 4 000 blessés. La perte de l'ennemi fut moins considérable. L'armée française manquant de vivre opéra sa retraite le 18, laissant dans ses bivouacs et sur le champ de bataille une partie de ses blessés. On en dirigea 300 sur Almendralejo qui furent confiés à l'Alcade de cette ville. Les paysans de la contrée, apprenant le mouvement rétrograde du maréchal Soult, se rassemblaient déjà pour aller les assassiner lorsqu'un détachement des Alliés vint occuper Almendralejo.

La cavalerie légère regretta la perte de M de Bourbon-Busset[1], chef d'escadron au 27e chasseurs, commandant l'arrière-garde. Cet officier, que la plus brillante valeur faisait distinguer à la tête de toutes les attaques, fut fait prisonnier, ayant eu son cheval tué dans une charge contre les Anglais qui ramenaient vigoureusement ses tirailleurs.

Le général Philippon[2], qui commandait Badajoz, détruisit tous les ouvrages de l'ennemi lorsqu'il se porta, le 14, sur Albuera ; voyant ses espérances détruites par la retraite du maréchal Soult, il n'en soutint pas avec moins de persévérance les efforts des assiégeants qui rouvrirent la tranchée le 31 mai. Il fit plusieurs sorties dans lesquelles il montra toujours la même valeur et la même habileté. Il fut enfin délivré le 17 juin par l'armée du Portugal aux ordres du maréchal Marmont[3] qui déboucha par Mérida ; mais lorsque cette armée retourna sur le Tage, les Anglais qui sentaient l'importance de l'occupation de Badajoz vinrent l'assiéger de nouveau. Ils s'en rendirent maîtres dans un assaut très meurtrier qui dura de dix heures à minuit et qui leur coûta plus de 3 000 hommes. Dans la fureur du premier moment, tous ceux qui tombèrent au pouvoir de l'ennemi furent passés au fil de l'épée ; enfin les ténèbres et la fatigue arrêtèrent le carnage, le combat cessa et le reste de la garnison devint prisonnier. Cependant le petit fort Saint-Christophe qui est sur la rive droite de la Guadiana, tenait encore ; les 120 hommes qui le défendaient,

---

1 François Louis Joseph de Bourbon comte de Busset (1782-1856), général, fit les campagnes d'Allemagne, de Prusse et de Pologne puis la guerre d'Espagne ; il s'y distingua aux batailles de Talavera et d'Albuera où il fut fait prisonnier par les Anglais. Il revint prendre part à la campagne de France. Nommé colonel aux gendarmes du Roi à la Restauration (1814) puis pair de France (1823), il demeura fidèle aux Bourbon.

2. Armand Philipon (1761-1836), général. Il a défendu ardemment Badajoz en février 1811 jusqu'à l'arrivée de Soult mais, en mars, il est à nouveau assiégé et fait prisonnier ; transporté en Angleterre, d'où il parvient à s'échapper, il rejoint la Grande Armée en 1812. Rentré en France à la Restauration, il est honoré, puis obtient sa retraite.

3. Auguste Marmont (1774-1852), maréchal d'Empire, duc de Raguse.

resserrés dans un très petit espace, sans abri, ayant peu de munitions et n'espérant plus de secours, se rendirent le lendemain. Le maréchal Soult qui accourait une seconde fois pour faire lever le siège, arriva trois jours trop tard.

Après l'assaut qui nous fit perdre Badajoz, les généraux Philippon et Veilande[1] se retirèrent de nuit dans le fort Saint-Christophe ; ils étaient escortés par un détachement de cavalerie. La petitesse du fort ne permettant pas d'y introduire les chevaux, plusieurs furent attachés aux palissades et abandonnés ; mais un maréchal des logis et sept chasseurs du 21e et cinq dragons du 26e n'ayant pas voulu se séparer de leur monture, conçurent le téméraire projet de traverser l'armée ennemie pour rejoindre les Français. Ils culbutèrent d'abord les postes de la cavalerie portugaise, passèrent à la nage la Gevora entre le pont qui est sur cette rivière et la citadelle et se jetèrent dans le bois de Montijo ; ils traversèrent tous les bagages ennemis et arrivèrent le lendemain à midi à Medira. Le maréchal des logis obtint quelques vivres de l'Alcalde qu'il connaissait ; celui-ci l'instruisit de l'ordre qu'il venait de recevoir d'arrêter quinze cavaliers échappés de Badajoz parmi lesquels on supposait le général Philippon : cependant, comme il voulait ménager les Français qu'il attendait, il ne lui en donna pas moins un guide sûr tandis que, de l'autre côté, il envoyait prévenir une bande de Guérillas, satisfaisant ainsi à la prudence et à l'animosité. Enfin le détachement était parvenu sans obstacle sur les bords de la Guadiana ; ils l'avaient passée, homme par homme, dans un petit bateau qui ne contenait que le batelier et un soldat assis sur sa selle tenant son cheval qui nageait à côté de lui. Cette opération ayant duré plusieurs heures, les Guérillas atteignirent le détachement lorsqu'il entrait dans le village de Palomas. Les Français les chargèrent avec la fureur que leur inspirait leur situation désespérée : ils en sabrèrent plusieurs et s'emparèrent de leur chef. Ils l'amenèrent au maréchal Soult, à Villa Franca, à qui ils donnèrent différents détails de l'assaut de Badajoz. Peu de temps après, ce général rentra en Andalousie et battit complètement à Baza, le 13 août, les différents corps de l'armée de Murcie.

Dans le mois de juillet, comme nous occupions Tarencòn, nous reçûmes ordre de marcher en toute hâte vers Guadalajara, pour secourir

---
1. Michel Veilande (1767-1845), général. Par six fois, il aurait eu son cheval tué sous lui, dont deux de suite à Albuera. Armée du Rhin de 1792 à 1796 puis armée d'Italie ; en 1806 à Iéna ; en 1809, il commande une brigade à Ocaña ; il est fait prisonnier à Badajoz en avril 1812. Après une captivité pénible, il rentre en France en 1814.

le général Hugo[1], menacé par les troupes espagnoles des généraux Saint Martin et du marquis de Sayas. Ce dernier commandait momentanément le corps de l'Empecinado.

Le général Lahoussaye, gouverneur de la province de Cuenca, laissa une garnison dans Tarencón et partit avec le 75ᵉ d'infanterie, deux pièces d'artillerie légère, un escadron de volontaires espagnols et deux régiments de dragons (le 19ᵉ et le 2ᵉ provisoire) ; il arriva le même soir à Alcala : il en repartir à minuit et fit jonction le lendemain avec le général Hugo. La rapidité de notre marche ayant déjoué les projets de l'ennemi, il crut ne devoir pas attendre le combat : le général Saint Martin se dirigea vers Siguença et fut suivi par le général Hugo. Le général Lahoussaye marcha sur le marquis de Sayas qui, passant le Tage à Auñón, se retira à Sacedón. Cet officier, croyant que nous n'oserions passer ce fleuve, dissémina trop ses troupes qu'il plaça à Sacedón, à Alcocer et à Val de Olivas ; il eut même l'imprudence de ne pas faire garder le pont d'Auñón dont l'occupation le mettait à l'abri de toute insulte.

Sur la rive gauche, en face de ce pont, une montagne à pic qui borde le fleuve ne laisse entre elle et le Tage qu'un espace étroit où la route est pratiquée : quelques fantassins, placés dans les rochers, auraient arrêté notre colonne dans cet affreux défilé ; nos soldats l'appelaient *La gueule de l'Enfer* ou *Le pont du Diable.* Je ne sais ce qui fascina les yeux du général espagnol pour négliger de défendre ce point important.

Cependant notre avant-garde arriva près du pont ; les voltigeurs le franchirent et se mirent à gravir la montagne qui le domine. Parvenus au sommet ils rencontrèrent un détachement d'infanterie espagnole qui venait s'y établir, mais trop tard : il fut culbuté. Aux premiers coups de fusils, le bataillon espagnol des volontaires de Madrid, fort de 700 hommes, qui était à Sacedon, se dirigea sur Val de Olivas, pour se réunir aux troupes qui l'occupaient. Le général Lahoussaye ordonna au colonel de Saint-Geniès de couper la retraite de ce bataillon. Ce mouvement fut exécuté avec la plus grande rapidité, malgré les difficultés de terrain, par l'avant-garde composée de soixante chevaux, commandés par le capitaine Cosnard, officier très distingué ; l'escadron espagnol, au service de Joseph, et le 19ᵉ firent alors une très belle charge en fourrageurs. Les Espagnols se défendirent vaillamment mais ils furent enfoncés et taillés en pièces. Le bataillon de Siguença qui occupait Alcocer, entendant une vive fusillade vers Sacedón et

---

1. Joseph Léopold Sigisbert Hugo (1773-1828) apprit les techniques de la guérilla en combattant les chouans en Vendée. Il fit à Besançon (où naquit son fils Victor en 1802) la connaissance de Joseph Bonaparte qui le fit venir à Naples puis en Espagne.

prévenu par quelques cavaliers de la défaite du bataillon de Madrid, prit au pas de course le chemin de Val de Olivas, mais comme les obstacles qui avaient arrêté l'élan des premières attaques de notre cavalerie et protégé la retraite des ennemis n'existaient plus, et qu'il se présentait au contraire une plaine unie, les Espagnols se formèrent en carré et firent bonne contenance ; ils soutinrent courageusement une première charge mais ils furent enfoncés à la seconde. Cette journée leur coûta 1 000 hommes dont 700 prisonniers parmi lesquels on comptait plusieurs officiers supérieurs ; nous eûmes seulement quelques blessés et une vingtaine de chevaux tués. C'était la première fois que nous étions parvenus à joindre les troupes de l'Empecinaldo. Après cette expédition, les prisonniers furent dirigés sur Madrid et notre colonne rentra à Tarencón.

Je fus envoyé à Madrid, dans le mois d'août, pour les affaires de mon régiment. Comme j'y ai fait un assez long séjour, je vais donner quelques détails sur cette capitale.

Madrid est situé au milieu du Royaume dans une plaine immense mais aride et dénuée d'arbres ; on attribue la sécheresse du sol à sa prodigieuse élévation qui est de plus de trois cents toises au-dessus du niveau de la mer. C'est à cause de cette élévation que l'air y est si vif, même en été, tandis qu'au soleil on est accablé par une chaleur insupportable.

En entrant dans cette ville, on aperçoit de belles routes plantées d'arbres et des portes magnifiques d'une architecture moderne : celle d'Alcala est la plus remarquable.

Madrid est d'une étendue qui n'est pas proportionnée au nombre de ses habitants. L'absence de la Cour, l'éloignement de la noblesse attachée au Gouvernement légitime, la suppression des couvents et la guerre avaient encore diminué la population.

Les principales places sont la Plazza Mayor et la Puertadel Sol qui aboutissent aux rues les plus commerçantes et les plus populeuses ; on distingue surtout les rues Mayor, Las Carretas, la Montera, Alcala et San Jeronimo. De beaux palais ornent cette capitale ; ceux du prince de la Paix, de Medina-Coeli, de l'Infantado, de Villa-Franca, etc... se font admirer par leur vaste étendue et par leur magnificence.

Le palais des rois qui n'est pas encore achevé est dans une agréable situation, sur une hauteur près de laquelle coule le Mançanarez ; il est de forme carrée et construit en pierre de taille ; son architecture est noble, simple et d'un bon goût.

L'intérieur est d'une grande beauté et l'on voit réunies dans ce lieu toutes les richesses des deux Mondes. Les escaliers, les corridors, les antichambres sont remplies de peintures de Rubens, de Raphaël, du Titien et du Corrège.

Sur la place du palais, il y a un bâtiment appelé *Armeria* contenant une précieuse collection d'armes. On y voit les épées de Pelage, du Cid, de Roland, de Bernard du Carpio, de Paredes et celle, dit-on, avec laquelle François Ier combattit à Pavie. Je regardai avec respect ce fer qui avait armé le bras du modèle des chevaliers.

Plusieurs boucliers antiques, travaillés avec art, représentent des sujets d'histoire sainte et profane. Je distinguai, parmi les modernes, celui que le pape Pie V donna à Don Juan d'Autriche en mémoire de la bataille de Lépante et, parmi les différentes armures, celles de la reine Isabelle et de Charles V.

On voit aussi une grande quantité de flèches, de hallebardes, de fusils et de mousquets depuis l'invention des armes à feu.

Les rois d'Espagne avaient aussi un palais dans le Retiro, grand parc situé entre les portes d'Alcala et d'Atocha et longeant le Prado. Ce palais a été abandonné depuis la construction du nouveau et il servait de caserne à la garnison française du Retiro ; car les Français avaient fait de ce lieu une espèce de citadelle défendue par plus de cent pièces d'artillerie, presque toutes pointées sur la ville : c'est ainsi que s'entretenait la confiance qui régnait entre le roi Joseph et ses sujets de Madrid. On voit au milieu du Retiro un vaste bâtiment où l'on fabrique de la porcelaine à l'imitation de celle de la Chine ; ce qui a fait donner à cet établissement le nom de *China*. Au sortir du Retiro, on trouve de belles promenades du Prado et des Délices : celle-ci prolonge ses vastes ombrages jusqu'aux rives du Manzanares : c'est là où les jours de fête se porte en foule une partie de la population de Madrid ; une grande allée reçoit les voitures qui circulent lentement jusqu'à ce qu'elles aient fait entièrement le tour ; les femmes ne descendent pas de leurs équipages et n'ont guère d'autre but que celui de se faire admirer. Les piétons remplissent deux allées latérales embellies de fontaines magnifiques[1].Le Prado, que tant de duels célèbres et de rendez-vous amoureux ont rendu célèbre, n'a rien perdu de sa réputation sous les Français.

À l'extrémité des Délices, en longeant le Manzanares, on arrive au canal de ce nom[2] et au superbe pont de Tolède : c'est un des plus beaux

---

1. Note de Naylies : On remarque celles de Cybèles, de Neptune et d'Apollon.
2. Note de Naylies :Le canal de Manzanares, destiné à communiquer au Tage par la rivière de Xamara, serait, s'il était achevé, d'une grande utilité au commerce de la capitale, il aurait quatre lieues de longueur depuis le pont de Tolède jusqu'à sa jonction avec les Xamara ; mais on n'en a creusé que la moitié. Il a été commencé sous Charles III. Un décret de Joseph avait ordonné qu'on l'achevât.

de l'Europe ; il est fâcheux qu'il attende une rivière car, en cet endroit, le Manzanares n'est qu'un faible ruisseau qui reste à sec en été.

Rentrant dans la ville par la porte de Tolède, on trouve la place de la Cebada qui est fort vaste mais dépourvue de beaux édifices ; on arrive à la place Mayor qui est presque le centre de Madrid : elle est pleine de marchands de comestibles et on y voit toutes sortes de fruits. La Puerta del sol n'en est pas très éloignée. C'était autrefois une porte de la ville en sorte qu'elle en a conservé le nom : c'est là où se rendent en foule de nombreux groupes d'oisifs qui, en fumant leurs cigares, viennent mendier des nouvelles : ils se succèdent sans cesse et la place n'est vide qu'à l'heure de la sieste. Le plus profond silence règne alors dans la ville et, pendant trois heures, tout le monde est livré au sommeil. Dès que la chaleur est moins forte, tout reprend une nouvelle vie et on est étourdi par les cris des marchands de comestibles, des *aguadores*[1] ou des conducteurs de *calesin*[2]. Enfin la foule est si considérable à cette heure aux environs de la puerta del Sol qu'on a de la peine à passer.

Dans la rue d'Alcala, on remarque le bâtiment où est le cabinet d'Histoire naturelle qui est un des plus riches de l'Europe en métaux et minéraux. J'y ai vu de gros blocs d'or et d'argent du poids de plusieurs livres trouvés ainsi dans les mines, des fragments de rochers couverts de diamants, d'émeraudes et de rubis. On y a rassemblé avec grand soin les différents marbres qu'on trouve en Espagne et la quantité en est fort considérable ; la collection en animaux est très recherchée. Ce qui a le plus excité ma curiosité, ce sont les armes, les instruments, les vêtements de tous les peuples de l'Amérique et des Indes, ainsi que les présents des empereurs de la Chine, de la Perse et de Turquie aux Souverains d'Espagne.

Il y a à Madrid trois théâtres : los Canos del Peral, où sont les Italiens ; celui del Principe où l'on joue la comédie et la tragédie, et celui de la Crux, l'opéra. Ces trois salles sont vastes et commodes. Comme les Italiens coûtaient considérablement au Gouvernement et qu'il y avait bien peu de gens qui allassent au spectacle, le théâtre de los Canos a été fermé. Les acteurs de la Crux et du Principe sont médiocres ; on distingue cependant, dans ce dernier théâtre, un tragique nommé Maiques, doué d'un beau physique et d'une rare intelligence : il a pris beaucoup de

---
1. Note de Naylies : Porteurs d'eau qui, pour un *maravedis*, vous donnent un grand verre d'eau fraîche.
2. Note de Naylies : Conducteurs de petites voitures faites en forme de cabriolet, attelées d'une mule et très mal suspendues.

manière de Talma qu'il regarde comme son maître. Les petites pièces que l'on joue au Principe, après la tragédie, sont d'une grande originalité et peignent les mœurs du peuple avec une vérité portée souvent jusqu'au cynisme.

Madrid offre le mélange des caractères des différentes provinces ; mais l'empreinte des mœurs arabes y est moins prononcée qu'en Andalousie, en Estrémadure et dans la Manche ; cependant les Espagnols en général ont conservé de ces peuples leur goût pour la galanterie, les grands airs chevaleresques, le faste et les titres pompeux.

Les grands seigneurs espagnols aiment la magnificence et mettent leur orgueil à entretenir une suite nombreuse de gens et à briller par un grand état de maison. On comptait chez le duc de Medina-Coeli plus de cinq cents domestiques portant sa livrée. On voit dans les principales maisons, comme en Pologne, de pauvres gentilshommes qui remplissent différents emplois d'économe et de majordome et qui ne pensent pas déroger. Leurs nobles aïeux n'eussent point ainsi pensé, ils eussent mieux aimé les voir dans les rangs espagnols ou cultiver le chétif héritage qu'ils leur ont laissé.

Il y a en Espagne des provinces entières ou presque tous les habitants sont réputés nobles, tels que les Biscayens et les Asturiens, dont les ancêtres conservèrent dans leurs arides montagnes le dépôt sacré de la religion et le sceptre de leurs rois. Le sang maure n'a jamais été mêlé avec celui de ces vieux chrétiens et ils font de cette distinction leur plus beau titre de gloire.

La noblesse tient beaucoup à ses privilèges : les Grands d'Espagne prétendaient avoir le pas sur les électeurs et les princes d'Italie mais Philippe V, à son avènement au trône, détermina leur rang en les assimilant aux ducs et pairs de France. Il y a des Grands de trois classes : ceux de la première peuvent se couvrir devant le Roi avant de lui parler ; ceux de la seconde lui parlent découverts mais l'écoutent couverts ; enfin ceux de la troisième, après avoir parlé au roi découverts, ont le droit de remettre leurs chapeaux devant sa majesté quand ils sont rentrés dans la foule des autres grands.

Ces usages étaient entièrement oubliés dans la nouvelle Cour où l'on ne voyait de grands seigneurs que ceux de la création de Joseph. Ce prince, au lieu d'être à la tête des armées françaises, de parcourir l'Espagne et de se faire connaître, se livrait dans son palais, avec ses maîtresses, aux délices de la table et aux plus honteuses débauches. S'il se rappelait quelquefois qu'il avait le titre de Roi, il faisait des promotions dans ses armées qui n'existaient pas, donnait des décorations de son ordre qu'on ne voulait pas porter[1], ou bien dotait quelques églises pour captiver la bienveillance du peuple qui se moquait de lui, l'appelant, par dérision, l'Alcade de Madrid, ou tout simplement *Pepe*[2].

L'audace des Guérillas s'était tellement accrue par la faiblesse du gouvernement et l'apathie de Joseph que plusieurs bandes venaient enlever des officiers français jusques dans les promenades de Madrid et qu'il faillit être pris lui-même dans sa maison de plaisance de Casa de Campo, à une demi-lieue de sa capitale.

Me promenant un soir dans la rue de ..., j'aperçus, dans un brillant équipage et rentrant chez elle, une belle Espagnole célèbre par l'empire qu'elle avait sur le cœur de Joseph. Le hasard m'ayant retenu environ une demi-heure dans le voisinage, je vis sortir en tapinois du même hôtel, une personne d'une tournure charmante mais vêtue simplement et comme une femme de la classe moyenne ; sa marche précipitée, le soin qu'elle prenait de se dérober aux regards indiscrets en cachant sa figure avec sa *mantilla*, me donnèrent cependant quelques soupçons ; je courus après l'inconnue, je la devançai de quelques pas et, m'arrêtant près d'elle, je retrouvai dans la belle mystérieuse la grande dame du galant équipage. Je n'en fus pas remarqué et je continuai de la suivre. Enfin, au détour d'une rue, j'aperçois, enveloppé d'une redingote et le chapeau sur les yeux, un très bel officier de ma connaissance : il a l'air de se trouver là par hasard et la tendre Espagnole prend son bras sans façon ; ils s'acheminent gaiement, mais non sans tourner la tête bien des fois et, se dirigeant vers une rue peu fréquentée, ils entrent dans une maison fort honnête sans doute puisque la bonne compagnie allait quelquefois y manger à la française. La malignité pourrait s'exercer sur le hasard de cette rencontre, mais *honni soit qui mal y pense*.

Avant l'invasion on admirait tout ce qui venait de Paris. Les modes françaises étaient suivies avec passion et le costume espagnol, qui avait déjà perdu de son caractère national depuis Philippe V, était menacé d'une nouvelle réforme. L'injuste agression de Buonaparte vint arrêter ce caprice et l'orgueil castillan livra à l'infamie tout Espagnol qui préférait aux usages de ses aïeux ceux de ses cruels oppresseurs.

Dans les scènes tumultueuses qui eurent lieu à Madrid en août 1808, après l'expulsion de Joseph, on vit le peuple en furie maltraiter de la

---
1. Note de Naylies : Joseph avait institué un ordre à l'instar de celui de la Légion d'honneur : il était destiné à récompenser le mérite civil et militaire : le ruban en était rouge, la décoration en émail rouge et à cinq rayons. On voyait d'un côté un lion et de l'autre une tour qui sont les armes du Léon et de Castille. On y lisait d'un côté *Virtute et fide*, de l'autre *Jos. Nap. Hisp.et Ind. Rex instituit*.
2. Note de Naylies : Diminutif de Joseph.

manière la plus barbare des individus qui avaient dans leur ajustement quelque chose de français ; des voitures qui n'avaient d'autre tort que d'avoir été faites à Paris ou à Bruxelles furent mises en pièces et tout ce qui venait de l'autre côté des Pyrénées éprouva la plus rigoureuse proscription.

Nous étions encore généralement détestés en Espagne et les femmes qui influent tant sur le caractère d'un peuple, avaient de la peine à se dépouiller de leur fierté et de cette haine que nous portaient tous les naturels. Cependant un séjour de quatre ans avait amené quelques relations avec les habitants ; elles s'accroissaient insensiblement par les liens du commerce et les spéculations faites avec des marchands de notre Nation qui étaient venus *par patriotisme* s'établir à Madrid.

On admirait dans la rue de la Montera les brillantes boutiques de plusieurs bijoutiers, horlogers et passementiers français. Ils tentaient plusieurs fois l'année le périlleux trajet de Bayonne à Madrid et voyageaient avec nos convois. Ces marchands offraient toujours un riche butin à l'ennemi. Lorsqu'ils allaient en France, ils étaient chargés de *quadruples*[1] ; en rentrant en Espagne, ils apportaient des effets très précieux. Aussi les Guérillas étaient-ils très friands de pareilles prises : ils dépouillaient ces messieurs et les renvoyaient sans leur faire aucun mal car ils espéraient les reprendre de nouveau. C'étaient les officiers de l'armée qui payaient la mésaventure des spéculateurs qui nous vendaient ce qui venait de France trois ou quatre fois la valeur. Des cuisiniers parisiens et provençaux, jaloux de contribuer à la propagation des lumières et des connaissances de leur art, avait remplacé les mauvaises posadas espagnoles[2]. Tous les Français qui ont habité la capitale à cette époque se rappellent les bons dîners de Brière et Colignon et la *fonda* de Saint-Martin, tenue par Rancurel.

On voyait aussi quelques équipages à la française, attelés de chevaux[3], quoique les Espagnols se servent presque toujours de mules. On en

---

1. Monnaie valant un double pistole espagnol.
2 Note de Naylies : On ne connaissait que trois bonnes auberges à Madrid avant l'arrivée des Français, celles de la Croix de Malte, de la Fontaine d'or et de Saint-Sébastien. Elles sont très rares en Espagne, on voit seulement sur les routes quelques *posadas* où l'on trouve des lits détestables pour les muletiers, et de vastes écuries comme les caravansérails d'Asie. Les voyageurs sont obligés d'apporter leurs provisions car sans cela ils pourraient bien n'avoir rien à manger. Les auberges appartiennent ordinairement au seigneur du lieu ou sont une propriété des villages. Les aubergistes ne sont que des fermiers qui payent une certaine somme au propriétaire ; il est expressément défendu à tout autre habitant de loger ou de donner à manger. Tant qu'on restreindra ainsi l'industrie, on voyagera très incommodément en Espagne.
3. Note de Naylies : Sous les Romains, les chevaux espagnols passaient pour les meilleurs d'Europe ; ils étaient célèbres par leur vivacité, la vitesse de leur course et la beauté de

voit communément six ou huit traînant d'énormes voitures de forme antique : un seul homme les conduit et avec une adresse admirable, il les arrête et les fait marcher à la parole, il les gronde ou les flatte en les désignant nominativement car chacune a son nom. Les harnais sont ordinairement très riches et le plus souvent ornés de rubans de diverses couleurs et de clochettes dont le son excite l'ardeur de ces animaux.

L'usage des cheminées est presque inconnu en Espagne : on n'en trouve que chez les étrangers ou chez quelque grand seigneur ; la douceur du climat fait qu'on s'en passe aisément. On se chauffe l'hiver autour d'un bassin de forme circulaire appelé *brasero* ; ils sont communément en cuivre, quelquefois en argent.

Les Espagnoles sont généralement belles et presque toutes brunes ; leurs yeux sont noirs, très grands et très expressifs : elles ont ordinairement une jolie taille, une belle jambe et le pied petit. Avec ce physique enchanteur, elles ont une grâce infinie dans toutes leurs actions et un je ne sais quoi répandu sur leur personne qui les rend bien séduisantes ; elles ont l'imagination vive et les passions violentes. Quand elles aiment, c'est avec fanatisme et veulent être payées de retour. Cette abnégation de toutes choses en faveur de l'objet aimé les rend jalouses à l'excès ; elles poignarderaient sans balancer une rivale et un infidèle. Les mœurs ne sont pas plus sévères en Espagne qu'en France ou en Allemagne : la rigidité des duègnes ne se trouve que dans les romans et les maris n'y sont ni plus sévères ni plus jaloux qu'ailleurs ; Je ne sais si avant notre arrivée les amants allaient sous les fenêtres de leurs belles soupirer des romances en s'accompagnant de la guitare mais je n'en ai jamais vu.

Les femmes de la meilleure société fument quelquefois des cigares[1] d'un tabac très doux, recouvert d'une paille légère et semblable à de petits chalumeaux. Une Espagnole vous offre quelquefois son cigare fumé à demi, on commettrait une grande impolitesse si l'on n'acceptait pas cette faveur ; une autre marque d'intimité est de porter son éventail, les Espagnoles en ont dans toutes les saisons ; c'est moins pour se donner de l'air que par habitude et par maintien : elles ont une grâce infinie à s'en servir, on peut dire qu'elles parlent avec leur éventail tant elles

---

leurs formes. Pline, César, Martial, etc… en font un grand éloge. La race est tellement dégénérée par la négligence et l'apathie des habitants qu'on ne trouve plus de beaux chevaux en Espagne que chez quelques Grands ou dans les haras royaux ; ceux de Cordoue et d'Aranjuès sont les plus remarquables ; l'Andalousie est cependant la province du Royaume où l'espèce s'est le mieux conservée. On peut attribuer cette distinction au long séjour des Arabes dans cette province et au soin des Andalous de ne pas sacrifier toutes leurs juments à la propagation des mules comme dans les autres parties de l'Espagne.
1. Note de Naylies : Appelés *Pajitas*.

mettent de finesse et de vivacité dans la manière de le faire mouvoir en saluant ou en faisant des signes toujours très expressifs ; la même mobilité, le même charme règnent dans leurs danses qui viennent de l'Orient ainsi que l'usage des castagnettes.

Le *fandango* est de tous les âges, de toutes les classes, et les enfants s'y exercent dès qu'ils savent marcher. Chez les gens du peuple, cette danse est très lascive et a un caractère d'indécence qui révolte ; mais dans la bonne compagnie, je n'ai rien vu de plus gracieux, ni de plus enchanteur ; la vivacité et l'expression des mouvements, les situations les plus voluptueuses, le son des castagnettes et les cadences marquées par les battements des mains des assistants vous électrisent : cette danse s'exécute à deux, l'homme et la femme s'éloignent et s'approchent mais ne se touchent jamais ; une douce langueur succède tout à coup aux mouvements les plus animés. Il est difficile de rester indifférent à ces agaceries et aux émotions que font éprouver ces gestes et ces regards passionnés ; aussi les Espagnols ne résistent pas à cette magie. On prétend qu'un fou étant entré dans une église en dansant et jouant des castagnettes pendant qu'on prêchait, le charme opéra à l'instant et que le prédicateur et l'auditoire se mirent à danser le fandango. Les Espagnols ont le *bolero*, qui ressemble assez au fandango, et la *seguidilla*, qui est une espèce de contredanse à huit.

Les courses de taureaux sont un des grands divertissements de la Nation[1]. Elles ont lieu à Madrid, hors de la porte d'Alcala, dans un vaste cirque entouré de loges. L'arène est fermée par une barrière haute de six pieds derrière laquelle règne un couloir où l'on peut circuler. Une seconde barrière, en cas que le taureau ne franchisse la première, sépare l'amphithéâtre où le peuple est assis. Ces jeux sont présidés par le *corregidor*, premier magistrat de la ville. J'assistai à une des plus belles courses qui ait eu lieu depuis notre entrée en Espagne. Je vais en donner quelques détails.

Au signal des trompettes, deux Alguazils, montés sur de beaux chevaux andalous richement harnachés, ouvrirent la barrière et firent entrer les *picadores* destinés à combattre à cheval. Lorsqu'ils furent dans l'arène, on ferma les portes car ils n'en doivent plus sortir que lorsque les trompettes annoncent que le taureau va être attaqué à pied.

---

1 Note de Naylies : On croit que c'est des Romains que les Espagnols ont reçu l'usage des combats de taureaux. Les cirques, dont on voit encore des ruines dans les principales villes, sont d'origine romaine. Ils ont été construits par les gouverneurs que ces conquérants envoyaient en Espagne. On y célébrait, comme à Rome, les combats de gladiateurs, des lutteurs et ceux des athlètes contre les bêtes féroces. Les combats des taureaux vinrent ensuite mais on n'en fixe pas l'époque.

Les *picadores* sont vêtus à l'andalouse et avec beaucoup de richesse. Un grand chapeau blanc orné de rubans de diverses couleurs couvre leur tête : ils sont armés d'une espèce de bois de lance terminé par une pointe en fer de la forme d'un clou. Leurs jambes et leurs cuisses sont enveloppées d'un buffle très épais garni de lames de fer pour qu'ils ne se blessent pas dans les chutes fréquentes qu'ils font.

Autrefois les Seigneurs de la plus haute distinction ne dédaignaient pas de se livrer à ces exercices et venaient montrer au public leur adresse et leur courage[1]. Le *corregidor* ayant fait signe de la main, on lâcha un taureau monstrueux[2]. Son cou raccourci, sa tête énorme et ses cornes aiguës annonçaient sa force prodigieuse et le danger de l'attaque. Il se précipite dans l'arène en mugissant, frappe du pied et fait voler au loin le sable. Il aperçoit le premier *picador* qui l'attendait la lance à l'arrêt ; il se jette sur lui ; l'adroit Espagnol le détourne d'un coup de lance dans le col. Le second picador n'est pas aussi heureux : son arme glisse sur les côtes du taureau qui enfonce ses cornes dans le ventre du cheval ; ce malheureux animal fait le tour de l'arène, foulant aux pieds ses entrailles qui s'échappent de ses flancs entrouverts et continue le combat[3]. Le troisième picador se présente, sa lance est rompue par la violence du choc et le taureau furieux plonge à plusieurs reprises ses cornes dans le poitrail du cheval qu'il enlève avec son cavalier et qu'il jette sans vie derrière lui. Les *Chulos*, jeunes gens dont l'emploi est de détourner le taureau lorsque les combattants sont en danger, agitent devant ses yeux des manteaux de couleur rouge. L'animal quitte ses victimes et court après les nouveaux assaillants qui le livrent à leur tour aux *banderilleros*. Ceux-ci sont d'une agilité et d'une adresse inconcevable : armés de deux javelots garnis de banderoles de papier de diverses couleurs, ils s'avancent vers le taureau[4]. Dès qu'il baissait la tête pour s'élancer sur eux, ils les lui enfonçaient dans le cou. Il est expressément défendu de

---

1. Note de Naylies : Un aide de camp français, doué de beaucoup de force et d'adresse, parut un jour dans l'arène, vêtu à l'andalouse, et combattit avec les *picadores*. Il sortit vainqueur de deux ou trois luttes au milieu des applaudissements. Je crois cependant que son général ne lui permit plus de recommencer.
2. Note de Naylies : Les taureaux qu'on emploie ordinairement dans les courses de la capitale sont sauvages et pris au piège dans les marais de la Guadiana. Leur aspect seul est effrayant : il est de ces animaux si terribles que, pour les combattre sans un trop grand péril, on est obligé de leur laisser tomber sur les reins une herse très pesante lorsqu'ils entrent dans l'arène.
3. Les *picadores* ne peuvent sortir de l'arène que lorsque leurs chevaux sont morts.
4 Note de Naylies : Souvent un artifice placé au bout de ces javelots part lorsqu'ils sont fixés sur le cou de l'animal. Se trouvant au milieu du feu et déchiré par le fer aigu du javelot, le taureau pousse alors d'affreux mugissements et frappe dans sa rage impuissante tout ce qu'il trouve sur son passage.

les placer dans une autre partie. Après que le taureau eut lutté quelque temps contre cette foule d'ennemis, ils disparurent en sautant légèrement la barrière lorsque les trompettes donnèrent le signal de la mort. C'est sans contredit le moment le plus intéressant : le *matador* parut, tenant une longue épée à deux tranchants de la main droite et, de la gauche, un manteau rouge. Il s'avança avec prudence : il avait étudié le caractère de l'animal pendant le combat car il est nécessaire de connaître s'il est impétueux et franc, ou calme et circonspect ; ceux-ci sont les plus dangereux. Le taureau se lança sur le *matador* qui l'attendait de pied ferme, son manteau fut déchiré en pièces et il lui enfonça l'épée entre les deux épaules. Le fer ne fit que glisser sur les côtes et l'animal, furieux, parcourait l'arène en mugissant et frappant de ses cornes les chevaux morts qu'il rencontrait. Il franchit dans sa rage la première barrière ; on le fit rentrer dans l'intérieur en ouvrant une porte par où il se précipita. Mais l'épée sortie de sa large blessure fut ramassée par le *matador* qui, après l'avoir excité de nouveau avec son manteau, prit si bien son temps qu'il le renversa mort d'un seul coup entre les vertèbres.

Les trompettes proclamèrent cette victoire. Une porte à deux battants s'ouvrit et trois mules richement harnachées, conduites par deux coureurs vêtus à l'andalouse, enlevèrent hors de l'enceinte les trois chevaux et le taureau.

Une femme combattit à cheval un second taureau aussi terrible que le premier : mais on avait mis au bout de ses cornes de petites boules en bois qui rendaient les coups moins dangereux ; il n'en tua pas moins un cheval. Cette femme courageuse avait glorieusement fourni sa carrière et reçu mille applaudissements ; elle allait sortir de l'arène lorsqu'il plut au roi Joseph d'arriver. Il est d'usage de recommencer devant le roi. On peut s'apercevoir combien notre héroïne en était contrariée, elle semblait dire :

« *Infandum rex jubes renovare dolorem*[1] ».

Cependant elle mit un genou en terre devant Joseph qui lui ordonna par un signe gracieux de recommencer. Un nouveau combat s'engagea mais elle ne fut pas aussi heureuse dans celui-ci. Le taureau renversa son cheval et se précipita sur lui à reprises malgré les chulos et les banderilleros. La malheureuse n'en fut pas quitte pour cette violente chute, elle reçut encore un coup de corne dans la poitrine. Dès qu'on eut détourné le taureau, on la retira sans connaissance de dessous le cheval mort et on l'emporta hors de l'enceinte.

---

1. Traduction par F. D. : « chose affreuse, Roi, tu ordonnes de recommencer le supplice ».

Je vis le même jour un taureau sauvage qu'on était parvenu à seller en le contenant avec de gros câbles attachés à ses cornes et fixés à de gros pieux. Un paysan le monta. Alors on détacha les câbles et l'animal furieux fit plusieurs fois le tour de l'arène en bondissant, mettant sa tête entre les jambes et allant se jeter avec force contre la barrière. Pendant ce temps, le Castillan jouait une seguidilla sur sa guitare et semblait défier l'impuissante rage du taureau. Bientôt après, on lâcha un autre taureau ; l'Espagnol prit une lance et se mit en devoir de le combattre ; celui-ci se précipitait d'abord vers le paysan mais dès qu'il l'apercevait monté sur un animal de son espèce, il s'arrêtait en mugissant et, frappant la terre du pied et de ses cornes, excité cependant par les provocations de l'Espagnol et, après avoir tourné plusieurs fois autour de son adversaire, il se lança sur lui lorsque sa monture présentait le flanc et donnait ainsi prise aux coups qu'il cherchait à porter : on voyait qu'il mettait moins d'impétuosité dans l'attaque et même il s'arrêtait court lorsqu'il aurait pu blesser son camarade. Enfin lorsqu'on jugea que cette lutte singulière était assez prolongée, on donna le signal et le paysan tua sa bizarre monture d'un coup de stylet.

Il arriva dans cette course qu'un des taureaux, après avoir été repoussé par les lances des *picadores*, parcourait l'arène en fuyant les assaillants. Ce trait de lâcheté valut des torrents d'injures et on le siffla comme s'il eût pu être sensible à ce procédé. Chacun voulait lui donner un coup et mille voix s'écriaient de toutes parts : *perros, perros,* c'est-à-dire que le voyant indigne de combattre les hommes, on voulait le livrer aux chiens. On lâcha aussitôt d'énormes dogues qui le saisirent par les oreilles et par la queue, et le déchirèrent impitoyablement jusqu'à ce qu'il fut tué d'un coup de stylet.

Dès qu'un *picador* détourne bien l'animal, ou qu'un *matador* le tue du premier coup d'épée, l'arène retentit d'applaudissements. Comme aussi, lorsque le taureau tue plusieurs chevaux, blesse des hommes et ne se laisse pas approcher, le peuple témoigne son contentement en répétant mille fois : *bravo tauro* !

Cette course dura plusieurs heures et douze taureaux furent mis à mort. On les livra au bas peuple ainsi que vingt-huit chevaux qui avaient été tués ; on se bat pour se disputer les morceaux dans l'endroit où se fait cette distribution et chacun emporte un lambeau sanglant sans distinction d'espèces avec lequel il se fait un grand régal.

Les Espagnols aiment ces exercices avec passion ; rien n'a pu les en détourner, ni les dangers qu'ils y courent, ni les lois du royaume, ni les excommunications des papes. On s'est vu forcé de les tolérer mais du moins on en a limité le nombre. Le riche, le pauvre, l'homme en place, tout le monde se rend à ces courses, les femmes surtout. Un prêtre muni du saint Viatique et un médecin assistent toujours à ce spectacle.

Dans les derniers jours de l'année 1811, je reçus une mission pour la France et je partis de Madrid avec un convoi de blessés et de voitures chargées de coton pour le compte du Gouvernement[1].

Notre escorte consistait en 600 hommes d'infanterie et 50 officiers montés qui faisaient le service de cavalerie ; c'était bien peu de monde pour conduire en sûreté, au milieu d'un pays infesté de guérillas, quatre cents voitures mal attelées. Le convoi sortit de Madrid par la porte Saint-Vincent et se dirigea vers Galapagar, passant par Las Rosas ; il arriva tard dans son misérable gîte : une foule de gens inutiles et qui embarrassent partout avait devancé la colonne. Quand nous arrivâmes à Galapagar, les maisons étaient pleines de cantiniers, de marchands et d'employés de l'armée : on eut bien de la peine à loger quelques blessés dont une grande partie bivouaqua sans abri et sans feu, ainsi que l'escorte, par un temps très froid.

Nous partîmes le lendemain de bonne heure pour Guadarrama, petit village bâti au pied de la montagne de ce nom. On remarque au sommet un lion en marbre sur un piédestal placé sur un rocher : une inscription indique que ce point est la limite entre les deux Castilles. Au bas de la montagne, nous fîmes halte à la maison de poste appelée Saint-Raphaël ; enfin le convoi parvint bien avant dans la nuit à Outero, lieu de la seconde étape. Ce village est situé dans un terrain marécageux : comme nous n'en connaissions pas les localités et qu'il faisait très

---

1 Note de Naylies : Dès qu'on avait réuni un assez grand nombre de blessés, on les dirigeait sur la France avec une escorte qui se relevait dans les grandes villes : elle se composait aussi quelquefois de cadres de régiments qui allaient se recruter en France. Il n'était pas aisé de passer les Pyrénées car Napoléon, voyant que la guerre cruelle qu'on faisait en Espagne avait dégoûté l'armée, ordonna de ne laisser partir pour la France que les militaires qui avaient perdu un membre et les officiers qui avaient obtenu un ordre signé du ministère de la Guerre. On transgressa bien des fois cette loi ; mais elle était exécutée avec rigueur en 1811.
Note de Naylies : Des généraux de division français, échelonnés sur toute la route, jusqu'à Irun, passaient une revue sévère des convois ; ils faisaient rétrograder les militaires qui n'étaient pas assez malades et ceux qui n'avaient que des ordres de leurs généraux ou du roi Joseph. Tel officier, qui avait échappé à la rigidité du gouverneur de Burgos ou de Valladolid, venait échouer à Vittoria et se voyait forcé de rejoindre son régiment ; souvent il mourait de ses blessures ou de la maladie du pays dans le lieu même où il avait été arrêté. Sur les cinquante officiers montés qui formaient la cavalerie de notre convoi, une trentaine étaient blessés et avaient des ordres du ministère de la Guerre ; les autres, ainsi que moi, allaient chercher à Bayonne des détachements de leurs régiments.

obscur, plusieurs d'entre nous tombèrent dans des trous d'où ils ne se retirèrent qu'avec peine.

Nous quittâmes Outero le lendemain matin. A une lieue de ce village on aperçoit, sur la gauche de la route, le château de RioFrio, bâti par la reine Isabelle Farnèse, seconde femme de Philippe V. Le convoi entra peu de temps après dans le défilé du pont de Revenga. Ce passage était réputé très dangereux, même avant la guerre. Cette funeste célébrité s'était accrue depuis par l'enlèvement ou le massacre de plusieurs escortes et de plusieurs courriers. Deux compagnies d'infanterie s'étant emparées des hauteurs qui dominent le pont, nous passâmes sans obstacle et arrivâmes à Ségovie, sur l'Eresma. Cette ville antique et célèbre était autrefois très peuplée et fort commerçante. Ses laines, qui passent pour les plus belles du monde, y occupaient une grande quantité d'ouvriers ; ses fabriques étaient déjà bien tombées depuis vingt ans ; la guerre les a frappées d'un état de nullité absolue.

On remarque, dans Ségovie, l'Alcazar jadis habité par une longue suite de rois, et un superbe aqueduc construit par les Romains sous Trajan ; il conduit dans la ville une source appelée Fuente Fria venant du Puerto de Nava Cerrada. Cet aqueduc est jeté comme un pont entre deux montagnes et traverse la vallée et la place de l'Azoguego ; il est toujours de niveau avec la source mais les arches qui le soutiennent, suivant les variations du terrain, s'élèvent par gradations jusqu'à la hauteur de quatre-vingt-dix pieds ; elles décroissent à peu près dans la même proportion en se rapprochant de l'autre montagne et il se termine à l'Alcazar. Cet édifice est porté sur cent-cinquante-neuf arches dont quatre-vingt-quatre sont doubles, c'est-à-dire qu'elles ont un double cintre et forment deux rangs d'arches l'un sur l'autre.

Cet ouvrage est d'une solidité étonnante : il a bravé dix-sept siècles sans éprouver aucune altération. Les pierres qui le forment sont carrées, d'une énorme grandeur et jointes avec un art inconnu de nos jours. On prétend que lors du tremblement de terre de 1755, on le vit vaciller ; quoi qu'il en soit, il ne souffrit aucun dommage. Il y a environ vingt-cinq ans qu'une pierre formant le cintre d'une arche s'étant détachée, l'arche s'écroula : elle a été reconstruite par un moine bon architecte, mais on reconnaît le fragile ouvrage moderne à côté de cette éternelle antiquité.

Le convoi resta deux jours à Ségovie pour laisser reposer les blessés ; il prit ensuite la route de Santa Maria de la Nieve où nous fûmes très mal. Le lendemain, il s'achemina vers Olmedo.

Après trois heures de marche, nous arrivâmes au village ruiné de Cauca qui donne son nom au pont sur lequel nous passâmes l'Adaja.

Cette rivière coule dans un lit extrêmement resserré entre deux montagnes qui forment un défilé très dangereux ; il est dominé par un vieux château que défendait une compagnie d'infanterie. Cette garnison était tellement isolée qu'elle ne voyait d'humains que les courriers qu'elle escortait ; c'était pour elle un événement que l'arrivée d'un convoi : alors elle se permettait de sortir de ses retranchements pour avoir le plaisir de s'entretenir avec des Français. Notre convoi mit huit heures à passer l'Adaja.

Au seul aspect de notre convoi, on aurait pu se faire une idée du caractère odieux de cette guerre : on y voyait des familles espagnoles qui, ayant suivi le parti des Français, ne pouvaient voyager d'une ville à l'autre qu'avec leur secours ; elles craignaient au moins autant que nous de tomber entre les mains des Guérillas et nos soldats bivouaquaient avec des ecclésiastiques, de jeunes femmes ou des conseillers d'État de Joseph. Les Guérillas, ayant coupé les dernières voitures de notre convoi, ne purent s'emparer d'une d'elles où étaient deux dragons amputés chacun d'une jambe ; ils étaient armés de fusils et firent face à tous les assaillants, ne tirant que l'un après l'autre et à coup sûr : ils tuèrent deux Espagnols. Cependant ils allaient succomber lorsqu'ils furent secourus d'une charge faite par deux pelotons d'officiers montés qui dispersèrent les Guérillas au nombre de trois cents. Les uns étaient vêtus en paysans castillans, les autres en dragons, en chasseurs ou en fantassins français car, lorsqu'ils prenaient un de nos soldats, ils le dépouillaient et s'emparaient de son uniforme ; mais avec un habit de dragon et des épaulettes d'officier d'infanterie, ils conservaient les guêtres, la culotte et le gilet de drap capucin, avec une pelisse de hussard, ils étaient coiffés d'un chapeau rond. L'équipement de leurs chevaux offrait un pareil mélange et la même bizarrerie. Je remarquai un de ces Guérillas qui, avec les haillons les plus dégoûtants, portait un chapeau d'officier général français. Un autre qui paraissait être un des chefs, avait un habit d'inspecteur aux revues, un schako et une ceinture rouge ; il montait un bel andalou couvert de nœuds de rubans de la Légion d'honneur, on voyait des décorations de cet ordre pendre devant le poitrail et sur la croupe de son cheval. Il le maniait avec beaucoup d'adresse et de légèreté. Ce Guérillas était brave et déterminé car il ne se retira que le dernier, commandant l'arrière-garde, composée d'une vingtaine de cavaliers, dont la plupart nous parurent avoir été à notre service. En lâchant leur coup de carabine, ils nous adressaient la parole, nous demandaient des nouvelles de leurs régiments et de plusieurs individus. Un d'entre eux s'écria : « le général… est-il toujours voleur ? Un tel… est-il toujours poltron ? » Ce

Guérillas n'était que médisant. Beaucoup de bandes se recrutaient avec des déserteurs allemands et polonais ou avec des mauvais sujets chassés de nos régiments. Ils étaient plus à craindre que les Espagnols ; ils l'emportaient sur eux en bravoure et en cruauté. Pour gagner leur confiance, ils briguaient les postes les plus périlleux. La crainte de tomber entre nos mains les faisaient combattre en désespérés et souvent la bravoure la plus brillante a ramené au combat les Espagnols, honteux de se voir surpassés par de pareils misérables.

Il est arrivé quelquefois que ces guérillas de nouvelle création, après avoir fait fortune en pillant les convois et en massacrant leurs anciens camarades, quittaient aussi leurs compagnons de brigandage. Ils gagnaient alors une ville de la route militaire française, feignaient d'être malades et disaient qu'ils sortaient d'un hôpital voisin ou bien qu'après être tombé entre les mains des Espagnols, ils avaient eu le bonheur de s'échapper. Ils parvenaient ainsi à se glisser dans un convoi rentrant en France. Plusieurs ont été reconnus et fusillés sur le champ. On y trouva dans la ceinture de l'un d'entre eux plus de dix mille francs en or.

Lorsqu'un convoi était attaqué, on voyait souvent de vieux guerriers, que dix batailles n'avaient pas épouvantés, jeter un coup d'œil inquiet sur leur faible escorte et craindre un genre de mort qu'ils n'étaient pas accoutumés à braver. J'en ai vu abandonner leur voiture, courir avec leurs béquilles et gagner ainsi la tête du convoi ; d'autres, arrêtés par de graves blessures, se défendre et mourir plutôt que de se livrer vivants à de si cruels ennemis.

Il n'y eut rien de remarquable jusqu'à Valladolid, où nous restâmes deux jours. Le général Dorsenne[1] occupait cette ville avec plusieurs régiments de la jeune garde ; il nous passa en revue et nous continuâmes notre route.

À Burgos, le général Caffarelli[2] nous fit donner des cartouches ; il augmenta notre convoi de beaucoup de blessés et de malades de l'armée

---

1. Jean-Marie François Le Paige, dit le baron Dorsenne (1773-1812), général. Volontaire en 1792, Égypte, Austerlitz, Eylau, Essling, Wagram. Envoyé en Espagne en 1811, il y succède au maréchal Bessières. Siège d'Astorga. De violentes douleurs cérébrales depuis Essling le font trépaner et rapatrier. Il est inhumé au Panthéon.
2. Marie François Auguste comte Caffarelli du Falga (1766-1849), général et homme politique. (frère de Louis Marie Maximilien Caffarelli du Falga (1756-1799), militaire et scientifique, campagne d'Egypte). Engagé comme dragon en 1793, il est dès 1794 « *un officier distingué* ». Armée de Sambre-Meuse, Armée d'Allemagne, puis du Rhin. Il combat en 1800 à Marengo. En 1804, il est envoyé à Rome pour décider le Pape à venir au sacre de Napoléon. À partir de 1810, il servira trois ans dans la Péninsule ibérique. Vainqueur à Saragosse et à Bilbao, il force les Anglais à lever le siège de Burgos. Rappelé en France en 1813, il reprend ses fonctions d'aide de camp, accompagne jusqu'à Vienne l'impératrice

du Nord ; nous en prîmes aussi un bon nombre à Vittoria. À une lieue d'Irun, quelques officiers imprudents, ayant voulu dépasser le convoi pour entrer en France quelques heures plus tôt, furent enlevés par les Guérillas. Le convoi arriva à Bayonne le 4 janvier 1812. Je fus, quelque temps après, nommé adjudant-major dans un régiment de cavalerie qui était en Allemagne et je partis pour ma nouvelle destination.

Ayant quitté l'armée dans laquelle j'avais servi 7 ans, pour entrer dans la cavalerie légère, qu'il me soit permis de payer un juste tribut d'admiration aux braves dragons d'Espagne qui, à Leipzig, à Hanau et dans la mémorable campagne de France, firent des prodiges de valeur et soutinrent en si petit nombre les efforts d'une innombrable cavalerie.

L'Empereur leur rendit justice ; il vit alors que, si une déplorable innovation avait pendant deux ans démoralisé les jeunes soldats de cette arme, les vieilles bandes arrivées d'Espagne étaient de la même trempe que celles qui avaient vaincu en Égypte, à Marengo et à Austerlitz.

FIN

Marie-Louise et le jeune roi de Rome. Aux Cent-Jours, il est commandant de l'armée de Metz contre les Russes.

Chapitre III

La campagne de Saxe en 1813.
Commençant à ma rentrée
de l'armée d'Espagne, janvier 1812,
jusqu'au 1er novembre 1813

Je quitte l'Espagne pour remplir une mission en France, séjour à l'École d'Alfort, je pars pour la Grande Armée, désastres de Russie, l'Empereur venait de quitter l'armée à Smorgoni, exultation des Allemands, je suis nommé adjudant major, batailles de Lützen et de Bautzen, mort de Duroc, armistice, rupture, démoralisation de l'Armée, Bernadotte joint avec ses Suédois les Russes et Prussiens, les Autrichiens attaquent Dresde, batailles de Dresde, de Culm, Gross Büren, batailles de Katzbach, de Jutterbach, arrivée des dragons d'Espagne, bataille de Leipzig, 3 jours de combat, situation critique, retraite, démoralisation, les cosaques nous font éprouver des pertes, bataille de Hanau, J'arrive à Hanau, à Mayence (...), typhus, grande mortalité à Mayence, je rejoins mon ancien régiment à Strasbourg blessé et bien fatigué, dans un état déplorable.

ÉVÈNEMENTS DE JANVIER 1812 AU 1er NOVEMBRE 1813

Mission en France

Ce fut dans les derniers jours de 1811, j'avais quitté l'Espagne au commencement de l'année 1812, je fus chargé d'une mission délicate de mon colonel, Monsieur de Saint-Geniès, près de M. du Chatel major du régiment avec lequel il était assez mal. Le colonel venait d'être nommé général de brigade et voulait, avant de quitter le 19e, mettre ordre aux affaires du régiment qu'il n'avait pu vérifier pendant la campagne de Prusse et d'Espagne. Il pense que je pouvais, intermédiaire bénévole ayant la confiance des deux intéressés, régler des points difficiles beaucoup mieux qu'eux-mêmes naturellement violents et emportés.

Je terminai cette négociation à leur mutuelle satisfaction.

Je passais fort doucement deux mois à Strasbourg où était le dépôt de mon régiment, me reposant des fatigues de cette longue guerre d'Espagne.

Le général de Saint-Geniès m'avait demandé au ministre de la Guerre pour aide de camp devant faire avec lui la campagne de Russie.

École d'Alfort

J'attendis vainement ma nomination. N'ayant aucune nouvelle de Paris, je sollicitai d'aller remplacer à l'École vétérinaire d'Alfort l'officier du régiment qui allait en sortir. Je désirais beaucoup m'instruire sur l'hippiatrique avec les savants professeurs qui dirigeaient alors cette école célèbre et j'avais d'ailleurs dans le voisinage de Paris la facilité de savoir où en était ma nomination.

J'appris que les dépêches dans laquelle était la proposition de Monsieur de Saint-Geniès avaient été prises par la guérilla espagnole. Je dus me résigner à attendre car le général était déjà parti pour aller prendre le commandement de la brigade de cavalerie légère qu'on lui avait donnée.

Au début de la campagne, il fut fait prisonnier dans une échauffourée où le 3e chasseurs fut très maltraité et son colonel Monsieur de Saint-Mars aussi fut fait prisonnier.

Attendant une occasion de partir pour cette guerre de Russie que l'on disait promettre les plus immenses résultats, sur les bancs de l'École d'Alfort, je suivais avec beaucoup de zèle les cours d'extérieur, d'ostéologie et de myologie, du cheval principalement et des autres animaux domestiques.

Je quitte l'École pour aller à l'armée. Je traverse l'Allemagne pour rejoindre un escadron de mon régiment à Dantzig – contrordre

Ayant appris que l'on formait, à mon dépôt à Strasbourg, un escadron de guerre destiné à aller à Dantzig, j'obtins de quitter l'École pour faire partie de ce détachement.

Quittant Alfort vers le 4 septembre, nous passâmes le Rhin le 15 du même mois et, après avoir traversé toute l'Allemagne, nous arrivâmes à la fin d'octobre sur les bords de la Vistule, à Marienwerder où nous reçûmes ordre de ne pas aller à Dantzig où était un fort détachement de mon régiment.

La campagne de Saxe en 1813

Le sabre court
Au dos de la lame est gravé Manufacture Impérle de Kligenthal septembre 1812 ; Kligenthal est un village de la commune de Boersch en Alsace qui possède une Maison de la Manufacture d'Armes Blanches. Ce sabre court, dit briquet, appartient à un simple dragon, il ne peut donc être celui de Naylies qui est lieutenant en décembre 1812 au moment où il part, avec le 28e régiment de dragons qui se forme à Strasbourg pour repartir en Allemagne.

L'épée de Naylies
Cette épée ne porte aucune inscription mais date de l'Empire comme en atteste l'aigle sur la garde.
La poignée en nacre et la lame gravée indiquent qu'il s'agit d'une épée de cour.

1ers bruits de nos désastres
Déjà quelques bruits sinistres, que la malveillance des habitants accréditait, circulaient dans le pays. On parlait d'une grande bataille perdue et de la retraite de l'armée.

C'étaient toujours les bons Allemands au caractère doux et patient, mais cette partie de la Pologne prussienne avait tellement souffert du passage des armées et des contributions de guerre que ces malheureux soupiraient après le moment où ils seraient débarrassés de nous.

On ajoutait encore que le corps du maréchal Macdonald[1] avait été écrasé devant Riga, que ceux des maréchaux Gouvion Saint-Cyr[2] et Oudinot[3] avaient été battus à Polosk et avaient repassé en désordre sur la rive gauche de la Dvina.

Marienwerder avait en ce moment trois bataillons d'infanterie de divers régiments qui rejoignaient leurs corps et environ quatre escadrons de cavalerie. La saison était déjà bien rigoureuse, une neige épaisse recouvrait la campagne et la Vistule prise depuis plusieurs jours permettait de la passer à cheval et même en voiture.

L'officier général qui commandait à Marienwerder pensa qu'il était prudent de ne pas porter les troupes en avant, mais d'attendre des ordres ou que les évènements lui dictassent ses résolutions.

Nous ne pouvions croire à des désastres, accoutumés que nous étions au triomphe de nos armes sous les ordres de l'Empereur en personne. Nous regardions comme invincible l'armée si nombreuse, si belle, si aguerrie, qui avait passé le Niémen, avec laquelle nous pouvions aller jusqu'aux extrémités du Monde.

Le mois de décembre arriva, les bruits devinrent plus alarmants, quelques soldats devançant la retraite de l'armée annoncèrent des catastrophes inouïes. Enfin le flot tumultueux de malheureux en haillons, sans chaussures, sans armes, se traînant à peine, ressemblant à des cadavres ambulants envahit tous les villages de la rive droite de la Vistule.

Nos escadrons provisoires rétrogradent sur l'Oder
Le désordre et la confusion régnaient seuls dans ces hordes sans chefs, sans discipline, sans pitié, animée seulement par l'égoïsme le plus brutal et par l'esprit de conservation animale.

---

1. Alexandre Macdonald (1765-1840), maréchal, duc de Tarente.
2. Laurent Gouvion Saint-Cyr (1764-1830), maréchal, ministre de la Guerre sous Louis XVIII.
3. Nicolas Charles Oudinot (1767-1847), duc de Reggio.

La garnison de Marienwerder fut évacuée par Kulm où nous repassâmes la Vistule, sur Bromberg, Driesen et Francfort-sur-l'Oder.

Dans notre marche vers Francfort nous eûmes l'occasion d'entretenir un officier supérieur en mission qui se rendait à Berlin porteur d'ordres pour le gouvernement de cette ville.

Il nous confirma tous ces grands désastres qu'on nous avait annoncés et, renchérissant sur ces bruits, il assura qu'il n'y avait plus d'armée, que sur 30 000 chevaux qui avaient passé le Niémen au printemps dernier il n'en restait pas 100 debout, que sur 1 800 à 2 000 pièces de canon pas une seule avait été sauvée et que des 450 000 soldats, il n'en restait pas 30 000 réunis pouvant se défendre tant la misère, les privations, le froid et la poursuite des Russes pendant 45 jours les avaient démoralisés.

Il portait aux nues l'héroïsme du maréchal Ney qui, commandant l'arrière-garde, avait deux fois sauvé l'armée. Prenant un fusil comme un simple grenadier, il avait, avec 5 ou 600 hommes seulement de divers corps, électrisé par ce sublime courage ces malheureux débris de nos belles troupes à Dorogobuz, Smolensk et à Krasnoïe, et empêché la ruine totale des restes de la Grande Armée.

Francfort-sur-l'Oder

Arrivés à Francfort nous eûmes quelques détails.

L'Empereur, disait-on, avait quitté les débris de la Grande Armée le 5 décembre à Smorgoni accompagné du duc de Vicence[1], de Duroc[2] et du comte de Lobau[3]. Il voyageait en traineau avec Rustan, un seul valet de pied et un interprète polonais, marchant nuit et jour. Il arriva le 10 à Varsovie, le 14 à Dresde et le 18 à Paris où personne ne l'attendait.

Avant de partir il avait confié le commandement de l'armée au Roi de Naples qui l'abandonna peu après, le remettant au prince Eugène. Celui-ci devait réunir sur le Niémen ce qui restait de la Grande Armée.

La défection des généraux prussiens Yorck[4] et Bülow[5] obligea le Prince à se retirer sur la Vistule, puis sur l'Oder, enfin derrière l'Elbe et sur la Saale.

---

1. Armand de Caulincourt (1772-1827), général,, duc de Vicence. Aide de camp de Napoléon puis ambassadeur auprès du tsar Alexandre Ier avec lequel il noue une amitié sincère. Diplomate habile, défenseur de la paix, un des plus fidèles serviteurs de Napoléon, sa carrière s'achèvera à la seconde abdication. Napoléon a dit de lui « homme de cœur et de droiture ».
2. Géraud Christophe Michel Duroc (1772-1813), maréchal d'Empire, duc de Frioul.
3. Georges Mouton, comte de Lobau (1768-1838), maréchal sous Louis-Philippe.
4. Ludwig Yock von Wartenburg (1759-1830) général prussien.
5. Friedrich Wilhem Bülow (1755-1816), général prussien, (en 1812, la Prusse déchire les traités la liant à Napoléon et tourne ses armes contre lui).

Là, ces débris trouvent un point d'appui dans le corps du général Lauriston[1] composé de trois divisions d'Infanterie, dans celui du duc de Bellune, de deux divisions, du prince d'Eckmühl commandant le premier corps et du général Reynier[2] commandant les Saxons.

C'est dans cette position et avec ces ressources que le prince Eugène attendit les corps d'armée qui des bords du Rhin se portaient à marches forcées au-devant de lui.

Exultation des Allemands

L'annonce de notre immense désastre avait enflammé tous les esprits en Allemagne, ils ne rêvaient qu'indépendance et liberté, ils ne demandaient qu'à secouer le joug des Français par une levée en masse de la Vistule jusqu'au Rhin. Le gouvernement prussien, malgré sa prudence et ses terreurs, est obligé de suivre le mouvement national et l'Autriche, malgré son alliance et ses protestations d'amitié, prêtait l'oreille aux propositions des Russes et des Prussiens.

Arrivé à Paris, l'Empereur s'occupe nuit et jour de la création de ses armées et de l'organisation de la Garde impériale.

Au commencement de mars, la Prusse a déjà réuni cent mille hommes et prépare de plus fortes levées d'hommes et de chevaux.

Année 1813 – Mars

Les Russes marchant sur l'Elbe font leur entrée à Dresde que le roi de Saxe vient d'abandonner, refusant d'écouter les promesses fallacieuses de la Prusse et de la Russie.

Il se retire à Ratisbonne.

Le prince Eugène occupe la rive gauche de l'Elbe tandis que les Russes bordent la rive droite devant les villes de Torgau, de Wittenberg et de Magdebourg où nous avions des garnisons. Il porte son quartier général à Leipzig et concentre ses forces au confluent de la Saale et de l'Elbe, sa gauche appuyée à Magdebourg.

---

1. Jacques Alexandre Law, marquis de Lauriston (1768-1828), général.
2. Jean Louis Reynier (1771-1814), général. Entre comme aspirant à l'école des Ponts et Chaussées en 1790. Jemappes, Maastricht, remplace le général Macdonald dans l'armée du Nord, puis c'est l'armée d'Orient : Gozo, Pyramides… Il critique Menou et est renvoyé en France. En 1805 en Vénétie, en 1809 en Autriche, puis en Espagne : Ciudad Rodrigo, Fuentes de Oñoro. En Russie en 1812. En 1813, il se signale à la bataille de Leipzig, où il est fait prisonnier. Libéré en février 1814, il meurt quelques jours plus tard.

Les Russes en face du prince Eugène

Le prince a des engagements partiels chaque jour avec les Russes de Wittgenstein[1] qui l'ont suivi depuis sa sortie de Berlin et qui en ce moment bordent la Saale en face de lui.

Le 20 avril Wittgenstein passe l'Elbe avec les Prussiens d'Yorck et les Russes de Winzingerode, ce qui augmente considérablement les forces des alliés sur l'Elbe.

Avril

L'Empereur est parti de Saint-Cloud le 15, arrive à Mayence le 16, à Erfurt le 25, à Marienbourg sur la Saale le 29. Il a appris à Erfurt (où il s'est activement occupé de l'organisation de l'armée, des hôpitaux et de l'armement des deux citadelles), d'après les rapports du comte Louis de Narbonne son ambassadeur à Vienne, que l'Autriche chancelante dans notre alliance se tourne vers les Alliés.

Le prince Eugène passe la Saale au pont de Mersbourg tandis que l'Empereur arrive à Weissenfels.

Dès le 9 février 1813, j'avais été nommé lieutenant au 28e dragons qui faisait partie de l'armée d'Italie.

Arrivé à la Grande Armée depuis le commencement de la campagne de 1812, ayant reçu cette nomination, je quittais le 19e dragons avec beaucoup de regrets. J'y laissais d'excellents camarades qui, comme moi, se regardaient comme les enfants de ce brave régiment.

Je suis nommé adjudant-major le 5 mai

Je rejoignis donc le 28e régiment commandé par le colonel de Montmarie[2], officier de la plus grande distinction. Il me reçut fort bien et me donna la preuve d'une confiance que je n'avais pas encore justifiée en me faisant nommer son adjudant-major.

Je me trouvais donc dès le début de la campagne avoir rang de capitaine dans un beau régiment.

Notre brigade était composée des 7e et 28e dragons, le 7e commandé par le beau colonel de Sapranzy, fils de la célèbre Madame de Visconti au char de laquelle était enchaîné depuis bien des années le prince Berthier, major-général de la Grande Armée.

---

1. Louis prince de Wittgenstein (1769-1843), maréchal russe d'origine prussienne.
2. Aimé Sulpice Victor Palletier baron de Montmarie (1772-1813), général ; cavalier au 3e dragons, Italie, Helvétie, Égypte, commande le corps des mamelucks ; blessé en Espagne, vainqueur de Cabeta ; campagne de Russie, blessé à la Moskova et à Wachau ; tué à Leipzig le 2 novembre 1813.

Notre division était aux ordres du général Doumerc[1] d'une médiocre capacité et mauvais coucheur. Nous faisions partie du corps du brave et loyal Latour-Maubourg. La cavalerie de réserve était, dans les mains de l'Empereur, l'appoint qu'il mettait dans la balance pour décider l'action et écraser une résistance trop prolongée.

La Vieille Garde venait d'arriver à Erfurt et l'Empereur disposait sur la Saale de quatre corps d'armée, ceux du maréchal Ney, du général Bertrand[2], du duc de Raguse et du duc de Reggio.

Le maréchal Bessières commandait la cavalerie de la Garde ; le maréchal Mortier, la Jeune Garde ; le général de division Sorbier[3], toute l'artillerie de l'armée.

Dans les derniers jours d'avril l'armée française était concentrée aux environs de Weissenfels sur la Saale.

La cavalerie russe aux ordres du général Lanskoï rencontre en marche la division du général Jouan[4], l'attaque et fait des charges réitérées sur notre jeune infanterie formée en carrés. L'ennemi ne peut l'entamer et il est vigoureusement repoussé.

Notre division marche dans la direction de l'attaque des Russes, cette cavalerie avait disparu, fort maltraitée par le feu de nos conscrits.

En avant de Weissenfels se trouve la vallée de Grimbach où sont situés les villages de Roppach et de Poserna. À la sortie du défilé que forment les flancs de la vallée, on entre dans les grandes plaines de Lützen et de Pegau.

Combat de Poserna

Les Russes, voulant défendre ce défilé, y avait massé des forces considérables. L'Empereur qui désirait le franchir ordonne aux divisions Marchand[5], Jouan et Gérard[6] de marcher à l'ennemi, formées en carrés,

---

1. Jean-Pierre baron Doumerc (1747-1848), général ; volontaire en 1791, se distingue à Austerlitz, la Bérézina, Dresde et Vauchamp (1814). Demi-solde sous la Restauration, reprend du service en 1830.
2. Henri-Gatien comte Bertrand (1773-1844), général, suivit Napoléon à l'île d'Elbe puis à Sainte-Hélène et ramena ses cendres en 1840.
3. Jean Barthélémy comte Sorbier (1762-1827), général ; a fait toute les guerres de la Révolution et de l'Empire ; rallié à Louis XVIII ; commandeur de Saint-Louis, grand-croix de la Légion d'honneur.
4. Général Jouan (1767-1847) Valmy, Iéna, Wafram, Dresde ; rapporta les cendres de Napoléon sur la *Belle Poule*.
5. Jean Gabriel comte Marchand (1765-1851), général ; avocat, volontaire en 1794, campagnes d'Italie et du Rhin ; guerre d'Espagne, campagne de Russie). Rallié à Louis XVIII, accusé d'avoir livré Grenoble à Napoléon, acquitté. Pair en 1831.
6. Maurice Etienne comte Gérard (1773-1852), volontaire en 1791, sous-lieutenant après Fleurus, aide de camp du général Bernadotte, se distingue à Austerlitz, à Erfurt et contribue au succès de Wagram, se distingue à Fuentes de Oñoro. Campagne de Russie,

car notre cavalerie n'était pas arrivée et, il faut le dire, cette arme manquait à l'armée française tandis que l'ennemi en possédait une nombreuse et parfaitement montée. L'Empereur avait pu créer une armée de fantassins qu'on avait habillés à la hâte, exercés en route au maniement des armes et qu'il présentait avec confiance à l'ennemi tant la bravoure est innée dans le cœur des Français. Mais avec l'infanterie seulement on n'obtient pas de grands résultats ; on peut battre l'ennemi, le forcer à la retraite, ce n'est pas une bataille gagnée, le succès n'est pas complet, il faut de la Cavalerie pour faire des prisonniers et prendre du canon.

L'évènement dans deux batailles mémorables de cette campagne justifie ces appréciations.

Concours du prince Eugène

Nos divisions attaquent avec énergie les positions russes, s'emparent des hauteurs, délogent l'ennemi et débouchent dans la plaine où elles sont rejointes par le prince Eugène qui, venant par la grande route de Lützen, accourait au bruit du canon de Poserna avec les corps du maréchal Macdonald et du général Lauriston. Alors l'armée continua son mouvement en avant sur Lützen.

1er mai 1813

Dans cette journée du 1er mai fut tué le maréchal Bessières, duc d'Isrtrie, qui s'était porté vers les Tirailleurs pour reconnaître le terrain. Sa cavalerie était encore très éloignée et il n'exerçait là aucun commandement.

Un coup de canon tiré sur un groupe de cavaliers emporta le Maréchal. C'était un des vieux compagnons de Napoléon à l'Armée d'Égypte. Il fut universellement regretté. En apprenant cette mort, Napoléon dit : « Bessières méritait de mourir de la mort de Turenne ».

Vers le soir, le maréchal Ney plaça son corps d'armée entre Lützen et Pegau, devant les villages de Rhona, Kaya, Gross-Gorschen, Klein-Gorschen et Starsiedel.

Le 2 mai

Le général Lauriston qui formait l'extrême gauche de l'armée, venant de Mersebourg, arrivait à Lindenau, faubourg de Leipzig. Le vieux Roi (prince Eugène) s'avançait aussi dans la direction de cette ville par Markuanstadt, suivi du corps de Macdonald et de la Garde impériale, tandis que Marmont marchait entre Poserna et Lützen et que le duc de

brille aux batailles de Lützen, Bautzen et Golberg. Député en 1822. Maréchal de France et ministre de la Guerre sous Louis-Philippe.

Reggio couvrait Naumbourg jusqu'à Weissenfels. On peut ainsi aisément suivre ce mouvement sur une carte d'Allemagne.

Tandis que l'armée défilait ainsi en colonne, son flanc droit était couvert à la hauteur de Lützen par le corps du Maréchal Ney qui occupait comme je l'ai dit Rhona, Kaya, Gross et Klein Gorschen.

Bataille de Lützen
Il était 10 heures du matin, le canon du général Lauriston tonnait dans le faubourg de Leipzig et l'Empereur marchant dans cette direction en tête des colonnes pensait avec raison que l'armée ennemie si nombreuse, surtout en cavalerie, l'attendait dans l'immense plaine au-delà de Leipzig. Il apercevait déjà la fusillade de l'avant-garde de Lauriston sous les murs de cette ville dont les toits des maisons étaient couverts de spectateurs, lorsqu'une violente canonnade se fit entendre en arrière sur son flanc droit vers les villages de Rhona, Kaya, etc. occupés par le corps du maréchal Ney. Aussitôt, l'Empereur rebroussant chemin se dirige vers cette attaque inattendue. Il arrive au galop sur les lieux et il aperçoit dans la plaine les masses profondes de l'ennemi qui, avec toutes ses forces, débouchait de Pegau pour couper notre flanc droit et diviser ainsi notre armée en deux parts. La position était critique. Il ne faut pas attribuer ce résultat à la négligence ou à l'oubli des lois de la guerre que Napoléon observait toujours avec la plus grande vigilance, mais au peu de cavalerie que nous possédions qui nous avait privés d'utiles et sérieuses reconnaissances.

Tout autre que Napoléon aurait subi un grand désastre, pris ainsi en flagrant délit (en défilant en colonne devant un formidable ennemi), mais, avec son regard d'aigle, il a vu tout le danger, et les inspirations de son génie lui font donner les ordres les plus prompts pour faire par une grande conversion face à l'ennemi.

Il arrête la marche de ses corps d'armée. Aux plus rapprochés de l'ennemi, il fait faire un demi-tour à droite, les développe et les fait immédiatement entrer en ligne pour venir au secours de Ney si rudement attaqué. Il fallait tout l'héroïsme de ces illustres guerriers pour soutenir un pareil choc en nombre si inférieur. Ceux qui déjà touchaient aux murs de Leipzig rétrogradent au pas de course et viennent successivement prendre leur place de bataille.

À cette habile et si prompte manœuvre, l'ennemi dut reconnaître la présence de Napoléon que l'on croyait encore à Erfurt.

L'empereur Alexandre et le roi de Prusse qui venaient de quitter Dresde accourraient pour assister au grand spectacle d'une défaite qui paraissait certaine par la concentration de toute leur armée entre Pegau et Zwickau et son attaque de flanc d'une armée en marche.

Blücher, le plus acharné des Prussiens dont la haine contre les Français était implacable depuis Iéna et surtout depuis sa capitulation de Tangermünde en 1806, où son orgueil et sa jactance avaient été si blessés, attaqua avec impétuosité les villages de Rhona, Kaya, Gross et Klein Gorschen défendus vaillamment par les soldats de Ney dont les trois quarts étaient des conscrits qui voyaient le feu pour la première fois.

Wittgenstein arrive avec des masses serrées à l'aide de Blücher qui voulait à tout prix se rendre maître de ces villages pour déboucher sur Lützen et ainsi nous couper en deux.

Nos troupes ne peuvent résister à des assaillants dix fois plus nombreux, ces quatre villages sont emportés.

L'Empereur qui voit cet échec fait avancer sa garde. Le comte de Lobau attaque avec fureur. Le village de Kaya est repris.

Cependant, Wittgenstein a accumulé toutes ses forces au centre de l'attaque. 25 000 cavaliers chargent à outrance dans toutes les directions et son artillerie fait de grands ravages dans nos rangs. Ney au milieu de ce volcan soutient cet héroïque combat pendant quatre heures voyant tomber autour de lui dix de ses généraux, lui seul reste invulnérable.

L'empereur Alexandre et le roi Frédéric, sur un monticule près de Gorschen, encouragent leurs troupes qui vont se heurter de nouveau contre Kaya qui n'est plus qu'un monceau de ruines couvertes de cadavres.

Napoléon est en face de ce village, à portée de fusil, soutenant le combat malgré la si grande supériorité du nombre. Il veut attendre l'arrivée de ses corps d'armée qui, les plus éloignés, n'ont encore pu arriver sur le théâtre de l'action. Enfin on aperçoit une épaisse poussière et on entend sur notre droite les feux du général Bertrand, peu après sur notre gauche ceux du vieux Roi. Enfin Macdonald arrivant entre en ligne et attaque les villages où l'ennemi appuie sa droite. Celui-ci, qui avait accumulé toutes ses forces au centre vers Kaya, craint à son tour d'être enveloppé par les deux ailes de notre armée qui arrivant se rapprochait insensiblement. Il fait un dernier et suprême effort. Blücher, Yorck et toute l'armée ennemie se ruent de nouveau sur Kaya et emportent par un violent assaut ces ruines sanglantes et en flammes.

Notre centre mollit. Alors Napoléon s'avance au milieu des combattants, harangue ces braves conscrits dociles à cette voix qui annonce toujours la victoire.

Marchant tête baissée contre ces masses prussiennes, seize bataillons de Jeune Garde et six de Vieille Garde aux ordres du maréchal Mortier, soutenus par quatre-vingt pièces de canon amenées par Drouot qui prennent l'ennemi en flanc, se ruent sur les ruines de Kaya qu'ils emportent.

La charge bat de toutes parts, l'ennemi fuit dans toutes les directions, mais nous n'avons presque pas de cavalerie, tandis que l'ennemi a plus de quarante mille chevaux. L'Empereur ne veut pas que l'on poursuive l'ennemi devant une cavalerie si nombreuse. On fait à peine deux mille prisonniers et une si brillante victoire n'a pas de résultats.

Notre division de cavalerie fit plusieurs charges sur l'infanterie prussienne mais elle fut obligée plusieurs fois de disparaître derrière nos bataillons quand la plaine était couverte d'une nuée de cavalerie. Cette situation était fort triste, ne pouvant donner l'essor à notre bonne volonté de rivaliser avec nos braves fantassins.

Par cette victoire nous eûmes l'entière possession de la rive gauche de l'Elbe jusqu'à son embouchure.

3 mai, marche sur Leipzig
Après avoir bivouaqué sur le champ de bataille nous marchâmes le lendemain vers Leipzig (dont le général Lauriston s'était emparé pendant la bataille), nous dirigeant vers Dresde.

Le maréchal Ney resta seul sur le champ de bataille de Lützen qu'il avait illustré par la plus éclatante bravoure qui rappelait les beaux jours d'Elchingen, de la Moskova et l'héroïsme de la retraite de Russie.

C'est presque sur le même terrain que se donna le 16 novembre 1632 la célèbre bataille de Lützen que gagna Gustave-Adolphe, roi de Suède, contre Wallenstein commandant l'armée autrichienne, mais le héros suédois périt dans cette bataille et fut enseveli sur son champ de triomphe.

Quelques peupliers plantés en carré indiquent encore le lieu où il reçut le coup mortel.

Notre champ de bataille était jonché de Russes, Prussiens et Français. On évalua le nombre à quarante mille dont environ dix-sept mille de nos compatriotes, affreuse boucherie qui se renouvela encore deux ou trois fois dans cette campagne de 1813.

Le 4 mai
L'Empereur se présenta avec la Garde impériale et les corps des maréchaux Marmont et Macdonald. À sa hauteur à droite s'avançaient les corps du comte Bertrand et du maréchal Oudinot talonnant les Russes sur les routes de Chemnitz et de Freiberg.

Napoléon coucha à Borna où l'empereur Alexandre et le roi de Prusse avaient eu leur quartier général après la dernière bataille. Ces Souverains se retirent à Dresde en toute hâte où des milliers de blessés les suivent, cherchant un abri et des secours.

Le prince Eugène[1] culbuta l'arrière-garde prussienne au passage de la Mulda. Elle se retire sur Meissen où elle passe l'Elbe. Ce prince bat trois jours de suite l'arrière-garde russe à Setterdorff, à Ertzdorff[2] et à Wilsdruff.

Arrivée à Dresde

L'Empereur marche immédiatement après le Vice-Roi, couche le 5 à Coldiz, le 6 à Waldheim, le 7 à Nossen. Il arrive le 8 à Dresde où il reçut fort mal la Municipalité qui avait été enthousiaste pour les Alliés. Cependant les Russes de Miloradowitch occupent encore la nouvelle ville sur la rive droite de l'Elbe d'où ils tirent sans cesse sur les maisons et promenade de la rive gauche. Les ponts ayant été brûlés par l'ennemi, l'Empereur se rendit au village de Briesnitz où il fait jeter un pont pour aller déloger les Russes de la nouvelle ville, rive droite.

Une batterie de 80 pièces d'artillerie placée sue les hauteurs de Briesnitz écrase les Russes qui voulaient défendre les abords du fleuve, nous empêcher de jeter un pont et la réparation du pont en pierres qui a eu seulement une arche rompue. Ce pont escaladé par nos voltigeurs qui se logent entre les piles sur lesquelles quelques planches sont jetées, donne passage à une division d'infanterie qui, au pas de course, se précipite sur les Russes et les forcent à évacuer la nouvelle ville.

8, 9 et 10 mai

L'ennemi dirige sa retraite sur Bautzen, route de Silésie, pour longer la frontière de Bohême comptant sur la future coopération de l'Autriche.

Les corps des maréchaux Macdonald et Marmont atteignent l'ennemi à Bichofswerda et le battent. Ils arrivent devant Bautzen.

Le maréchal Ney s'est dirigé de Lützen sur Berlin. Il est appuyé par le corps du général Reynier.

Les corps d'armée des ducs de Bellune, Sebastani et de Mortier sont encore entre l'Elbe et Elsterwerda.

Notre cavalerie de Latour-Maubourg joint les Cosaques à Grossenheim, les poursuit rudement et les jette dans le plus grand désordre sur le corps prussien de Kleist[3].

---

1. Voir annexe 1.
2. Setterdorff et Ertzdorff non trouvés sur la carte.
3. Friedrich Heinrich Ferdinand Emil Kleist comte de Nollendorf (1762-1823) ; gagne la bataille de Laon qui ouvre la route de Paris en 1814.

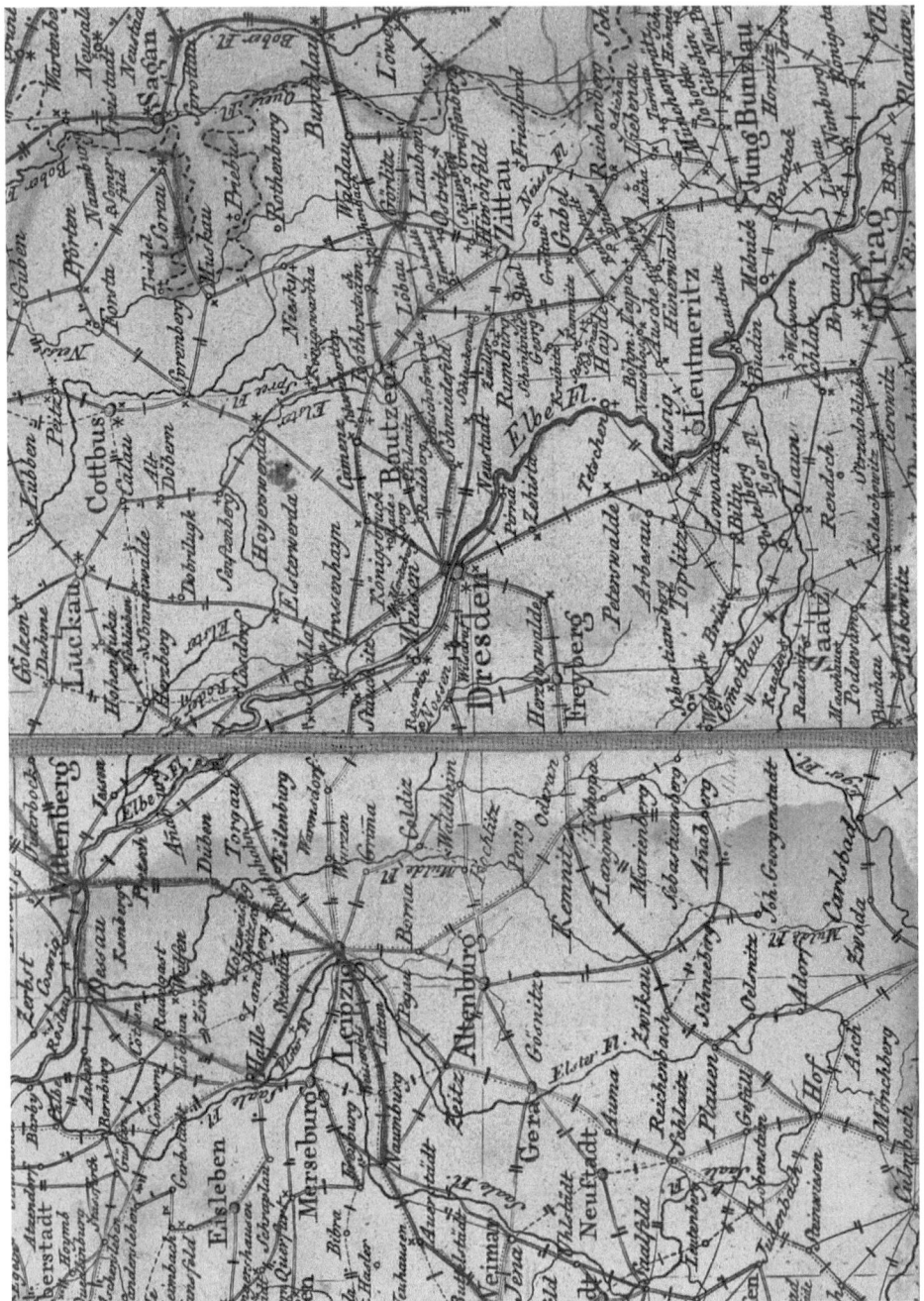

La campagne de Saxe
Carte toilée d'Allemagne 1810
Cette carte toilée, tachée, accompagna-t-elle Naylies durant les terribles batailles de Bautzen, Dresde et Leipzig ?

Le roi de Saxe entre à Dresde

L'Empereur reçoit à Dresde, avec les plus grands honneurs, le roi de Saxe qui rentre dans sa capitale après avoir erré pendant deux mois de Ratisbonne à Lintz et à Prague. Ce prince entretient l'Empereur des mauvaises dispositions de l'Autriche prête à rompre son alliance avec nous.

Elle a fait déjà des concessions aux Alliés en retirant son armée d'observation de Galicie et renvoyant l'armée polonaise. Ces dispositions rassurent pleinement les Alliés sur leurs derrières et leur flanc gauche.

Cependant l'Autriche, à l'annonce de la victoire de Lützen, retombe dans ses incertitudes et ajourne sa félonie. Elle joue le rôle de la Prusse après la bataille d'Austerlitz.

Le maréchal Macdonald qui opérait sur Bautzen ne peut y pénétrer, l'armée ennemie l'occupe avec toutes ses forces.

Elle se déploie vers Hochkirch en arrière de Bautzen. Ce village d'Hochkirch est célèbre par la bataille que le Grand Frédéric y perdit contre le maréchal Daün commandant l'armée autrichienne en 1758.

Les armées prussiennes et russes espèrent une revanche sur ce terrain mémorable. Elles ont élevé des redoutes et des travaux de campagne sur tous les points défendables. Elles montrent enfin qu'elles veulent livrer une nouvelle bataille.

Napoléon la désire et s'empresse de quitter Dresde. Il se dirige sur Bautzen et va étudier le terrain.

Il a appelé à lui toutes les troupes qui bordaient la rive gauche de l'Elbe. Elles occupent maintenant la rive droite depuis Wittemberg jusqu'à Bautzen. Le maréchal Ney abandonne son mouvement sur Berlin, laissant au duc de Bellune, avec la cavalerie de Sébastiani, une division d'infanterie et se joint à l'armée de l'Empereur.

Celle-ci a reçu notre grosse cavalerie de Latour-Maubourg, une division de cavalerie de Jeune Garde et la cavalerie italienne du général Fresia. Quoique bien inférieure à la cavalerie ennemie, nous avions cependant de bons régiments à lui opposer.

18 mai

L'Empereur pousse des reconnaissances sur la Sprée et sur les collines boisées qui s'appuient aux montagnes de Bohême : il a, devant lui, Bautzen sur la rive droite de la Sprée et, derrière cette ville, une immense plaine où s'élèvent un grand nombre de monticules sur lesquels l'ennemi a fait élever des redoutes et placer de batteries sans nombre. C'est derrière cette position, si bien choisie où l'ennemi occupe un terrain d'environ trois lieues d'étendue, qu'il aperçoit un camp retranché qui s'appuie sur Hochkich allant vers Bautzen et vers les villages de Basvitz, Jemkorch et Risbechitz[1].

19 mai

Les corps d'armée français prennent leurs positions, des reconnaissances sur les bords de la Sprée facilitent les approches et l'on se prépare pour la journée du lendemain.

20 mai 1813, bataille de Bautzen

Le 20 mai au point du jour l'artillerie tonne sur la Sprée. Le général Bertrand qui borde cette rivière marche sur l'ennemi ayant à sa droite le corps du duc de Reggio soutenu par celui de Macdonald.

Le duc de Raguse jette un pont pour attaquer les positions avancées des Prussiens. Là, le combat devient terrible, et se prolonge jusqu'à midi, nous passons la Sprée, Bautzen est enlevé et la division Bourcet[2] se dirige sur les hauteurs occupées par les Prussiens. Derrière ces monticules est le centre de l'ennemi avec une grande partie de ses forces.

À notre droite, le maréchal Macdonald a repoussé les Russes et les a chassés de leurs positions tandis que le maréchal Oudinot, après de rudes épreuves et des chances diverses, atteint le sommet des hauteurs qui dominent Bautzen (elles s'appellent le Tromberg). Pendant plusieurs heures, un combat acharné se livre autour de Bautzen et l'ennemi lance sur nos masses son innombrable cavalerie. Notre jeune infanterie forme ses carrés et soutient vaillamment l'avalanche terrible de cette charge.

Enfin vers le soir, l'ennemi, chassé de toutes ses positions, est rejeté dans son camp retranché. C'est une bataille à recommencer après les efforts inouïs de la longue lutte de cette journée.

L'armée bivouaque sur le champ de bataille couvert de morts et blessés.

Suite de la bataille de Bautzen

Le 20 mai à neuf heures du soir l'Empereur établit son Quartier général à Bautzen. Il passe une partie de la nuit à donner des ordres. Déjà, dès le 18, il avait dirigé les 3e, 5e et 7e corps d'armée qui faisaient

---

1. Ces trois villages n'ont pas trouvés sur la carte de 1810.
2. Pierre Jean comte de Bourcet de La Saigne (1752-1822) premier valet du premier dauphin (qui mourut dans ses bras le 4 juin 1789), tenta de favoriser la fuite du Roi à Varennes. Directeur des droits à Florence de 1800 à 1814 auprès d'Elisa, sœur de Napoléon.

La campagne de Saxe en 1813 229

notre extrême gauche dans la direction d'Hoyerswerda sur les derrières du camp retranché de l'ennemi. Il attendait l'effet de cette puissante diversion dans la journée du 21 qui allait commencer. Au point du jour, il était au milieu de sa Garde sur le plateau de Bautzen.

On voyait les Russes et les Prussiens serrés en masses compactes derrière lesquelles étaient rangées les Gardes russes et prussiennes.

Le 21 mai

Napoléon forme sa garde en colonnes serrées derrière le centre de l'armée. À six heures le canon tonne sur toute la ligne. Le duc de Reggio, sur les hauteurs du Tromberg, contient avec un courage héroïque les efforts incessants de l'ennemi qui veut le déborder. Après un combat acharné, il est obligé de plier tout en soutenant cette lutte disproportionnée.

Cependant Napoléon attendait avec impatience l'effet de la diversion du maréchal Ney par Bischofswerda et Klitz qui, avec 60 mille hommes, devait décider de la journée.

Arrivée de Ney avec ses soixante mille hommes sur le flanc droit de l'ennemi

Enfin vers dix heures du matin une forte canonnade se fait entendre sur notre gauche vers les derrières de l'ennemi. C'est Ney qui arrive d'Hoyerswerda, attaquant le flanc droit des Alliés. Aux premiers coups, Napoléon s'écrie « la bataille est gagnée ».

Cette attaque inattendue a jeté un grand désordre chez l'ennemi qui accourt de toute part pour la repousser. Par cette manœuvre, il dégarnit son centre. C'est le moment suprême qu'attendait Napoléon. Aussitôt il lance sur ce point les corps de Raguse, de Mortier, de Bertrand et de Macdonald. La charge bat partout, on se rue sur l'ennemi. Notre cavalerie de Latour-Maubourg se précipite à son tour sur l'infanterie russe qui, terrifiée par l'attaque de Ney et de cette charge générale sur son centre, hésite, plie et enfin se retire vers Wurtchen

La bataille dure depuis 13 heures et il est six heures du soir, nous entrons de toutes parts dans le camp retranché de l'ennemi.

Les Alliés se retirent en toute hâte vers Weissenberg, couverts, comme à Lützen, par une nombreuse cavalerie, et le fruit de cette belle victoire nous échappe encore ! Que pouvaient faire nos faibles régiments mal montés vis-à-vis de l'excellente cavalerie de l'ennemi.

Cependant quelques milliers de chevaux, précédant le 7e corps arrivé avec Ney, joints à ce que nous avions en ligne, chargèrent avec nous l'arrière-garde russe.

On fit quelques prisonniers. C'est dans ce combat que fut tué le général Bruyère, bon officier de cavalerie.

Le 22 mai

L'armée ennemie se retire sur Löwenberg. Nous atteignons son arrière-garde à Reichenbach, elle était en position derrière le défilé de Makersdorf. Le maréchal Ney l'attaque et la repousse.

La mort du maréchal Duroc

L'État-major impérial est entré dans le défilé, se portant en avant car l'Empereur voulait aller coucher à Görlitz. Derrière lui était sur une même ligne le duc de Vicence, le maréchal Mortier, Duroc et le général du génie Kirchner. L'ennemi, en se retirant, tire seulement trois coups de canon. Un des boulets frappe un arbre près de Napoléon ; le boulet ricoche, tue le général Kirchner et blesse mortellement Duroc en lui déchirant les entrailles.

L'Empereur arrête le mouvement, il met pied à terre et va voir son meilleur ami qui expire dans d'atroces douleurs. Il passe la soirée et la nuit au bivouac de la Garde, près de Makersdorf, accablé, la tête baissée et ne voulant voir personne.

Le 23

On se met en marche, Görlitz est abandonné par l'ennemi. L'Empereur y établit son quartier. Il reçoit un parlementaire qui demande un armistice. Il répond qu'il recevra les envoyés munis de pouvoirs.

Le 26

L'armée continue de marcher, nous entrons en Silésie. Le général Maison[1] était d'avant-garde avec sa division. Au moment où il prenait ses bivouacs, il est attaqué par les Prussiens, n'étant nullement en défense. Sa division est culbutée, hachée, et en quelque sorte détruite. Le général Maison, désespéré, voulait se brûler la cervelle. S'il l'eut fait,

---

1. Nicolas Joseph Maison (1771-1840), marquis, maréchal en 1829, fils de laboureur, engagé en 1792, remarqué à Jemmapes, Fleurus, blessé à Maubeuge, Mons et Ehrenbreitstein, en Hollande ; Eylau, Austerlitz, Espagne (bataille d'Espinoza, prise deMadrid), blessé au passage de La Bérézina où il sauve un corps d'armée. Pair de France, gouverneur de Paris sous Louis XVIII ; dirige l'expédition de Morée (Péloponnèse) en 1828.
Note de Naylies : Le 24 avril 1814, le général Maison qui commandait l'armée du Nord (en France) s'empressa d'arriver à Calais au débarquement de Louis XVIII. Il fut le (seul) général français qui [y vit] le roi, il fut obséquieux jusqu'à la platitude. Le 16 août 1830, ce même Maison, du haut de l'estacade de Cherbourg, dirigeait l'embarquement de Charles X partant pour l'exil.

il n'aurait pas été maréchal et ne se serait pas déshonoré par sa mission près de Charles X en 1830.

Entrée à Breslau

Nous passâmes le Bober, la Katzbach, l'ennemi se retirant toujours vers Breslau. Trois corps d'armée longeant les montagnes de Bohême entrent en Silésie et arrivent à Schweidnitz. Le maréchal Ney et le général Lauriston suivent les Prussiens vers Breslau où ils arrivent le 1er juin.

Le 4 juin, signature de l'armistice

Les commissaires Alliés, qui s'étaient rendus au Quartier général, signent à Pleiswig l'armistice qu'ils avaient demandé le 23 mai.

L'Empereur entre à Dresde. Les troupes s'établissent dans les lieux où elles se trouvaient après la dernière bataille seulement en étendant leurs cantonnements.

J'aperçois les montagnes qui entourent Landshut

Mon régiment fut placé aux environs de Lobau. De ce point, j'aperçois les montagnes du Riesengebirge dominés par le sommet élevé du Schneekopf, lieux si voisins de la petite ville de Landshut dont mon cœur conservait un si doux souvenir. J'en étais séparé par quelques lieues seulement. Comme les Français occupaient Schweidnitz, la route eut été peut-être rigoureusement libre, mais était-il possible dans la fluctuation où nous étions, au milieu des évènements qui se succédaient rapidement, de demander une permission, et pour quel prétexte ? C'était réellement impossible. Après quinze jours de repos à Lobau, nous revînmes sur l'Elbe, ce qui m'ôta même l'idée d'une tentation. J'aurais du reste fait une sotte mine en arrivant à Landshut car j'appris plus tard que ma divinité était mariée.

Pirna

À notre arrivée aux environs de Dresde, mon régiment fut envoyé pendant quelques jours à Pirna, près de cette ville, lieu historique où l'armée saxonne s'enferma dans un camp retranché pendant la guerre de Sept-Ans et où le Grand Empereur Frédéric ne tenta pas de l'attaquer.

Königstein, Lilienstein

Au-dessus de ce camp est la forteresse de Königstein, sur la rive gauche de l'Elbe, qui passe pour imprenable. Elle commande le cours du fleuve. Il y a dans son enceinte un puits de sept à huit cents pieds de profondeur. Sur la rive droite de l'Elbe et en face de Königstein est un rocher très élevé appelé Lilienstein. Napoléon essaya d'y faire placer de l'artillerie. Avec une peine infinie et après essai, il fut prouvé qu'elle ne pouvait défendre le cours du fleuve.

L'armistice

L'armistice qui venait d'être signée ne pouvait être favorable qu'à l'ennemi. C'était du moins l'opinion générale. Il lui donnait le temps de recevoir des renforts composés de la levée en masse de la *Landwehr* prussienne et de l'arrière-ban russe et dans cet intervalle la Prusse et la Russie, unies maintenant à l'Angleterre, faisaient tous leurs efforts pour entraîner l'Autriche dans la coalition. Déjà, le 3 mai dernier, un traité entre l'Angleterre et la Suède mettait à la disposition des Alliés trente mille Suédois qui, avec un contingent prussien et un corps russe, devait former une armée à Bernadotte, prince royal. Ainsi cette sourde et longue haine entre Napoléon et Bernadotte se terminait par une guerre déclarée que ce dernier par sa situation en Suède pouvait colorer des apparences du devoir.

Cette armée s'organisait déjà et en septembre Bernadotte à la tête de soixante mille hommes couvrait Berlin que Napoléon convoitait depuis le passage de l'Elbe. La prise de Berlin eut été pour Napoléon un évènement dont l'effet moral aurait pu produire les plus grands résultats.

Vastes conceptions de Napoléon

Il faut convenir cependant que si l'armistice était favorable aux coalisés, il était utile aussi aux grands desseins de Napoléon qui, par un travail de son vaste génie, créait une nouvelle armée, reconstituait une nombreuse cavalerie dont il avait été privé dans les deux grandes batailles qu'il venait de livrer, et faisait arriver sur l'Elbe un matériel immense d'artillerie, comme par enchantement.

Il ajoutait aussi d'utiles et immenses travaux de fortification à toutes les places de l'Elbe depuis Königstein jusqu'à Hambourg, et la disposition de ses corps d'armée sur le fleuve montrait clairement son intention bien arrêtée d'opposer cette barrière aux efforts de l'ennemi en plaçant le centre de ses opérations à Dresde qui serait le pivot de ses vastes conceptions.

Il craint la défection de l'Autriche

Cependant l'Autriche lui donnait de vives inquiétudes. La Coalition employait tous les moyens de séduction pour l'entraîner dans ses vues.

Si la Russie et la Prusse avaient de puissants motifs de haine contre Napoléon, que le passé pouvait justifier, l'Autriche ne devait pas les partager. Elle pouvait craindre le Conquérant terrible qui, dans trois mémorables guerres, lui avait fait ressentir le poids de sa redoutable épée, mais la paix de 1809, le mariage de Marie-Louise et le traité de 1812 semblaient devoir la lier de manière à ne pouvoir faire cause commune avec ses intraitables ennemis.

Il fallait toutefois que l'Autriche prît un parti, qu'elle se décida pour Napoléon ou contre lui. Elle proposa le rôle de médiatrice. La Russie et la Prusse acceptèrent cette médiation, attendant mieux.

La France accéda aussi à cette proposition.

L'empereur François[1] en Bohème
L'empereur François quitta Vienne pour se rapprocher de l'empereur de Russie et du roi de Prusse qui étaient à Reichenbach en Silésie, et de Napoléon à Dresde. Il arrive à Gitchin près de Prague.

Monsieur de Metternich[2] à Dresde le 28 juin
La médiation acceptée par les belligérants, le prince de Metternich arrive à Dresde et remet à Napoléon une lettre de son beau-père dans laquelle celui-ci épanche ses sentiments paternels, mais fait ressortir aussi ses devoirs comme Souverain. Il engage son gendre à faire la paix qui ne pourrait être qu'honorable pour lui et qui lui vaudrait le repos de l'Europe.

Son entretien avec Napoléon
Cette entrevue avec Napoléon fut très vive. Celui-ci reprocha au Premier ministre de François la perfidie de l'Autriche qui s'entend déjà avec ses ennemis.

Le prince veut prouver à Napoléon qu'il n'en est rien, qu'il n'y a aucun engagement pris, mais que s'il refuse la paix honorable dont l'Autriche veut être médiatrice, celle-ci sera obligée de se ranger, bien à regret, avec ses ennemis. À ces paroles, Napoléon indigné s'emporte au dernier point en paroles injurieuses et traite Monsieur de Metternich avec hauteur et mépris. Dans sa colère il s'écrie qu'il ne les craint pas même tous réunis. Cette conversation qui dura plusieurs heures,

---
1. François Ier (1768-1835), neveu de la reine Marie-Antoinette et père de l'impératrice Marie-Louise.
2. Clément Wenceslas Lothaire prince de Metternich (1773-1859), diplomate, élabore le traité de paix en 1809, négocie le mariage de Marie-Louise, préside le congrès de Vienne en 1815 ; il est alors maître de l'Autriche et arbitre de l'Europe.

dit-on, se termina d'une manière plus courtoise. Cependant Monsieur de Metternich dut se convaincre que l'Empereur ne voulait pas de la paix. Il rentre à Prague où bientôt se rendirent les négociateurs français, messieurs de Narbonne et de Caulaincourt, pour ouvrir le congrès dans lequel l'Autriche faisait l'office de médiatrice. Ce congrès fut ajourné, différé et enfin dissout. Il est évident que l'Empereur ne voulait pas d'une paix qu'on lui dicterait.

Maladies et encombrement des hôpitaux

Nous étions cantonnés ou bivouaqués aux environs de Dresde, les grandes chaleurs occasionnaient des maladies graves, la nostalgie fit des ravages effrayants dans l'infanterie, la fatigue supportée depuis le mois de mars par des marches incessantes dans des temps pluvieux, mal nourris et souvent en proie aux plus cruelles privations, les jeunes soldats étaient démoralisés.

Les hôpitaux de Torgau, de Wittemberg, de Glogau et de Dresde en étaient encombrés. La cavalerie composée de vieux soldats supportait mieux ces privations et leur moral n'était pas affecté comme celui des jeunes conscrits arrachés à leurs familles au commencement de l'année.

Tristes effets de la nostalgie

Ce qui nous a impressionnés vivement ce fut la réunion dans un bivouac près de Dresde de deux à trois mille jeunes soldats, gardés à vue en quelque sorte par la Garde impériale, qui s'étaient volontairement mutilés par l'amputation d'un doigt ou blessés gravement à la main dans l'espoir d'être réformés. L'Empereur voulait sévir vigoureusement et en faire fusiller quelques-uns pour l'exemple. Le baron Larrey[1], chirurgien en chef de l'armée, intervint et obtint de l'Empereur la formation d'un jury composé d'officiers supérieurs, de chirurgiens et de médecins, qui déclara formellement que c'était à l'inexpérience de ces malheureux conscrits de 20 ans qu'étaient dues leurs blessures aux doigts et à la main pendant les terribles batailles de Lützen et de Bautzen où pour la première fois ils se servaient d'une arme à feu, le troisième rang tirant trop bas, mutilant la main des soldats du premier rang qui étaient genoux en terre. On renvoya à leurs régiments, sous la

---

1. Chirurgien en chef de l'armée (1766-1842). Égypte, Syrie (reçoit le surnom de *providence du soldat*), Russie, Waterloo (où il est blessé). Membre de l'Académie de médecine, professeur au Val-de-Grâce.

plus grande surveillance, une partie de ces malheureux et il fut décidé que les blessés à la main ne seraient pas réformés.

Défection de l'Autriche

Enfin l'Autriche accéda à la Coalition. Elle donnait à celle-ci une force morale immense et 250 à 300 000 soldats de plus. Notre situation sur l'Elbe devenait fort dangereuse car, tandis que les armées russes et prussiennes étaient en face de nous, ou vers la Silésie, une armée autrichienne débouchant par la Bohême pouvait nous prendre de flanc et par derrière, tandis que la Bavière et le Wurtemberg, imitant peut-être l'exemple de l'Autriche, couperaient notre grande ligne de communication sur le Rhin.

Conséquences de cette défection

Avant la défection de l'Autriche, les montagnes de Bohême, qui avaient été pour nous une barrière et un point d'appui admirable, étaient devenues, depuis son abandon, une source d'inquiétude bien fondée car une multitude de routes débouchaient dans la plaine de l'Elbe.

La partie n'était plus égale car, si Napoléon avec sa jeune armée avait par les succès éclatants de Lützen et de Bautzen amoindri l'effet de la désastreuse campagne de 1812, il n'en avait pas moins perdu la plus florissante armée qu'on eut jamais vue. Quelques milliers de soldats fatigués restaient seuls de ces nombreux bataillons qui, un an auparavant, avaient passé le Niémen.

Ils formaient maintenant les cadres qui contenaient nos vaillants conscrits, mais ceux-ci pourraient-ils résister aux vieilles bandes de l'Autriche, aux innombrables soldats arrivant du fond de la Russie et à l'élite de la nation prussienne sous les armes ?

Tristes réflexions de l'armée

Les généraux, les officiers, les soldats eux-mêmes ne le pensaient pas, et l'exprimaient dans leurs bivouacs. Nous sentions qu'on marchait vers un abîme et à une mort presque certaine pour la plupart de nous. Nous allions toujours et le sacrifice s'accomplissait en détail, attendant la grande catastrophe qui paraissait imminente.

La mort du maréchal Bessières, de Duroc et de plus de 30 généraux avaient frappé l'imagination des sommités de l'armée. Des symptômes de désaffection et de découragement se montraient parmi les généraux et les officiers. Plusieurs se plaignaient hautement et il y avait de l'écho chez les soldats.

Si nous avons montré l'héroïsme de nos braves conscrits, nous avons parlé aussi de la terreur de la maladie morale qui en avait porté plusieurs à se mutiler pour ne pas affronter la mort dans les combats. Nous avons modifié cette pensée par la preuve certaine que plusieurs de ces jeunes soldats avaient été blessés par l'inexpérience de leurs camarades.

Le temps marchait rapidement, l'armistice touchait à sa fin et la situation, au lieu de s'améliorer, était devenue plus mauvaise par la certitude acquise de la défection de l'Autriche.

L'Empereur part pour Mayence
L'empereur quitte Dresde le 25 juillet. Il visite toutes les places de l'Elbe, passe des revues, donne des récompenses à ses troupes, remonte en Lusace pour étudier les lieux où il pourrait rencontrer l'ennemi, et se dirige enfin sur Mayence où doit se rendre l'impératrice Marie-Louise. Il est de retour à Dresde dans les premiers jours d'août, il apprend que l'Autriche s'est engagée avec les Alliés par le traité de Trachenberg. Les derniers pourparlers n'aboutirent à rien. L'ennemi dénoncera la fin de l'armistice le 10 août.

10 août
La fête de Napoléon étant le 15 août, on la célèbre le 10 août dans toute l'armée. Cette solennité est empreinte de tristesse car on avait espéré la paix, désirée avec tant d'ardeur, et on voyait au contraire les conséquences de la prolongation de la guerre, de nouveaux désastres, l'anéantissement des restes de l'armée qui avait péri en Russie et des trois cent mille conscrits formant la plus grande partie de l'armée actuelle.

16 août
Le 16 août à minuit expire l'armistice après quarante jours de repos pour l'armée, pendant lesquels la diplomatie européenne joua un triste rôle en feignant de travailler à la paix que les souverains alliés, pas plus que Napoléon, ne désiraient sincèrement, ceux-ci voulant se venger de leurs humiliations, Napoléon ne voulant pas descendre du sommet où l'avait placé ses victoires.

Dénombrement des armées et leur qualité
L'armée ennemie compte trois cent cinquante mille combattants, nous en avons trois cent et quelques mille. S'ils étaient de la qualité des vieux soldats d'Austerlitz et d'Iéna conduits par le génie de Napoléon, la partie ne serait pas inégale. Elle l'est par infériorité numérique et

surtout par la jeunesse de nos soldats qui, malgré leur héroïque valeur, n'ont pas la force de résister à la fatigue et aux privations comme de vieux guerriers.

Arrivée de Bernadotte, prince royal de Suède

Le prince royal de Suède arrive avec ses Suédois pour faire sa jonction avec les Prussiens de Bülow et les Russes de Wintzingerode. Son armée aura 140 000 combattants.

L'Empereur laisse le maréchal Saint-Cyr à Dresde

L'Empereur quitte Dresde où il laisse le maréchal Gouvion Saint-Cyr avec le 14e corps chargé de conserver cette ville et la rive gauche de l'Elbe. Il doit observer tous les débouchés de la Bohême, reculer devant des forces supérieures et se renfermer dans la place, s'il y est contraint, pour donner à l'Empereur le temps d'arriver à lui. Faisant de Dresde le centre de ses opérations, Napoléon veut se placer entre l'armée de Silésie, celle de Bernadotte venant du nord et les Autrichiens débouchant de la Bohême. Dans cette situation, il espérait trouver l'occasion de tomber sur un de ces trois ennemis et de l'écraser avant qu'il fut secouru.

Il s'établit à Pirna

Napoléon établit son quartier-général à Pirna où il fait jeter des ponts sur l'Elbe entre les deux forteresses de Königstein et Lilienstein. Il fait des reconnaissances dans les environs et se porte ensuite sur Bautzen avec sa garde et notre cavalerie de Latour-Maubourg. Il marche sur Reichenbach et Görlitz menacés par Blücher qui a attaqué nos avant-postes même avant l'expiration de l'armistice.

Les Alliés viennent attaquer Dresde avec deux cent mille hommes

Cependant les souverains alliés ont appris que Napoléon n'est plus à Dresde. Ils donnent alors l'ordre d'attaquer et de s'emparer de cette ville. Deux cent mille Autrichiens, Russes et Prussiens, conduits par le prince de Schwartzenberg[1], marchent fièrement comme à une victoire certaine.

---

1. Charles Philippe prince de Schwartzenberg (1771-1820), feld-maréchal et diplomate autrichien. Négocie le mariage de Marie-Louise en 1809. Généralissime des troupes alliées en 1813.

Napoléon marche en Lusace, arrête la retraite de nos troupes et les porte en avant

Napoléon qui avait été instruit du mouvement de ces troupes, pensant qu'il faudrait au moins huit à dix jours pour opérer un si grand rassemblement, avait fait sa pointe précipitée en Lusace pour battre Blücher et le rejeter sur l'Oder. Déjà celui-ci a forcé les corps de Marmont, de Macdonald, de Lauriston et de Ney à se retirer devant lui, brusquant le passage du Bober et de la Katzbach.

Napoléon accourt, arrête les troupes en retraite et les dirige en avant sur le Bober. Il entre à Löwenberg avec l'avant-garde dont notre division formait la tête. Arrivés sur les bords de la rivière, nous trouvons le pont coupé. Il est rétabli en deux heures et Ney, Lauriston et Macdonald poursuivent les Prussiens jusqu'à Goldsberg.

À la vivacité et à l'audace de cette reprise, Blücher comprend que l'Empereur en personne dirige ce mouvement agressif. Il abandonne ses positions et se retire sur la rive droite de la Katzbach.

Si l'Empereur avait eu huit jours à lui, c'est-à-dire si l'armée de Bohême n'avait pas précipité son mouvement si rapide sur Dresde, il aurait poursuivi et battu Blücher.

Fâcheusement arrêtées par les nouvelles de Dresde

Il est douloureusement contraint d'arrêter la poursuite de Blücher, par les nouvelles qu'il reçoit de Dresde. Les avis réitérés du maréchal Gouvion Saint-Cyr lui apprennent l'imminence du péril qui le menace. Napoléon envoie plusieurs officiers au maréchal pour lui dire de tenir le plus possible. Les officiers reviennent avec des instances plus pressantes du maréchal. Enfin il envoie le colonel Gourgaud portant la nouvelle qu'il arrive à son secours, après que celui-ci, de retour de Dresde, avait affirmé sur sa tête qu'il n'y avait pas un moment à perdre.

On rétrograde sur Dresde

La Garde impériale, notre cavalerie de Latour-Maubourg et le corps de Marmont reçoivent l'ordre de rétrograder sur Bautzen et de marcher à Dresde. Nous avions été nuit et jour sans presque aucun repos, par une affreuse chaleur, à la poursuite de Blücher jusqu'à la Katzbach. Nous reprenions la route de la Saxe à marche forcée, donnant seulement à nos chevaux de courts repos de deux à trois heures après lesquels nous nous remettions en route.

Le maréchal Macdonald reste sur la Katzbach

Le maréchal Macdonald avec 80 000 hommes reste sur la Katzbach pour contenir Blücher. C'était une rude tâche avec l'audace de cet ennemi, la valeur de ces troupes et nos jeunes soldats. Avec l'empereur, l'entrain animait tout ; sans lui, tout était mis en question.

Toute l'armée de Bohême attaque Dresde

Il fallait se hâter d'arriver au secours de Dresde car déjà, dès le 20 août l'ennemi couronnait les hauteurs de Peterswalde en face de Dresde.

Cette armée d'environ 220 000 soldats était l'élite des troupes autrichiennes, appuyées par les gardes russes et prussiennes.

Le 21 août

L'empereur Alexandre et le roi de Prusse, avec tous les officiers généraux de cette grande coalition, assistaient à cet imposant spectacle de l'attaque des faubourgs par les Russes de Wittgenstein.

Position du maréchal Saint-Cyr

Nos avant-postes rentrent dans la ville où la terreur règne chez les pacifiques habitants en proie aux plus vives alarmes par le bruit du canon qui se rapproche, par la vue des blessés qu'on apporte et par la crainte de voir la ville prise d'assaut. Il faut toute la fermeté de Saint-Cyr dans un moment si critique pour comprimer un mouvement populaire, s'il avait lieu, et faire face à l'ennemi.

L'Empereur suit notre mouvement vers Dresde

L'empereur, sur les avis répétés de Dresde, jugeant que le mouvement de concentration de l'armée alliée est opéré et que sa marche rapide vers la Silésie compromet même le salut de la capitale, quitte Bautzen le 25 août.

Les officiers d'ordonnance de l'Empereur, lancés dans toutes les directions, donnent les ordres d'une marche prompte et continue, la cavalerie de Kellermann[1] et les divisions de Teste[2] et de Lefebvre-Desnouettes[3]

---

1. François Christophe Kellermann (1735-1820), duc de Valmy.
2. François Antoine baron Teste (1775-1862), général ; engagé à 17 ans, campagne de Russie, prisonnier à Dresde ; organise une division durant les Cent-Jours, protège Grouchy ; pair de France en 1839.
3. Charles Lefèvre-Desnouettes (1773-1822), général et comte d'Empire. Fils d'un marchand de drap, il s'engage trois fois dans l'armée, dont il est chaque fois « libéré » par ses parents. En 1789, il s'engage dans l'armée révolutionnaire à la garde nationale de Paris. Marengo, Austerlitz, chef d'escadron, gendarme d'élite, écuyer cavalcadour de Napoléon, il devient général en 1808 et part pour l'Espagne. Fait prisonnier à la bataille de Benavente,

suivent le mouvement que nous avions commencé. Une colonne de poussière de plusieurs lieues annonce la marche rapide de cette trombe qui va fondre sur l'Elbe au secours de Dresde.

Marche forcée et arrivée à Dresde

Nous avons fait 45 lieues en moins de quatre jours, nos chevaux étaient excédés de fatigue, mais nous avions bon courage. Le 26 au point du jour, arrivant sur le plateau de la rive droite, nous eûmes le plus sublime spectacle que l'on puisse voir. A nos pieds s'étalait le long de l'Elbe la partie de Dresde appelée nouvelle ville, séparée par le fleuve de la vielle ville aux pieds de laquelle se déroulait une plaine immense, bornée par les hauteurs de Peterswalde, de Räcknitz et de Plauen. Elle était couverte d'une armée innombrable d'Autrichiens, de Russes et de Prussiens formant un demi-cercle autour de Dresde, dont la corde était l'Elbe.

Attaque des alliés

Les premières lignes de l'ennemi touchaient presque aux palissades du faubourg. On reconnaissait le Autrichiens à leur uniforme blanc qui contrastait avec les couleurs sombres et foncées des vêtements russes et prussiens. Leur artillerie tonnait sur les ouvrages en terre élevés par Saint-Cyr où leurs défenseurs répondaient par une vive fusillade à celle de l'ennemi. Tout à coup, le soleil parut à l'horizon et vint éclairer ces masses compactes dont les armes et les casques étincelèrent de mille feux à l'aspect de ses rayons.

Dans ce moment, un nuage de poussière s'élève derrière nous. C'est l'Empereur arrivant de Pirna par la rive droite. A sa vue, vingt régiments de cavalerie qui débouchent sur ce point font entendre les cris mille fois répétés de « Vive l'Empereur ! »

Alors quatre pièces d'artillerie légère qui nous avaient suivis font une décharge à toute volée sur les premiers rangs ennemis bordant la rive gauche du fleuve. C'est ainsi que l'armée alliée apprit que l'Empereur n'était plus en Silésie, et que Dresde connut sa délivrance.

L'Empereur descend des hauteurs, entre dans la nouvelle ville, passe le pont et donne ses ordres pour attaquer immédiatement l'ennemi. Il se rend auprès du roi de Saxe pour le rassurer. Deux ponts avaient été

---

il s'échappe en 1812, rejoint la campagne de Russie. Plusieurs fois blessé, il reprendra toujours les armes. Aux Cent-Jours, il se rallie à Napoléon et participe à Waterloo. Condamné à mort par contumace par la Restauration, il part aux États-Unis. En Alabama, il devient président de la *Vine and Olive Colony*. Il périt dans un naufrage au large de l'Irlande alors qu'il rentre en France.

jetés sur l'Elbe près du pont en pierre pour le passage des troupes. Elles défilent toute la journée et bien avant dans la nuit, traversant la ville au pas de course pour arriver plus tôt à l'ennemi. Notre cavalerie passe sur le vieux pont et va bivouaquer sur les boulevards qui l'avoisinent pour laisser le passage libre à l'infanterie que le bruit du canon rend impatiente d'arriver.

L'Empereur va reconnaître la position et les dispositions de l'ennemi
Napoléon se rend à la porte de Pilnitz, il s'avance jusqu'à l'extrémité du faubourg, suivi seulement du duc de Vicence et du page de service. Il reconnaît les positions de l'ennemi. La Jeune Garde aux ordres de Mortier est placée en réserve derrière la porte de Plauen, le corps du maréchal Ney à la porte de Pirna, l'artillerie et les munitions couvrent toutes les places de la ville.

Nouvelle attaque de l'ennemi
Vers deux heures de l'après-midi, trois coups de canon se font entendre car, depuis plusieurs heures, un morne silence règne, comme le prélude d'une horrible conflagration. Ils partent des hauteurs de Räcknitz où est le quartier général de l'ennemi. À ce signal, l'armée des Alliés toute entière s'élance et descend comme une terrible avalanche, précédée d'une nombreuse artillerie. Des batteries sans nombre, inaperçues jusqu'alors, apparaissent par les feux qu'elles lancent de toute part sur les faubourgs de la ville.

L'artillerie de la défense de la place et celle qui est arrivée le matin font d'affreux ravages dans les rangs des assaillants mais rien ne les arrête, ils arrivent jusqu'aux palissades qui sont défendues bravement par les troupes du maréchal Saint-Cyr.

Résistance de nos soldats
Un corps de grenadiers hongrois s'est emparé d'une redoute qui couvre la porte de Dippoldiswalda. L'artillerie autrichienne a éteint le feu de nos batteries de la porte de Freiberg. Les Russes et les Prussiens pénètrent dans la porte de Pirna, la terreur se répand dans la ville et l'ennemi se croit déjà sûr de la victoire vers notre droite et enfonce la porte de Plauen. Alors apparaît une colonne française, commandée par le général Dumoutier[1] qui s'élance sur les assaillants. Cambronne[2], à la

---
1. Pierre comte Dumoustier (1771-1831), général.
2. Pierre Cambronne (1770-1842), général, commandait à Waterloo un des derniers carrés de la Garde.

tête de la Garde, suit rapidement la première colonne et une charge à la baïonnette s'exécute rapidement. Pendant ce temps le feu des redoutes avancées prend les Autrichiens en flanc, les couvre de boulets et de mitraille. L'ennemi recule, ses pièces sont enlevées par notre infanterie et il est mis en fuite.

L'ennemi repoussé
À chaque porte de la ville se renouvellent les mêmes scènes et ont le même résultat. Plusieurs de nos généraux tombent blessés. Dirigeant la tête de colonne, ils crient aux soldats qui veulent les relever de marcher en avant. L'ennemi est chassé du faubourg de Pirna par les chasseurs à pieds de la Garde qui en fait un grand massacre. Notre cavalerie de Latour-Maubourg s'élance des bords de l'Elbe où elle avait pris quelque repos et fait manger ses chevaux. Elle atteint l'ennemi fuyant sur Pilnitz et sabre l'infanterie terrifiée par le combat acharné qu'elle vient de soutenir quand elle croyait accourir à un triomphe certain.

Les Russes à leur tour sont poursuivis la baïonnette dans les reins jusqu'à Blazewitz et les Prussiens chassés du *Grand Jardin*. L'ennemi est en fuite de tout côté par Räcknizt et les gorges de Pauen. À neuf heures on n'entend plus le canon. Plus tard dans la nuit, une division autrichienne veut tenter une surprise sur la porte de Plauen.

Elle y trouve Dumoutier et Cambronne, elle est repoussée avec grande perte et mise en fuite.

L'Empereur est remonté à cheval à onze heures du soir, il va reconnaître le terrain et prendre ses dispositions pour le lendemain. Il parcourt tous les bivouacs où il est reçu avec enthousiasme. Il rentre à minuit au palais du roi où est son quartier général.

27 août, bataille de Dresde
Dans la journée du 26, une chaleur caniculaire nous avait fait bien souffrir. Nos chevaux étaient exténués, n'ayant pris aucun repas et n'ayant pu étancher la soif brûlante qui les dévorait. En position derrière l'infanterie, attendant le moment de charger l'ennemi fuyant, nous étions exposés à un soleil brûlant et au feu de l'ennemi sans changer de position. Nous regardâmes comme une délivrance le signal d'une charge sur les Prussiens abandonnant le *Grand Jardin*, se retirant en désordre sur Pilnitz. À neuf heures du soir nous occupâmes le *Grand Jardin* qui nous aurait offert un délicieux bivouac si un orage des tropiques n'avait fondu sur cette vaste plaine arrosée par l'Elbe. Une pluie torrentielle nous inonda pendant six heures, des ruisseaux improvisés traversant

nos bivouacs, emportant les fourrages de nos chevaux, éteignant nos feux et nous privant ainsi du repas que nous aurions eu en montant à cheval le lendemain.

Les fatigues incessantes des derniers dix jours pendant lesquels nous avions poursuivi Blücher en Silésie et notre si prompt retour sur l'Elbe m'avait donné la fièvre, je tremblais de tous mes membres, mes dents claquaient et je n'avais pris aucune nourriture. Enveloppé dans mon manteau percé, depuis plusieurs heures j'étais blotti près des cendres de notre foyer éteint lorsqu'un cheval détaché, cherchant à manger sans doute et fatigué du poids de sa selle, vint se rouler sur mon corps. Je crus avoir la cuisse cassée tant je souffrais de la chute de cette masse sur mon pauvre corps anéanti par la fièvre. Aux cris que je poussai, mon domestique et mon ordonnance accourent, ils s'assurent que je n'ai aucune fracture et, bon gré mal gré, me font avaler un verre d'eau de vie.

Au point du jour la pluie avait un peu cessé, on chasse ce cheval, on me hisse sur ma monture, nous partons, le canon gronde déjà. Ce bruit si connu, l'animation du départ et l'air frais du matin me rendent une partie de ma vigueur, ma fièvre cesse. Elle ne revient plus.

La cavalerie est placée sous les ordres du roi de Naples

Notre division est placée sous les ordres du roi de Naples. Nous gagnons les faubourgs de Friedrichstadt où se masse la cavalerie aux ordres du prince. Il doit, tournant l'aile gauche de l'ennemi, lui barrer la retraite sur la route de Freiberg. C'est le duc de Bellune qui va attaquer les masses autrichiennes que nous allons tourner.

Le duc de Raguse s'établit au centre de nos positions, entre les carrières de Dippoldiswalde et de Dohna, au pied de la colline de Räcknitz.

Attaque générale des Français

Le faubourg de Pirna, devenu libre, voit déboucher les corps de Ney et de Mortier suivis de l'infanterie, de la Jeune Garde et de la cavalerie de Nansouty[1] qui, par une charge générale, vont refouler l'aile droite de l'ennemi, comme le roi de Naples le fait à l'aile gauche.

Du point que nous occupons à l'aile droite, nous apercevons les hauteurs de Görlitz se couvrant d'infanterie qui semble arriver. Nous apprenons que c'est le corps autrichien de Klénau attendu depuis trois

---

1. Étienne Marie Antoine Champion de Nansouty (1768-1815) général de l'Empire.

jours. Les corps de Gyulay[1] et de Bianchi s'avancent à sa rencontre pour agrandir le cercle que les Alliés font autour de Dresde.

Napoléon arrive en ce moment près de notre cavalerie, s'aperçoit qu'il existe un intervalle libre entre les arrivants et le corps de Gyulay qui marche à leur rencontre. Il lance à l'instant le roi de Naples avec toute sa cavalerie et le duc de Bellune avec son corps d'armée pour exécuter la manœuvre prescrite dès le matin.

Destruction des corps d'infanterie de Kleinau[2] et de Gyulay

Nous arrivons au galop sur ces malheureux fantassins de Kleinau exténués d'une longue marche sans repos et de besoins de nourriture, couverts de boue et trempés par les torrents de la nuit et de la pluie qui, tombant encore, a mouillé leurs cartouches. La poudre de leurs bassinets ne prend pas, et seulement quelques rares coups de fusil partent de ces masses découragées. Des bataillons entiers jettent leurs armes. Vingt régiments de cavalerie, chargeant à fond sur les troupes de Gyulay et de Kleinau, les débandent de tous côtés et la plaine est couverte de fuyards.

Cependant cinq ou six bataillons d'élite, formés en carré, font leur retraite en ordre, nous présentant la baïonnette, faisant mine de ne pas vouloir se laisser entamer ni de se rendre ; nous en sommes à 50 pas, ils n'essayent pas de faire feu, pour ne pas nous montrer, sans doute, la faiblesse de leurs moyens de défense. Nous les sommons de se rendre.

Ils refusent, alors la charge sonne, nous partons au galop, nous précipitant sur les baïonnettes. Après que quelques coups de feu nous atteignent, nous entrons dans un des côtés du carré tandis qu'un régiment de cuirassiers entre par un autre. Mon cheval reçut dans le poitrail un coup de baïonnette qui dirigé d'une main mal assurée ne le blessa pas mortellement car je pus le monter jusqu'à la nuit.

Le général d'Audenarde[3]

Le général d'Audenarde était à la tête des huit officiers qui enfoncèrent le carré avec mon régiment (le 28e dragons). Nous nous heurtâmes

---

1 FerenczGyulay (1798-1868), général ; Hongrois au service de l'Autriche ; gouverneur et ministre de la Guerre.
2 Kleinau, général autrichien chef d'état-major de Schwarzenberg.
3. Charles Eugène Lalaing comte d'Audenarde (1779-1859), général, baron d'Empire. Sous-lieutenant au 6e dragons, au service de l'Autriche de 1799 à 1803, Austerlitz, Iéna, Friedland, Eckmüll, Essling, Wagram, campagne de Russie. Garde du corps de Louis XVIII, chevalier de Saint-Louis, campagne d'Espagne 1823, pair de France, sénateur sous le Second Empire.

dans le choc et échangeâmes quelques paroles. Je ne le vis plus alors mais depuis, lieutenant commandant des gardes du corps de Noailles, je lui ai rappelé plusieurs fois cette première rencontre.

Faisant mettre bas les armes à divers bataillons, nous couronnons les hauteurs qui dominent Cotta tandis que le duc de Bellune attaque le gros des troupes de Bianchi et de Gyulay.

L'orage de la nuit a couché ces belles moissons qui, la veille encore, faisaient l'ornement de ce riche pays ; des armes de toute espèce, des chapeaux, des casques, des gibernes couvraient le sol. Le gibier dont ce pays abonde, mouillé par les tonnes de pluie qui tombait depuis dix heures, effrayé de la canonnade et des charges de cavalerie, se laisse prendre à la main. Nos dragons prirent ainsi plusieurs lièvres et beaucoup de perdrix.

Pendant que nos ailes, maltraitant l'ennemi, lui font perdre du terrain et la cohésion de l'ensemble général, le duc de Raguse, qui occupe notre centre, menace Räcknitz de manière à ne pas lui permettre de secourir ses ailes.

L'Empereur, pris d'un grand feu à la porte de Dippoldiswalde, dirige tous les mouvements. On lui annonce à tout instant les péripéties de ce grand drame, il donne des ordres d'après les rapports. Il lance le corps de Gouvion Saint-Cyr sur les troupes qui occupent les hauteurs de Strehlen. Il les déloge et les rejette sur Grüna tandis que le maréchal Mortier pousse vigoureusement devant lui les Russes de Wittgenstein.

Le général Moreau[1] blessé mortellement

Le centre de notre armée est hérissé de batteries qui, successivement se portant en avant, gagnent du terrain vers les hauteurs de Rächnitz. Une batterie de la Garde placée entre les routes de Plauen et de Dippoldiswalde ne tirait plus que lentement, découragée qu'elle était de recevoir tous les feux plongeant des batteries de Rächnitz et de ne faire aucun mal à l'ennemi. L'Empereur ordonne qu'elle tire malgré cela pour occuper l'attention de l'ennemi sur ce point.

Aussitôt le feu le plus vif part de cette batterie et dès les premiers coups on remarque sur la hauteur, en arrière de Rächnitz, un mouvement extraordinaire dans un groupe de cavaliers, sans nul doute un personnage élevé a été frappé. On apprit le soir que c'était le général Moreau… Il était environ 11 heures du matin.

Nos succès contre l'aile gauche ennemie décident l'Empereur à frapper un rude coup au centre et à l'aile droite ennemie. Le duc de

---

1. Jean Victor Moreau (1763-1813) général français passé au service de la Russie.

Trévise est au-delà de Grüna, il le fait marcher en avant et les masses prussiennes et russes sont rejetées sur la route de Maxen.

L'Empereur attaque vigoureusement le centre de l'ennemi à Rächnitz

L'Empereur fait redoubler les feux de l'artillerie de notre centre. L'ennemi fait de vains efforts afin de n'être pas forcé dans l'importante position de Rächnitz. Il veut faire charger sa nombreuse cavalerie qui occupe les hauteurs mais ne peut arriver à nous, ni manœuvrer sur des pentes glissantes, délayées par les eaux.

Enfin vers trois heures, l'artillerie ennemie ralentit son feu et l'on s'aperçoit par la diminution des masses que l'ennemi se retire. L'Empereur avait ordonné à Vandamme[1] une savante marche qui devait, par son entrée en Bohème au-dessus de Pirna, lui faire prendre l'ennemi en queue. La retraite des Alliés persuada à Napoléon que ses ordres étaient exécutés, il n'en était rien.

L'ennemi rejeté en Bohème

L'ennemi, qui est coupé de ses communications par ses deux ailes et qui ne peut rentrer en Bohème par la route que nous occupons, veut profiter de ce qui reste de jour pour opérer sa retraite avec quelque ordre. Les Souverains ont quitté le champ de bataille. Ils sont suivis par le gros de l'armée qui, entrant dans les défilés, couvre l'entrée des gorges par de fortes arrière-gardes sur lesquelles nos troupes arrivent à la fin du jour mais elles sont harassées et ont besoin de repos. Elles bivouaquent sur le champ de bataille qu'avait occupé l'ennemi.

Prise de plusieurs bataillons

Depuis le matin nous poursuivions toujours l'infanterie qui se débandait à notre approche. Si quelques fois elle se formait en carré, nous les enfoncions et ces malheureux soldats jetaient leurs armes, s'écriaient « vive Marie-Louise ! » comme pour implorer notre sympathie et notre pitié.

Nous avons dépassé les hauteurs de Grümbach, nous entrons dans un défilé ou nous apercevons un escadron des dragons de Lorraine. Nous étions une trentaine de cavaliers en avant de nos escadrons ; nous chargeons sans réfléchir à la grande disproportion numérique. Je reçus, dans la

---

1. Dominique René Vandamme comte d'Unebourg (1770-1830), général ; organise une compagnie de chasseurs en 1792 ; capitule à Kulm après une résistance héroïque ; prisonnier libéré en 1814 ; se distingue à Ligny et à Waterloo ; part aux États-Unis, rentre en France en 1819.

mêlée, un coup de sabre qui me blesse légèrement à la main gauche mais qui coupa les rênes de ma bride. Celles du filet n'avaient pas été atteintes. J'étais dans une assez mauvaise position quand le régiment arriva.

L'escadron ennemi avait pris la fuite à la vue de nos escadrons, le sabre haut, arrivant à toute bride.

Nous cessâmes la poursuite à la nuit, nous bivouaquâmes dans une vallée où nous recueillîmes beaucoup de prisonniers qui venaient se jeter dans nos feux, croyant que c'étaient ceux de leurs camarades.

Murat, roi de Naples
J'avais vu, dans la journée, le roi de Naples à la tête de toutes les charges, donnant souvent le premier coup de sabre. Sa belle mine était rehaussée par un brillant costume mais toujours trop théâtral. Il était de la plus grande bravoure et très familier avec les soldats. C'était plutôt un officier général d'avant-garde qu'un général d'armée, qu'un roi.

Le soir de la bataille, les colonels de cavalerie furent appelés chez le roi pour faire leur rapport. Mon colonel m'amena avec lui. Nous avions perdu le brave colonel de Montmarie, nommé général de brigade. Mon nouveau colonel se nommait Holdrinet, ancien cavalier avant la Révolution, brave soldat, honnête homme, mais d'une grande médiocrité. Nous trouvâmes Murat dans une misérable maison de paysan où certainement en temps ordinaire on n'aurait pas logé un caporal.

Au soir de la bataille, il couche dans une misérable petite maison
Il était seul avec le général Béliard, son chef d'état-major, assis à une table éclairée par une bougie placée dans le goulot d'une bouteille. Une carte était étendue sur la table. Je pense que le prince faisait son rapport à l'Empereur. Il eut l'air étonné lorsqu'il vit mon colonel avec son adjudant major. Les autres chefs s'y étaient rendus seuls. Il questionne le colonel qui après quelques paroles dit, « si vous le permettez, Sire, mon adjudant major continuera ». Le roi sourit et me dit « et puis ... » alors je détaillai ce que nous avions fait hors de sa vue, les prisonniers qui étaient tombés en notre pouvoir et le nombre de pièces prises.

Il dit plusieurs fois« c'est bien, très bien. Mais qu'avez-vous donc à la main, capitaine ? » la voyant enveloppée d'un mouchoir – « c'est un léger souvenir d'un dragon de Lorraine, Sire, mais ce n'est absolument rien ». Nous sortîmes de cette misérable pièce pour rentrer à nos bivouacs.

L'armée française fit en ce jour vingt-cinq mille prisonniers et prit plus de cent pièces de canon. Les Alliés perdirent en outre vingt mille six cent tués ou blessés.

Tels furent les résultats de cette brillante bataille.

La nuit qui suivit cette longue journée ne fut pas tranquille car nous eûmes de continuelles alertes causées par des traînards de l'ennemi qui, guidés par nos feux, venaient se jeter en nos mains, ou par les coups de fusils des maraudeurs de notre infanterie qui avaient suivi notre direction.

Le 28 août

L'armée ennemie étant en pleine retraite, chaque corps d'armée se mit à sa poursuite ; le duc de Raguse vers Frauenstein par Dippoldiswalde talonnant l'arrière-garde de Collorédo ; le maréchal Gouvion Saint-Cyr serrant de près Barclay de Tolly se retirant par Maxen ; et le duc de Bellune et notre cavalerie aux ordres du roi de Naples pressant la fuite rapide des Autrichiens vers Tharandt et Freyberg.

Nous entrâmes dans la petite ville de Freyberg, que l'ennemi avait évacuée la veille au soir, et arrivâmes à Sayda non loin de Toeplitz, recueillant des prisonniers et des bagages, et six pièces de canon que notre approche fit abandonner à ses conducteurs.

L'Empereur avait visité le champ de bataille dans la matinée du 28. Il a fait enlever les blessés français et ceux des troupes alliées. Les hôpitaux sont pleins, on est obligés de les placer chez les habitants de Dresde qui se prêtent à cette nécessité avec beaucoup de grâce.

Arrivés sur les hauteurs de Räcknitz, on amène au quartier impérial un paysan de Nottnitz où avait été le quartier des Alliés dans la soirée du 27. Il apprend qu'un grand personnage blessé d'un coup de canon à Räcknitz a été transporté à Nottnitz, objet de soins de l'empereur Alexandre, qu'il a été amputé de la cuisse et transporté sur une litière à Dipoldiswalde. Un chien lévrier appartenant à ce personnage a été laissé à Nottnitz et sur son collier on lisait « j'appartiens au général Moreau ». On connut alors qu'il avait été frappé par la batterie placée entre les routes de Plauen et Dippoldiswalde qui le 27 août avait tiré trois coups de canon sur un groupe de cavaliers au-dessus de Räcknitz.

Moreau, transporté en Bohème à quelques lieues de Nottnitz, mourut de ses blessures le 2 septembre. Son corps fut apporté à Saint-Pétersbourg et l'Empereur dota sa veuve d'une riche pension.

Cependant l'Empereur attendait impatiemment des nouvelles de Vandamme qui, le 25, a passé l'Elbe à Königstein et qui, de Pirna, s'est porté sur la route de Dresde à Prague où il s'établit le 27, pendant la bataille de Dresde. Ce mouvement si dangereux pour l'aile droite de l'ennemi qu'il tournait et privait de ses communications, força les Alliés à abandonner beaucoup plus vite leurs positions devant Dresde pour se jeter dans les défilés des montagnes qui les menaient en Bohème.

Le duc de Wurtemberg[1] fuit devant Vandamme qui gagne Peterswalde sur la grand-route qui conduit à Toeplitz vers lequel la grande armée alliée se retire en masses confuses après la défaite du 27. Des hauteurs de Peterswalde, Vandamme était parfaitement en sûreté, pouvant par sa droite donner la main au maréchal Gouvion Saint-Cyr et avoir ses communications libres avec Vicence ; mais, pressé d'arriver à Toeplitz et de s'y établir, ce qui alors eut été la ruine d'une partie de l'armée ennemie, il eut la funeste idée de descendre à Kulm dans le fond de la vallée, au-dessous de Peterswalde.

Bataille de Kulm

Les Russes qui fuyaient vers ce point, voyant le péril imminent si les Français peuvent arriver à Toeplitz, attaquent avec vigueur l'armée française à Kulm. Ils opposent à nos troupes la Garde impériale et les repoussent pour leur barrer le passage vers Toeplitz. Tout le corps de Vandamme est descendu à Kulm, aucune réserve n'est restée à Peterswalde.

Alors Vandamme est écrasé par l'armée autrichienne et les Russes de Barclay de Tolly. Vandamme veut remonter à Peterswalde. Poursuivi vivement, et après les plus héroïques efforts, touchant les hauteurs de Peterswalde, il les trouve occupées par les Prussiens de Kleist. Un combat affreux, furieux. Vandamme est fait prisonnier par les Prussiens et le général Kleist par les Français. Cette armée de Vandamme est détruite ou prisonnière.

Bataille de Gross Beeren – Bataille de la Katzbach

Cet échec a une énorme influence sur les suites de la campagne. Encore faut-il ajouter à ce désastre la perte de la bataille de Gross Beeren par le duc de Reggio marchant sur Berlin le 23 août, et la déroute de Macdonald le 26 et le 27 août sur la Katzbach, poussé vivement par Blücher qui, avec une immense cavalerie, obtenait en Silésie sur notre infanterie, qui à cause de torrents de pluie ne pouvait se servir de ses armes, les mêmes résultats que nous à Dresde sur l'infanterie autrichienne.

Notre cavalerie commandée par Sébastiani, mal placée et mal dirigée, ne peut secourir l'infanterie qui subit une affreuse défaite dans le défilé de Kroitch, dont notre cavalerie ne peut sortir que par fractions accablées

---
1. Alexandre Frédéric Charles duc de Wurtemberg (177-1833).

dès qu'elle est formée. Ainsi restent paralysées les seules forces réelles qu'on pouvait opposer à l'ennemi.

Le 30 et le 31 août

La destruction de l'armée de Macdonald et les désastres de Silésie ont complètement anéanti les plans de l'Empereur, sans ébranler son courage. Ces résultats ont enhardi l'ennemi qui, arrêtant la retraite de toutes ses colonnes en Bohême, reprend l'offensive et se porte en avant sur Pirna.

Les Prussiens de Blücher marchent sur Bautzen, chassant devant eux notre armée de Silésie tandis que dans les premiers jours de septembre les corps des maréchaux Ney et Oudinot, des généraux Bertrand et Reynier se portent vers Belzig et Jüterbog.

Le 5 septembre, combat de Dennewitz ou de Jüterbog

Ils attaquent les Prussiens de Bülow et de Tauentzien à Dennewitz et les chassent de cette position, mais bientôt Bernadotte arrive avec ses Suédois et les réserves russes, charge vigoureusement notre centre qui est enfoncé et séparé de ses ailes qui plient à leur tour, se retirant dans des positions différentes. Les ombres de la nuit protègent la retraite ; notre armée, battue et démoralisée par ses nombreuses pertes et l'absence de l'Empereur, se réunit aux environs de Torgau.

Ce nouveau désastre vient ajouter un rude mécompte à la situation si critique de l'Empereur. Apprenant que Wittgenstein est déjà à Pirna avec les Russes, il quitte Dresde, marche avec sa garde, atteint le général russe et le rejette en Bohême sur Toeplitz, les hauteurs de Peterswalde et de Geyersberg. L'Empereur jette avec amertume un coup droit sur Kulm et Toeplitz où, sans le désastre de Vandamme, il aurait anéanti l'armée des Alliés.

Nouvelle marche des Coalisés sur Dresde

Pendant que Napoléon fait rentrer ainsi les Russes en Bohême, le prince de Schwarzenberg, avec toute l'armée autrichienne, va opérer un mouvement en avant sur Dresde.

L'Empereur est rentré dans cette ville d'où il se propose de marcher sur Blücher, allant donner de l'énergie et de l'entrain à son armée découragée de Silésie, lorsqu'il apprend que Wittgenstein, qu'il a refoulé en Bohême quelques Jours auparavant, faisant face en arrière, s'est rapproché de Peterswalde.

Le 15 septembre

L'Empereur quitte Dresde le 15, le 16 rejoint l'ennemi et le culbute de nouveau dans la vallée de Toeplitz.

Il passe deux jours au bivouac de Peterswalde, attendant des nouvelles de la marche du généralissime Schwarzenberg. Il rentre à Dresde où, après vingt-quatre heures de repos, il apprend la marche rapide de Blücher sur Bautzen, que notre armée ne peut arrêter.

Le 22 pendant que Napoléon est en Silésie à la poursuite de Blücher

Le 22 septembre, Napoléon couche à Hartau. Réunissant les corps de Macdonald, de Souham et de Lauriston, il les lance sur l'ennemi qui, à cette attaque inattendue, reconnaît la présence de Napoléon. Blücher, rendu circonspect à cette nouvelle, se retire sur la Sprée.

L'Empereur faisant prendre des positions à ces trois corps d'armée en face de l'ennemi, regagne Dresde en toute hâte le 24 septembre, où de nouveaux soins l'appellent.

Le 24 – Infériorité numérique de notre armée

On sait que, depuis un mois, Napoléon n'a pas un moment de repos mais qu'il est infatigable, allant sans cesse de Dresde, centre des opérations, à la circonférence, où les armées affaiblies et démoralisées tiennent tête aux 600 000 soldats de la Coalition.

Partout où il se présente, l'ennemi fuit devant lui, soit par la terreur qu'il inspire, soit par l'habileté de ses manœuvres.

Où il n'est pas, ses plus habiles lieutenants sont repoussés et battus. Ney, Oudinot, Macdonald ont payé le triste tribut à la force numérique de leur adversaire et à l'inexpérience et à la faiblesse physique de nos braves conscrits.

Toutes nos vieilles bandes ont disparu.

Les soldats d'Austerlitz, d'Iéna, de Friedland, d'Essling, de Wagram, sont morts dans de glorieux combats ou sont ensevelis dans les glaces de la Russie.

Les officiers et les cadres de nos bataillons et escadrons ont été renouvelés par des sous-officiers et de simples soldats ; quant à la troupe, chaque homme n'a que vingt ans au plus ; il succombe sous le poids de ses armes, de la fatigue, des privations, des maladies et se fait bravement tuer quand il est devant l'ennemi.

Les Alliés sont chez eux, au centre de leurs ressources, pouvant se recruter par la *Landwehr* prussienne, par l'arrière-ban russe et autrichien, et bientôt la défection de toute l'Allemagne méridionale donnera à la

Coalition un million de soldats quand chaque jour de combat et de sanglantes batailles nous aura réduits à quelques milliers de victimes toujours prêtes à mourir.

Défection de la Bavière
Le roi de Bavière écrit à Napoléon que, forcé de tous côtés, il est obligé d'abandonner son alliance. Le Wurtemberg, Bade, la Hesse, les duchés de Saxe suivent l'exemple. Napoléon va rester seul au milieu de son ennemi. Son ami, le loyal allié roi de Saxe, ne l'abandonnera que lorsqu'il sera prisonnier des Alliés.

28 septembre, partisans ennemis qui ravagent nos communications
Les partisans de l'ennemi, les cosaques de Czernicheff et le déserteur saxon, commandés par Thielmann[1], ont passé l'Elbe. Ils répandent l'effroi dans la campagne de la rive gauche, pillant et levant des contributions de guerre, et coupant nos communications, interceptant nos courriers et enlevant de faibles détachements.

Ils affirment qu'ils sont l'avant-garde de la grande armée coalisée qui repasse l'Elbe après avoir vaincu Napoléon. Ces bruits enflamment le patriotisme allemand, leurs bandes s'accroissent et une immense panique répand la terreur jusqu'aux portes de Mayence.

Pour arriver sûrement à Dresde, il faut de nombreuses escortes qui souvent sont attaquées par un ennemi supérieur en nombre. L'Empereur fut très sensible à un échec éprouvé par un fort détachement où se trouvaient deux escadrons de chasseurs de la Garde.

Le colonel Cairon de Nisa, ancien tribun, et homme de lettres, commandait le convoi venant de France. Cet officier supérieur se présentant à Napoléon, au palais Marcolini à Dresde, subit un affront cinglant de la part de ce prince qui le frappa, même avant d'avoir écouté la justification de ce malheureux.

Marche de Bernadotte sur l'Elbe
Les grandes préoccupations de l'Empereur, à la pensée de sa position déjà si critique, l'avait rendu très irritable.

Ce danger s'était encore accru par la défection de l'Autriche, par la marche sur l'Elbe de l'armée du Nord aux ordres de Bernadotte qui, avec 100 000 Suédois, Russes et Prussiens couvrait Berlin et lui interdisait la possibilité de marcher sur Blücher en Silésie.

---

1. Johann Adolph von Thielmann (1765-1824) général saxon.

Sachant combien il était important pour nous d'avoir nos communications assurées, ce prince avait jeté sur la rive gauche de l'Elbe plusieurs détachements de troupes légères qui, réunis aux partisans (guérillas allemandes), nous faisaient le plus grand mal en ouvrant une communication avec la grande armée commandée par le prince de Schwarzenberg. Par ses proclamations et ses émissaires, Bernadotte sollicite à la désertion les Saxons qu'il a jadis commandés et des bataillons entiers abandonnent leurs drapeaux.

Le général Lefebvre-Desnouettes, qui poursuivait le général Thielmann dont la troupe s'est accrue de celle de Munsdorf, autre chef de partisans, subit un échec aux environs d'Altenbourg.

Le général Pêcheux est surpris par Dornberg sur la route de France et éprouve de sensibles pertes, tandis que Czernicheff avec ses cosaques, se portant en Westphalie, chasse le roi Jérôme de Cassel, sa capitale.

1er octobre
Notre armée est réunie dans la grande plaine de l'Elbe autour de Dresde. Le comte de Lobau est avec son corps d'armée, le duc de Bellune à Freyberg, le maréchal Gouvion Saint-Cyr à Borna, le duc de Tarente occupe sur la rive droite les positions en avant de Dresde à Weissig, près de Pilnitz.

Le duc de Raguse, le corps polonais, commandé par le prince Poniatowski, et notre cavalerie de Latour-Maubourg, bordent la rive gauche de l'Elbe tandis que la Garde avec le Quartier-général impérial occupe Dresde.

Les Coalisés, dont le projet est de nous entourer avec leurs grandes masses de troupes augmentées des levées russes et prussiennes, marchent dans ce but sur toutes les routes qui conduisent à l'Elbe qu'ils veulent passer pour nous attendre dans les plaines de Leipzig.

Le général russe Bennigsen avec 60 000 hommes est arrivé à Toeplitz.

Blücher quitte Bautzen et va faire jonction avec l'armée du prince de Suède qui, avec cet accroissement de forces, se dispose à passer l'Elbe devant Acken et Roslaw.

La cavalerie de Latour-Maubourg occupait quelques villages peu éloignés du point désigné pour le passage.

Mission au Quartier impérial
Le général Reizet qui commandait notre brigade, voulant donner même indirectement avis des préparatifs du passage et n'ayant qu'un seul aide de camp, pria mon colonel, quoique je fusse seul adjudant-major, de me donner pour remplir cette mission. Il fallait, disait-il, un

officier intelligent et courageux car, entre nous et le Quartier impérial qui était à Seerhausen près d'Öschutz, il y avait une distance de 10 lieues. Plusieurs villages étaient occupés par la cavalerie ennemie. Il ne fallait pas songer à faire ce trajet à cheval, mais en voiture.

J'ai à compléter cette mission en disant ce qui l'avait précédée. Le général Reizet m'ayant obtenu de mon colonel, me fit monter à cheval avec lui et seuls nous gagnâmes une petite hauteur de la rive gauche de l'Elbe qui dominait la plaine et les bords du fleuve de la rive droite. Pour éviter l'attention des vedettes ennemies, nous nous séparâmes. Le général m'avait dit : « Je vais faire mes observations de mon côté, faites les vôtres, autant que possible, sur le nombre des troupes d'infanterie et de cavalerie, sur les parcs d'artillerie, sur les deux ponts de bateaux construits déjà, sur le nombre (toujours à peu près) des troupes qui étaient déjà passées ». Ce résumé approximatif, fait au crayon, puis comparé à celui du général, il y avait peu de différence entre les deux, seulement pour l'infanterie déjà passée. Nous fondîmes ces appréciations en un seul résumé et je me mis dans la tête tous les chiffres, ne voulant avoir rien d'écrit, dans le cas où je serais pris.

Ayant reçu mes instructions, je me plaçai dans une charrette dans quelques bottes de paille et, à la nuit close, je me mis en route. Mon conducteur, père de famille, avait reçu la promesse d'une forte gratification s'il pouvait me [faire] passer ces villages occupés par la cavalerie ennemie et qu'il serait très sévèrement puni, ou les siens, s'il n'était pas fidèle dans l'exécution possible de cette mission. On voit que ma situation était fort délicate, je pouvais être tué ou pris, et cela dans de la paille et dans une charrette, tandis que j'avais un bon cheval, mais il était impossible de faire autrement. La nuit était sombre, mais le scintillement des étoiles tombant sur la dorure de mon casque pouvait me trahir. Je m'enveloppai dans mon manteau, me confiant à Dieu et à mon étoile.

Au bout d'une heure et demie, j'entendis distinctement le cri « *wer da ?* », le *qui vive* allemand.

Je me blottis dans ma paille et j'attendis l'évènement. Mon conducteur répondit et, arrivé sur la vedette, il lui dit qu'il allait chercher du pain dans un village, qu'il nomma, pour la troupe qu'il avait dans son village. Après deux minutes d'entretien, le cavalier dit « allez au petit poste », qui, à deux cent pas de là, s'apercevait sur le bord de la grand-route à l'éclat brillant de son feu.

Chacun peut se rendre compte de la situation dans laquelle je me trouvais car je pouvais au moindre soupçon être lardé par le premier soldat qui aurait enfoncé sa lame dans la paille qui me recouvrait.

Quoique le froid fût assez piquant, J'avoue que je le sentais peu en ce moment. Le brigadier commandant la grand-garde vint sur le bord de la route, faisant subir à mon conducteur le même interrogatoire : où il allait, d'où il venait, si les Français étaient loin du lieu qu'il quittait. Et pendant ce temps-là j'étais très peu à mon aise.

Après les questions auxquelles mon paysan répondit avec beaucoup de sang-froid, priant le brigadier de lui donner du feu pour allumer sa pipe, il continua sa route. Nous arrivâmes quelques instants après dans un gros bourg dont les maisons bien éclairées et ouvertes faisaient voir des cavaliers, sans armes, mangeant, ou nettoyant leurs armes, ou pansant leurs chevaux dessellés devant les portes. À travers une ouverture de mon manteau et de la paille j'assistais à ce spectacle qui pouvait par un hasard quelconque devenir très dangereux pour moi. Mon conducteur traversa le bourg au pas, fumant, chantonnant parfois et personne ne lui fit la moindre question. Nous arrivâmes au petit poste de grand-garde, à l'extrémité du bourg, qui ne nous dit rien pensant que c'était une voiture de la localité. Je respirai bien plus à l'aise quand une demi-lieue me sépara de ces hôtes incommodes.

J'arrivais sans encombre au quartier impérial. Je m'adressai au prince Berthier qui m'amena chez l'Empereur logé dans une maison de minime apparence. Il était en robe de chambre et un foulard à la tête. Deux bougies éclairaient une table couverte de cartes et de papiers. Il m'interrogea très attentivement sur le nombre de troupes qui étaient déjà passées et à quelle heure avait commencé le passage. Je crois que je répondis à sa satisfaction à toutes les questions qu'il m'adressa, et me congédia par un signe de la main en me disant « le Major-général vous donnera des ordres ».

Je n'avais jamais vu l'Empereur qu'en uniforme à la tête de ses troupes. Je fus frappé de cette belle figure, calme, impassible et bienveillante. Je considérai comme une bonne fortune d'avoir été dix minutes en présence de l'homme le plus extraordinaire des temps modernes, qui avait vu à peu près tous les rois et les peuples de l'Europe et qui tenait en ses mains les destinées de mon pays. Je sortis et me présentai au Major-général qui ordonna qu'on me donnât quelque nourriture et qui me dit, avec cette voix brève et nasillarde qui le distinguait, « après vous être reposé deux heures, vous repartirez par le même chemin » – « Mais, Monsieur, dis-je, si j'ai passé à 10 heures du soir, je ne passerai pas à 8 heures du matin ». Il répondit « allez, il n'y a plus personne ». Effectivement, en sortant, jusqu'à ma rentrée au régiment, je trouvai le pays couvert de nos troupes en marche, devant lesquelles s'était éloignée la cavalerie ennemie.

Mon guide fut largement rétribué et fut fort content ; moi, fort heureux de m'être tiré de cette périlleuse aventure et d'en avoir été si bien récompensé par mon audience de l'Empereur.

Le prince de Suède avait déjà fait passer une partie de son armée sur la rive gauche de l'Elbe, suivi par Blücher.

La grande armée autrichienne de Schwarzenberg a quitté la Bohême et descend dans les plaines arrosées par l'Elbe. Le plan des Alliés se dévoile, ils veulent, se massant dans les plaines de Leipzig, nous enfermer dans les environs de Dresde et nous forcer à combattre dans un pays où leur immense cavalerie leur promet le succès.

Le 7 octobre

Napoléon quitte Dresde le 7 octobre. Il est suivi du roi de Saxe et de sa famille, il ne reste à Dresde que le corps du maréchal Gouvion Saint-Cyr qui a reçu l'ordre de s'y maintenir à tout prix mais que, s'il est contraint à l'abandon, de se replier sur les places de l'Elbe. Dans ce cas il fera d'abord détruire les fortifications de Dresde, brûler les voitures et le matériel.

L'Empereur se dirige sur Meissen, il couche à Seerhausen près d'Oschatz le 7 et le lendemain, descendant la Mulda, il gagne Würtzen et Eilenbourg où il laisse le roi de Saxe, le grand parc et les équipages de l'armée. Marchant avec célérité sur Blücher et Bernadotte réunis, il arrive le 10 au soir à Düben que ceux-ci venaient d'abandonner, se retirant derrière la Saale par Halle.

Le général Reynier, marchant sur Wittenberg, fait lever le siège de cette ville par les Prussiens et, par la rive droite de l'Elbe qu'il a passée, il détruit les ponts que Bernadotte avait jetés à Roslaw. En même temps le général Bertrand détruit aussi sur l'Elbe à Wartenbourg les ponts construit par Blücher.

Les 11 et 12 octobre

L'Empereur veut envoyer sur Berlin les corps de Reynier et de Bertrand. Il sait que cette ville est entièrement à découvert par la marche de Bernadotte et de Blücher sur la Saale, mais il apprend la défection officielle de la Bavière. Il connaît le sourd mécontentement de ses généraux qui l'accusent de vouloir les faire tuer tous pour satisfaire son insatiable orgueil. Il contremande la marche sur Berlin et donne l'ordre de gagner Leipzig en hâte. On assure que plusieurs maréchaux et un grand nombre d'officiers se rendirent au château de Düben où était l'Empereur et qu'ils lui déclarèrent qu'il y avait folie à vouloir marcher sur Berlin. C'était la première fois que les chefs de l'armée se permettaient pareille démarche. L'Empereur en fut profondément blessé. Il vit la gronde de près, la désaffection, la rébellion peut-être. Il abandonne son projet de marche sur Berlin.

Ainsi ses grands projets de recueillir toutes les garnisons de l'Elbe doivent être abandonnés. Il est obligé de laisser Gouvion Saint-Cyr à Dresde, Davout[1] à Hambourg et les fortes garnisons de Wittenberg, de Magdebourg, de Torgau. Il se prive par-là de plus de 100 mille hommes.

Le 13 octobre, combat de cavalerie près de Torgau

Notre cavalerie de Latour-Maubourg avait été envoyée aux environs de Torgau, sur la rive gauche de l'Elbe. Nous eûmes, le 13, un vif engagement de cavalerie avec des lanciers prussiens que nous menâmes battant à deux lieues de distance. Je reçus là un coup de lance qui perça les plis nombreux de mon manteau roulé en sautoir et m'atteignit à la poitrine sur la deuxième côte de droite.

Arrivée des dragons d'Espagne et des gardes d'honneur

Nous marchons sur Leipzig et bivouaquons à trois lieues de cette ville, près des dragons qui arrivent d'Espagne, commandés par Milhaud. Ces vieilles bandes, aguerries par les campagnes d'Allemagne et quatre années de combats journaliers en Espagne, présentaient un corps d'élite bien précieux. Bronzées par le soleil ardent de la Castille et de l'Andalousie, ces figures mâles et fières contrastent singulièrement avec les visages imberbes et amaigris de nos jeunes cavaliers ou des gardes d'honneur que nous voyons pour la première fois.

L'Empereur, à son retour de Moscou, manquant de cavalerie, après avoir pris les chevaux de la gendarmerie, corps de luxe, imagina de créer un corps de cavalerie d'élite formé de tous les jeunes gens des familles nobles de l'Empire qui avaient évité le service en achetant fort cher des remplaçants. Il voulait avoir en eux des otages de la conduite de leurs parents dans l'intérieur et de braves jeunes gens à son armée. Beaucoup d'entre eux, peu habitués aux rudes travaux d'une campagne si pénible, tombèrent malades, moururent dans les hôpitaux ou de misère dans la fatale retraite de Leipzig.

---

1. Louis Nicolas Davout (1770-1822), maréchal d'Empire, duc d'Auerstaed, prince d'Eckmülh.

C'est dans ce corps qu'avait été incorporé, dit-on, avec les nobles des familles italiennes, le jeune comte de Mastay, devenu pape sous le nom de Pie IX[1].

Je n'avais jamais pensé en voyant ces jeunes victimes de l'ambition impériale que le schako de l'un d'eux serait remplacé trente-six ans après par la tiare et la calotte blanche du Vicaire de Jésus-Christ.

Dès que nous fûmes établis dans notre bivouac, j'allai à la recherche de mon ancien régiment, le 19ᵉ dragons, qui faisait partie de cette belle division Milhaud. Je fus fort heureux en embrassant mes anciens camarades que je n'avais pas vus depuis deux ans, que je devais retrouver quelques jours après sur le terrible champ de bataille de Leipzig et le lendemain de ce grand désastre, hélas bien éclaircis !

Cette cavalerie d'Espagne faisait partie du corps d'Augereau qui arrivait de Würtzbourg où il était resté pour contenir la Bavière. Celle-ci ayant levé le masque, Augereau, n'étant pas assez fort pour s'opposer à l'armée bavaroise, avait gagné Leipzig par Marienbourg. C'est près de cette ville qu'il livra un combat sanglant aux Autrichiens commandés par le prince de Lichtenstein.

Ces vieux dragons d'Espagne, arrivés sur ce nouveau théâtre de la guerre, firent des charges admirables avec un grand carnage de l'infanterie autrichienne.

Les Coalisés s'approchent de Leipzig dans toutes les directions. Napoléon appelle à lui ses corps d'armée pour arriver dans cette ville avant eux. Par cette combinaison, il est forcé d'abandonner Saint-Cyr à Dresde et de perdre l'espoir de rallier les garnisons de Torgau, de Magdebourg, de Wittenberg et de compromettre Davout à Hambourg.

16 octobre – première journée de Leipzig, ou bataille de Wachau

L'Empereur veut, le 16, livrer bataille à l'armée autrichienne vers Lieberwolkwitz. Son armée était placée en avant de Leipzig et presque adossée aux murs de cette ville, près desquels coulent la Partha, l'Elster et la Pleisse, cette dernière formant de vastes marais vers le faubourg de Ranstadt, dans cette plaine à jamais célèbre par tant de batailles mémorables ; c'est là que, près de 200 ans auparavant, le 7 décembre 1631[2], le maréchal de Tilly, commandant l'armée impériale de Ferdinand, fut

---

1. Note de Naylies : On a démenti ce fait. C'était peut-être un frère ou un parent de Pie IX.
2. Il semblerait qu'il s'agisse en fait de la bataille de Breitenfeld, au nord de Leipzig, le 17 septembre 1631 et non du 7 décembre.

complètement battu par le héros suédois Gustave Adolphe, chef de la ligue protestante que la politique de Richelieu indisposait.

Dès le 15, le maréchal Ney est placé sur la Partha avec son corps d'armée. Ceux de Reynier, de Souham, de Bertrand gagnent le faubourg de Lindenau pour assurer la communication avec la route de Lützen et d'Erfurt en cas de retraite.

Le maréchal Macdonald, avec son corps d'armée, la cavalerie de Sebastiani[1], celle de Latour-Maubourg, va occuper à la droite de l'armée le lieu appelé *La Redoute suédoise* entre Lieberwollwitz et Seifertshain. Le 2ᵉ corps d'armée du duc de Bellune, le 5ᵉ de Lauriston, le 8ᵉ du brave Poniatowski et la Garde impériale se déploient vers le sud à Mark-Kleeberg. Le duc de Raguse a pris position au nord vers Möckern et Lindenthal, au sud de la Partha. Attaqué avec fureur par l'armée de Silésie dans sa position de Möckern, il combat vigoureusement pendant plusieurs heures les efforts incessants des nombreux bataillons prussiens. Ils s'emparent enfin de Möckern que les intrépides marins de la Garde reprennent après d'héroïques assauts. L'artillerie nombreuse et bien servie de Marmont fait d'affreux ravages dans les rangs pressés de l'ennemi. À cette artillerie répondent cent bouches à feu prussiennes qui déciment nos braves régiments.

Les ruines de Möckern retombent au pouvoir de Blücher et dans cette horrible mêlée le maréchal Marmont, les généraux de division Compans et Friederichs sont blessés. Le maréchal Marmont repasse la Partha.

Le bruit assourdissant des effroyables détonations, qui avaient lieu sur nos derrières dans les positions de Marmont, répandait quelque inquiétude dans les rangs, car on craignait que les Prussiens ne voulussent à tout prix s'emparer de notre ligne de retraite.

Lorsque ces terribles combats se livraient vers le nord, les corps d'armée qui, vers le sud sous la direction personnelle de Napoléon, étaient aux prises avec la grande armée autrichienne et russe depuis 10 heures du matin,

---

1. Horace Sebastiani, né en Corse en 1772, mort en 1851 à Paris. Militaire et diplomate. Armée des Alpes, campagne d'Italie, Arcole, appuie Bonaparte le 18 Brumaire, puis Marengo. Mission diplomatique en 1801 dans Empire ottoman : Constantinople, Égypte, Saint-Jean d'Acre. Blessé à Austerlitz. Il est à nouveau ambassadeur à Constantinople et décide le sultan Selim III à faire alliance avec Napoléon contre les Anglais et les Russes : succès diplomatique et militaire. Espagne en 1808 : Ciudad Real, Sierra Morena, Talavera, Almonacid, Grenade, Malaga. Il refuse de s'associer aux intrigues de Soult et du roi Joseph, mais il perd du territoire. Il est envoyé en Russie. 1812 : Smolensk, la Moskova… À la Restauration, il se rallie aux Bourbons. Aux Cent-Jours, rejoint Napoléon qui le charge de la défense de Paris. Après Waterloo, il essaie encore de défendre Napoléon dans les négociations, mais en vain. Il est ensuite actif dans la vie politique à l'Assemblée où « il n'avait pas d'éloquence mais une bonne argumentation ». Inhumé aux Invalides par décret de Napoléon III.

soutenaient avec une infériorité numérique énorme les attaques multiples des Coalisés. Pendant plusieurs heures, ce fut un combat d'artillerie comme certainement on n'en vit jamais, 2 000 pièces tonnaient à la fois.

Cependant, aux détonations sans interruption du canon de Blücher et de Marmont, au milieu de cette grêle de boulets et de mitraille, les dragons d'Espagne et nos régiments de Latour-Maubourg firent dans cette mémorable journée des charges à fond sur l'infanterie russe et autrichienne, mais sans résultat, car l'ennemi avec ses innombrables soldats remplaçait les troupes fatiguées, meurtries par le canon, hachées par nos sabres, avec des troupes fraîches de sa réserve, tandis que nous n'avions à leur opposer que les mêmes soldats, nos héroïques conscrits. Nous ne pûmes enlever les positions de l'ennemi, il ne pût nous entamer. On s'égorgea sur place toute la journée. Le brave Latour-Maubourg et le général Montmarie de notre cavalerie eurent les jambes emportées. Ce dernier succomba à l'amputation.

Un peu en avant de nous, à droite, l'illustre Poniatowski soutenait sur la Sartha les efforts réitérés d'un ennemi dix fois plus fort. On entendait les cris de ses braves Polonais acclamant leur général qui reçut le bâton de maréchal au milieu de l'action la plus meurtrière. Il ne devait pas hélas jouir longtemps de cette haute dignité car trois jours après il périssait dans les eaux bourbeuses de l'Elster.

L'ennemi est pourtant repoussé sur plusieurs points. Les maréchaux Macdonald et Oudinot, et le général Lauriston l'ont rejeté sur les positions d'où il est descendu. La garde impériale russe donne avec fureur sur ces troupes, mais horriblement maltraitée par les feux croisés de notre artillerie, elle regagne ses anciennes positions. Cet épisode n'eut qu'un avantage partiel relatif sur tous les autres points. L'ennemi gagne du terrain et nous enferme dans un cercle de fer et de feu.

Dans ce moment solennel où une inspiration du général peut changer la face des choses et transformer une situation bien compromise en un succès éclatant, Napoléon réunit toute la cavalerie qu'il a sous la main et la lance comme une trombe sur les masses ennemies ébranlées par le canon de la Garde impériale. Elle met en pièces les grenadiers russes et la cavalerie de Palhen, leur prenant trente bouches à feu. L'ennemi était partout enfoncé lorsque la cavalerie de réserve autrichienne se précipite à travers nos escadrons désunis par cette terrible charge et nous fait reculer.

L'Empereur, à cette vue, fait marcher, la baïonnette en avant, une division de la Garde impériale aux ordres de Curial qui arrête l'impétuosité de la cavalerie autrichienne.

Le maréchal Oudinot se précipite sur Dolitz, tandis que le duc de Bellune se rue sur le centre de l'ennemi à Gossa, dont il s'empare. Les Russes la reprennent aux approches de la nuit.

Dans ces mouvements si rapides, dans ces charges désespérées, le général autrichien Merfeldt[1] tombe en nos mains avec deux ou trois mille prisonniers, derniers trophées de ces jours néfastes !

Les foudroyantes détonations de l'artillerie continuent jusqu'au soir sur trois points de ce terrible champ de bataille : à Möckern où commande le duc de Raguse, à Lindenau où Bertrand nous ouvre un passage sur la route d'Erfurt et au centre vers le sud où Napoléon déploie, contre un ennemi si supérieurement numérique, toutes les combinaisons de son génie.

Ces trois épisodes réunis où 50 000 morts ou blessés restent sur le champ de bataille, s'appellent pour l'histoire la bataille de Vachau, où la première journée des batailles de Leipzig.

Que pouvaient faire 125 000 Français contre 350 ou 400 000 Alliés qui les resserraient dans un demi-cercle de 4 lieues avec douze ou quinze cent pièces de canon !

La nuit arrive enfin et sépare les combattants. Notre situation est à peu près celle du matin. L'armée est adossée à Leipzig dont nous occupons les issues, et les ailes appuyées sur la Partha et la Pleisse, presque partout infranchissables à cause de marais profonds qui bordent leurs rives.

Les troupes harassées de fatigue bivouaquent sur le terrain même où elles se trouvent après la cessation des combats. Elles ont peu ou pas de vivres, les fourrages manquent pour les chevaux, le bois fort rare pour alimenter nos feux qui pourtant seraient bien nécessaires après une journée pluvieuse et enveloppée par le brouillard s'élevant des marais qui nous enveloppaient.

Telle était notre situation dans la soirée du 16 où les inquiétudes morales venaient s'associer à toutes les privations ; on ne savait encore si l'ennemi ne s'était pas emparé de nos communications pour sortir de cette impasse. Dans la nuit, nous apprenons que le général Bertrand a forcé le passage de Lindenau qu'il a occupé et assuré notre retraite.

Notre cavalerie est si près de l'ennemi que nos bivouacs sont continuellement en alerte. Il lance une partie de la nuit des obus qui roulent et éclatent au milieu de nous et dans les jambes de nos malheureux chevaux, comme nous accablés de lassitude et de besoins. Cette situation est réellement plus pénible que les sanglantes péripéties du combat. Il

---

1. Von Merveldt, commandant un corps d'armée.

pleut toute la nuit, nous sommes trempés et nos feux éteints. Ces obus, la faim et le malaise nous empêchent de nous livrer au sommeil.

Une partie de l'infanterie et la Garde impériale, plus près de Leipzig, ont reçu des vivres, ils sont moins à plaindre que nous. On s'attend à combattre le lendemain. Les fatigues de la veille se font aussi sentir chez l'ennemi, il a les mêmes besoins, il veut comme nous mettre de l'ordre dans ses troupes après cette terrible conflagration, il attend des renforts dans la journée ; effectivement Bennigsen arrive avec ses Russes. Comme par une convention tacite, chacun reste tranquille dans ses bivouacs, un grand silence règne dans cette vaste plaine qui, quelques heures auparavant, tremblait sous les charges de cavalerie et aux détonations de la plus forte réunion d'artillerie qu'on eut jamais vue.

La porte de Lindenau, au faubourg de ce nom, est la sortie de Leipzig, vers la route d'Erfurt et de Mayence, vers la France enfin

Dans cette journée, tous les équipages, les gros impédimentas se dirigent vers Lindenau pour dégager Leipzig et gagner la route d'Erfurt. L'Empereur a son quartier général à Stötteritz. Il parcourt dans la journée le champ de bataille de la veille et reconnaît les positions qu'il occupera le lendemain car une grande et dernière bataille est imminente. Il nous faut sortir de cette impasse. Nous sommes enfermés dans un cercle dont 400 000 soldats ennemis forment la circonférence et nous n'avons dans le centre que 150 000 hommes[1] à leur opposer. Il faut passer et nous n'avons qu'une seule route, celle d'Erfurt. Il faut aller la chercher à Lindenau, défilant devant cette armée d'ennemis. Malgré tout l'héroïsme de nos troupes, la journée du 16 a réellement été désastreuse car elle n'a pas eu de résultat et nous avons perdu beaucoup de monde. L'armée ennemie s'est augmentée des Russes de Bennigsen et des Suédois de Bernadotte qui lui donnent un accroissement de 100 000 soldats.

Le 18 – Bataille de Leipzig, appelée par les étrangers Bataille des Nations

Pendant la nuit, l'armée française s'est encore rapprochée de Leipzig. Elle est en quelque sorte adossée à ses murs.

Napoléon a établi son quartier général sur le Thonberg, éminence qui domine la plaine, d'où il aperçoit son armée et les masses ennemies qui se disposent à se précipiter sur nous de tous côtés à la fois.

---

1. Note de Naylies : quand je dis 150 000 hommes, il fallait en déduire 20 000, tués ou blessés à la bataille du 16.

Telle est la disposition de notre armée. À l'extrême droite, sur la Pleisse est Poniatowski avec ses braves Polonais réduits à sept ou huit mille. Il a devant lui toute l'armée autrichienne.

À la gauche de Poniatowski se déplacent, considérablement réduits, les corps des maréchaux Augereau, de Bellune et du général Lauriston, occupant le village de Probstheida que menacent les masses russes de Wittgenstein, de Barclay de Tolly et les Prussiens de Kleist.

Le maréchal Macdonald se met en ligne à la gauche de ses collègues, Augereau et Victor, ayant devant lui les villages de Holzhausen et de Stötteritz qu'il doit défendre contre les Russes de Bennigsen, les Prussien de Zieten et les Autrichiens de Klenau.

À la gauche de Macdonald, extrême gauche de notre armée, les corps de Ney et de Marmont sont destinés à repousser les attaques de Blücher et du prince royal de Suède sur la Partha.

Le corps de Reynier en avant de Reudnitz lie cette extrême gauche avec le centre de l'armée.

À un signal donné, l'ennemi se précipite au pas de charge sur tous nos corps d'armée à la fois. Nos troupes l'attendent résolument. Une bataille générale s'engage sur toute la ligne. Des charges d'infanterie et de cavalerie produisent d'affreuses mêlées où l'on combat corps à corps, où tombent des milliers de victimes. Le sol est ébranlé sous les pas de soixante mille chevaux et de l'artillerie se portant au galop sur tous les points. Deux mille pièces de canon tonnant à la fois dominent par leurs puissantes voix les cris des combattants et les plaintes des mourants. Cette terrible et incomparable conflagration dure plusieurs heures. Chaque corps d'armée, chaque division, chaque régiment a ses épisodes de traits de courage, d'héroïsme et de noble résignation. On ne peut en pareille circonstance décrire et rapporter des détails dont on n'a pas été témoins oculaire ; je me bornerai à rappeler ce qui s'est passé sous nos yeux dans cette terrible journée, sur le point où nous étions placés.

Le combat le plus acharné a lieu à Probstheida que les Coalisés attaquent avec une fureur égale à l'opiniâtre défense de nos braves fantassins.

Le village de Stötteritz résista à tous les assauts livrés par Bennigsen, ses vaillants défenseurs imitant l'héroïsme de leur chef Macdonald.

Cependant, Probstheida est enlevé après la plus sanglante lutte. Bennigsen s'y établit, mais il en est bientôt chassé par les troupes d'Augereau et de Victor. Celles-ci sont repoussées à leur tour et l'ennemi y rentre une deuxième fois. Enfin, tour à tour, et après de gigantesque efforts, ce village, pris et repris sept fois reste en notre pouvoir, détruit, rasé, incendié, dont les ruines sont couvertes d'un monceau de cadavres.

C'est derrière ce malheureux village qu'était massée la cavalerie de Latour-Maubourg dont mon régiment faisait partie, attendant le moment propice pour fondre sur l'ennemi. Plusieurs fois dans la journée nous chargeâmes sur les bataillons russes et autrichiens et, après les avoir repoussés, nous revenions prendre position derrière les ruines fumantes et ensanglantées de Probstheida.

L'artillerie ennemie faisait d'affreux ravages dans notre infanterie qui défendait Probstheida. Tous les coups qui l'avaient frappée, ou ceux qui ne l'avaient pas atteinte, venaient semer la mort dans nos rangs. Nous avions déjà perdu par les boulets, la mitraille ou les balles de l'infanterie ennemie plus de 200 chevaux. Mon colonel s'adressa au général de Reizet qui nous commandait pour s'abriter un peu par un pli de terrain. Cet officier général ne put prendre sur lui une pareille détermination. Il m'envoya près du roi de Naples commandant en chef la cavalerie. Je trouve Murat au milieu du feu le plus terrible, je l'aborde et lui fait ma demande - « Ah ! Vous êtes toujours là », fut sa réponse. « L'Empereur, ajouta-t-il, veut que cette cavalerie reste où elle est placée ». Je transmets ces paroles à mon général et, pendant que je lui parlais, un boulet autrichien emporte la croupe de son cheval et va frapper deux dragons du 1er escadron.

Nous resterons encore trois heures dans cette effroyable position, criblés par la mitraille. Je venais de former les pelotons pour la vingtième fois peut-être, car à chaque instant des files d'hommes ou de chevaux étaient emportées. Le régiment était réduit à 200 cavaliers. Il était 5 heures du soir lorsque je fus atteint par un coup de mitraille au bras et au flanc droit. J'aurais été infailliblement tué si je n'avais été mince et fluet, n'ayant pas ou à peine mangé depuis deux jours et si le ceinturon de mon sabre n'eut amorti le coup. Je tombai sur le cou de mon cheval, laissant tomber mon sabre que j'avais au poing. J'entendis distinctement ces mots « le capitaine est tué »... J'éprouvai un bourdonnement dans les oreilles et une sorte d'engourdissement général sans douleur qui dura peut-être deux minutes et, relevant la tête, je m'écrie « non, je ne suis pas mort ». Je fais ramasser mon sabre, je ne puis le tenir, je m'aperçois alors que la blessure est plus grave que je ne le croyais. Mon bras est ensanglanté, mon ventre enflé. Grâce à mon ceinturon, il n'avait pas été percé d'outre en outre. On remet mon sabre dans le fourreau et je suis conduit à l'ambulance par un maréchal des logis qui me soutenait de la main droite.

La campagne de Saxe en 1813

À 500 pas de mon régiment, un boulet passe devant moi à hauteur de la ceinture et emporte le poignet gauche du pauvre maréchal des logis qui me dit, « mon capitaine, j'allais vous conduire à l'ambulance, j'y vais pour mon compte ». Son bras pendait d'une manière effrayante. Arrivés devant la cavalerie de la Garde impériale, en bataille derrière nous, un dragon nous amena à l'ambulance.

Le chirurgien en chef Larrey crut d'abord qu'il fallait me couper le bras. Il vit bientôt qu'il pouvait s'en dispenser et après le pansement me dit tout bas, « vous ferez bien de filer, vous le pouvez, mais tous ces amputés ne le peuvent pas ». La nuit était close, je m'acheminai vers la porte la plus voisine et j'entrai sous la voûte qui conduisait dans Leipzig.

Il serait impossible de décrire le désordre et le tumulte qui régnaient dans ce passage encombré de fantassins, de cavaliers blessés, de vivandières avec leurs charrettes. Ce lieu sombre était éclairé par des torches de paille qu'allumaient les fuyards qui voulaient sortir de ce long défilé. Souvent la plus profonde obscurité régnait lorsque les torches s'éteignaient, jusqu'au moment où d'autres étaient rallumées.

Ces lueurs incertaines et blafardes qui se projetaient sur les visages altérés par la souffrance ou terrifiés par la peur, les cris, les jurements, les malédictions que prononçaient ces malheureux remplissaient l'âme d'une profonde et douloureuse pitié. J'étais depuis trois quarts d'heure au milieu de cette foule lorsque je me trouvai côte à côte près d'un homme monté sur un cheval blanc enveloppé d'un manteau, son chapeau couvrant une partie de sa figure.

C'était Napoléon qui rentrait dans Leipzig, accompagné du seul Caulaincourt. Je restai un quart d'heure près de lui. Je fis semblant de ne pas le voir, il aurait été bien fâché sans doute que tous les malheureux qui l'entouraient l'eussent reconnu. Son orgueil, si ce n'est les sentiments de son cœur d'homme, dut bien souffrir des malédictions qu'il entendait prononcer contre lui et des cris déchirants des blessés foulés aux pieds de cette masse vivante fuyant les horreurs du champ de bataille. Je fus près de deux heures à franchir ce défilé, pressé, poussé, jeté une fois à bas de mon cheval sur lequel me hissa un charitable fantassin.

Entré dans Leipzig, après un repos de quelques heures, je passai le 19 octobre au point du jour le pont devenu célèbre de Lindenau.

La bataille avait continué jusqu'à la nuit. L'armée française s'était concentrée entre Probstheida et Dolitz. Elle défendait avec une héroïque opiniâtreté les deux villages que l'ennemi attaquait avec fureur, remplaçant par des troupes fraîches les victimes qui s'amoncelaient sur ces deux points frappés par les coups redoublés de l'artillerie de la Garde impériale.

Pendant ce temps, on entend une effroyable canonnade au nord. C'est l'armée de Blücher et celle de Bernadotte qui attaquent Ney et Marmont. Après d'héroïques efforts, ils ont évacué Schönfeld qu'ils avaient défendu vaillamment et avec succès malgré la déloyale défection des Saxons et des Wurtembergeois qui, se portant en avant comme pour combattre les Prussiens et les Suédois, s'étaient joints à eux, l'artillerie en tête, leurs pièces chargées à mitraille. Les tournant alors, ils les déchargent sur nous, leurs alliés, leurs camarades, ceux avec lesquels ils avaient partagé pendant sept ans l'honneur de tant de victoires, le péril et la fatigue de tant de glorieuses campagnes. Jamais l'armée saxonne ne se lavera du sang français qu'elle a déloyalement et traîtreusement répandu à Leipzig.

Le gros de l'armée française au sud, sous les ordres immédiats de Napoléon, soutient encore les assauts redoublés de toutes les armées de l'Europe qui veulent en finir, dussent-elles perdre la moitié de leurs soldats. Au sud, au nord, à l'est, à l'ouest, tout l'horizon embrasé retentit de l'horrible canonnade de 2 000 bouches à feu. Depuis qu'on fait la guerre, on n'a vu un plus épouvantable massacre, jamais plus d'héroïsme et d'abnégation chez nos soldats. L'ennemi ne put les entamer. La nuit nous trouva à la place que nous occupions le matin.

Nous eûmes dans cette bataille, dite de géants, 20 000 tués, autant de blessés, L'ennemi en eut 30 000.

19 octobre

Napoléon passe la nuit du 18 au 19 à Leipzig. Il va voir le roi de Naples et lui conseille de rester, s'en rapportant à la générosité des Coalisés. Tout le matériel en artillerie, le grand parc, les ambulances, les bagages, les blessés et cette foule sans nom qui abandonne ses drapeaux, frappée de terreur et de nostalgie, encombraient les boulevards, les places, les rues de Leipzig. Il aurait fallu faire évacuer dès le soir tous les impedimenta paralysant une retraite. Il n'en fut rien. Personne ne donna des ordres. On s'affaissa, vaincu par la fatigue, le découragement et la faim. On resta dans la ville, cherchant à se procurer des vivres et quelque repos. Des ponts auraient dû être jetés sur l'Elster, mais on l'avait oublié. Le temps était passé où la prévoyance la plus ingénieuse sauvegardait tous les intérêts, toutes les chances, même les plus imprévues. Napoléon n'était plus le glorieux général en chef de l'armée d'Italie, le héros d'Austerlitz, d'Iéna et de Friedland. Les maréchaux, riches et fatigués voulaient jouir du fruit de leurs longs et pénibles labeurs.

Le jour apparut, avec lui la plus vive canonnade de la part des Alliés qui attaquaient tous les faubourgs à la fois. Alors à la torpeur et à l'inconscience succède une panique générale, le désordre est à son comble. L'encombrement de milliers de voitures dans les issues qui conduisent à l'unique pont de Lindenau arrête les troupes qui ont conservé leur rang et suivent leur noble drapeau. De tous les points de la ville accourent pêle-mêle artillerie, infanterie, cavalerie, cette cohue immense de traînards qui veulent arriver les premiers à la seule planche de salut qui reste à l'armée, le pont de Lindenau. Il était encombré de voitures, de cavaliers, de soldats qui présentaient le plus douloureux spectacle. Ceux-ci, effrayés par le bruit du canon qui se rapprochait, luttaient entre eux pour passer les premiers, les plus faibles tombaient écrasés sous les pieds de la foule.

J'étais bivouaqué à quelques centaines de pas du pont avec une vingtaine d'officiers blessés comme moi. Ce hideux épisode de nos malheurs nous attrista profondément. Nous quittâmes cette scène de désolation et gagnâmes la route d'Erfurt.

Cependant les détonations d'artillerie devinrent plus effrayantes plus rapprochées, l'ennemi gagnait plus rapidement du terrain. Le prince royal de Suède vient de s'emparer du faubourg de Taucha, Blücher de celui de Halle, et le prince de Schwartzenberg s'établit dans les premières maisons du faubourg du midi. Les Saxons et les Badois restés à Leipzig font cause commune avec les Coalisés et signalent leur trahison en tirant sur nos malheureux soldats. Déplorable effet de la lâcheté et de la peur car si l'amour de la patrie les portaient à devenir nos ennemis, ce n'était pas avec notre sang qu'ils devaient sceller leur réconciliation avec leurs compatriotes. Une attitude noble et passive, l'arme aux pieds, était la seule manière de remplir leur devoir d'Allemands et d'anciens frères d'armes.

Les corps d'armée aux ordres de Macdonald, de Lauriston, de Reynier et de Poniatowski résistèrent bravement dans Leipzig aux efforts de tant d'assaillants lorsqu'une épouvantable catastrophe vient mettre le comble à ces scènes de destruction.

On fait sauter le pont de Lindenau. Les débris de quatre corps d'armée restés sur la rive droite de l'Elster, faits prisonniers

Le pont de Lindenau avait été miné. On ne devait le faire sauter que lorsque les derniers bataillons des quatre corps d'armée seraient passés sur la rive gauche de l'Elster mais, par une fatalité inouïe, la vue de quelques éclaireurs prussiens, qui du faubourg de Halle avaient suivi la rive droite de l'Elster, fit croire au sous-officier chargé de mettre le feu à la mine que le moment était venu. Une immense explosion, qui un instant domina le bruit de l'artillerie, nous apprit le déplorable évènement qui laissait au pouvoir de l'ennemi le reste de nos quatre corps d'armée. Le maréchal Macdonald se sauva en passant l'Elster à la nage, mais l'illustre Poniatowski périt dans les eaux noires et fangeuses de cette rivière, son cheval ne pouvant trouver pied sur sa berge tourbeuse. Le prince déjà blessé au bras aurait pu se sauver peut-être sans cette fatale circonstance.

Les généraux en chef Reynier et Lauriston tombèrent au pouvoir de l'ennemi avec 25 000 hommes et 300 pièces d'artillerie.

On incrimina beaucoup dans le temps la conduite du colonel du génie de Monfort, fort innocent de la catastrophe. Ce fait de guerre, si malheureux par les résultats, si controversé dans le temps, n'a jamais été parfaitement éclairé. Monsieur de Montfort ne fut pas traduit en conseil de guerre et plus tard il devint général.

Blessé et dénué de tout, sans argent et sans vêtement, je me retire avec quelques officiers blessés

Blessé et souffrant en compagnie de quelques camarades aussi blessés, entre autres Messieurs d'Argout, chef d'escadron de hussards, et de Pontevès, officier de dragons, nous gagnâmes Weissenfeld. J'étais dans un état pitoyable de dénuement, n'ayant qu'un petit portemanteau où j'avais seulement deux chemises avec quelques objets de toilette. Mon domestique avait disparu dans la bagarre avec mes chevaux et mes bagages. Je n'entendis plus parler de lui. Ce fut pour moi une perte bien sensible. Je n'avais que l'uniforme qui me couvrait, encore était-il dans le plus grand délabrement. La manche droite avait été coupée du haut en bas à l'ambulance lors de mon pansement et le devant déchiré par la mitraille qui m'avait atteint. Comme le froid se faisait sentir et qu'une pluie froide et persistante nous pénétrait, j'avais entouré mon bras d'une schabraque dont la laisse était en dedans. Mon bras pendait verticalement, ne pouvant et ne devant pas essayer de le ployer.

Ne pouvant être utiles aux débris de nos régiments, nous résolûmes de gagner de vitesse les fuyards qui s'avançaient rapidement. Couchant dans des granges sur la paille, achetant fort cher une mauvaise nourriture, nous arrivâmes le 22 octobre à Erfurt.

Le général d'Alton, lors de notre arrivée, était sur la grande place d'Erfurt, passant la revue d'un corps d'infanterie lorsque je m'approchai de lui

Le général d'Alton que je connaissais commandait la ville et la citadelle qu'on avait soigneusement fortifiée. Je lui fis part de notre fatigue et de la détresse dans laquelle nous étions et je le priai de nous laisser reposer un ou deux jours. Il s'approcha de mon oreille et me dit tout bas, entouré que j'étais, « Je vous conseille de f… le camp, et bien vite », et il me salua de la main. Cet avis nous fit quitter Erfurt après quelques heures de repos. Nous faisions 8 à 9 lieues par jour et passâmes par Fulda, Saalsmünster, Gelnhausen, à la Tour penchée, et arrivâmes le 27 octobre à Hanau à 8 heures du soir.

Cependant, après la sortie de Leipzig et la catastrophe du pont de Lindenau, l'ennemi se met à la poursuite des débris de notre armée. Il talonne notre arrière-garde, pousse ses troupes légères en avant de nous et les flancs des colonnes sont harcelés par une nuée de cosaques. Ils font souvent des trouées sur la longue file de nos soldats désarmés qu'ils maltraitent et percent de leurs lances.

Démoralisation de nos troupes

La démoralisation était si grande que j'ai vu des sous-officiers jeter leur fusil pour s'alléger et porter le fruit de la maraude et du pillage.

Aux environs de Weimar, dans le même lieu où nous passions victorieux le 14 octobre 1806, jour de la célèbre bataille d'Iéna, poursuivant l'armée prussienne en déroute, une cinquantaine de cosaques tombent sur nous. Je cours vers un peloton de fantassins armés et je leur fais faire feu sur ces coureurs avides de butin et non de coups de fusil. Ils nous quittent pour aller à deux ou trois cents pas larder des fricoteurs sans armes. Dans ce moment j'aperçois un beau jeune homme de 25 à 26 ans, sergent de grenadiers, qui jette son fusil dans un fossé. Je lui fais de vifs reproches doublement mérités en sa qualité de sous-officier et de grenadier, et je lui montre du doigt les cosaques perçant de leurs lances les soldats désarmés qui nous précédaient. Il regarde alors ma blessure, et dit en ricanant « il est bon celui-là qui veut qu'on porte un fusil pour le garder ». Je lui dis qu'il était un misérable, que je ne pensais nullement à ma conservation et que d'ailleurs l'ennemi respecterait un blessé inoffensif.

C'était un triste spectacle que cette immense file de soldats vagabonds qui se perdait dans l'horizon, à sauve qui peut. Cette débandade ressemblait à la confusion et au désordre de la retraite de Russie. Pour celle-ci, la rigueur extrême de la saison et le manque absolu de vivres excusaient en quelque sorte l'abandon du drapeau.

Les cosaques en tuent un grand nombre

Nos malheureux soldats de 1813 fuyaient sans armes par un temps doux et souvent pourvus de vivres. Ils se répandaient en foule dans les villages peu distants de la route, les pillaient et gaspillaient les ressources qui auraient pu servir à l'armée qui se retirait. Plusieurs fois surpris par les cosaques, ils étaient massacrés ou vivement ramenés sur la route que nous suivions, tout heureux alors de s'abriter sous le feu de leurs camarades qui avaient conservé leurs fusils, quoique qu'ils eussent quitté leurs régiments.

Semblable à une longue fourmilière qui suit les traces de celles qui ouvrent la marche, on apercevait jusqu'à l'extrémité de l'horizon, cette file noirâtre, ondulée, qui s'acheminait paisiblement dans la direction de la France. Souvent elle rencontrait des voitures abandonnées, leurs conducteurs s'étant emparé des chevaux pour fuir plus rapidement. Elles étaient mises au pillage et pendant la curée, les cosaques venaient parfois les massacrer et les dépouiller de leurs rapines.

Plusieurs fois le jour, le canon se faisait entendre à l'arrière-garde, alors les fuyards hâtaient la marche, ils devenaient insensibles à tous sentiments d'honneur, à toutes représentations.

L'Empereur, qui connaissait la défection de la Bavière, apprend que le général de Wrède, à la tête de l'armée bavaroise, forte de 60 000 hommes, marche sur le Rhin pour y arriver avant nous et nous couper la retraite. Il ne peut alors s'arrêter à Erfurt où il voulait faire reposer ses troupes et réorganiser ses corps d'armée.

L'Empereur veut rallier les garnisons de la Vistule, de l'Oder et de l'Elbe

Il avait envoyé des officiers déguisés au maréchal Saint-Cyr à Dresde, à Rapp[1] à Dantzig, à Lemarois à Magdebourg, à Davout à Hambourg. Il voudrait que Gouvion Saint-Cyr descendant l'Elbe put réunir toute les garnisons de Torgau, de Wittenberg et de Magdebourg pour aller donner la main au maréchal Davout à Hambourg – ses ordres ne parvenait pas – Toutes ces places capitulèrent. Plus de 140 000 Français devinrent prisonniers de guerre. Gouvion Saint-Cyr capitula à Dresde le 11 novembre, Rapp à Dantzig le 30 octobre, Stettin le 5 décembre, Torgau le 21 décembre, les places polonaises de Zamosc et de Modlin le 25 décembre.

---

1. Jean comte Rapp (1772-1831), général, gouverneur de Dantzig, chambellan de Louis XVIII.

Bataille de Hanau

Napoléon arrive le 30 octobre à Hanau.

Le général de Wrède pense que l'armée française poussée l'épée dans les reins par les armées coalisées ne résistera pas à son attaque de front et se jette inconsidérément devant Hanau, laissant le passage à l'armée sur la Kintzig.

L'armée française, indignée contre les Bavarois, leur montra qu'il ne faut pas attaquer le lion en retraite. Elle leur passe sur le corps et lui tue 6 000 hommes ; le général en chef de Wrède y est mortellement blessé. Cette bataille a lieu les 30 et 31 octobre.

Mon arrivée à Hanau

Mes camarades blessés et moi étions arrivés à Hanau le 26 à 8 heures du soir. Cette ville était dans la consternation, car l'armée bavaroise venait d'arriver dans les environs et elle savait que notre armée arrivait à grands pas. Les habitants craignaient une conflagration dans leur ville où pouvaient se heurter les Bavarois et les Français.

La ville morne et silencieuse était illuminée comme un jour de fête, ses rues étaient désertes, on n'y voyait pas un seul habitant. Tous enfermés dans leurs maisons parfaitement closes regardaient timidement des fenêtres des étages supérieurs et à travers les vitres ce qui pouvait apparaître dans la rue. Nous les apercevions ainsi attirés par le bruit de nos chevaux, nous rendant à la mairie.

Comme un des plus jeunes et des plus valides, ma blessure au bras ne m'empêchant pas d'agir, je m'occupai des logements.

Arrivé à l'hôtel de ville, je trouvai la municipalité assemblée. Ses membres, comme les sénateurs romains, attendant les Gaulois, étaient assis autour d'une table circulaire, l'air et le maintien gravement et tristement préoccupés. Je m'adresse au maire, lui demandant des billets pour douze officiers blessés. Il parut étonné de ma demande et me répondit avec une bienveillante politesse, « vous ignorez donc, Monsieur, ce qui se passe ici. L'armée bavaroise entre dans notre ville cette nuit ou au point du jour. Vous voyez que nous attendons. Si vous restez, Messieurs, vous serez évidemment prisonniers. Nous sommes à votre disposition, mais je vous conseille de ne pas rester ». D'après cet avis bienveillant, nous pensâmes qu'il fallait, quoique très fatigués, continuer notre route. Le maire nous donna le nom d'un village où il nous assura que nous ne trouverions pas d'ennemi. Nous y arrivâmes à 11 heures du soir, en repartîmes à 5 heures du matin, et fîmes le lendemain 28 octobre notre entrée à Mayence, ayant échappé à tout évènement fâcheux.

Entrée à Mayence, typhus et grande mortalité

Cette ville était dans une vive agitation à cause de la proximité de l'armée bavaroise et de la marche des Coalisés suivant notre armée en retraite.

Une horrible contagion décimait les dépôts de nombreux conscrits réunis à Mayence pour être dirigés sur leurs régiments, le typhus faisait de nombreux ravages même parmi les habitants logés près de la douane convertie en hôpital. Je vis le lendemain de mon arrivée plusieurs fourgons dans lesquels on jetait les morts, tout nus, pour aller les déposer dans une immense fosse où ils étaient rangés par couches et recouverts de chaux. Il mourait journellement 200 à 250 jeunes soldats. La terreur était grande chez les habitants qui payèrent un triste tribut à cette affreuse maladie. Le vénérable maréchal Kellermann qui commandait à Mayence donnait tous les soins les plus empressés pour atténuer la gravité du fléau. Cependant plus de 25 000 soldats et habitants de cette malheureuse ville furent victimes de l'épidémie. Elle se propagea dans les villages voisins et l'évacuation des malades à l'approche de l'ennemi la porta jusque dans l'intérieur de la France.

Anecdote

Il m'arriva à Mayence un évènement que je veux raconter, quoique sur quelques points je puisse être répréhensible, mais il faut faire la part de l'âge et la situation où je me trouvais.

Logé dans la basse ville près du Rhin avec un chef d'escadron de mon régiment nommé Corroyer, j'aperçus de la fenêtre de ma chambre un bel hôtel qui promettait une ample compensation à nos pénibles et si longues privations. Nous avions faim et le plus pressant besoin de manger. Nous dirigeant vers l'hôtel, nous apercevons dans une salle une table d'environ trente couverts. Du linge blanc, des cristaux, des bouteilles de vin du Rhin rangées en ordre devant chaque couvert, des hors-d'œuvre délicats ornant le service excitent notre admiration et notre convoitise. Je fais une exclamation de joie à cette vue, j'ôte mon sabre et mon casque et j'allais demander qu'on nous servît lorsque qu'un gros homme à face rubiconde, que je pensais être le maître du logis, entre.

Cette invasion de deux étrangers dans son intérieur ne le dispose pas à une gracieuse réception. Il nous toise du haut en bas et notre vue ne lui inspire pas une grande considération. Mon commandant, malade, était vêtu d'une espèce de blouse en lambeaux qui cachait son uniforme, le chef couvert d'une vieille casquette. Comme lui, j'avais la barbe longue et les cheveux hirsutes. J'ai déjà dit que mon bras droit était enveloppé d'une schabraque, dont la laisse était en dedans et la peau à l'extérieur. Mon habit était sale et déchiré par la mitraille qui m'avait blessé, mon pantalon à l'avenant. En résumé j'aurais eu l'aspect d'un brigand si cet uniforme délabré n'avait porté une épaulette de capitaine et une croix de la Légion d'honneur.

Faisant mine de ne pas m'apercevoir de l'impertinence de l'hôtelier, je lui dis, « Monsieur, nous voulons manger, je vois que chez vous on doit être bien servi », et je fais le mouvement de m'asseoir à cette table si splendidement couverte. Alors il me reprend grossièrement, « cette table est pour les officiers de la garnison qui mangent ici, et certes ce n'est pas pour vous ». Je devins rouge de colère mais je me contins pourtant et je répartis, nous sommes des officiers blessés, ces « Messieurs seront enchantés de voir des camarades qui viennent de l'armée et qui ont bien besoin de faire un bon repas » – « je vous ai dit, Messieurs, répondit-il, que cette table n'est pas pour des gens comme vous ».

À cette nouvelle grossièreté, ne pouvant plus maîtriser ma colère, je me lève de table, me précipite sur mon sabre, dégaine vivement de la main gauche et je cours le sabre haut sur l'hôtelier qui heureusement trouve entrouverte la porte par laquelle il était entré. Il la referme brusquement en criant, « *à l'assassin !* », la pointe de mon sabre frappe le haut de la porte, mais la lame en descendant atteint légèrement le discourtois qui a son habit coupé. Il aurait eu bien pis si le coup n'eut été amorti par le haut de la porte. Je ne veux justifier en rien la scène qui suivit, mais ceux qui se mettront à ma place comprendront ce qui put se passer en moi. Ma rage se tourna contre la pauvre table bien innocente à coup sûr de l'impertinence du Mayençais. À coups de sabre répétés, je casse toutes les assiettes, les bouteilles pleines et vides, je mets en pièces la nappe et les serviettes. À chaque coup mon commandant riant aux éclats s'écriait, « bravo !, bon ! » Plus âgé que moi et mon chef, il aurait pu mieux faire. Bref, après cette ridicule scène, je tombai de lassitude sur une chaise.

Les cris de l'hôte avaient fait venir la garde à qui on avait dit que des brigands s'étaient introduits dans l'hôtel voulant tuer tout le monde. Le caporal qui la commande entre avec ses hommes la baïonnette au bout du fusil.

Ne voyant que deux officiers blessés tranquillement assis, il nous demande où sont les brigands. Je réponds que c'est nous, que nous avons voulu manger et qu'on nous a grossièrement refusé. Il salue militairement et s'en va.

Cependant l'hôtelier voyant la force armée faire, selon lui, si mal son devoir et pactiser avec les brigands, court chez le maréchal, duc de Valmy, racontant tout ému son histoire de brigands et d'assassins. Le maréchal envoie en hâte son premier aide camp pour savoir ce qu'il en était. Il nous trouva tranquillement assis au milieu des débris de la table, attendant le dénouement qui pour nous était d'apaiser notre faim. Comme le caporal, le colonel demanda où étaient les brigands. Alors je lui détaille clairement et véridiquement ce qui s'est passé. Il fut d'une exquise politesse en nous demandant en quelque sorte excuse de la grossièreté de l'hôtelier. Le maréchal, à qui il rendit compte de l'aventure, le renvoya peu d'instants après pour nous inviter à dîner. Nous montrâmes alors au colonel le pitoyable état de nos vêtements. Il dit que Monsieur le maréchal les trouverait parfaitement bien. À l'aide du barbier, de beaucoup d'eau et d'une brosse, nous devînmes presque présentables. Le vénérable maréchal nous reçut avec beaucoup de bonté et nous fit asseoir à ses côtés, et pendant le dîner il me demanda en souriant et avec son accent allemand, « quel est donc celui de vous, Messieurs qui… » en faisant un signe du bras comme un homme qui sabre. Je répondis, « hélas, Monseigneur, c'est moi, j'en suis fâché, mais ce drôle méritait une correction ». Le Maréchal me demanda alors le récit de notre aventure, rit beaucoup de la peur de l'hôtelier et puis ajouta, « mais la table était fort inoffensive » – « c'est vrai, Monseigneur, et en ceci je suis inexcusable ». Il donna ordre que nos appointements arriérés nous fussent payés. Notre dénuement était complet, nous n'avions absolument que les vêtements délabrés que nous portions.

Le lendemain, les officiers de la garnison qui mangeaient chez notre brutal vinrent nous faire des excuses, nous disant qu'ils quitteront cette pension, et nous inviter à dîner. L'hôtelier, fort malheureux de la décision des officiers, vint implorer son pardon, nous disant qu'il serait ruiné et nous suppliant d'intercéder pour lui auprès de nos camarades. Ces Messieurs voulurent bien accéder à notre prière ; ils restèrent donc à leur pension. Je pense que cette leçon a servi à cet homme. Je voulus payer ma folie exercée sur les bouteilles, nappes. L'hôtelier ne voulait pas. J'insistai et je payai.

Après trois jours de repos à Mayence, nous quittâmes cette ville décimée par l'horrible typhus et gagnâmes Strasbourg pour guérir nos blessures et rejoindre nos régiments.

Chapitre IV

Du 16 novembre 1813, jour de mon arrivée à Strasbourg, à mon entrée dans la Maison du Roi en 1816

Entrée à Strasbourg après la campagne de Leipzig, invasion de l'ennemi, blocus de Strasbourg, campagne de France, batailles mémorables, entrée des ennemis à Paris, arrivée des Bourbons, je quitte Strasbourg ; je suis placé au 3e chasseurs (Capitaine), garnison à Maubeuge, Hesdin, hiver de 1814 à 1815, je suis désigné pour aller chercher à Lille l'étendard du Roy, agitation sourde dans le pays et dans l'armée, retour de Bonaparte, impression qu'il cause, 20 mars Louis XVIII à Hesdin, la Maison du Roi passe par Hesdin le 23 mars, Excelmans[1] à sa poursuite, licencié, mon régiment part pour Lille, cantonnons au Quesnoy-sur-Deule, l'*Acte additionnel*[2] envoyé à mon régiment, Je refuse de le signer, je pars pour Gant, séjour à Hort, ma condamnation à mort, le duc de Berry à Hort, bataille de Ligny, bataille de Waterloo, nous rentrons en France avec le Roi, M. de Polignac, joie des habitants, envoyé en mission à Hesdin, mon régiment se forme à Amiens, il part pour Chartres devant prendre service près du Roi le 1er janvier 1816, arrestation du maréchal Ney, Ministère, exécution de ce maréchal et de Labédoyère[3], mon régiment chasseur à cheval de la Garde à Paris, il en part le 1er avril pour Compiègne, la France humiliée, conspiration de Grenoble, je suis nommé adjudant sous-lieutenant aux gardes du corps de Monsieur, je rejoins mon nouveau corps à Paris.

---

1. Rémy Joseph Isidore Excelmans (1775-1852), général.
2. L'*Acte additionnel aux constitutions de l'Empire* du 22 avril 1815 est l'acte constitutionnel rédigé par Benjamin Constant à la demande de Napoléon Ier lors de son retour de l'île d'Elbe. Cet acte prend en compte certaines améliorations de la charte de 1814. Pour minimiser les changements intervenus et les concessions faites à l'esprit nouveau, Napoléon l'inscrit comme la continuité des précédentes constitutions et elle prend ainsi la forme d'un acte « additionnel aux constitutions de l'Empire ».
3. Charles Angélique Françopis Huchet comte de Labédoyère (1786-1815).

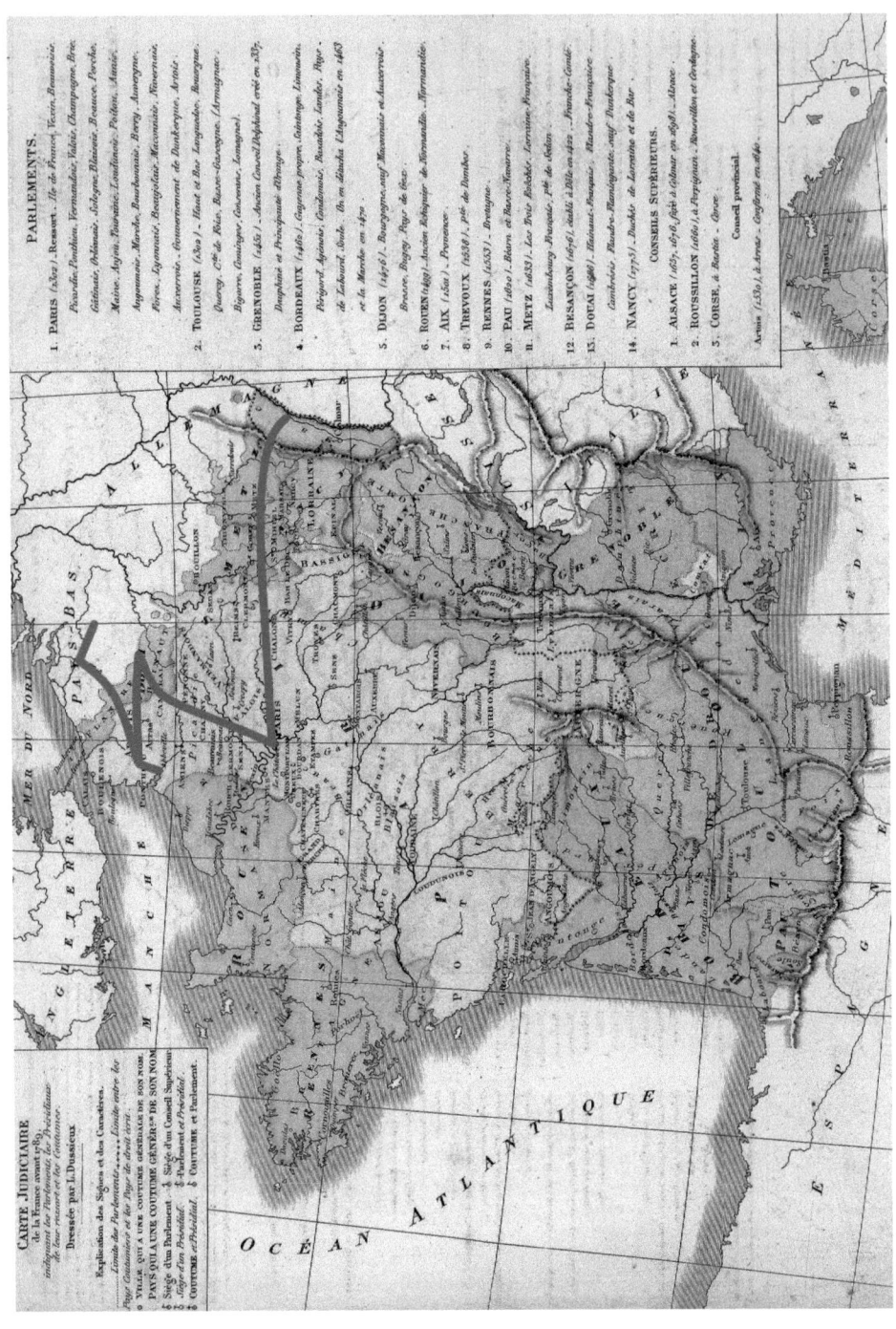

La campagne de France, la Restauration, les Cent-Jours
Atlas de Dussieux
Naylies arrive blessé à Strasbourg fin 1813 mais il est suffisamment remis au début de la campagne de France pour reprendre le combat ; à l'abdication de Napoléon il passe au service des Bourbons et leur sera désormais fidèle, les suivant en Belgique durant les Cent-Jours (Hesdin, Alost, Bruxelles, Compiègne).

La campagne de France, la première Restauration

16 novembre 1813, mon entrée en France

Notre détachement d'officiers blessés entra à Strasbourg le 16 novembre, anniversaire de ma naissance. J'avais 27 ans.

Je trouvai dans cette ville le dépôt du 19e dragons, mon ancien régiment, et j'y fus parfaitement reçu par mes camarades. J'avais bien besoin de repos car ma blessure, les fatigues et la misère que j'avais éprouvées m'avaient donné une forte fièvre que dans les premiers moments je crus bien être celle qui ravageait Mayence et les environs. Sans cette circonstance, j'aurais rejoint à Salins le dépôt du 28e dragons, mon régiment.

Je fus fort mal pendant un mois mais, bien soigné, j'entrai bientôt en convalescence.

De sourdes rumeurs annonçaient l'approche des armées ennemies sur le Rhin. Alors arriva à Strasbourg le maréchal duc de Béthune qui avec sept à huit mille hommes fut chargé de la défense de la rive gauche du fleuve depuis Huningue jusqu'à Landau.

Invasion

Le 20 décembre, jour à jamais néfaste, les Coalisés, violant la neutralité suisse, passèrent le Rhin sur le pont de Bâle et foulèrent le sol de la Patrie. Sur ces désastreuses nouvelles, le duc de Béthune quitta Strasbourg se portant vers Colmar, non certes pour arrêter l'ennemi avec des forces si inférieures mais pour suivre le mouvement et gagner les défilés des Vosges.

Ayant à sa disposition les braves dragons d'Espagne, il les lança sur l'ennemi à Sainte-Croix puis Colmar ; les vétérans, conduits par le général de Montélégier, enfoncèrent la cavalerie ennemie et lui prirent quatre ou cinq cents chevaux.

1er janvier 1814
Le départ de Strasbourg du duc de Béthune, avec toutes ses troupes disponibles, avait réduit la garnison de cette grande et importante place de guerre aux dépôts de plusieurs régiments d'infanterie et de cavalerie et à la garde nationale animée du meilleur esprit. On forma des bataillons et des escadrons provisoires dont le commandement fut donné à des officiers du dépôt.

À peu près guéri de la fièvre mais non de ma blessure, je demandai le commandement d'un escadron de dragons.

Blocus de Strasbourg
Vers le 15 janvier, la ville fut bloquée par les Bavarois et les Badois qui s'établirent dans les villages des environs coupant toute communication avec l'intérieur. Plusieurs fois l'ennemi s'approcha des remparts qui le saluèrent de leur artillerie. Nous fîmes plusieurs sorties sur ces déloyaux anciens camarades. Dans une de ces rencontres, mon escadron chargeant sur les dragons badois, n'ayant que mon bras gauche pour conduire mon cheval et mon bras droit en écharpe, je fus obligé de me mettre en serre-fil, ne pouvant braver les coups de sabre que je n'aurais pu rendre. Après une mêlée de quelques instants, les Badois mis en fuite, nous les poursuivîmes jusqu'à leur cantonnement à Bischeim où trois ou quatre pièces de campagne en batterie nous envoyèrent de la mitraille. Trois chevaux seulement furent blessés.

L'armée française guerroyait dans l'intérieur avec des chances diverses mais son infériorité numérique était telle et les moyens de l'ennemi si puissants qu'il était impossible de prévoir une heureuse issue de cette lutte gigantesque et désespérée. Ce n'était que par des émissaires déguisés qui couraient le risque d'être fusillés que la garnison apprenait des nouvelles de l'Armée et de Paris.

16 février, bataille de Montmirail
L'artillerie de la place annonça aux habitants et à l'ennemi qui nous bloquait la victoire éclatante de Montmirail où Napoléon écrasa les coalisés.

Les héroïques efforts des débris de nos héroïques phalanges nous remplissaient d'un juste orgueil mêlé d'une profonde tristesse : nos rangs s'éclaircissaient tous les jours, ceux de l'ennemi grossissaient par les nombreux renforts qui passaient le Rhin pour se ruer sur notre malheureuse Patrie.

Combat glorieux pour nos armées

L'ennemi reconnut pourtant à Brienne, à La Rothière, à Montmirail, à Champaubert, à Vauchamps, à Craonne, à Arcis-sur-Aube, à Fère-Champenoise, combien il était dangereux de venir attaquer chez eux ces Français qui avaient planté leur drapeau victorieux sur toutes les capitales de l'Europe et qui, jusqu'au dernier, auraient voulu mourir pour sauver le sol de la Patrie.

Nous apprîmes que dans les Vosges, en Lorraine et en Champagne, les populations exaspérées ne faisaient pas de quartier aux soldats isolés, aux traînards de l'ennemi, et les massacraient impitoyablement. Les paysans armés se réfugiaient dans les bois, emmenant leurs familles et leurs bestiaux, attaquant et immolant les petits détachements qu'ils pouvaient atteindre.

Cet esprit d'insurrection et de prise d'armes générale joint aux divers mouvements de Napoléon qui avait manœuvré pour se jeter derrière l'ennemi et couper ses communications avec l'Allemagne, avaient tellement impressionné les souverains alliés qu'il fut question dans leurs conseils de se retirer sur le Rhin.

30 mars, entrée des Coalisés dans Paris

Une pointe de Blücher sur Paris et quelques rencontres malheureuses relevèrent le courage de l'ennemi, firent changer les déterminations et l'amenèrent aux portes de la capitale. Il y entra le 30 mars par la capitulation après un combat aussi inégal qu'acharné.

Ma blessure était guérie mais les mouvements de mon bras étaient encore gênés. Je montais à cheval et je faisais mon service de commandant d'escadron. Quoique le blocus de la ville existât encore, il était peu resserré car la grande troupe qui le formait avait été joindre les Coalisés qui marchaient sur Paris. Seulement quelques régiments de cavalerie cantonnés à deux ou trois lieues coupaient les communications avec nos camarades de la Grande Armée. Ce petit nombre de troupes de l'ennemi suffisait, ne pouvant nous éloigner de la place et celui-ci ne craignant pas d'attaques de la part de notre armée déjà éloignée de plus de soixante lieues.

Entrée des Bourbons en France

Vers le 15 mars, j'appris dans la société de Strasbourg où pour la première fois j'entendis prononcer le nom des Bourbons, que trois princes de cette Maison étaient sur le sol français. Ils avaient quitté l'Angleterre qu'ils habitaient depuis plus de vingt ans et s'étaient dépensés dans diverses directions dès le mois de janvier dernier. Monsieur Comte d'Artois, frère de Louis Stanislas Xavier, Louis XVIII, était entré en France par la Suisse ; il était en ce moment à Nancy. Le duc d'Angoulême, son fils aîné, marchait avec l'armée anglaise sur Bordeaux et le duc de Berry, son deuxième fils, venait de débarquer dans la Vendée.

Ces nouvelles, il faut l'avouer, firent peu d'impression. Ces princes, inconnus de la jeune génération élevée presque toute dans l'horreur des crimes de la Révolution et au milieu de la gloire de l'Empire, étaient généralement peu sympathiques. Tout en détestant le fatal orgueil de Napoléon qui avait attiré sur la France le fléau de la guerre la plus désastreuse et amené l'étranger au cœur de la Patrie, on le plaignait, abattu, et on pensait qu'il aurait pu faire le bonheur du Pays si son insatiable ambition avait pu trouver des bornes.

Élevé dans les sentiments religieux et monarchiques, le nom des princes de Bourbon ne m'était pas inconnu. J'avais souvent, dans l'âge le plus tendre, pleuré au récit des infortunes de cette grande et noble famille française. Son retour combla ma famille de joie. Je partageais ses sentiments quoique admirateur de Napoléon que j'avais toujours fidèlement servi et pour qui j'aurais, en soldat dévoué, sacrifié ma vie.

Abdication de l'Empereur
Nous apprîmes enfin les événements de Paris, l'abdication de l'Empereur à Fontainebleau le 4 avril, le rappel des Bourbons, l'entrée de Monsieur à Paris le 12 avril et le 3 mai celle du roi Louis XVIII accompagné de sa nièce, la duchesse d'Angoulême, fille de Louis XVI.

Monsieur de Lassale, aide de camp du comte d'Artois, arrive à Strasbourg
Le blocus de Strasbourg cessa le 15 avril. Cette ville où aucun étranger n'entra, ouvrit ses portes au chevalier de Lassale, aide de camp de Son Altesse Royale Monsieur. Cet officier général reçut les officiers de la garnison avec une grande courtoisie, nous parlant avec intérêt de nos services que le Roi appréciait et reconnaîtrait. Il nous donna des détails sur les événements de Paris et ceux de Bordeaux où le duc d'Angoulême avait fait son entrée aux acclamations de la population dont l'exemple avait été suivi par tout le midi.

Monsieur de Lassalle dirigea sur leur corps respectifs les officiers et les détachements qui avaient été enfermés dans la place lors de l'invasion des troupes alliées.[1]

---
1. Est-ce à ce moment-là que Naylies reçut la *Charte constitutionnelle* ou *Déclaration de Saint-Ouen* octroyée par Louis XVIII « *l'an de grâce 1814, et de notre règne le dix-neuvième* » ? Ce document de 16 pages est reproduit en annexe.

Je pars pour Paris

J'avais été nommé après ma blessure capitaine au 2ᵉ régiment d'éclaireurs-dragons de la Garde impériale. Je l'ignorais et mon brevet courait après moi. Je fus dirigé sur Paris où j'arrivai le 15 mai.

La Vieille Garde avait été conservée avec d'autres dénominations.

La Jeune Garde avait été incorporée dans les régiments que l'on formait mais sans privilège et comme toute autre troupe de ligne.

Je fus désigné pour le 3ᵉ régiment de chasseurs à cheval, appelé du Dauphin, qui s'organisait à Maubeuge. Après un congé d'environ un mois que je passai à Paris, je rejoignis mon nouveau régiment à Maubeuge le 1ᵉʳ juillet 1814. Il était commandé par Monsieur de Saint-Mars, ancien aide de camp du maréchal Lannes[1] qui, depuis, a été plus de trente ans secrétaire général de la Légion d'honneur avec le maréchal Macdonald dont il avait épousé la nièce. Aux cadres de ce régiment vint s'adjoindre une foule d'officiers destinés à être conservés mais dont les corps avaient été licenciés.

On me donne une compagnie

Mon ancienneté, quoique de fraîche date, m'appela au commandement d'une compagnie. Aimant mon métier par-dessus toutes choses, en ayant appris les détails comme simple soldat, passant par tous les grades jusqu'à celui de capitaine, je m'appliquai au bien-être de mes chasseurs, à leur hygiène et surtout à ce qu'il ne leur fut fait aucun tort dans leur nourriture ou dans leur linge et chaussures. J'étais fort rigoureux dans le service et toujours le premier sur le terrain. Au bout de quelques mois, on m'avait surnommé le *Capitaine exact*.

Mes occupations

La vie de désœuvrement, de jeu, de café, n'allait pas avec mes habitudes sérieuses. Après les devoirs de mon état, je rentrais chez moi où je travaillais, je lisais avec assiduité les mémoires historiques et les ouvrages militaires. Surtout après neuf années de guerre, de bivouac et de privations de toutes les ressources de l'esprit, j'éprouvais un grand besoin de me retremper aux véritables sources des connaissances humaines.

Il y avait à Maubeuge quelques débris de l'ancienne société qui, avant la révolution, faisait le charme de cette petite ville ; on vantait jadis son séjour à cause d'un chapitre noble où d'aimables et spirituelles chanoinesses faisaient les délices des nobles habitants et des jeunes officiers forcés de passer l'hiver à leur garnison.

---

1. Jean Lannes (1769-1809), maréchal d'Empire, duc de Montebello.

Je voyais assez habituellement la famille de Clebsatel dont un vieux chevalier de Saint-Louis de ce nom offrait le type exact des officiers d'Infanterie de l'Ancien Régime. Sa petite-fille avait épousé Monsieur Dralenvaux, commissaire des Guerres, et ce ménage avait une fille de 18 à 20 ans fort jolie et un jeune garçon de 13 à 14 ans qui servit plus tard sous mes ordres dans la Maison du Roi et qui, après dix ans de campagnes en Afrique, devint colonel du 2e léger et officier général.

Je logeais près de la Sambre, dans la partie basse de la ville, chez une veuve nommée Ladeuze qui faisait un commerce de clous et de broches, industrie propre à cette localité. Elle avait une fille unique de 18 ans qui aurait apporté volontiers à une jeune épaulette son cœur, ses écus et ses clous. J'avoue que je faisais peu attention à son innocent manège de coquetterie. Elle en paraissait fort piquée. Nous passâmes ainsi agréablement quatre mois à Maubeuge.

25 octobre

Dans les derniers jours d'octobre, nous reçûmes l'ordre d'aller tenir garnison à Hesdin sur la Canche, cette petite ville de la province d'Artois est fortifiée et fut prise par Louis XIII en 1639 qui fit son entrée à cheval par la brèche. Elle est à cause de l'abondance des fourrages de ses environs toujours garnison de cavalerie.

Son état militaire se composait d'un vieux commandant de place, d'un capitaine de Génie et de deux gardes de cette arme. Le commandant de la place était un vieux chef de bataillon nommé de Zevallos, ancien officier sous Louis XVI et chevalier de Saint-Louis. Il n'avait pas émigré, avait servi pendant la Révolution comme commissaire des guerres et, sous l'Empire, il était entré dans l'armée où il était devenu officier supérieur.

Dans la campagne de 1812[1], il était commandant du fort de Pillau dont l'artillerie bat l'étroite échancrure par laquelle la Baltique entrant dans les terres forme le Frische-Haff entre Dantzig et Königsberg. Cet officier avait trois filles dont l'une mariée avec Corneau du Mortel employé aux droits réunis, fils d'un ancien magistrat du Parlement de Flandres guillotiné sous la terreur. Les deux autres filles, âgées d'environ trente ans, n'étaient pas jolies mais bonnes et d'un commerce agréable. Plusieurs officiers se réunissaient deux fois par semaine dans cette maison où ils trouvaient une douce et bienveillante hospitalité.

---

1. Dans un paragraphe que nous n'avons pas transcrit car il fait double emploi avec celui reproduit, Naylies dit qu'il avait le commandement du fort de Pillau durant la campagne de 1807-1808.

Société d'Hesdin

Nos chasseurs Dauphin remplacèrent à Hesdin les chasseurs de l'Oise commandés par Monsieur de Crillon. Ces Messieurs ne nous prévinrent pas en faveur des présomptions des habitants qui, par leur position sociale et la fortune, auraient pu recevoir et nous procurer quelques distractions. Les familles de Bryan et d'Auvin, fort riches et considérées, étaient de ce nombre. Ceux d'entre nous qui auraient désiré voir bonne compagnie eurent beaucoup de peine à se faire ouvrir les portes de ces maisons.

Ce qui nous paraissait sauvagerie et mauvais goût de leur part, m'est apparu, avec l'âge et dans une autre position, sous un aspect bien différent. Les mœurs sévères et la vie patriarcale de cette noblesse de Province pouvait ne pas s'accommoder des manières dissipées souvent peu mesurées d'une jeunesse que dix ans de guerre n'avaient pas façonné aux usages de la Société. Ces familles réservées et prudentes ne voulaient pas mettre en contact leurs jeunes filles avec des inconnus, épancher leurs sentiments, leurs convictions intimes devant des étrangers dont les opinions pouvaient être si dissemblables des leurs.

Opinions diverses des officiers

Après la chute de l'Empire et l'avènement des Bourbons, comme le pays, l'armée fut longtemps agitée par des sentiments divers ; presque tous les officiers regrettaient l'Empereur, notre Gloire qu'ils croyaient amoindrie, et un régime militaire qui leur faisait espérer de l'avancement et tous les honneurs dont leurs devanciers avaient été comblés.

Ce sentiment presque général ne s'exprimait qu'avec la plus grande circonspection par les officiers dans les nouveaux régiments. Il s'exhalait en plaintes amères souvent fondées par les officiers que le licenciement de l'Armée retirée sur la Loire avait si cruellement maltraités.

Ceux des officiers replacés dans les régiments qui voyaient avec plaisir le nouveau régime étaient peu nombreux. Une éducation monarchique, des relations de famille, d'anciens souvenirs et aussi l'espérance d'arriver par la faveur avaient opéré ces conversions de même qu'il en était de fort légitimes. On vit des jeunes gens d'anciennes maisons rester inébranlables à la foi napoléonienne.

Je n'étais pas dans la catégorie des officiers qui attendaient la faveur par leur position de famille, je ne devais mon avancement qu'à mes services et, certes capitaine de la Garde impériale à 27 ans, j'aurais fait une fortune miliaire sous l'Empire ou j'aurais été tué. Mon éducation toute monarchique, le nom des Bourbon que j'avais appris à chérir et vénérer, me rangèrent parmi ceux qui se déclarèrent leurs fidèles et dévoués partisans. Je prêtai serment à Louis XVIII et je le tins au péril de ma vie, sacrifiant ma famille, mon avenir, mon pays même à ce que je crus un devoir d'honnête homme et de soldat loyal.

Rétablissement de la Maison militaire du Roi
À la rentrée du Roi, il rétablit sa Maison militaire telle quelle était avant la réforme opérée par Monsieur de Saint-Germain, plaça deux compagnies de Gardes du Corps en sus, il y en eut six au lieu de quatre.

Les capitaines des quatre anciennes compagnies furent Messieurs le duc d'Avré[1], le duc de Gramont[2] le prince de Poix, le duc de Luxembourg. Les 5e et 6e eurent pour capitaine le prince de Wagram et le duc de Raguse.

Il y eut deux compagnies de gardes du corps de Monsieur, dont furent capitaines le comte François d'Escars et le chevalier de Puységur. Deux compagnies de mousquetaires, gris et noirs, ainsi appelés de la couleur de leurs chevaux. Une compagnie de gendarmes, une compagnie de chevau-légers tous avec l'ancien uniforme tel qu'il était sous Louis XV. Une compagnie de grenadiers à cheval commandée par Louis de La Rochejaquelein[3], toute composée de vieux grenadiers de la Garde impériale.

L'hiver de 1814 à 1815 fut fort triste dans notre petite garnison avec si peu de ressources de société ; quelques-uns d'entre nous furent admis cependant dans les trois ou quatre maisons les plus considérables de la ville.

Nous recevons nos étendards, bal et carrousel
L'Armée reçut ses drapeaux, je fus désigné pour aller chercher l'étendard du régiment à Lille où commandait le général de division comte Drouet d'Erlon. Je partis avec le porte-étendard et deux officiers. Notre retour fut signalé par une fête que nous donnâmes aux habitants à l'occasion du drapeau fleurdelisé. Il y eut un carrousel où figurèrent les officiers les mieux montés et qui maniaient le mieux leurs chevaux. Dans une contre-danse équestre ayant pour vis-à-vis le capitaine Moncey,

---

1. Joseph Anne Maximilien de Croÿ duc d'Avré (1744-1839), émigré sous la Révolution, lieutenant-général, pair de France sous Louis XVIII.
2. Antoine Héraclius Agénor duc de Guiche puis de Gramont (1789-1855), émigré, lieutenant-général à la Restauration.
3. Louis du Vergier marquis de La Rochejacquelein (1777-1815), frère d'Henri, le héros des guerres de Vendée, lui-même général vendéen qui mourra au combat à Saint-Hilaire de Riez le 4 juin 1815.

neveu du maréchal, son cheval s'abattit, tourné trop court dans un chassé-croisé. Il n'en résulta pas d'accident. Le soir nous réunîmes toutes les dames de la ville dans un bal dont nous fîmes les honneurs avec empressement et courtoisie.

On dansa jusqu'au lendemain et, comme j'étais capitaine de semaine, j'allai à 4 h du matin au déjeuner des chevaux en bas de soie où je trouvai les sous-lieutenants de service dans la même tenue. Nous rentrâmes au bal où un buffet bien garni et quelques verres de vin de champagne nous firent oublier cet entracte malencontreux mais obligé.

Les habitants qui s'étaient fort humanisés dans cette occasion nous donnèrent à leur tour un joli bal, la glace était rompue. Beaucoup de retardataires entrèrent dans la société.

De même que les officiers inférieurs étaient beaucoup plus nombreux que ne le comportaient les cadres, il en était de même des officiers supérieurs. Le régiment avait deux colonels à la suite, MM. de Potier[1] et de Marbot[2], outre Monsieur de Saint-Mars, colonel titulaire. Dès qu'il y avait une vacance, le ministre de la Guerre la remplissait avec ses officiers à la suite. Ainsi Monsieur de Marbot fut pourvu d'un régiment de hussards. Au mois de janvier 1814, il restait peu d'officiers dans cette situation.

Sourde agitation dans l'Armée
L'état politique de la France donnait de l'inquiétude aux amis de l'ordre et de la Monarchie. Une sourde agitation régnait dans les rangs de l'armée que les mécontents voulaient gagner à tout prix. Tous ceux qui avaient perdu ou leur position ou des espérances par la chute du gouvernement impérial, les officiers à demi-solde surtout, rentrés dans leurs foyers, ne cessaient d'attiser le feu en répandant les bruits les plus sinistres et les plus absurdes.

Tantôt on allait emprisonner tous les acquéreurs de biens nationaux et s'emparer de leurs propriétés, tantôt on allait renvoyer des régiments tous les anciens officiers non nobles pour les remplacer par cette jeune noblesse qui venait d'être appelée à former la Maison militaire du Roi.

Faute du gouvernement
Il est vrai qu'on avait commis une grande faute par cette immense création d'officiers lorsqu'on renvoyait chez eux à demi-solde des

---
1. Pierre Jacques de Potier (1780-1840), général ; chasseur à cheval de la Garde, participe à la campagne d'Espagne en 1823.
2. Jean Nicolas Marbot (1765-1833), général baron d'Empire.

milliers d'officiers vétérans de nos glorieuses armées. L'avancement inouï donné aux émigrés semblait confirmer ces bruits calomnieux répandus et colportés en tous lieux par la plus coupable malveillance.

Comment n'en eut-il pas été ainsi lorsque un jeune officier décoré, plein d'ardeur, distingué par des actions d'éclat, rentrant à demi-solde dans son village, en voyait partir comme officier supérieur ou colonel le vieil émigré qu'il avait toujours vu chassant et s'occupant de son bien, ne s'étant jamais douté qu'il eut servi.

Tout le monde voyait que l'État actuel ne reposait pas sur des bases assurées, que ses défenseurs obligés étaient aveugles ou impopulaires tandis que ses ennemis actifs, audacieux, étaient sympathiques aux masses dont l'esprit était bien changé depuis quelques mois.

Le débarquement de Napoléon
Imagerie Pellerin à Épinal, 50 × 65 cm
Le débarquement de Napoléon à Golfe Juan le 26 février 1815
marque le début des Cent-Jours.
Naylies l'apprend le 7 ou le 8 mars alors qu'il est en garnison à Hesdin.

Les Cent-Jours

Débarquement de Napoléon à Cannes

Ayant fait à Paris un voyage de huit jours pendant le mois de janvier, je pus me convaincre de la gravité du mal et des symptômes d'une explosion prochaine, dont nous avions vu même en province les effrayants préliminaires.

Un matin des premiers jours de mars (le 7 ou le 8), mon maréchal des logis chef entra chez moi au point du jour et me dit « mon Capitaine, l'Empereur est débarqué ! ». Je fis un bond dans mon lit en m'écriant que ce n'était pas possible. Il me donna la confirmation la plus authentique. J'accourus chez le lieutenant-colonel qui venait de recevoir cette nouvelle.

Impression qu'il cause

Les officiers furent calmes et silencieux ; il était aisé de voir que, pour plusieurs, ce n'était pas une calamité. Pendant que se déroulait ce drame fatal qui commença à Cannes jusqu'au 20 mars à Paris, les bruits les plus contradictoires circulaient. Tantôt Napoléon avait été battu et fait prisonnier, tantôt il montait victorieux sur la capitale. Les sous-officiers et soldats s'exaltaient et ne se cachaient plus pour témoigner leur sympathie au retour de Napoléon. On punit quelques chasseurs trop bruyants dans l'expansion de leurs sentiments et j'envoyai à la salle de police un trompette ivre qui frappait le pavé de son sabre nu, criant à tue-tête, le répétant sur tous les tons : « M... pour trois fois six, Vive l'Empereur ! » Cette punition disciplinaire fut assez mal vue dans le régiment. J'eus l'air de ne pas m'en apercevoir car elle était juste, indispensable et ne pouvait être blâmée : le soldat était ivre, il avait son sabre nu qu'il abimait sur le pavé et il proférait des cris agréables à certaines oreilles et qui me blessaient. Je ne changeai rien ni à ma conduite ni à mes discours. Cet épisode de notre situation n'alla pas plus loin.

Cependant les événements se précipitaient.

20 mars

Nous apprîmes en même temps la sortie de Lyon de Son Altesse Royale Monsieur et du maréchal Macdonald qui étaient partis de Paris pour s'opposer à la marche de Napoléon et le départ de Paris du roi Louis XVIII dont un courrier nous annonça l'arrivée sous peu d'heures à Hesdin, ayant couché le 21 mars à Abbeville. Hesdin. Cette nouvelle inattendue mit en émoi cette petite ville dont les sentiments étaient très sympathiques envers la famille royale.

Louis XVIII passe à Hesdin

Le colonel de Saint-Mars étant parti pour Paris quelques jours auparavant, le major Guignard, lieutenant-colonel, consigna les troupes au quartier. Je fus un des premiers à apprendre l'arrivée prochaine du Roi. Je courus à la caserne, je fis seller mon cheval et, suivi de deux officiers de ma Compagnie, je me portai au-devant du Roi qui arrivait pour relayer à l'hôtel de la poste, hors des fortifications. On dételait trois grandes voitures de voyage devant la poste où l'on voyait plusieurs serviteurs empressés entrant dans l'hôtel où le Roi se reposait un instant dans une salle basse.

Je lui suis présenté et je demande à l'escorter

Je me présentai avec mes officiers. Monsieur le duc de Blacas[1] me reçut. Je lui dis que je venais offrir mes services au Roi. Il entra dans l'intérieur et m'introduisit au bout de quelques minutes. Le Roi m'accueillit avec bonté. Il avait près de lui le prince de Wagram, le maréchal Macdonald et le prince de Poix. M'approchant de Sa Majesté, je lui dis que je venais avec des officiers de ma compagnie me mettre à ses ordres, le priant de me permettre de l'accompagner.

Le Roi me remercie et me renvoie

Le Roi me répondit gracieusement : « Je vous remercie Capitaine, vous recevrez sous peu de jours l'ordre de venir me joindre à Lille. Vous pouvez m'escorter jusqu'au prochain relais ». Peu de temps après le Roi se remit en route, je me plaçai à la portière de droite, mon lieutenant à celle de gauche et mon sous-lieutenant à la tête des chevaux.

Arrivé au relais, le Roi daigna m'entretenir pendant qu'on changeait de chevaux, me demandant si le colonel était à Hesdin, le nombre de nos chevaux et ajouta avec un gracieux sourire, « nous nous reverrons bientôt », et voyant mon cheval couvert d'écume à cause de la rapidité de

---

1. Pierre Louis Jean Casimir duc de Blacas (1771-1839), pair de France.

la course et que je me disposais à le suivre encore, il me dit : « Rentrez » et me remercia d'un signe de main.

Je suis assez mal reçu par le major

Nous reprîmes la route d'Hesdin où notre arrivée fut un événement comme l'avait été notre départ spontané sans ordre. Il avait vivement contrarié et blessé le major qui, lorsqu'il m'aperçut, m'apostropha en ces termes : « Qui vous a permis, capitaine, d'aller escorter le Roi sans ordre et d'emmener vos officiers ». Je répondis avec émotion mais respectueusement « je n'ai pas demandé la permission, mon Colonel, parce que matériellement je n'en avais pas le temps et parce que vous ne me l'auriez peut-être pas accordée. Mes officiers ont voulu me suivre parce qu'ils me sont attachés et que je suis leur ami. Toutefois s'il y a des reproches à faire à quelqu'un, c'est à moi seul qu'ils doivent être adressés ». Le major ajouta : « vous avez fait une faute grave contre la discipline ». Je répondis que ce serait la première fois depuis que j'étais au service mais qu'en cette occasion je n'avais cru remplir que mon devoir. Le Major ne dit plus rien et je me retirai. S'il avait su comment les choses tourneraient, que le Roi, qui devait s'enfermer dans Lille et y réunir son armée fidèle serait contraint d'en sortir, et que l'Empereur dans ce moment-même était sans conteste le Maître de la France, il m'aurait évidemment fait arrêter, ou du moins mis aux arrêts de rigueur. Lorsque je rejoignis mes camarades qui jugeaient ma démarche d'après leur opinion ou louable ou répréhensible, je leur dis, ce qui était exactement vrai que, me trouvant au quartier et apprenant que le Roi allait passer se retirant à Lille, mon premier mouvement avait été d'aller lui offrir mes services, que j'étais monté subitement à cheval et que mes officiers me voyant partir n'avaient suivi. J'ajoutai en souriant « on ne peut supposer que j'allais demander de l'avancement » et plus gravement « mais rendre hommage à la vieille royauté malheureuse ».Il ne s'engagea aucune controverse à ce sujet, mes camarades restèrent avec moi dans les mêmes relations de bonne intelligence.

Le 23 mars, la Maison du Roi passe à Hesdin

Deux jours après, la Maison militaire du Roi passa à Hesdin se dirigeant sur Saint-Pol où elle coucha. Je revis avec plaisir plusieurs de mes camarades de l'ancienne armée entrés dans les compagnies rouges de MM. de Saint-Geniès, de Barbançois, de Moutiers, etc. Elle avait à sa tête Monsieur, frère du Roi, le duc de Berry et le maréchal Marmont. Les princes ayant appris que le Roi avait été obligé de quitter Lille, donnèrent l'ordre de marcher sur Béthune car Napoléon, arrivé à Paris, avait donné l'ordre aux troupes de son ancienne garde, notamment aux chasseurs à cheval, de marcher sur Lille et de dissoudre la Maison militaire.

Le général Exelmans qui, avec une division de cavaliers, s'était mis à la poursuite des gardes du corps, arriva devant Béthune comme ceux-ci y entraient. Il y eut, dit-on, un mouvement de vive anxiété : on crut à un conflit qui heureusement n'eut pas lieu, mais la Maison militaire étant à l'abri dans Bethune, les soldats d'Exelmans ne tentèrent pas d'y entrer.

Napoléon ordonne de marcher sur Lille

Les princes couchèrent à Béthune le 25 mars. Ce qui venait de se passer avec la troupe d'Exelmans et les nouvelles qui arrivaient de tous côtés de la marche de troupes nombreuses décidèrent Monsieur à prendre la route la plus courte pour entrer en Belgique et gagner Ypres. On se décida donc à prendre celle d'Etaires malgré les avis de tous les gens du pays qui la déclaraient impraticable. À peine eut-on fait trois lieues que les voitures, les caissons, les chevaux enfonçaient dans d'affreuses ornières où beaucoup restèrent embourbés. On marcha le jour et une partie de la nuit dans cette plaine marécageuse et enfin, au jour, on arriva sur la grande route d'Ypres. Monsieur ayant réuni tous ceux qui l'avaient pu suivre de la Maison militaire les remercia avec effusion et leur dit qu'ignorant où était le Roi, et quittant la France, ceux qui voulaient y rester pourraient encore être utiles à sa cause mais ceux qui désiraient le suivre seraient bien accueillis et qu'ils partageraient avec eux.

Ces braves officiers touchés jusqu'aux larmes dirent, pour la plupart, au prince, qu'ils ne voudraient pas être à charge au Roi et lui occasionner des embarras politiques, qu'ils rentreraient en France prêts à se rendre près de lui dès qu'il y aurait une chance de le servir utilement. La plus grande partie de la Maison du Roi se retira donc vers Armentières où elle fut licenciée.

Le général de Lauriston qui était resté à Béthune attendant les ordres de Monsieur, remit la place au général Teste[1] et se rendit à Saint-Pol où fut licencié le reste de la Maison militaire.

Arrivés à Ypres, les portes de la ville furent refusées aux princes et à leurs troupes. Après quelques pourparlers, les princes et leur suite purent seuls entrer. Les troupes restèrent sur les glacis et les maisons

---

1. François Antoine Teste (1775-1862) général, batailles de la Moskova et de Waterloo, pair de France sous Louis-Philippe.

qui les avoisinaient jusqu'à ce que l'ordre du roi des Pays-Bas permit l'entrée de la ville où elles furent logées chez les habitants. La ville de Gand fut désignée pour la résidence du Roi et de sa famille.

La petite ville d'Alost, à cinq lieues de Gand, reçut les troupes de la Maison du Roi et tous les militaires qui avaient suivi Sa Majesté.

On forme les escadrons de guerre
À Hesdin, Dans les premiers jours d'avril, l'ordre fut donné de former des escadrons de guerre. On fit le choix des hommes les plus anciens, les plus vigoureux et des meilleurs chevaux.

Monsieur de Saint-Mars remplacé par le colonel de Lavoestine
Notre colonel, Monsieur de Saint-Mars, suspecté de Royalisme, fut remplacé par le marquis de Lavoestine, petit-fils du maréchal de Genlis. Cet officier supérieur d'un bonapartisme outré était un des plus jolis hommes de la cour napoléonienne et connu par ses bonnes fortunes. À tous les avantages extérieurs, il joignait, aux manières de la meilleure compagnie, une familiarité militaire qu'il savait nuancer, conservant la dignité de son grade et de sa position sociale.

Ses hérésies régimentaires
Il ne se doutait pas le moins du monde de ses devoirs de colonel, comme administrateur et comme manœuvrier. Ceci me fut révélé dans la première conversation que j'eus avec lui. « En général, les sous-officiers du régiment sont mal habillés, me dit-il, je veux qu'ils aient du drap fin, que leur coiffure soit mieux soignée et qu'ils portent en garnison l'épée et le chapeau. Nous changerons le vieux système dès que nous aurons quelque loisir ». Je restai ébahi de cette énormité et je répondis : « Mais l'État ne passe pas des fonds pour ces changements et vous aurez maille à partir avec les inspecteurs généraux et surtout le ministre de la Guerre lors-même que vous paieriez ces améliorations de vos deniers personnels ». « bah ! bah ! ajouta-t-il, Il faudra bien qu'ils en passent par-là ». Monsieur de Lavoestine avait presque toujours servi dans les états-majors princiers et ne se doutait pas de l'organisation administrative d'un régiment et des règles sévères auxquelles elle est assujettie. Avec son intelligence, il aurait appris bientôt ces détails.

Il était de l'école de cette jeunesse de l'Empire qui puisait ses inspirations dans la bravoure, l'indépendance et les excentricités de l'héroïque général de Lassale ; elle était représentée par les Septeuil, les Jacqueminot, les Couetlesquet, les Lavoestine, etc. tous gens de bonne maison ou arrivés au premier rang par leur esprit et leur bravoure. Dans les premiers mois de la Restauration, ces jeunes gens prirent à tâche de se moquer des vieux émigrés, de faire de la parade dans les galeries du Palais royal déguisés en marquis, coiffés et poudrés comme eux, portant des habits ouverts sous lesquels apparaissaient des gilets et pantalons de couleurs diverses et portant l'épée horizontale, se donnant les grâces d'un roué de la cour du Régent, ou les manières surannées des vieux officiers d'infanterie de Louis XV sortant de leur province. Quelques-uns d'entre eux furent sévèrement punis à cette occasion.

Il m'accueille bien
Monsieur de Lavoestine m'accueillit personnellement très bien, me fit plusieurs compliments dans lesquels il mettait une certaine recherche, me parla de mes services qui méritaient de l'avancement, qu'il les ferait valoir en termes opportuns, mais il ne me dit pas un mot de mon affaire d'Hesdin, au sujet de l'escorte du Roi. Je ne doutais pas qu'il n'en eut parfaite connaissance. Je pense que son cœur de gentilhomme jugeait que j'avais agi loyalement.

Nous partons pour Lille
Le 10 avril, nos quatre escadrons de guerre partirent pour Lille où l'on rassemblait une armée. Louis XVIII qui, le 22 mars, était entré dans cette ville où il voulait grouper autour de sa personne les fidèles de son armée, avait été obligé d'en sortir et de gagner la Belgique, par la mauvaise disposition des troupes de la garnison. Le maréchal Mortier, ami du duc d'Orléans, ne fit rien pour les conserver au Roi. Il assombrit même le tableau de la situation, disant que plus tard il ne serait pas maître des troupes et décida le prince à sortir de la ville de Lille où pourtant la population et la garde nationale étaient animés du plus vif sentiment de fidélité et d'amour pour sa personne et sa maison. Le Roi voyait bien que son départ ruinait toutes ses espérances mais, se fiant peu au maréchal et ne voulant pas devenir le prisonnier de Napoléon, il gagna Ostende.

Le duc d'Orléans, qui avait le commandement supérieur d'une armée qu'on avait voulu former à la frontière ayant sous ses ordres le maréchal Mortier, était déjà parti pour l'Angleterre, laissant un ordre du jour où perçait son désir de se rendre populaire car il méditait déjà cette longue et ténébreuse conspiration qui devait le rendre ingrat, déloyal et usurpateur.

Deux escadrons se portent sur la lys

Mon régiment, 3ᵉ chasseur qui s'appelait jusqu'au 20 mars *chasseurs Dauphin*, après avoir séjourné trois ou quatre jours à Lille, fut réparti en deux ou trois villages vers l'extrême frontière. Mon escadron fut envoyé au Quesnoy-sur-Deule près de la Lys dans le voisinage de Henin.

Napoléon réorganise l'Armée

La guerre n'était pas déclarée mais on s'y préparait de part et d'autre et Napoléon avec son activité accoutumée et son génie si profond en organisation, créait, par des levées de toutes les classes disponibles, une puissante armée car à vrai dire l'Armée française, en mars 1815, existait à peine et on n'aurait pas pu réunir 100 000 hommes.

Il rendit à tous les régiments les anciens numéros qu'ils avaient illustrés dans les grandes guerres de la République et de l'Empire. Il forma les 3ᵉ, 4ᵉ et 5ᵉ bataillons qui portèrent les régiments à 5 bataillons au lieu de 2. Par ce moyen, il donna de l'emploi à tous les officiers mis à demi-solde par la Restauration. Il rappela sous les drapeaux les soldats en congé, les anciens militaires auxquels il joignit la conscription de 1815.

Il mobilisa deux cents bataillons de la Garde nationale destinés à former les garnisons de nos places de guerre.

Cette rapide augmentation pouvait avoir lieu pour l'Infanterie car en France, avec le caractère national, on fait un fantassin en trois semaines, mais la Cavalerie était bien plus difficile à organiser : on manquait de chevaux. Les préfets en firent des levées extraordinaires dans tous les départements et la gendarmerie en partie démontée fournit environ 12 000 bons chevaux.

L'Artillerie et le Génie, recevant une rapide impulsion, se trouvèrent complétés en peu de temps. L'Artillerie présenta 700 bouches à feu attelées pour armer les divisions et former les parcs de réserve. Enfin, vers la fin de mai, l'armée française se composait de 400 000 hommes dont 200 000 pouvaient être mis en ligne et 200 000 gardant les places fortes.

Mon régiment placé aux avant-postes

Les régiments de cavalerie légère bordaient la frontière et fournissaient des postes sur la Lys. En face de nous, sur la rive opposée, s'apercevaient les grand'gardes et les vedettes des hussards hanovriens. Comme aucun acte d'hostilité n'avait encore éclaté, les deux partis vivaient en assez bonne intelligence, n'ayant pourtant aucune communication directe, ce qui était expressément défendu, mais les vedettes très rapprochées échangeaient souvent des questions et des réponses dans lesquelles on ne percevait aucune animosité.

J'étais logé au Quesnoy chez une vieille dame nommée Leperk, dont les sentiments et les opinions étaient d'un royalisme prononcé. Elle ne s'en cachait pas et je riais souvent de ses boutades qui ne me blessaient guère. Toutefois je n'aurais pas voulu que ses excentricités en ce genre eussent des témoins compromettants.

Les journaux nous annonçaient tous les jours la situation de la France, la formation de divers corps et la marche de l'armée sur notre frontière du Nord.

Acte additionnel

Nous apprîmes que l'Empereur avait décrété le 23 avril, sous le titre d'*Acte additionnel aux Constitutions de l'Empire,* des garanties qu'il donnait à la France : tous les corps constitués furent appelés à donner leur adhésion ou leur refus à ce nouveau pacte octroyé par la nécessité.

*Envoi de l'*Acte additionnel *au 3ᵉ chasseurs*

Nous reçûmes l'ordre dans tous nos cantonnements de réunir nos troupes, de leur lire l'*Acte additionnel* et de présenter à la signature de chaque individu un registre en deux colonnes, l'une pour l'adhésion, l'autre pour la négative.

Je signe négativement

Étant le plus ancien capitaine de l'escadron, je le réunis à pied sur la place du village. Une table était dressée pour donner la signature au fur à mesure de l'appel, qui fut fait par la gauche, finissant par l'officier le plus élevé en grade. Les cent vingt sous-officiers ou chasseurs signèrent affirmativement. Nous étions huit officiers, six signèrent d'abord. Lorsque ce fut le tour de mon camarade d'escadron, le capitaine de Grelier, dont le père avait péri à Quiberon, il me dit tout bas, « Que vas-tu faire ? » « Tu dois bien t'en douter », répondis-je. Alors, tout ému, des larmes roulant dans les yeux, « Je n'ai rien au monde, dit-il, il faut que je serve ». Il signa son adhésion. Mon tour était arrivé, J'écrivis à la colonne négative : « Je ne pense pas que des militaires, obligés qu'ils sont d'obéir au pouvoir exécutif, puissent être consultés pour un tel acte. En outre, l'article 67 (celui qui excluait les Bourbon) étant contre mon opinion, je n'adhère pas ».

Mon camarade ayant jeté les yeux sur cette phrase, me dit « mon ami, tu te perds ». Je fis un signe négatif, rompis les rangs et j'expédiai à Monsieur de Lavoestine, mon colonel, le registre du vote de mon escadron. Comme tous les documents furent envoyés au ministère de la Guerre, ce vote consigné dans le registre du 3ᵉ chasseurs existe dans ses archives.

Ce fut encore un nouvel événement dans le régiment car je fus le seul. Le soir, il en fut question à notre table d'officiers et, par l'interpellation de mon camarade Grelier qui me demandait comment j'avais osé signer ainsi, je lui répondis : « on me demande mon avis, mon opinion sur une chose que l'on soumet à mon appréciation, je le donne en toute conscience ».

Le colonel de Lavoestine et le général Vinot[1] chez moi

Deux ou trois jours après, j'étais dans ma chambre levant un plan de la bataille d'Hochtadt, gagnée par Moreau le 19 juin 1800, établissant les comparaisons et les différences avec celle que le maréchal de Villars[2] gagna sur les Impériaux le 20 septembre 1703, lorsque mon colonel entra chez moi avec le général Vinot, commandant notre brigade. Je ne m'attendais pas à cette visite. Je fis des excuses sur le désordre de ma toilette et passai à la hâte mon uniforme. Monsieur de Lavoestine avait l'air furieux et froid. Le général s'approchant d'une table de travail me fit quelques compliments au sujet de ce plan, ajoutant qu'il serait à désirer que tous les officiers employassent ainsi leur temps. Le colonel reprit : « le capitaine de Naylies est un modèle sous ce rapport ». À mon nom ainsi prononcé, avec une accentuation marquée, la physionomie du général changea d'expression, il devint silencieux et glacial. C'était pour lui une révélation, il avait devant lui le seul opposant de sa brigade. Mon colonel ne lui avait pas dit sans doute qu'ils entraient chez moi et le général se croyait chez Monsieur de Grelier, mon camarade d'escadron. Ces messieurs sortirent sans aucune explication, après m'avoir donné l'ordre de rassembler l'escadron à pied. Cette revue se passa sans le moindre incident et sans qu'il soit question de mon vote.

J'envoie ma démission

Deux jours après, j'écrivais à mon colonel la lettre suivante. « Mon Colonel. Mes opinions sont connues de tout le régiment. Ma conduite

---

1. Général Vinot (1772-1838), guerres de la Révolution et de l'Empire, commandeur de la Légion d'honneur.
2. Villars (1653-1734), vainqueur d'importantes batailles sous Louis XIV puis Louis XV, il fut gratifié, comme Turenne, du titre suprême de *maréchal des camps et armées du Roi*.

en escortant le Roi à Hesdin le 21 mars et ma protestation au sujet de l'*Acte additionnel* en ont été une éclatante manifestation.

Je donne ma démission.

J'avais prêté serment à l'Empereur Napoléon. Je lui ai été fidèle jusqu'à Fontainebleau. Il m'en a délié, j'ai juré fidélité à Louis XVIII, j'irai le rejoindre car je ne veux pas violer ce serment.

J'ai l'honneur d'être... »
Quesnoy-sur-Deule, 7 mai 1815.

Je passe aux avant-postes

Je remis cette lettre à mon maréchal des logis chef, lui disant de l'envoyer le lendemain matin. Je partis de mon cantonnement le 8 mai à midi, suivi de mon chasseur nommé Quérard. J'allai comme à l'ordinaire visiter les postes sur la ligne et comme j'avais souvent visité les postes de douaniers, je les évitai pour ne pas recevoir des coups de fusil lorsque je franchirai la frontière. Avant le moment solennel, je voulus remplir un devoir de conscience en renvoyant mon chasseur qui pourrait bien ne pas avoir mes sentiments et que je ne voulais pas compromettre. J'arrêtai mon cheval et je dis à Quérard : « j'ai prêté serment au roi Louis XVIII, je ne veux pas en servir d'autre, je vais le rejoindre, vous êtes le maître de vous en retourner ou de me suivre ». Il me répondit : « Mon Capitaine, je vous suivrai partout ». « En ce cas, au galop ! », car ce temps d'arrêt et le dialogue avaient donné des soupçons aux douaniers d'un poste voisin que je vis courir à leurs carabines. En deux minutes nous abordâmes un poste de hussards hanovriens, suivis d'un garde du corps de Lille nommé Duhamel.

Le brigadier du poste me donna un de ses hussards avec lequel j'arrivais à Mesnin et le lendemain j'allais coucher à Gand.

Louis XVIII à Gand

Louis XVIII occupait à Gand un modeste hôtel où logeait le duc de Blacas et le service particulier du Roi, les hauts personnages de la Cour étaient logés dans les maisons voisines.

Plusieurs ministres avaient suivi le Roi à Gand, le duc de Feltre[1], le comte Beugnot, le baron Louis[2]. On voyait en outre des notabilités de tout genre, des royalistes, d'anciens bonapartistes qui s'étaient empressés

---

1. Henri Jacques Guillaume Clarke duc de Feltre (1765-1818) maréchal, favorise l'ascention de Bonaparte, gouverneur de Berlin, ministre de la Guerre, rallié à Louis XVIII.
2. Joseph Dominique baron Louis (1755-1837), prêtre, émigre en 1791 ; conseiller d'État en 1811, ministre des Finances en 1814, il sut préserver en toutes circonstances le crédit de l'État. Pair de France en 1832.

d'offrir leurs services aux Bourbon à leur retour de 1814, voire même d'anciens républicains tels que le maréchal de Beurnonville[1] qui avait été général sous Dumouriez[2], ministre de la Guerre en 93, prisonnier à Olmutz pendant plusieurs années et puis échangé avec la fille de Louis XVI. Commandant une armée républicaine, enfin ambassadeur sous l'Empire à Madrid, à Berlin il acclama la Restauration, fut nommé pair et maréchal de France en 1816. Monsieur de Beurnonville s'appelait Riel et était fils d'un paysan de Champigneul en Champagne. Il passa dans l'Inde, en revint officier d'un corps colonial. La Révolution arrivant, il l'embrassa avec ardeur. Il était d'une belle prestance, ayant 5 pieds et 3 pouces et d'une belle figure. Son attitude et sa démarche étaient celle d'un ancien racoleur. Il était fort peu estimé parmi les royalistes purs. On voyait le baron de Vitrolles[3], le comte de Vaublanc, ancien préfet à Metz, l'abbé de Montesquiou, le comte de Chateaubriand[4]. Parmi les anciens bonapartistes, ou ceux qui avaient salué la Restauration, on distinguait monsieur Mounier, ancien secrétaire de Napoléon, de Bourienne, Capelle, ancien préfet de Genève, Angles, ancien ministre de la Police, un instant sous la Restauration, ou plutôt sous le Gouvernement provisoire. Enfin, Monsieur Guizot[5], ancien secrétaire général de l'Intérieur sous l'abbé de Montesquiou qui en était ministre au 20 mars. Beaucoup d'autres, moins marquants, paraissaient sur le boulevard ou la promenade publique, s'enquéraient des nouvelles de France qu'apportaient les nouveaux arrivés.

À Gand, je me présentai au duc de Feltre, ministre de la Guerre, qui m'accueillit parfaitement et m'invita fort gracieusement à dîner. Je n'avais jamais eu l'occasion de le voir et je me remettais à lui comme dépendant de son ministère.

Comme à Paris, le Roi entendait sa messe tous les jours à midi à la cathédrale où se réunissaient tous les Français qui étaient à Gand et un grand nombre de Belges.

1. Pierre Riel marquis de Beurnonville (175-1821), général de l'Empire, maréchal à la Restauration.
2. Charles-François Dumouriez (1739-1823), général vainqueur à Valmy et Jemmapes ; relevé de ses fonctions par la Convention, il passa à l'ennemi.
3. Eugène François Auguste d'Arnaud baron de Vitrolles (1774-1854), armée de Condé, rentre en France après le 18 Brumaire ; rallié aux Bourbons ; ministre à Florence en 1827 ; obtient, mais trop tard, le retrait des ordonnances ; compromis dans la tentative de la duchesse de Berry.
4. François René de Chateaubriand (1768-1848), écrivain et homme politique
5. François Guizot (1787-1874), protestant, professeur d'histoire ; rejoint Louis XVIII à Gand en 1815 ; contribue à la chute de Charles X ; ministre de l'Instruction publique sous Louis-Philippe (liberté de l'enseignement primaire), ministre des Affaires étrangères puis président du Conseil, sa chute le 23 février 1848 entraîne celle de la monarchie.

Le Roi avait presque tous les jours des audiences données à ses anciens ministres qui l'avaient suivi ou à des ambassadeurs et des étrangers de grande distinction ou des arrivants de France à qui leur position donnait le droit.

Il donnait à dîner une fois par semaine. La table était composée de douze à quatorze convives, et il en faisait les honneurs avec une grâce charmante, offrant lui-même des mets qui étaient devant lui. Après le dîner qui durait trois quarts d'heure, après une causerie d'une heure, il y avait un whist pour Monsieur. Le Roi ne jouant jamais, regardait avec intérêt la marche du jeu ou causait avec quelques familiers.

On causait beaucoup à Gand de l'absence de Monsieur le duc d'Orléans qu'on avait attendu plus tôt. Il fit moins bien, il ne vint pas du tout. Après le départ du Roi de Lille, le 23 mars 1814, il resta dans cette ville où le maréchal Mortier commandait le corps d'armée qui occupait le département du Nord sous les ordres du duc d'Orléans qui fit alors une proclamation aussi ambiguë que sa conduite.

En quittant Lille, il alla s'embarquer pour l'Angleterre d'où il écrivit au Roi une lettre dont celui-ci fut très peu satisfait car il tenait à prouver qu'il était plus convenable qu'il fut là avec sa famille.

On attendait aussi Monsieur de Talleyrand[1] qui, après le fameux congrès de Vienne où il avait fait preuve d'une si grande habileté en faisant mettre Napoléon au ban de l'Europe, s'était retiré à Karlsbad[2] sous prétexte de prendre les eaux si célèbres de cette localité, en résumé il voulait attendre les événements.

Alost, Monsieur le duc de Berry, sa petite armée

Je passai trois jours à Gand après lesquels je fus dirigé sur Alost[3] où Monsieur le duc de Berry commandait le petit corps d'armée français composé de détachements de tous les corps de la Maison du Roi, des officiers et soldats de l'Armée que leur fidélité avait réunis près du Roi, des élèves de l'école militaire et d'une foule de volontaires formant un noyau d'environ trois mille hommes où étaient représentés toutes les armes des divers corps de l'Armée française.

Monseigneur le duc de Berry m'accueillit très bien : il n'avait pas oublié que j'étais un des premiers officiers qui, obéissant à leur conscience, rejoignaient le drapeau blanc. Il m'invita à sa table et me fit

---

1. Charles-Maurice de Talleyrand-Périgord (1754-1838), prince de Bénévent, représentait Louis XVIII au congrès de Vienne.
2. Aujourd'hui Karlovy-Vary sur l'Elbe, en République tchèque.
3. Ou Aalst, à l'ouest de Bruxelles.

cet honneur plusieurs fois pendant les quarante jours que nous passâmes encore en Belgique.

Je retrouvai à Alost plusieurs de nos anciens camarades de l'Armée impériale, entre autres Monsieur le duc de Mortemart[1] qui avait été officier d'ordonnance de Napoléon, le comte d'Argout, de Gouvello, de Potier, Adrien et Eugène d'Astorg, de Saint-Simon, Weyler de Navas, de Farincourt, de Gidrol, de Salmar, de Saint-Sauveur, de Sainte-Marie, de Conchy, de Monsigny, de Saint-Blin, de Louis et de Christian de Chateaubriand, neveux de l'illustre poète, etc.

J'entrai dans le Royal Chasseur

On forma avec ce noyau d'officiers deux cadres de régiments de cavalerie sous la dénomination de Royal Chasseurs et de Royal Lanciers, le premier commandé par le colonel de Potier, le second commandé par le colonel Adrien d'Astorg. Ces cadres reçurent tous les officiers et sous-officiers de cavalerie qui avaient rejoint le Roi. Au fur et à mesure de l'arrivée de soldats de cette armée, ils étaient incorporés dans les deux corps. Je fus désigné pour faire partie du Royal Chasseur en qualité de capitaine ; sortant de cette arme à mon départ de France, j'avais servi dix ans dans l'arme des dragons mais à la fin de 1813, nommé capitaine dans la Jeune Garde impériale au 2e régiment d'éclaireurs, à la réorganisation de la cavalerie. À la rentrée du Roi en 1814, je passai avec mon grade au 3e régiment de chasseur à cheval dont je portais l'uniforme à mon arrivée à Gandavec lequel j'arrivai à Hesdin et de là à Courtrai où je trouvai Monsieur Berthier de Bissy lieutenant-colonel délégué par Louis XVIII. Il résidait dans cette ville avec deux ou trois officiers d'état-major parmi lesquels était Monsieur Mazas qui, depuis, a écrit plusieurs ouvrages sur la monarchie et sur l'ordre de Saint-Louis. Je couchai à Courtrai et le lendemain à Gand où était le Roi. Je fus très bien reçu par le duc de Feltre, ministre de la Guerre, qui me dirigea sur Alost où était Monseigneur le duc de Berry avec des détachements de tous les corps de la Maison militaire, des officiers et des soldats de divers régiments de l'armée, infanterie et cavalerie, formant environ 3 000 hommes.

---

1. Casimir, Louis Victurnien de Rochechouard duc de Mortemart prince de Tonnay-Charente (1787-1875), pair de France, colonel des Cent-suisses ; maréchal de camp sous la seconde Restauration, ambassadeur à Saint-Pétersbourg ; chargé par Charles X de former un cabinet et rapporter les Ordonnances en 1830 ; redevient ambassadeur à Saint-Pétersbourg ; rallié à Napoléon III.

Formation des cadres de Royal Chasseurs et de Royal Lanciers

On forma avec ce noyau d'officiers deux cadres de régiments de cavalerie sous la dénomination de Royal Chasseurs, commandé par le colonel de Potier, et de Royal Lanciers, aux ordres du colonel Adrien d'Astorg. Ces cadres reçurent tous les sous-officiers et cavaliers qui avaient rejoint le quartier royal.

Je fus désigné pour entrer dans Royal Chasseurs avec mes anciens camarades : comte d'Argout et de Gilostein, chefs d'escadron, de Saint-Sauveur, de Gidrol, de Salinar, de Monsigny, capitaines comme moi. On nous donna comme lieutenant-colonel le baron de Mauriez, major de cavalerie au service d'Autriche, ancien émigré.

Pendant que le Roi était à Gand entouré des ambassadeurs des puissances étrangères qui l'avaient suivi, Monsieur le duc d'Angoulême guerroyait dans le Midi où il défendait vaillamment la cause royale. Madame la duchesse d'Angoulême, après d'héroïques efforts pour conserver Bordeaux au Roi, venait d'arriver à Gand, chassée par la rébellion et la trahison. Elle avait déployé un grand caractère et un courage à la Marie-Thérèse devant le général de Clausel[1] et les nombreuses troupes qui vinrent l'attaquer à Bordeaux resté sans troupe par la plus déloyale défection.

Je suis présenté au duc de Berry

Monseigneur le duc de Berry à Alost s'occupait d'organiser ce noyau de troupes fidèles qui s'augmentait tous les jours.

Ce prince aurait été accompli sans un défaut capital toujours nuisible même à un simple particulier. D'un tempérament robuste et sanguin, il était malheureusement bouillant et emporté, ne supportant pas la contradiction. Il était brave, loyal, familier avec le soldat, affectueux pour les officiers, les connaissant tous par leurs noms et leurs services. Jamais un plus noble et meilleur cœur ne battit dans une poitrine française. Dans le peu de mois qu'il avait été en France, à la tête de la cavalerie, plusieurs scènes en public avaient nui à sa popularité ; on avait répandu le bruit qu'il se grisait, ce que ses emportements pouvaient faire croire jusqu'à un certain point. Toujours en défiance sur son caractère irascible, ce prince était très sobre, ne buvant pas de vin, seulement à la fin du repas il se permettait un petit verre de vin de liqueur. Je l'ai toujours vu agissant ainsi en Belgique et pendant quatre ans après sa rentrée en France.

---

1. Bertrand de Clausel (1772-1842) maréchal sous Louis-Philippe, fut gouverneur de l'Algérie.

Monsieur le duc de Berry avait tous les jours à sa table des aides de camp, les étrangers de distinction qui venaient le visiter et quatre à cinq officiers parmi ceux de la Maison du Roi ou de l'Armée.

Son inconséquence et son bon cœur
Je dînai un jour chez son Altesse royale. On remarquait parmi les convives le comte Pozzo di Borgo[1], ambassadeur de Russie, Monsieur de Chateaubriand, un général belge et le vieux général comte de Bois-Briou, lieutenant commandant d'une compagnie de gardes du corps. On parla de fautes qui avaient été faites par le ministère, de la trop grande confiance accordée à des personnes qui en avaient abusé. Le prince blâmait sans ménagement la condescendance qui avait fait donner des emplois à des personnages incapables et se tournant vers Monsieur de Bois-Briou, il lui dit : « ce sont pourtant de vieilles ganaches comme toi qui nous ont conduits ici ! » Ce vénérable vieillard, âgé de 84 ans, atterré, reste immobile et de grosses larmes coulent dans ses yeux. Monseigneur s'aperçoit de son émotion et de sa douleur et se lève précipitamment de table, court à lui, et lui prenant la tête de ses deux mains, le baise sur les deux joues en lui disant : « je n'ai pas voulu te blesser, mon vieil ami, toi si loyal, si fidèle, mais je te demande pardon ! ». Le vieillard attendri lui dit « je vous remercie Monseigneur, je n'ai jamais douté de votre bon cœur », et de douces larmes coulèrent de ses yeux. Cette scène où la bonté du prince se manifestait si spontanément nous toucha sensiblement.

Nous apprîmes la mort tragique du prince de Wagram le 6 juin à Bamberg. Il était triste et inquiet de sa situation et son caractère faible lui présentait sans cesse l'image de Napoléon lui reprochant son habit de garde du corps. Le prince était à table, on annonce le passage d'un régiment russe qui marchait sur la frontière de France. Très ému de cette nouvelle, il se lève de table, embrasse ses enfants, va se mettre à une fenêtre pour voir passer les Russes, se penche comme pour mieux voir et tombe sur le pavé. La mort fut instantanée. Était-ce un accident ? On crut à un suicide.

Un autre jour, c'était un vendredi, il n'y avait que des mets gras sur la table. Le comte Emmanuel de Brissac ne mangeait pas. Le duc de Berry s'en aperçoit et l'interpelle ainsi : « Brissac, est-ce que vous voulez me donner une leçon sur ce que je devrais faire ? – À Dieu ne plaise, Monseigneur, que je me permette d'être le champion de la religion

---
1. Charles André Pozzo di Borgo (1764-1842), diplomate corse au service de la Russie.

devant un petit-fils de saint Louis ». Le prince ne répondit pas mais dorénavant il y eut toujours du maigre les jours où il est prescrit.

Monsieur le duc de Berry montait à cheval, jouait à la paume et aux barres. Il nous admettait à ces jeux car nous étions jeunes alors, pleins de force et de vigueur. Les plus adroits à la paume et les plus agiles à la course étaient Messieurs de Chateaubriand, Louis et son frère Christian, de Saint-Blin, de Sainte-Marie, de Gidrol, de Gouvello et moi. Ordinairement, Monseigneur invitait à dîner un ou deux d'entre nous.

Ma présentation à la duchesse d'Angoulême
À son arrivée de Bordeaux, Madame la duchesse d'Angoulême vint de Gand à Alost voir son beau-frère qu'elle aimait tendrement. Ce caractère hardi et chevaleresque allait à son grand cœur. Le prince nous présenta et lorsque je passai devant Madame, il lui dit : « ma sœur, voilà le premier officier français condamné à mort pour nous avoir suivis ».

Je suis condamné à mort en France
J'avais en effet appris par le *Moniteur* ma condamnation par contumace. Madame m'accueillit avec une touchante bonté qui ne s'est jamais démentie.

Congrès de Vienne
Cependant le congrès de Vienne qui ne s'était encore pas séparé lors du débarquement de Napoléon, s'était réuni de nouveau. Un traité supplémentaire s'ensuivit, déclarant Napoléon ennemi public de l'Europe. Les puissances signataires du Congrès conviennent de ne désarmer qu'après la chute de Napoléon mis au ban des Nations. Ce traité, si fatal à l'Empereur, fut l'ouvrage de Monsieur de Talleyrand qui dans cette occasion déploya une grande activité.

Les armées alliées rétrogradent vers la France
Des ordres furent donnés pour arrêter la marche des troupes russes qui étaient déjà au-delà du Niémen, des Prussiens qui avaient dépassé l'Elbe et des Autrichiens déjà entrés dans leurs possessions d'Italie. Ces armées firent volte-face, s'acheminant de nouveau vers la France. L'armée anglaise qui venait d'être complétée et réunie en Belgique, formait un noyau d'environ cent mille combattants par sa réunion avec les contingents belges, hollandais, et de Brunswick. Non loin de cette agglomération, l'armée prussienne aux ordres de Blücher formait un

ensemble d'environ cent mille hommes prêts à entrer en campagne. On pouvait prévoir que sous deux mois encore, un million d'ennemis viendraient envahir notre malheureuse patrie.

Mes opinions au sujet de ma situation

Je veux consigner ici l'expression sincère de mon opinion et de mes sentiments dans une situation si anormale pour moi. Je voyais toute l'Europe conjurée venant fondre de nouveau sur la France, mon cœur de soldat et de Français était déchiré à cette pensée. Bien qu'auprès du roi légitime, dans des cantonnements distincts et séparés où je ne voyais que des camarades et des compatriotes, je n'en étais pas moins entouré de Prussiens et d'Anglais que j'avais combattus pendant dix ans et pour lesquels j'avais une répulsion des plus prononcée. Je n'aurais pu me résoudre à être côte-à-côte avec un Prussien, un Anglais ou un Autrichien ou un Russe ayant à combattre en face de moi un Français, mon ancien frère d'armes. Il aurait fallu que le salut et la vie du Roi en eussent été compromis. Ayant quitté les rangs français pour être fidèle à mon serment au Roi, ma conscience ne me reprochait rien, mais je souffrais cruellement de la dure nécessité que ce devoir m'avait imposé. J'étais parti de France le 8 mai. Les hostilités ne commencèrent que le 14 juin suivant. J'avoue ici franchement que, si un seul coup de canon avait été tiré, je n'aurais pas quitté le drapeau du régiment malgré sa couleur. Cette nuance est peut-être difficile à saisir mais un militaire la comprendra aisément. Je me serais fait tuer pour le Roi, mais je n'aurais pas voulu me déshonorer.

Quelques militaires dont je ne conteste pas les opinions légitimistes, ont cru pouvoir faire autrement. – Messieurs de Bourmont[1] devenu maréchal de France, le général [Clouct ?], le commandant du Barrail, le capitaine de Neuilly abandonnèrent les rangs français le 18 juin pendant la bataille de Waterloo. Pour rien au monde, je n'aurais voulu suivre leur exemple.

15 et 16 juin

Cependant l'armée française passe la Sambre et s'empare de Charleroi.

De notre cantonnement d'Alost, nous entendons une forte canonnade qui dure plusieurs heures. Les Français battent les Prussiens à Ligny, nous apprenons leur défaite le lendemain 17. J'en suis ravi. Cela

---

1. Louis Auguste Victor de Ghaisne comte de Bourmont (1773-1846) se distingue dans la chouannerie, général sous l'Empire, maréchal sous la Restauration.

n'arrangeait pas nos affaires mais j'espérais en notre bon droit et en la faveur du Ciel.

Bataille de Ligny

Le bruit du canon de Ligny et les pressantes dépêches de Blücher avertirent Lord Wellington[1] de quitter Bruxelles où était son quartier général. Il ordonna la concentration de l'armée anglaise qui se porta sur Fleurus.

17 juin

La journée du 17 se passa à Alost dans une grande anxiété, n'ayant pas des nouvelles précises, une foule de fuyards de toute espèce, terrifiés par une panique qu'ils n'expliquent pas, traversent la ville étonnés de ce que l'on ne s'émeut pas et qu'on ne prenne pas la fuite comme eux. Ils ne s'arrêtent pas et s'écrient en fuyant : « l'ennemi est tout près d'ici, il va nous atteindre ».

Monsieur de Menars

Monsieur le duc de Berry envoie aussitôt Monsieur de Menars, son premier aide de camp, officier général, pour s'assurer de la cause de leur terreur. Ce courtisan qui sans doute n'avait de militaire que l'habit, revint tout effaré, après avoir fait deux lieues en avant dans la direction d'où venaient les fuyards vers Ninove, rapportant que l'ennemi s'avançait.

Le prince, irrité, lui demanda impatiemment : « l'avez-vous vu, en avez-vous reçu des coups de fusil ? » Monsieur de Menard répondit que des cantiniers et des conducteurs de chevaux de main lui avaient dit avoir reçu des coups de sabre... Il parait que ces fuyards avaient été surpris par une patrouille française en reconnaissance qui leur avait donné la chasse et pris quelques bagages.

Monsieur le duc de Berry envoie cinq officiers à Bruxelles.

Monseigneur, très mécontent, maltraita fort Monsieur de Menars et ordonna au comte d'Argout et à quatre d'entre nous, Messieurs de Saint-Sauveur, de Gidrol, de Salmard et moi d'aller aux nouvelles et dit tout haut en regardant Monsieur de Menars « Ceux-là m'en apporteront, et de vraies ».

Nous étions à cheval et en bataille en avant d'Alost depuis le point du jour. Nous partîmes à l'instant dans la direction de Ninove où nous

---

1. Sir Arthur Wellesley duc de Wellington (1759-1852), général anglais commandant en chef des coalisés à Waterloo.

apprîmes d'une manière certaine l'échec des Prussiens, la concentration des armées anglaise, prussienne et hollandaise, et qu'une grande bataille était imminente. Nous sûmes qu'effectivement un parti français avait sabré quelques conducteurs d'équipages et de chevaux de main. La panique avait été produite par cette rencontre. L'effet s'en propagea jusqu'à Gand où il fut question du départ du Roi pour Ostende. Une dépêche de Monsieur le duc de Berry empêcha ce départ qui aurait jeté un grand ridicule sur l'entourage du Roi.

18 juin, bataille de Waterloo

La nuit du 17 au 18 juin il tomba des torrents de pluie. Nous montâmes à cheval au point du jour et toutes les troupes royales se mirent en bataille en avant d'Alost, sur la route de Bruxelles. L'armée anglaise était en bataille en avant de la forêt de Soignies, vers Braine-le-Comte, son centre en avant du village de Mont-Saint-Jean. La pluie avait détrempé les terres argileuses de cette plaine, ce qui rendait très difficile tous les mouvements de nos troupes. L'armée française serait face aux Anglais, appuyée à la chaussée de Charleroi à Bruxelles, sa gauche à celle de Nivelle.

N'ayant pas assisté à cette bataille célèbre, ne pouvant y être dans les rangs français, je n'entreprendrai pas de la décrire.

Après douze heures de sanglants combats, sur tous les points de cette vaste plaine, la défaite de l'armée française fut décidée par l'arrivée, sur son derrière et son aile droite, de l'armée prussienne de Bülow[1]. Le général Grouchy avait mission de poursuivre le général prussien si maltraité à Ligny, mais il prit pour l'arrière-garde ennemie quelques escadrons de cavalerie en sorte que, poursuivant une ombre, il laissa échapper la réalité et, tandis que Grouchy en proie à cette illusion, s'avançait dans le vide, Bülow, par un habile retour, vint tomber sur l'armée française épuisée de fatigue et de combats de l'avant-veille. Napoléon attendait Grouchy avec impatience. Son concours dans ce moment suprême aurait fait pencher la balance en faveur de l'armée française. C'est Bülow qui se présenta avec ses 40 000 Prussiens.

Ainsi Grouchy fut l'auteur de la chute de Napoléon et la cause d'un des plus affreux désastres militaires qu'ait subi la France.

---

1. Il doit s'agir d'une erreur de Naylies, le général prussien qui est arrivé renforcer les alliés est Blücher et non Bülow.

Monsieur de Grouchy

Grouchy, gentilhomme, marquis, ancien officier des gardes du corps sous Louis XVI, était dévoré d'ambition, vaniteux, sans talent, et courtisan sans pudeur. Il venait d'être élevé à la dignité de maréchal de France par Napoléon, non pour ses hauts faits militaires, mais pour une action infâme qui prouva au maître qu'il avait en lui un séide aveugle et soumis.

Monseigneur le duc d'Angoulême, qui avait vainement combattu dans la Drôme après le retour de Napoléon, fut obligé de capituler devant les troupes du général Gilly[1]. Il pouvait se retirer en Espagne librement d'après cette convention. Grouchy[2], nommé commandant en chef dans le Midi, arriva, cassa la capitulation et empêcha le prince de partir. Il en référa à Napoléon qui, bien avisé ou conseillé cette fois, donna l'ordre de rendre la liberté au duc d'Angoulême. Cette criminelle et scandaleuse conduite valut à Grouchy le bâton qu'il enviait depuis longtemps.

La sanglante journée dont nous venons de parler s'appela bataille de Waterloo.

Le 18 juin

Dans la matinée du 18 juin, pendant que de foudroyantes détonations annonçaient une grande bataille, le comte d'Argout avec trois camarades et moi qui, la veille, avions été en reconnaissance d'Alost à Nivose, reçûmes de Monsieur le duc de Berry l'ordre de nous rendre à Bruxelles pour connaître l'état des choses. Arrivés en face de l'hôtel de Bellevue où logeait le vieux prince de Condé[3], nous vîmes arriver le général Mouton, comte de Lobau, aide de camp de Napoléon, prisonnier qui suivait de près la voiture de campagne de l'Empereur, prise par la cavalerie anglaise. Le duc de Fitz-James[4] qui se trouvait à Bruxelles alla au-devant de lui, lui adressant la parole avec intérêt et demandant des nouvelles. Le comte de Lobau répondit militairement « F... » et il continua son chemin sans ajouter un seul mot. Cette parole dans la bouche d'un des plus zélés serviteurs de Napoléon mettait fin à notre mission.

---

1. Jasques Laurent Gilly (1769-1829), général et comte d'empire, rallié à Napoléon durant les Cent-Jours, condamné puis amnistié sous la seconde Restauration.
2. Emmanuel de Grouchy (1766-1847), maréchal.
3. Louis Joseph prince de Condé (1736-1818) forma en émigration l'armée des princes à Coblence, grand-père du duc d'Enghein.
4. Édouard duc de Fitz-James (1776-1838), député et pair de France.

J'avoue que la vue de ce Français prisonnier, le récit des désastres de la défaite, me firent éprouver de douloureuses sensations. J'avais peine à me rendre compte de ma situation.

Monsieur de Gidrol prit un cheval de poste et alla annoncer à Monsieur de duc de Berry le résultat de la bataille. Il emportait un bulletin que Lord Wellington compléta dans la nuit du 18 au 19 par l'envoi d'un officier français détaché auprès de lui qui adressait au Roi à Gand et qui avait ordre de s'arrêter au quartier général de Monseigneur le duc de Berry. Après avoir écouté le récit de cette sanglante journée, le prince, dans l'élan d'un cœur patriote, s'écria : « J'espère que les Français se sont bien battus », rappelant cette mémorable exclamation du roi Jacques II, spectateur du haut du château de Quineville du combat naval de La Hague le 29 mai 1692. « Comme ils se battent bien, mes braves Anglais » s'écria le Roi, et cependant, la perte de cette bataille navale par la flotte française le condamnait à mourir en exil et à voir sa race exclue du trône !

Notre entrée à Alost

Nous couchâmes à Bruxelles et, le lendemain matin, nous rentrâmes à Alost d'où le petit corps de troupe aux ordres de Monseigneur le duc de Berry partit le 20, s'acheminant par Grammont et Oltz vers la frontière française aux environ de Baroy. Le Roi était encore à Gand avec sa petite cour d'où il ne partit que trois ou quatre jours après nous. SAR Monsieur et le duc de Berry marchaient à cheval en tête de notre colonne dont la cavalerie formait l'avant-garde suivie de l'infanterie.

Le Roi quitte Gand

Ces princes étaient entourés des officiers de leurs maisons, des officiers supérieurs et capitaines qui n'étaient pas avec la troupe. Je me rappelle qu'à deux lieues de la frontière, nous vîmes trois ou quatre fantassins français venant à nous, armes et bagages. Monsieur, qui marchait le premier en tête, ayant à ses côtés Monseigneur le duc de Berry s'arrêta, leur demandant où ils allaient.

Ma réponse au duc de Polignac

Le duc Armand de Polignac[1], qui était près de Monsieur, dit : « Ce sont des déserteurs, Monseigneur ». J'étais derrière Monsieur de Polignac. Sa maladresse me blessa et je dis avec vivacité « Non, Monsieur le Duc,

---

1. Jules Armand prince de Polignac (1780-1847), voir *Mémoires d'un garde du Roi* (à paraître).

ces militaires ne désertent pas ! Ils rejoignent… » Monsieur se retourna et dit, avec un sourire en regardant de mon côté, « Armand, Naylies a raison ! »Pendant ce colloque, les soldats n'avaient pas répondu. Interpellés de nouveau par Monsieur, ils dirent qu'ils allaient au-devant du Roi. Alors Monsieur le duc de Berry dit tout haut : « Vous aviez raison deux fois, Naylies ».

La seconde Restauration

Joie des paysans à la vue du Roi
　　Lorsque nous eûmes atteint la frontière française, les populations venaient en masse au-devant de notre colonne, parés de leurs habits de fête, des bouquets à la main, faisant retentir l'air de leurs bénédictions et des cris de « vive le Roi ! », tandis que le son des cloches, le bruit des coups de fusil exprimaient plus bruyamment encore l'explosion d'une joie qui certes n'était pas achetée. Je vis de bons villageois qui, dans la simplicité de leur cœur, se mettaient à genoux lorsque les princes passaient, d'autres qui ôtaient leurs habits, les plaçaient sous le pas de leurs chevaux. Je n'avais jamais vu des sentiments plus vifs, exprimés d'une façon plus touchante. Nous passâmes successivement à Mons, à Bavay et traversâmes Malplaquet, lieu célèbre par la bataille de ce nom que Villars perdit en 1709 contre le prince Eugène et Marlborough. Nous couchâmes à Bouchain et le lendemain à Cambrai où nous attendîmes l'arrivée de Louis XVIII. Elle eut lieu le 27 juin, au milieu des ovations et des expressions de la joie poussée jusqu'au délire de ces bons habitants du Nord.

Arrivée du Roi à Cambrai
　　Les maréchaux Macdonald, Oudinot, Gouvion Saint-Cyr, et une foule de généraux, de pairs et de personnages de haute distinction se rendirent à Cambrai pour complimenter le Roi dont le visage rayonnait de contentement. Lord Wellington, dont l'armée marchait sur Paris, vint faire sa cour à Sa Majesté.
　　J'avais vu Monsieur de Chateaubriand à Gand, en frac bleu, avec des épaulettes de colonel et un damas attaché avec un cordon vert. M'étant représenté l'illustre poète sous un autre aspect, je ne pouvais le reconnaître sous cette enveloppe militaire. Je le rencontrai dans les rues de Cambrai, grandissant sa petite taille comme si son damas dut pourfendre Napoléon.

La proclamation aux Français

Le 25 juin à Cateau-Cambresis et le 18 à Cambrai, Louis XVIII publia deux proclamations à la Nation pour la rassurer sur ses intentions paternelles, disant qu'il accourait pour adoucir les maux qu'il aurait voulu prévenir, et se plaçait une deuxième fois entre le Français et les armées alliées, que c'était la seule manière dont il avait voulu prendre part à la guerre, n'ayant permis à aucun prince de sa famille de paraître dans les rangs des étrangers et, ayant enchaîné le courage de ceux de ses serviteurs qui s'étaient rangés autour de lui, il repoussait bien loin la fable inventée du rétablissement de la dîme, des droits féodaux et de l'atteinte portée aux bien nationaux, que la charte assurait à jamais aux acquéreurs, il ajouta qu'il n'apercevait, dans la trame ourdie contre ces droits aucommencement de l'année, que beaucoup de sujets égarés et quelques coupables.

« Je promets, disait-il, moi qui n'ai jamais promis en vain, de pardonner aux Français égarés tout ce qui s'est passé depuis le jour où j'ai quitté Lille jusqu'au jour où je suis rentré à Cambrai. Je dois exempter du pardon les instigateurs et les auteurs de la trame horrible qui a fait couler le sang de mes enfants ». On prétendit que l'esprit de cette proclamation était de Monsieur de Talleyrand qui était venu de Vienne et avait rejoint le Roi à Cambrai. Ce prince n'aimait ni n'estimait son représentant au congrès de Vienne qui, cependant, lui avait rendu un immense service. Monsieur de Blacas était son ministre de choix, son favori, et on pensait qu'il ne le sacrifierait jamais. La raison d'État l'emporta et monsieur de Blacas fut congédié.

Paris était en proie à la plus vive agitation. L'Empereur, arrivé le 21 juin, ne put se rendre maître de la situation. Les Chambres le forcèrent à abdiquer de nouveau. Fouché, son ministre qui conspirait contre lui depuis longtemps et qu'il avait été obligé de répudier à son retour de l'île d'Elbe, le trahissait de nouveau. Il voulait livrer son ancien maître aux étrangers et fit avorter le projet de la Régence. Il avait entamé depuis longtemps des négociations secrètes avec Monsieur de Metternich et Lord Wellington à qui il avait persuadé que le retour de Louis XVIII serait accueilli avec empressement si le Roi donnait des garanties à la Nation, c'est-à-dire aux républicains et aux révolutionnaires. Ces idées qui étaient celles de Monsieur de Talleyrand furent l'origine et la pensée de la proclamation de Cambrai.

Le baron Belmas, évêque de Cambrai

Le siège épiscopal de Cambrai était occupé par le baron Belmas, titre qu'il tenait de Napoléon. Il était évêque constitutionnel et avait prêté le serment de la Constitution civile du clergé en 1817. Lors de l'addition au Concordat, le pape voulait rétablir le titre d'archevêché à Cambrai. Louis XVIII s'y opposa par rapport à Monsieur de Belmas. Ce titre fut rétabli après sa mort.

Le siège de Fénelon occupé par un évêque constitutionnel était déjà un grand scandale. Il resta à Cambrai jusqu'à sa mort. Louis XVIII ne voulait pas le recevoir lorsqu'il se présenta pour faire sa cour au roi. Le Roi quitta Cambrai le…

Royal Chasseurs destiné à Amiens

Chacun des noyaux des corps nominalement créés à Gand reçut une destination particulière pour aller se former et s'organiser. La nôtre fut Amiens où l'embryon de Royal Chasseurs devint le beau régiment des chasseurs à cheval de la Garde royale. Pendant que notre Royal Chasseurs se dirigeait sur Amiens par Péronne, plusieurs d'entre nous reçurent des missions pour aller faire reconnaître l'autorité du Roi dans plusieurs villes des départements du Nord et du Pas-de-Calais. Je demandai à aller à Hesdin, ma garnison où j'étais bien connu par mes opinions, ma démarche pour aller escorter le Roi le 21 mars et mon jugement pour l'avoir rejoint à Gand.

Je suis envoyé en mission

Je partis avec mon fidèle Achate[1], le chasseur Querard, m'acheminant par Oisy, Arras, et Saint-Pol[2], ayant la prétention de soumettre des villes et de faire ouvrir les portes des citadelles à la cocarde blanche. La mission n'était pas difficile dans ce pays où elle était sympathique à tous. Comme on le dit vulgairement, c'était enfoncer des portes ouvertes. Il n'en eût pas été ainsi dans l'Est et dans certaines parties du Midi où les passions plus vives traduisaient souvent leur opposition par des assassinats et des crimes atroces. Précisément à cette époque même, plusieurs villes du Midi étaient ensanglantées par des massacres entre citoyens.

---

1   Achate : *cf. Eneide* : guerrier troyen, fidèle écuyer d'Enée, toujours à ses côtés et loué par celui-ci pour son savoir (c'est lui qui identifie l'Italie), pour son courage, pour sa rapidité et aussi sa fidèle présence à ses côtés. Il est devenu le symbole de l'ami fidèle.
2. Saint-Pol-sur-Ternoise.

Les fontes de Naylies
Ces paires de fontes datent de la Restauration comme en atteste le soleil de Louis XIV.
S'agit-il des fontes qu'évoque Naylies lors de l'incident dans une petite ville du Nord
où il avait mission de faire reconnaître le Roi après Waterloo ?

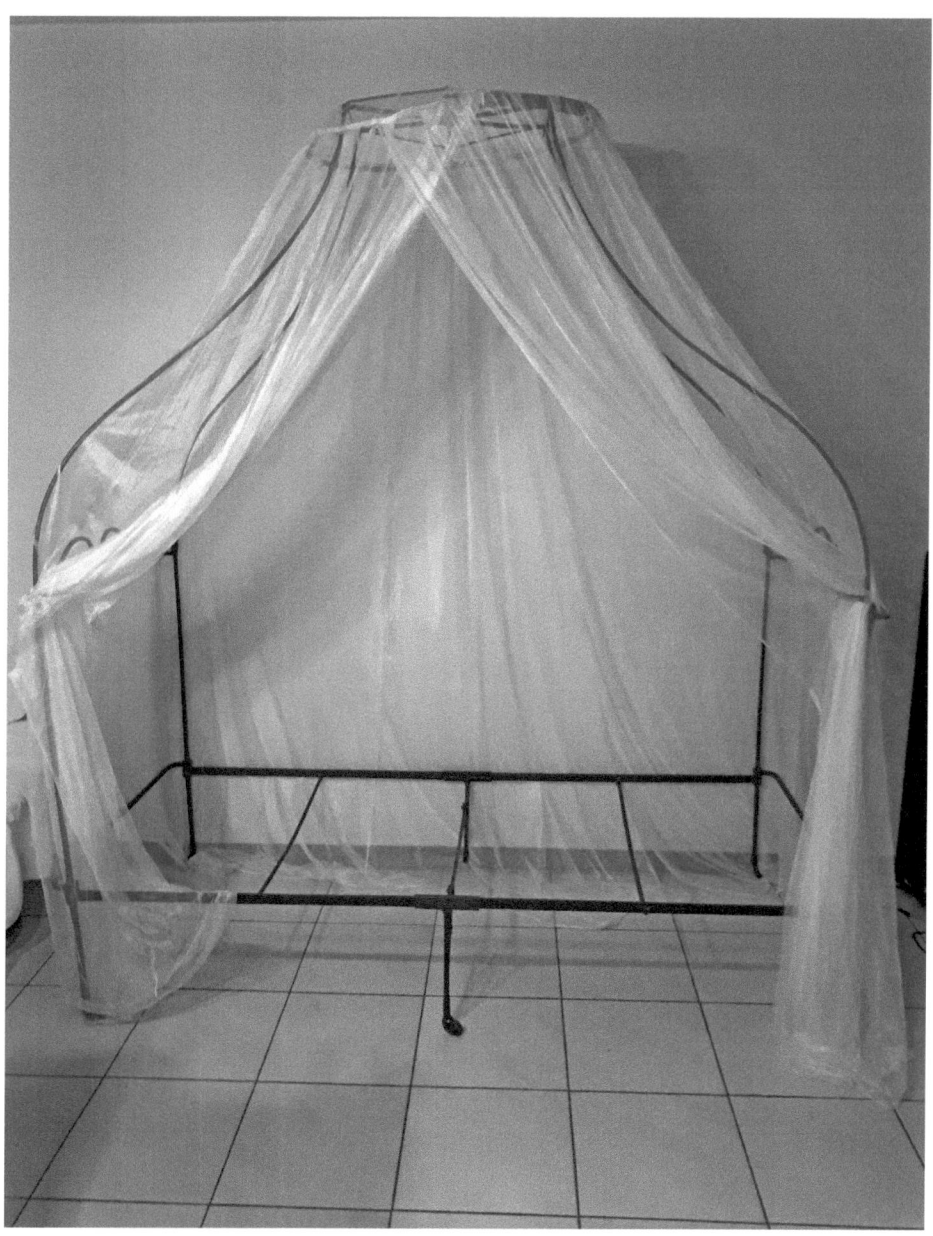

Le lit de camp de Naylies
Quel grade fallait-il avoir atteint pour être doté d'un tel lit de camp ?
Nous ne pouvons qu'attester que la tradition familiale l'attribue à Naylies ;
la moustiquaire est moderne.

Aventure qui pouvait devenir tragique

Là, deux militaires voyageant isolément, couchant dans des bourgs ou des villages dont les autorités nommées par Napoléon étaient antipathiques au drapeau blanc, auraient été insultés, attaqués, égorgés peut-être. Ici, l'esprit de la population était presque unanime pour le retour des Bourbons. Parfois cependant, nous vîmes des sourcils se froncer à notre aspect, et un air menaçant qui annonçait une hostilité latente. Il ne nous arriva rien de fâcheux de ces bons coquins, comme le dirait à la Chambre des députés, l'original et spirituel Monsieur de Puymaurin.

Nous courûmes cependant un grand danger de la part de nos amis beaucoup trop zélés dans un village près de Saint-Pol. C'était un jour de fête, toute la population en habit de gala remplissait les rues et les cabarets. On dansait joyeusement sur la place. À la vue de deux militaires, chacun s'empresse autour de nous et on s'écrie « Vive le Roi ! », croyant nous faire pièce, nous prenant pour des militaires de l'Armée impériale. Nous répondîmes à ce cri avec joie en montrant notre cocarde. Bientôt nous sommes entourés par les braves gens qui voulurent nous faire descendre de cheval pour nous conduire au cabaret. Sur ma réponse que j'étais en mission et pressé, que je ne pouvais m'arrêter, on nous apporte de grands verres de bière et en telle quantité que dix hommes eussent été désaltérés. Il fallut, pour ne pas trop désobliger ces honnêtes artifices, boire à quatre ou cinq verres, laissant mécontents ceux qui, avec leur broc et leurs coupes tendues, n'avaient pu arriver jusqu'à nous. Je remerciai et, criant « vive le Roi ! » mille fois répétés, je me fais jour à travers la foule, et nous sortions du village lorsque nous rencontrons une vingtaine de jeunes gens qui avaient trop bien fêté leur patron car ils étaient tous ivres. Ils s'approchèrent, nous entourèrent en jurant, nous menaçant, nous disant de crier « vive le Roi ! », car eux aussi, nous prenaient pour des officiers de l'armée de Bonaparte. Ayant obtenu un peu de silence, je leur dis que j'étais capitaine pour l'Armée royale et que j'allais en mission pour la cause du Roi et je criai de bon cœur « vive le Roi ! ». Je croyais que c'était fini et je poussai mon cheval en avant, leur disant que j'étais en retard. Alors, un des plus ivres se jette à la bride de mon cheval et dit : « c'est une blague qu'il nous conte, c'est un bonapartiste ». Ils me serrent de près et mon cheval bondit et veut se cabrer. Un jeune homme moins ivre dit : « C'est possible qu'il soit royaliste, mais alors il faut qu'il crie dix fois de suite : vive le Roi ! ». La bande applaudit. Mon cheval, contraint par la main qui le tenait, ahuri de tant de bruit, lance une ruade qui culbute deux ou trois assaillants. Alors ils s'écrient « à l'eau, il faut le jeter à l'eau ! ».Furieux de cette attaque et de ces menaces, je m'écrie « Je suis plus royaliste que vous mais je ne veux pas être votre jouet, je ne crierai plus : vivre le Roi ! », et saisissant vivement mon pistolet dans mes fontes, je dis à celui qui tenait mon cheval « Je te brûle la cervelle si tu ne lâches pas mon cheval ».Il lâche prise. Le passage s'ouvre et d'autant plus vivement que mon chasseur qui avait mis le sabre à la main leur distribuait des coups de plat de sabre. Nous prîmes le trot au milieu de leurs vociférations les plus bruyantes, les entendant dire« Allons chercher nos fusils, nous les poursuivrons à cheval »et ils entrèrent dans le village et nous poursuivîmes notre chemin fort émus d'une suite qui avait failli devenir tragique. Il eût été fort désagréable, et surtout fort ridicule, d'être tués par les siens.

J'arrive à Hesdin qui m'ouvre ses portes

Deux heures après cette scène, nous arrivâmes vers le déclin du jour sur les glacis d'Hesdin. Les portes en étaient fermées car le vieux et prudent commandant de Zevallos, craignant les détachements isolés de l'armée française qui se retiraient en désordre et mécontents, ne voulut recevoir aucune troupe. Du haut du rempart où se promenait gravement un soldat citoyen en faction (car il n'y avait aucun militaire dans la ville), le commandant disait aux détachements qui voulaient entrer qu'il avait des ordres supérieurs pour n'admettre personne dans la ville, mais il leur désignait les villages voisins qui les recevraient. On était dans cette petite ville, complètement ignorant de l'état réel des choses. On y savait seulement que l'armée avait été battue, qu'elle s'était retirée sur Laon et sur la route de Paris. On ne savait pas un mot de la marche des Alliés et que le Roi était rentré sur le sol de la Patrie. Dans cette absence de nouvelles officielles, le circonspect commandant, ne voulant pas que quelque partie de cavalerie anglaise ou prussienne vint s'emparer d'une ville forte, avait fait lever le pont-levis et ne voulut admettre ni Français ni Alliés jusqu'à l'entière connaissance des événements.

Sommé par le factionnaire citoyen de nous arrêter, je demandai à parler au commandant. On alla le chercher. Il arriva tout essoufflé sur le haut du rempart. Élevant la voix, je dis que, capitaine dans l'Armée royale, j'avais mission de venir à Hesdin pour faire reconnaître l'autorité du Roi qui était à Cambrai, et je m'écriai « vive le Roi ! Ouvrez la porte commandant Zevallos ! ». Ce brave homme ne m'avait pas reconnu, et comme il était fort timoré quoiqu'il eut dû penser que deux cavaliers ne pourraient pas escalader ses remparts et s'emparer de la ville confiée à sa vigilance, j'ajoutai : « C'est votre ami Naylies ». Alors, complètement rassuré, il s'élance vers la porte qu'il nous fait ouvrir et l'on baisse le pont-levis. Un poste de la garde nationale était sous les armes et me rendit les honneurs militaires. Je dis à ces braves gens le motif qui m'amenait. Ils se débandèrent en criant « vive le Roi ! ». S'acheminant vers leurs demeures, annonçant la nouvelle que j'avais apportée. La ville avait encore les couleurs tricolores dans l'ignorance des événements. Un quart d'heure après mon arrivée, dans un hôtel où j'avais logé l'hiver dernier, j'entendis un vacarme confus de voix et le son de toutes les cloches. C'était le maire suivi d'une partie de la population qui faisait retentir l'air de cris de joie et de ceux de « vive le Roi ! », et ces braves gens, peu au fait des convenances, croyait après ce nom auguste, pouvoir ajouter « vive le capitaine Naylies ».

J'appris alors au maire et aux autorités les détails qu'ils ignoraient et la marche triomphale du Roi vers Paris. Après quelques moments d'effusions et d'embrassements réciproques, le maire improvisa un grand dîner où l'on fut aussi gracieux que possible pour un ancien hôte. Le maire porta un toast à ma santé accompagnant cette politesse de compliments les plus flatteurs sur mon dévouement et ma fidélité. La ville fut spontanément illuminée et chaque fenêtre eut son drapeau blanc.

Le lendemain, je rendis compte de ma mission au général Bourbon-Busset qui était à Arras et, après m'être reposé quatre ou cinq jours, fêté et choyé de tous, je pris la route d'Amiens par Abbeville et Doullens.

Arrivée de Royal Chasseurs à Amiens

Dès notre arrivée à Amiens, on s'occupa activement de la formation et de l'organisation du régiment devenu « chasseur à cheval de la Garde royale ». Nous fûmes établis dans la belle caserne de cavalerie qui était celle des gardes du corps sous Louis XVI (Noailles). Monsieur de Potier, devenu colonel de ce régiment, eut pour lieutenant-colonel le baron des Moriez et pour chefs d'escadrons les comtes d'Argout, de Golstein, et Monsieur de Potier, son frère. Les capitaines eurent la mission de se rendre dans les dépôts des régiments d'où ils sortaient afin d'y choisir tous les hommes d'élite comme braves soldats et bons sujets qui s'estimèrent fort heureux de faire partie d'un beau régiment, d'avoir une bonne solde et de servir avec des officiers qu'ils aimaient et estimaient. On eut bientôt de quoi former six escadrons de choix, beaucoup de brigadiers et maréchaux des logis s'engagèrent comme simples chasseurs et ceux dont les notes étaient excellentes furent replacés avec les grades dont ils avaient fait le sacrifice pour entrer dans la garde.

Formation et organisation du régiment

Pendant trois mois, nous fûmes constamment occupés à l'organisation de nos escadrons, à mettre de l'ensemble, à donner de l'esprit de corps à cette réunion d'hommes sortant de divers régiments qu'il fallait assimiler et rendre enfants du même drapeau. C'était une difficile opération que cette fusion, cet amalgame d'individus dont chacun portait si haut le numéro et le nom de son régiment. Ils étaient fiers des illustres faits d'armes de leurs prédécesseurs et se regardaient comme les héritiers de leur gloire et les enfants du drapeau lacéré dans les batailles qu'ils étaient obligés d'abandonner. Il fallait à ces braves gens parler d'honneur, de la patrie, de la fidélité qu'ils devaient au Roi et à l'ancienne Maison qui avait régné tant de siècles, faisant le bonheur de leurs pères. Il fallait leur dire que le drapeau blanc de leur nouveau régiment réunissait sous son égide les souvenirs de leurs vieux drapeaux puisqu'ils étaient là pour le défendre et lui donner un glorieux baptême s'il fallait le montrer aux ennemis de la France.

En peu de temps, le régiment devint parfaitement homogène avec un esprit excellent.

Le régiment parfaitement accueilli

Le corps d'officier fut très bien accueilli dans la société d'Amiens où je retrouvai d'anciens camarades avec qui j'avais servi et des familles avec qui j'avais été en relation. Je vis beaucoup celles de Courtier, de Chasseport, de Couronnel, de Montmignon, de Faucaucourt, de Gomere, etc.

Le préfet, Monsieur Seguier, était un excellent homme, savant, sans morgue, ayant une bonne maison, dont Madame Seguier, charmante jeune femme, faisait les honneurs avec beaucoup de grâce et d'amabilité.

Nous passâmes près de quatre mois (de juillet à fin octobre) aussi agréablement que possible dans cette hospitalière garnison. Nous la quittâmes à regret pour aller compléter à Chartres les derniers détails de notre formation, devant prendre le service près du Roi le premier janvier 1816.

Nous eûmes plusieurs revues et inspections des généraux de Montélégier et de Latour-Foissac. Nous laissâmes à Amiens le Royal Lanciers qui, sous le commandement du colonel Adrien d'Astorg, se formait dans cette ville devenant les Lanciers de la garde. Ce régiment devait nous relever à Paris le 1er avril après notre service de trois mois.

Embarquement de Napoléon

De grands événements s'étaient passés depuis la défaite de Waterloo. Napoléon, accablé par cet immense revers qui détruisait à jamais toutes ses espérances, était rentré en hâte à Paris. Il put se convaincre que, non seulement il ne pourrait pas résister à la coalition de toute l'Europe liguée contre lui, ni même à l'anarchie qui régnait dans la capitale où s'agitaient tous les partis, où l'ambition et l'orgueil sacrifiaient la Patrie à l'intérêt privé de quelques audacieux meneurs. Il quitta Paris le 3 juillet, gagna Rochefort où il se livra aux Anglais dont la foi punique trahit la générosité d'un héros vaincu.

Le 8 août, le *Northumberland* l'amena à Sainte-Hélène.

Ministère nommé par Louis XVIII

La proclamation de Louis XVIII à Cambrai, manifestant la ferme volonté de maintenir la Constitution qu'il avait donnée, de réparer les maux faits par l'invasion de Napoléon et de maintenir irrévocablement la vente des biens nationaux produisit un bon effet sur les masses. Toutefois le Midi accueillit avec indignation la nomination du nouveau ministère et des assurances données par la proclamation du Roi.

Le cabinet avait pour président Monsieur de Talleyrand. ministre des Affaires étrangères,
– Gouvion Saint-Cyr était à la Guerre,
– Louis aux Finances
– Jancourt à la Marine
– Pasquier à la Justice
– Foucher le régicide à la Police.

Troubles du Midi

Une réaction violente s'en suivit. Le maréchal Brune[1] fut assassiné le 2 août à Avignon, le général Ramel à Toulouse, le général de Lagarde, blessé grièvement à Nîmes où l'antagonisme violent entre les Protestants et les Catholiques inonda de sang les rues de cette ville.

Arrestation du général Labédoyère[2] et du maréchal Ney, leurs jugements et leurs condamnations

Monsieur de Labédoyère, colonel du 7e régiment d'infanterie qui, le premier, avait accueilli Napoléon à Grenoble en mars dernier, découvert à Paris où il était allé embrasser sa femme, est arrêté, jugé par un conseil de guerre et fusillé le 19 août dans la plaine de Grenelle.

Avec ces tristes nouvelles, nous apprîmes l'arrestation du maréchal Ney qui s'était retiré en Auvergne où il fut découvert, amené à Paris, jugé et condamné par la cour des Pairs et fusillé le 7 décembre. Le Roi refusa de lui faire grâce. Ce fut une grande faute car si le maréchal était réellement coupable et condamné par les lois, les actions les plus éclatantes pendant vingt années de guerre, son héroïsme fabuleux, en

---
1. Guillaume Marie Anne Brune (1763-1815), maréchal d'Empire.
2. Charles Angélique François Huchet comte de Labédoyère (1786-1815).

quelque sorte, dans la retraite de Russie, sa popularité dans l'armée et dans le pays, devaient lui faire trouver grâce ; et en cela le roi eut fait un acte de bonne politique, tandis qu'on lui conseilla une rigueur qui a été très funeste à la dynastie. L'Armée fut profondément attristée de la mort du maréchal Ney. Les officiers de mon régiment, qui tous avaient suivi le Roi à Gand et dont l'opinion n'était pas suspecte, furent vivement émus de cette catastrophe. Nous fûmes tous unanimes dans cette douleur partagée par nos vieux soldats.

Arrivée à Chartres, Suppression des compagnies rouges
Nous arrivâmes le 15 octobre à Chartres pour y faire les derniers préparatifs de notre organisation.

Une ordonnance royale supprima les compagnies rouges. La Maison militaire ne se composa plus que de quatre compagnies de gardes du corps du Roi et de deux des gardes de Monsieur. Les deux compagnies des gardes du corps de Wagram et de Raguse furent fondues dans les quatre compagnies conservées.

Renvoi de Monsieur de Blacas
Louis XVIII, convaincu de l'impopularité de Monsieur de Blacas son favori, se résolut enfin à le sacrifier à la haine publique. Il le nomma son ambassadeur à Rome.

Les officiers du régiment qui devaient rester si peu de temps à Chartres, n'allèrent pas dans le monde quoique cette ville possède une très bonne compagnie. Le mois de décembre se passa en apprêts de détails au sujet de notre départ prochain qui eut lieu le 29 décembre. Le régiment présenta six beaux escadrons composés de vieux soldats et d'officiers ayant tous fait la guerre et donné des preuves de leur attachement à la monarchie légitime.

Premier janvier 1816, notre arrivée à Paris, sacrifices imposés au pays
Nous entrâmes à Paris le 1ᵉʳ janvier 1816 et prîmes immédiatement le service près du Roi, relevant la garde nationale à cheval de service aux Tuileries.

À peine arrivés, nous connûmes la pénible impression que feraient éprouver à tous les bons Français les tristes résultats de la Convention du 20 novembre dernier qui accordait douze cents millions d'indemnités de guerre aux puissances coalisées, qui leur faisait restituer tous les tableaux et statues, chefs-d'œuvre des arts que nos glorieuses campagnes avaient acquises dans toutes les capitales d'Europe. Notre orgueil national était justement froissé. Si la première invasion avait respecté les droits de la conquête, celle de 1815, haineuse et rapace, voulait nous ruiner et blessait nos justes susceptibilités.

La France amoindrie en territoires, dépouillée des fractions de pays dont elle était en possession depuis Louis XIV, était encore trop forte au jugement de nos ennemis...

Le gouvernement du Roi dut céder à ces cruelles exigences pour se délivrer de l'odieuse présence d'un million de soldats étrangers qui pesaient sur nos malheureuses provinces. Il en coûtait plus de deux millions de francs par jour à un trésor obéré. Il fallait en finir.

Formation de la Garde royale

Une ordonnance royale du mois d'octobre 1815 avait décrété la formation d'une garde royale malgré, dit-on, l'opposition du maréchal Gouvion Saint-Cyr, ministre de la Guerre.

On créa
– Six régiments d'infanterie française et deux régiments d'infanterie suisse, tous à trois bataillons.
– Quatre régiments de cavalerie légère
– Quatre régiments de grosse cavalerie à 6 escadrons
– Une artillerie composée de 60 bouches à feu,
présentant un effectif d'environ 15 000 hommes.

Quatre maréchaux de France furent désignés pour commander les corps d'élite par trimestre. Le choix se porta sur Victor, duc de Bellune, Macdonald, duc de Tarente, Oudinot, duc de Reggio, Marmont, duc de Raguse.

Les garnisons de la Garde étaient Paris, Versailles, Saint-Germain, Meaux, Rambouillet, Fontainebleau, Melun, Compiègne, Rouen, Orléans.

Le premier régiment de la Garde Infanterie prit son service avec nous conjointement avec les gardes du corps. Ceux-ci gardaient l'intérieur du palais, la garde royale à pied l'extérieur, et la cavalerie faisait les escortes du Roi et des Princes avec les gardes du corps à cheval.

Au fur et à mesure de sa complète organisation, chacun du régiment de la Garde prit son service aux Tuileries.

Le régicide Fouché au service du Roi

La présence du régicide Fouché[1] dans un ministère du frère de Louis XVI présentait une telle anomalie qu'on prévoyait bien que cette combinaison ne pouvait durer longtemps.

---
1. Joseph Fouché (1750-1820), duc d'Otrante, ministre de la Police de Napoléon, rallié à Louis XVIII, lui resta fidèle durant les Cent-Jours.

Ce n'était pas certes par sympathie que Louis XVIII avait nommé Fouché son ministre, mais fortement protégé par Lord Wellington qu'il avait servi par d'occultes correspondances, par des émigrés de l'entourage du Roi qui prétendaient lui devoir beaucoup. On força la main à ce Prince qui vit s'asseoir à ses côtés, dans son conseil, le bourreau de son frère et l'auteur des noyades de Nantes.

Madame la duchesse d'Angoulême avait respectueusement déclaré au Roi qu'elle ne verrait jamais l'homme couvert du sang de son père et qu'elle s'abstiendrait de paraître à toute solennité où elle pourrait le rencontrer. Elle tint parole.

Monsieur de Talleyrand, président du Conseil

Aucune homogénéité ne constituait ce ministère imposé, il ne convenait plus à la situation. Le régicide faisait horreur. L'apostat Talleyrand gênait les allures du Roi, il était président du Conseil et, à ce titre, avait l'initiative des propositions qui s'y débattaient. Monsieur de Talleyrand était enclin à l'alliance anglaise qui pesait sur la situation. Le Roi penchait pour l'alliance russe, moins intéressée à nous amoindrir que l'Angleterre, notre voisine et éternelle rivale.

Composition d'un nouveau ministère

Le Roi composa donc un nouveau ministère dont le duc de Richelieu[1] fut le chef. Cet émigré français qui avait fondé Odessa possédait toute la confiance de l'empereur Alexandre et la méritait par sa sagesse, sa droiture et son désintéressement.

Président du Conseil avec le portefeuille des Affaires étrangères, il eut pour collègue à l'Intérieur Monsieur de Vaublanc, à la Guerre le duc de Feltre, aux Finances Monsieur Corvetto, à la Justice Barbé-Marbois[2], à la Marine du Bouchage, à la Police Decazes[3].

On s'apercevait déjà du crédit de ce dernier devenu favori en titre, remplaçant Monsieur de Blacas qui avait succédé à Monsieur d'Avray. Il fallait toujours au Roi un favori. Ce n'était pas cette fois un grand seigneur mais un bourgeois gascon, complaisant et rusé qui, par son adresse, devint duc, pair et chevalier des Ordres.

---

1. Armand Emmanuel duc de Richelieu (1766-1822) contribua à la libération de la France sous la seconde Restauration.
2. François marquis de Barbé-Marbois (1745-1837), diplomate et ministre de Napoléon, président de la Cour des comptes.
3. Elie duc Decazes (1780-1860), ministre libéral.

Ma nomination chevalier de Saint-Louis, février 1816

Pendant notre service, je fus nommé chevalier de Saint-Louis. J'avais alors 29 ans. C'était à cet âge une flatteuse distinction qui était jadis le prix d'éclatants services ou la récompense parcimonieusement accordée à de vieux officiers. Je comptai dix campagnes de guerre, trois blessures et onze années de service. Ce n'était pas le temps prescrit rigoureusement par les statuts de l'ordre. Je fus fort heureux de cette exception. Trois de mes camarades, capitaines comme moi aux chasseurs à cheval de la Garde, les comtes de Girole, de Salmard et de Monsigny, obtinrent cette insigne faveur et aussi, comme moi, une exemption du temps de rigueur.

Voici comment nous apprîmes notre nomination et les détails de notre réception. Il était d'usage que les officiers de la Garde royale qui n'étaient pas de service personnel au château, allassent faire leur cour au Roi et aux princes se présentant à leurs réceptions qui avaient lieu tous les dimanches de onze heures à midi. On passait devant eux, ils vous adressaient toujours quelques mots obligeants ou d'intérêt pour votre famille. Le dimanche 17 mars 1816, nous avions suivi le comte de Potier, notre colonel, au nombre de sept à huit officiers supérieurs ou capitaines. Nous avions fait notre cour au Roi, à Madame la duchesse d'Angoulême et à Monsieur le duc d'Angoulême dont les appartements au pavillon de Flore étaient au-dessous de celui du roi. Traversant l'intérieur du château, nous arrivâmes au pavillon Marsan résidence du duc de Berry. Le grand salon était rempli par des ministres, des ambassadeurs, des maréchaux et pairs de France, et d'une foule de généraux qui s'étaient rendus à la réception du Prince bien qu'il ne fut pas d'étiquette d'aller chez leurs Altesses royales si on n'avait pas été précédemment chez le Roi. Plusieurs personnages et beaucoup d'officiers généraux surtout, secouant les entraves de l'usage, allaient chez Monseigneur le duc de Berry seulement qui les recevait avec la franchise et la bonhommie qui l'avaient rendu populaire depuis son retour. Madame la duchesse d'Angoulême n'admettait pas cette infraction. Elle demandait souvent : « Êtes-vous allé chez le Roi ? » Je l'ai vue disant à des distraits ou des oublieux volontaires : « Allez chez le Roi, Monsieur, et vous reviendrez ».

Le Prince sort de son cabinet, salue gracieusement et s'avance au milieu du grand cercle formé par cette illustre assemblée. Jetant un coup d'œil vers le point où il aperçoit nos uniformes, il se dirige rapidement vers notre groupe resté à découvert par la retraite des courtisans qui se rangent à son approche, nous laissant au premier rang. Il saisit le bras de mon voisin, mon meilleur ami, le comte de Monsigny et, nous appelant tous les quatre d'une voix rude et saccadée, « Ici, messieurs, ici ! », nous faisant avancer au milieu du cercle et continuant du même ton « à genoux messieurs, à genoux ». Saisis par cette brusque et insolite apostrophe, nous étions interdits, ne devinant pas cette énigme. Lorsque, en souriant, il répète d'une voix douce, « à genoux messieurs », se couvrant et tirant son épée, il se rapproche, nous annonce notre nomination de chevaliers de Saint-Louis, frappe de son épée nos épaules et notre chef en prononçant les paroles sacramentelles de ces réceptions. « De par saint Louis, je vous reçois chevaliers » et puis, se découvrant, il nous donna l'accolade, nous baisant sur les deux joues, s'écriant très haut en nous montrant à l'assemblée : « Il y a plaisir à recevoir des chevaliers aussi braves et aussi fidèles ». Notre joie fut bien grande car nous ignorions complètement cette faveur du Roi.

Départ de Paris pour Compiègne

Après notre trimestre de service à Paris, nous fûmes relevés le 1er avril par les lanciers de la Garde et nous partîmes pour Compiègne, notre nouvelle garnison. Cette charmante résidence, habitée par une société d'élite, a des promenades délicieuses et une des plus belles et des plus vastes forêts du royaume. Nous fûmes parfaitement reçus, accueillis par tout le monde, notamment chez le sous-préfet Monsieur de Sèze, fils de l'illustre défenseur de Louis XVI, de Monsieur et Madame Hyde de Neuville, conservateur des forêts, frère du ministre de la Marine, de Béthune, de Curiales etc.

Après nos obligations militaires, nous faisions des excursions dans les châteaux voisins, à Pierrefonds, château ancien si remarquable dont la conservation est parfaite et dans cette belle forêt dont les 15 000 hectares sont percés de grandes communications et de routes de chasse.[1] Le château de Compiègne est plein de souvenirs anciens et modernes. C'est là où Louis XIV vint visiter ce fameux camp où il avait réuni l'élite des troupes françaises. Le luxe et la galanterie des officiers dans cette occasion donnèrent lieu à beaucoup d'anecdotes. C'est là que l'impératrice

---

1. Note de Naylies : ce château fut construit en 1390 par le duc d'Orléans, frère du roi Charles VI. C'était un des plus beaux monuments féodaux de l'époque. Il était flanqué de huit tours, de 130 pieds de hauteur, et placé sur un rocher dominant la plaine environnante. Il soutint plusieurs sièges, notamment en 1411, par le duc de Bourgogne. La Ligue s'en empara sous Henri III et [il] devint un repaire de brigands sous le commandement de Rieux. Il fut démantelé et en partie démoli sous Louis XIII. Il ne restait que les murs. L'empereur Napoléon le réunit à la couronne en 1812 et on le couvrit de toitures. Mais il resta non restauré et debout, offrant l'aspect le plus curieux des forteresses du Moyen Âge.

Joséphine aimait à se retrouver. On admirait dans le château certains cabinets de toilette en glaces tendus en cachemire blanc. Là Napoléon vint au-devant de Marie Louise lors de son second mariage qui fut béni dans la chapelle du château.

C'est dans ce séjour qu'en 1814 Louis XVIII, à son arrivée, reçut les hommages des maréchaux de France venus au-devant de lui.

Conspiration de Grenoble, mai 1816

La pression de l'étranger, la situation précaire des militaires renvoyés dans leurs foyers, les craintes inspirées aux acquéreurs des biens des émigrés, tout cela joint à l'orgueil national blessé fomentait de sourds et profonds mécontentements dans plusieurs provinces ! Celles du Midi qui, en août et septembre 1815, avaient été le théâtre de sanglantes réactions, étaient le foyer le plus ardent des menées des agitateurs.

Une conspiration éclata à Grenoble le 5 mai. Elle fut immédiatement réprimée par l'énergie du général Donnadieu[1]. Un nommé Didier, ancien professeur, républicain exalté, avait réuni quelques centaines de paysans et de soldats rentrés chez eux avec lesquels il marcha sur l'ancienne capitale du Dauphiné. Donnadieu les attaqua résolument, en tua plusieurs, fit une cinquantaine de prisonniers dont vingt ou vingt-cinq furent jugés par une commission militaire et fusillés. Didier, en fuite, fut repris, jugé et exécuté à Grenoble.

Réflexions sur l'occupation de la France par les Alliés

En 1814, la France avait été vaincue par toutes les armées réunies de l'Europe mais l'héroïsme de nos braves soldats dans les trente combats livrés sur le sol de la patrie pendant les trois premiers mois de cette année avait rempli d'admiration nos vainqueurs peu accoutumés à ce rôle depuis vingt ans. S'ils ne furent pas généreux, ils furent du moins justes dans la délimitation du territoire et en nous délivrant promptement de leur présence. Il n'en fut pas de même en 1815. Ils nous accablèrent alors sous le poids de leur haine, de leur rancune et de leur cupidité. Ils voulurent détruire le pont d'Iéna, nous imposèrent à douze ou treize cents millions et nous arrachèrent iniquement ces trophées, glorieuses dépouilles de nos conquêtes et seul prix réel de tant de victoires et de tant de sang versé. L'occupation de notre territoire du Rhin à la Loire, des Alpes à Lyon, des Pyrénées à Bordeaux, la présence prolongée de

---

1. Gabriel vicomte Donnadieu (1777-1849) général d'Empire rallié à Louis XVIII, participa à l'expédition d'Espagne en 1823.

l'ennemi dans Paris dont les canons menaçants entouraient la demeure royale, blessaient de toute façon l'orgueil national.

Le bicorne de Naylies
Le légitimiste Naylies ne renia ni la cocarde tricolore ni l'aigle de l'Empire qu'il servit fidèlement. Ce bicorne illustre bien la tradition familiale : les souvenirs de Naylies furent transmis par quatre générations, pieusement, mais dans quel état !

La médaille de Sainte-Hélène
Il fallait demander cette médaille commémorative instituée par Napoléon III.
Notons que Naylies, bien que légitimiste et condamné à mort durant les Cent-Jours, fit cette demande au demeurant tout-à-fait justifiée.

Depuis Charles VI, de triste et malheureuse mémoire, excepté pendant peu de temps en 1814, Paris n'avait pas vu l'étranger maître absolu dans ses murs. Aussi tout ce qui avait un cœur français frémissait de rage à cet aspect, toutefois cependant un sévère retour sur nous-mêmes et sur notre conduite aurait dû nous rendre plus justes et plus résignés car nous avions infligé ce cruel supplice à toutes les capitales de l'Europe lorsque nos drapeaux victorieux flottaient sur leurs monuments dépouillés de leur drapeau national.

La France humiliée
La France vaincue, humiliée dans son orgueil si ardent, si vivace dans tous les cœurs, ne pourrait cependant accuser que l'insatiable ambition de Napoléon qui, depuis la campagne de Russie, avait pu à diverses reprises faire une paix honorable et glorieuse même et régner paisiblement sur la France bordée par les Pyrénées, les Alpes et le Rhin jusqu'en Hollande. Telle qu'elle restait dans ces conditions, elle était encore la plus grande puissance du monde, mais elle parut trop infime au soldat heureux qui était monté sur le trône de saint Louis et de Louis XIV !

Annexes

Avertissement : le lecteur du XXIe siècle pouvant être peu au fait de la généalogie des familles Bonaparte et Bourbon et de leurs alliances avec la famille de Habsbourg (qui permettaient à Napoléon d'appeler Louis XVI « notre malheureux oncle ») nous présentons les éléments essentiels en annexes 1 et 2.

ANNEXE 1

LA FAMILLE IMPÉRIALE

Napoléon Ier (1769-1821), empereur des Français de 1804 à sa première abdication le 4 avril 1814 puis durant les Cent-Jours de mars à juin 1815.
Joséphine (1763-1814), née Tascher de La Pagerie, veuve du vicomte de Beauharnais, Impératrice, première épouse de Napoléon.
Marie-Louise (1791-1847), Impératrice, seconde épouse de Napoléon, fille de François Ier, empereur d'Autriche, mère du Roi de Rome (Napoléon II 1811-1832 dit l'Aiglon).
Joseph (1768-1844), frère de Napoléon, roi de Naples puis d'Espagne.
Lucien (1775-1840), frère de Napoléon, président du Conseil des Cinq-Cents sous le Directoire, permet à Napoléon de réussir le coup d'État du 18 Brumaire puis en froid avec son frère.
Louis (1778-1846), frère de Napoléon, époux d'Hortense de Beauharnais, roi de Hollande, père de Napoléon III (1808-1873), empereur des Français de 1852 à 1870.
Jérôme (1784-1860), frère de Napoléon, roi de Westphalie.
Murat Joachim (1767-1815), marié à Caroline, sœur de Napoléon, maréchal de France puis roi de Naples (c'est pourquoi Naylies l'appelle Sire).
Prince Eugène de Beauharnais (1781-1824), fils de Joséphine (de son premier mariage) donc beau-fils de Napoléon, vice-roi d'Italie.

ANNEXE 2

LES BOURBONS, LES HABSBOURG ET LEURS ALLIANCES À LA FIN DU XVIIIᵉ ET AU DÉBUT DU XIXᵉ SIÈCLE

Générations	Bourbon				Habsbourg-Lorraine	
1	Louis dauphin de France épouse Marie-Joséphe de Saxe				Marie-Thérèse d'Autriche épouse François-Étienne de Lorraine	
2	**Louis XVI** 1754-1793 roi en 1774 épouse **Marie-Antoinette**	**Louis XVIII** Comte de Provence 1755-1824 épouse Marie-Joséphine de Savoie sans postérité	**Charles X** Comte d'Artois 1757-1836 épouse Marie-Thérèse de Savoie	**Madame Elisabeth**, Madame Royale, 1764-1794	**Marie-Antoinette** 1755-1793 épouse Louis XVI	Léopold II 1747-1792 empereur en 1790
3	1 - **Marie-Thérèse** l'orpheline du temple 1778-1851 épouse en 1799 son cousin le **Duc d'Angoulême**, sans postérité 2 - **Louis XVII** 1785-1795		1 - Louis-Antoine (le Dauphin) 1775-1844 **Duc d'Angoulême** 2 - Charles-Ferdinand 1778-1820 **Duc de Berry** épouse en 1816 Marie-Caroline de Naples et Sicile 1798-1870 dont :			**François II (1768-1835)** empereur du Saint-Empire en 1792 puis **François Iᵉʳ** 1768-1835 empereur d'Autriche en 1804.

Générations	Bourbon		Habsbourg-Lorraine	
4		1 - Louise-Marie Thérèse 1819-1864 **duchesse de Lucques puis de Parme** 2 - Henri V 1820-1883 duc de Bordeaux puis **comte de Chambord** épouse en 1846 Marie-Thérèse de Modène, sans postérité		**Marie-Louise 1791-1847 Impératrice des Français** puis duchesse de Parme voir *La famille impériale*

Notes : 1 – Le **Duc d'Orléans**, qui sera le roi Louis-Philippe de 1830 à 1848, descend d'un frère de Louis XIV, c'est pourquoi Charles X l'appelle *Mon Cousin* ; son épouse, Marie-Amélie, était la sœur du roi François Ier des Deux-Siciles, le père de la Duchesse de Berry, c'est pourquoi celle-ci l'appelle « Ma Tante ».

2 – **Marie-Louise** était la petite-nièce de Marie-Antoinette, c'est pourquoi elle pouvait appeler la Duchesse d'Angoulême « Ma Tante ».

3 – Les personnages portent plusieurs titres au cours de leur vie, nous ne mentionnons que les principaux rencontrés dans les mémoires de Naylies ; en gras le nom usuel.

4 – Le **comte de Chambord** et la duchesse de Parme sont respectivement parrain et marraine d'Henriette comtesse de Quelen, dernière fille de Jacques-Joseph de Naylies.

ANNEXE 3

LES VILLES D'EUROPE CENTRALES CITÉES PAR NAYLIES ET LEUR NOM ACTUEL

nom cité par Naylies	Sous l'Empire province, Land, État	Au XXIe siècle Nom actuel	Au XXIe siècle État	Observations
Breslau	Haute Silésie, Grand-duché de Varsovie	Wroclaw	Pologne	
Cassel	Hesse	Kassel	Allemagne	
Courlande			Lettonie	ancien duché rattaché à la Russie à l'époque
Dantzig	Prusse-orientale	Gdansk	Pologne	
Friedland		Pravdinsk	Russie	enclave de Kaliningrad, Napoléon vainquit l'armée russe le 14 juin 1807
Heilsberg		Lidzbark-Warminski		bataille où Napoléon défit les Russes le 10 juin 1807
Landshut	Haute Silésie, à la frontière de la Bohême	Kamienna Gora	Pologne	le monastère où se passe le bal décrit par Naylies en 1808 doit être Klaster Walbrzysku Surowce sur la Bober
Lauban	Basse Silésie	Luban	Pologne	
Liegnitz	Silésie	Legnica	Pologne	
Marienwerder	Prusse occidentale	Kwidzyn	Pologne	
Mayence	Palatinat	Mainz	Allemagne	à l'époque, préfecture des Monts-Tonnerre
Oels	Basse Silésie	Olesnica	Pologne	
Preussich-Eylau		Bagrationovsk	Russie	enclave de Kaliningrad, Napoléon vainquit l'armée russe le 8 février 1807

ANNEXE 4

LES DRAGONS

Sous l'Empire, les dragons font partie de la cavalerie de ligne, ou grosse cavalerie, sont sans cuirasse, armés d'un sabre droit et d'un fusil d'infanterie avec baïonnette car ils doivent pouvoir soit charger soit combattre à pied. Ils sont nécessaires pour appuyer la cavalerie légère à l'avant-garde, à l'arrière-garde et sur les ailes d'une armée.

Dans *Œuvres de Napoléon Ier à Sainte-Hélène* (Paris, Éditions Plon 1870), l'Empereur écrit « Pour une armée de 30 000 hommes d'infanterie, il faudra donc 7600 hommes de cavalerie, savoir : 1 200 éclaireurs attachés à l'infanterie et sous les ordres des officiers supérieurs de cette arme, 2 200 chasseurs ou hussards, 1 800 dragons, 2 400 cuirassiers ».[1]

Engagé fin 1805 dans le 19e régiment de dragons, Jacques-Joseph de Naylies le quitta six années plus tard avec le grade de lieutenant après avoir fait la campagne d'Allemagne, reçu la croix de la Légion d'honneur à Friedland et fait la guerre durant trente-huit mois en Espagne et au Portugal ; c'est donc dans cette unité qu'il débuta sa carrière militaire et fit la preuve de sa valeur.

BREF HISTORIQUE
DU 19e RÉGIMENT DE DRAGONS
D'après le lieutenant-colonel Henri Azéma

Le 19e dragons fut créé par décret de la Convention du 25 février 1793 à partir du 1er bataillon des volontaires d'Angers. Dès sa création il participe à la guerre de Vendée puis fait partie de l'Armée du Rhin et Moselle et de l'Armée d'Allemagne (1794-1797), de l'Armée d'Italie (1798-1799), de l'Armée des Grisons (1800-1801). De 1801 à 1803, il fait partie de l'expédition de Saint-Domingue où il combat les insurgés mais il est décimé par la fièvre jaune.

En 1804, reconstitué et renforcé, commandé par le colonel de Caulincourt, le régiment entre dans la composition de la Grande Armée. En 1805 il combat à Elchingen et contribue à la prise d'Ulm ; le 2 décembre, au sein de la division Bourcier, il se distingue à Austerlitz. Le 14 octobre 1806 le 19e dragons participe à la bataille d'Iéna ; le 26 décembre, au sein de la division Laplace et sous les ordres du colonel de Saint-Geniès, il combat victorieusement à Pulstick contre les troupes russes. Le 14 juin 1807, après avoir combattu à Mohbrungen et à Planesfeldshen, il contribue à la victoire de Friedland.

Le 11 novembre 1808, le 19e dragons entre en Espagne. Il combat avec succès les troupes britanniques à La Corogne, participe à la victoire sur les troupes espagnoles à Arzobispo mais, à la suite de la bataille de Vitoria le 21 juin 1813, les troupes françaises se retirent d'Espagne et le 19e dragons vient renforcer, en Saxe, la cavalerie française, décimée par la retraite de Russie.

Naylies, qui est passé au 28e dragons, écrit en octobre 1813 : « Nous marchons sur Leipzig et bivouaquons à trois lieues de cette ville, près des dragons qui arrivent d'Espagne, commandés par Milhaud. Ces vieilles bandes aguerries par les campagnes d'Allemagne, quatre années de combats journaliers en Espagne, présentaient un corps

---

1. Cité par Jean Tulard dans *Napoléon chef de guerre*, Paris, Tallandier, 2012.

Annexes

d'élite, bien précieux, bronzées par le soleil ardent de la Castille et de l'Andalousie. [...] Dès que nous fûmes établis dans notre bivouac, j'allai à la recherche de mon ancien régiment, le 19ᵉ dragons [...]. Je fus fort heureux en embrassant mes anciens camarades que je n'avais pas vus depuis deux ans, que je devais retrouver quelques jours après sur le terrible champ de bataille de Leipzig et le lendemain de ce grand désastre, hélas bien éclaircis ! ».

Début 1814, le 19ᵉ dragons participe à la campagne de France (Saint-Dizier, Brienne, La Rothière…). Par ordonnance royale du 12 mai 1814, le régiment est licencié ; il est recréé durant les Cent-Jours et combat en Alsace ; il est à nouveau dissous en juillet 1815.

En 1871 le 19ᵉ régiment de dragons est recréé et, en 1914, lors de la déclaration de guerre, il est en garnison à Castres. Il se bat d'abord en Lorraine puis est transporté en Champagne et prend une part active à la première bataille de la Marne. Fin septembre il est en Artois et participe à la bataille des Flandres en novembre ; il est ensuite déplacé en Alsace avant de revenir en Champagne où il se bat en 1917. En 1918 il participe aux combats des Monts de Flandres puis à la bataille de l'Aisne.

Après la guerre il prend garnison à Alençon puis à Dinan. En octobre 1939, affecté à la 1ᵉʳᵉ division légère de cavalerie, il est en Belgique où, en mai 1940, il tente de contenir l'avance allemande. Les restes du régiment sont rendus à la vie civile le régiment étant dissous en juillet 1940 ; certains de ses personnels gagnent la maquis et constituent les premières forces de l'Organisation de la Résistance Armée (ORA). En 1944 le 19ᵉ dragons est reconstitué à Pontivy à partir des unités de la résistance du Finistère et des Côtes du Nord ; il combat dans la poche de Lorient jusqu'à la capitulation de la garnison allemande le 11 mai 1944. Il est à nouveau dissous en 1946.

En 1970 le régiment est à nouveau créé comme régiment de réserve.

Sur son drapeau on lit : « Ulm 1805, Austerlitz 1805, Friedland 1807, Dresde 1813, La Marne 1914, Noyon 1918 ».

Sa devise : « Un intrépide régiment ».

ANNEXE 5

LA CARRIÈRE MILITAIRE DE NAYLIES

Naylies s'engage au 19ᵉ régiment de dragons quelques mois avant Austerlitz (2 décembre 1805), passe adjudant en 1807, fait campagne en Prusse et Pologne (1806/1808) puis la guerre d'Espagne de novembre 1808 à fin 1811. Il est nommé lieutenant puis capitaine au 28ᵉ régiment de dragons avec lequel il fait la campagne de Saxe où il est blessé aux batailles de Dresde et Leipzig (août et octobre 1813). Le 1ᵉʳ juillet 1816 il est nommé *adjudant sous-lieutenant* dans la Garde du corps de Monsieur (Comte d'Artois, futur Charles X) ; cette apparente rétrogradation est due aux équivalences de grade entre les troupes de ligne et la garde du corps. Il est promu colonel en 1824 et c'est avec ce grade qu'il quitte l'armée à la fin du mois d'août 1830 après le départ de Charles X pour l'exil en Angleterre. Jacques-Joseph de Naylies est alors dans sa quarante-quatrième année, il est à la moitié de sa vie.

MAISON MILITAIRE DU ROI.

GARDES-DU-CORPS DE MONSIEUR.

ÉTAT DES SERVICES de Monsieur de Naylies Joseph Jacques né à Toulouse département de la H.te Garonne le 15 Novembre 1786.

SERVICES.	CAMPAGNES.
Entré au service en qualité de Sous Lieutenant dans la Compagnie française de l'armée Royale du Midi en aout 1799. Dragon au 19.e Régiment en mars 1805. Fourrier le 15 Septembre 1806. Adjudant sous officier le 7 mars 1807. Sous Lieutenant le 31 aout 1810. Lieutenant au 28.e Reg.t de Dragons en Septembre 1812. Adjudant major le 5 mai 1813. Capitaine au 2.e Reg.t d'Éclaireurs de la Garde le 17 Décembre 1813. Capitaine au Reg.t du Dauphin Chasseur le 1.er aout 1814. a rejoint l'armée Royale à Gand le 10 mai 1815. Capitaine au Reg.t Royal Chasseur le 15 Juin 1815. Capitaine aux Chasseurs de la Garde Royale le 10 9.bre 1815. Adjudant sous Lieutenant dans la Garde du Corps de Monsieur le 1.er Juillet 1816. Lieutenant Major le 28 Juillet 1819. Chevalier de la Légion d'honneur le 1.er Octobre 1807. Chevalier de St. Louis le 14 mars 1816.	a fait les Campagnes de 1799 et 1800 à l'armée royale du midi. celle de 1805 en allemagne, 1806 en Prusse, 1807 en Pologne, 1808 en Espagne, 1809 en Portugal, 1810, 1811 et 1812 en Espagne, 1813 en Saxe en 1814 en France, en 1815 à l'armée Royale. Blessé d'un coup de sabre à la main gauche le 27 aout 1813. Bataille de Dresde. Blessé d'un coup de mitraille au bras et au flanc droit le 18 Octobre 1813, Bataille de Leipsick.

Nous soussignés, Membres composant le Conseil d'administration des Gardes-du-Corps de MONSIEUR, certifions que les Services, Campagnes &c., détaillés ci-dessus, sont exacts et conformes à ceux portés sur les Registres-matricules du Corps.

A Paris le 5 Octobre 1819.

Vu par nous Sous-intendant militaire de la Maison du Roi

ANNEXE 6

CHARTE CONSTITUTIONNELLE

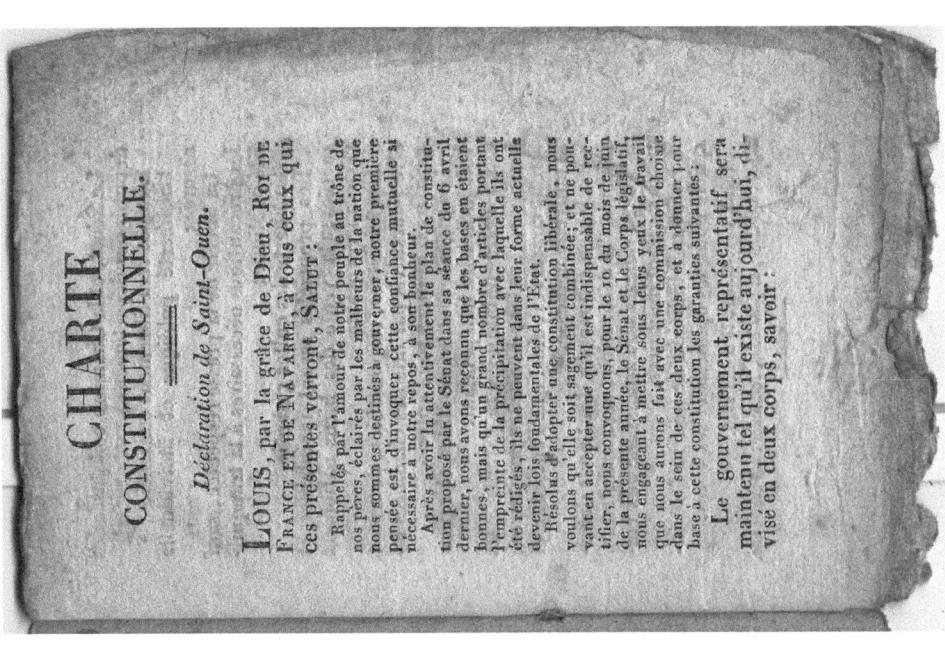

CHARTE CONSTITUTIONNELLE.

Déclaration de Saint-Ouen.

LOUIS, par la grâce de Dieu, Roi de France et de Navarre, à tous ceux qui ces présentes verront, Salut :

Rappelés par l'amour de notre peuple au trône de nos pères, éclairés par les malheurs de la nation que nous sommes destinés à gouverner, notre première pensée est d'invoquer cette confiance mutuelle si nécessaire à notre repos, à son bonheur.

Après avoir lu attentivement le plan de constitution proposé par le Sénat dans sa séance du 6 avril dernier, nous avons reconnu que les bases en étaient bonnes, mais qu'un grand nombre d'articles portant l'empreinte de la précipitation avec laquelle ils ont été rédigés, ils ne peuvent dans leur forme actuelle devenir lois fondamentales de l'État.

Résolus d'adopter une constitution libérale, nous voulons qu'elle soit sagement combinée, et ne pouvant en accepter une qu'il est indispensable de rectifier, nous convoquons, pour le 10 du mois de juin de la présente année, le Sénat et le Corps législatif, nous engageant à mettre sous leurs yeux le travail que nous aurons fait avec une commission choisie dans le sein de ces deux corps, et à donner pour base à cette constitution les garanties suivantes :

Le gouvernement représentatif sera maintenu tel qu'il existe aujourd'hui, divisé en deux corps, savoir :

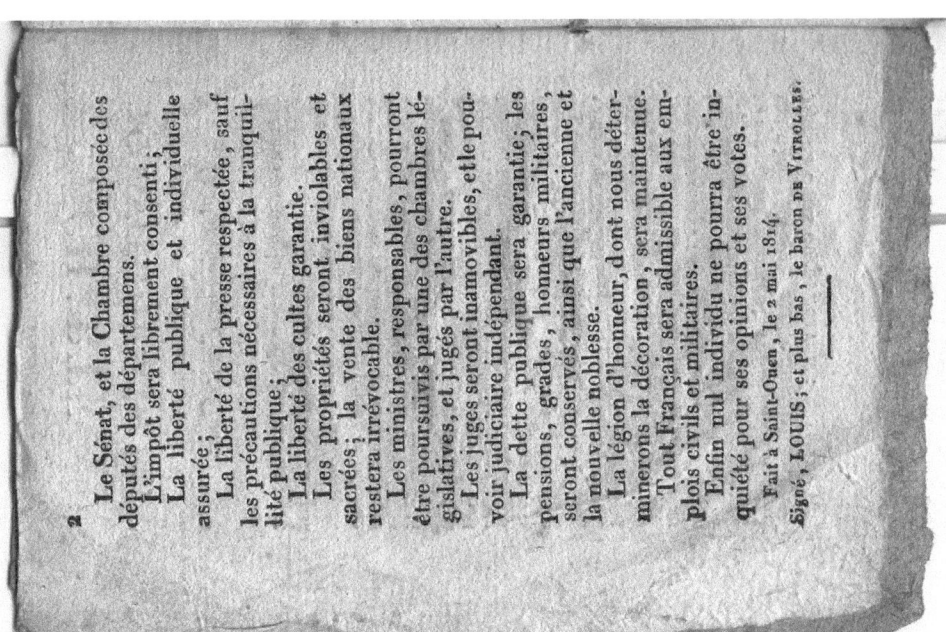

Le Sénat, et la Chambre composée des députés des départemens.

L'impôt sera librement consenti;

La liberté publique et individuelle assurée ;

La liberté de la presse respectée, sauf les précautions nécessaires à la tranquillité publique ;

La liberté des cultes garantie.

Les propriétés seront inviolables et sacrées ; la vente des biens nationaux restera irrévocable.

Les ministres, responsables, pourront être poursuivis par une des chambres législatives, et jugés par l'autre.

Les juges seront inamovibles, et le pouvoir judiciaire indépendant.

La dette publique sera garantie ; les pensions, grades, honneurs militaires, seront conservés, ainsi que l'ancienne et la nouvelle noblesse.

La légion d'honneur, dont nous déterminerons la décoration, sera maintenue.

Tout Français sera admissible aux emplois civils et militaires.

Enfin nul individu ne pourra être inquiété pour ses opinions et ses votes.

Fait à Saint-Ouen, le 2 mai 1814.

Signé, LOUIS ; et plus bas , le baron de Vitrolles.

TEXTE DE LA
CHARTE CONSTITUTIONNELLE.

Louis, par la grâce de Dieu, Roi de France et de Navarre, à tous ceux qui ces présentes verront, salut:

La divine Providence, en nous rappelant dans nos États après une longue absence, nous a imposé de grandes obligations. La paix était le premier besoin de nos sujets: nous nous en sommes occupés sans relâche; et cette paix, si nécessaire à la France comme au reste de l'Europe, est signée. Une Charte constitutionnelle était sollicitée par l'état actuel du royaume; nous l'avons promise, et nous la publions. Nous avons considéré que, bien que l'autorité tout entière résidât en France dans la personne du roi, nos prédécesseurs n'avaient point hésité à en modifier l'exercice, suivant la différence des temps; que c'est ainsi que les communes ont dû leur affranchissement à Louis-le-Gros, la confirmation et l'extension de leurs droits à Saint-Louis et à Philippe-le-Bel; que l'ordre judiciaire a été établi et développé par les lois de Louis XI, de Henri II, et de Charles IX; enfin, que Louis XIV a réglé presque toutes les parties de l'administration publique par différentes ordonnances dont rien encore n'avait surpassé la sagesse.

Nous avons dû, à l'exemple des rois nos prédécesseurs, apprécier les effets des progrès toujours croissans des lumières, les rapports nouveaux que ces progrès ont introduits dans la société, la direction imprimée aux esprits depuis un demi-siècle, et les graves altérations qui en sont résultées; nous avons reconnu que le vœu de nos sujets, pour une Charte constitutionnelle était l'expression d'un besoin réel; mais, en cédant à ce vœu, nous avons pris toutes les précautions pour que cette Charte fût digne de nous

---

4   CHARTE

et du peuple auquel nous sommes fiers de commander. Des hommes sages, pris dans les premiers corps de l'État, se sont réunis à des commissaires de notre conseil pour travailler à cet important ouvrage.

En même temps que nous reconnaissions qu'une constitution libre et monarchique devait remplir l'attente de l'Europe éclairée, nous avons dû nous souvenir aussi que notre premier devoir envers nos peuples était de conserver, pour leur propre intérêt, les droits et les prérogatives de notre couronne. Nous avons espéré qu'instruits par l'expérience, ils seraient convaincus que l'autorité suprême peut seule donner aux institutions qu'elle établit, la force, la permanence et la majesté dont elle est elle-même revêtue; qu'ainsi, lorsque la sagesse des rois s'accorde librement avec le vœu des peuples, une Charte constitutionnelle peut être de longue durée; mais que, quand la violence arrache des concessions à la faiblesse du Gouvernement, la liberté publique n'est pas moins en danger que le trône même. Nous avons enfin cherché les principes de la Charte constitutionnelle dans le caractère français, et dans les monumens vénérables des siècles passés. Ainsi, nous avons vu, dans le renouvellement de la pairie, une institution vraiment nationale, et qui doit lier tous les souvenirs à toutes les espérances, en réunissant les temps anciens et les temps modernes.

Nous avons remplacé, par la Chambre des députés, ces anciennes assemblées des Champs de Mars et de Mai, et ces Chambres du tiers-état, qui ont si souvent donné tout à la fois des preuves de zèle pour les intérêts du peuple, de fidélité et de respect pour l'autorité des rois; en cherchant ainsi à renouer la chaîne des temps, que de funestes écarts avaient interrompue, nous avons effacé de notre souvenir, comme nous voudrions qu'on pût les effacer de l'histoire, tous les maux qui ont affligé la patrie durant notre absence. Heureux de nous retrouver au sein de la grande famille, nous n'avons su répondre à

CONSTITUTIONNELLE.

l'amour dont nous recevons tant de témoignages, qu'en prononçant des paroles de paix et de consolation.

Le vœu le plus cher à notre cœur, c'est que tous les Français vivent en frères, et que jamais aucun souvenir amer ne trouble la sécurité qui doit suivre l'acte solennel que nous leur accordons aujourd'hui.

Sûrs de nos intentions, forts de notre conscience, nous nous engageons, devant l'assemblée qui nous écoute, à être fidèles à cette Charte constitutionnelle, nous réservant d'en jurer le maintien, avec une nouvelle solennité, devant les autels de celui qui pèse dans la même balance les rois et les nations.

A ces causes, nous avons volontairement, et par le libre exercice de notre autorité royale, accordé et accordons, fait concession et octroi à nos sujets, tant pour nous que pour nos successeurs, et à toujours, de la Charte constitutionnelle qui suit:

Droit public des Français.

Art. 1er. Les Français sont égaux devant la loi, quels que soient d'ailleurs leurs titres et leurs rangs.

2. Ils contribuent indistinctement, dans la proportion de leur fortune, aux charges de l'État.

3. Ils sont tous également admissibles aux emplois civils et militaires.

4. Leur liberté individuelle est également garantie, personne ne pouvant être poursuivi ni arrêté que dans les cas prévus par la loi, et dans la forme qu'elle prescrit.

5. Chacun professe sa religion avec

CHARTE

une égale liberté, et obtient pour son culte la même protection.

6. Cependant, la religion catholique, apostolique et romaine est la religion de l'État.

7. Les ministres de la religion catholique, apostolique et romaine, et ceux des autres cultes chrétiens, reçoivent seuls des traitemens du trésor royal.

8. Les Français ont le droit de publier et de faire imprimer leurs opinions, en se conformant aux lois qui doivent réprimer les abus de cette liberté.

9. Toutes les propriétés sont inviolables, sans aucune exception de celles qu'on appelle *nationales*, la loi ne mettant aucune différence entre elles.

10. L'État peut exiger le sacrifice d'une propriété, pour cause d'intérêt public légalement constaté, mais avec une indemnité préalable.

11. Toutes recherches des opinions et votes émis jusqu'à la restauration, sont interdites. Le même oubli est commandé aux tribunaux et aux citoyens.

12. La conscription est abolie. Le mode de recrutement de l'armée de terre et de mer est déterminé par une loi.

Formes du Gouvernement du Roi.

13. La personne du Roi est inviolable

CONSTITUTIONNELLE. 7

et sacrée. Ses ministres sont responsables. Au Roi seul appartient la puissance exécutive.

14. Le Roi est le chef suprême de l'État, commande les forces de terre et de mer, déclare la guerre, fait les traités de paix, d'alliance et de commerce, nomme à tous les emplois d'administration publique et fait les réglemens et ordonnances nécessaires pour l'exécution des lois et la sûreté de l'État.

15. La puissance législative s'exerce collectivement par le Roi, la Chambre des pairs et la Chambre des députés des départemens.

16. Le Roi propose la loi.

17. La proposition de la loi est portée, au gré du Roi, à la Chambre des pairs ou à celle des députés, excepté la loi de l'impôt, qui doit être adressée d'abord à la Chambre des députés.

18. Toute loi doit être discutée et votée librement par la majorité de chacune des deux Chambres.

19. Les Chambres ont la faculté de supplier le Roi de proposer une loi sur quelque objet que ce soit, et d'indiquer ce qu'il leur paraît convenable que la loi contienne.

20. Cette demande pourra être faite par chacune des deux Chambres, mais après

8 CHARTE

avoir été discutée en comité secret : elle ne sera envoyée à l'autre Chambre par celle qui l'aura proposée, qu'après un délai de dix jours.

21. Si la proposition est adoptée par l'autre Chambre, elle sera mise sous les yeux du Roi ; si elle est rejetée, elle ne pourra être représentée dans la même session.

22. Le Roi seul sanctionne et promulgue les lois.

23. La liste civile est fixée, pour toute la durée du règne, par la première législature assemblée depuis l'avènement du Roi.

De la Chambre des Pairs.

24. La Chambre des pairs est une portion essentielle de la puissance législative.

25. Elle est convoquée par le Roi en même temps que la Chambre des députés des départemens. La session de l'une commence et finit en même temps que celle de l'autre.

26. Toute assemblée de la Chambre des pairs qui serait tenue hors du temps de la session de la Chambre des députés, ou qui ne serait pas ordonnée par le Roi, est illicite et nulle de plein droit.

27. La nomination des pairs de France appartient au Roi. Leur nombre est illimité ; il peut en varier les dignités, les

CONSTITUTIONNELLE. 9

nommer à vie ou les rendre héréditaires, selon sa volonté.

28. Les pairs ont entrée dans la Chambre à vingt-cinq ans, et voix délibérative à trente ans seulement.

29. La Chambre des pairs est présidée par le chancelier de France, et, en son absence, par un pair nommé par le Roi.

30. Les membres de la famille royale et les princes du sang sont pairs par le droit de leur naissance. Ils siègent immédiatement après le président ; mais ils n'ont voix délibérative qu'à 25 ans.

31. Les princes ne peuvent prendre séance à la Chambre que de l'ordre du Roi, exprimé pour chaque session par un message, à peine de nullité de tout ce qui aurait été fait en leur présence.

32. Toutes les délibérations de la Chambre des pairs sont secrètes.

33. La Chambre des pairs connaît des crimes de haute trahison et des attentats à la sûreté de l'État, qui seront définis par la loi.

34. Aucun pair ne peut être arrêté que de l'autorité de la Chambre, et jugé que par elle en matière criminelle.

De la Chambre des Députés des Départemens.

35. La Chambre des députés sera com-

---

10 CHARTE

posée des députés élus par les collèges électoraux dont l'organisation sera déterminée par des lois.

36. Chaque département aura le même nombre de députés qu'il a eu jusqu'à présent.

37. Les députés seront élus pour cinq ans, et de manière que la Chambre soit renouvelée chaque année par cinquième.

38. Aucun député ne peut être admis dans la Chambre, s'il n'est âgé de quarante ans, et s'il ne paie une contribution directe de mille francs.

39. Si néanmoins il ne se trouvait pas dans le département cinquante personnes de l'âge indiqué, payant au moins mille francs de contributions directes, leur nombre sera complété par les plus imposés au-dessous de mille francs, et ceux-ci pourront être élus concurremment avec les premiers.

40. Les électeurs qui concourent à la nomination des députés, ne peuvent avoir droit de suffrage, s'ils ne paient une contribution directe de trois cents francs, et s'ils n'ont moins de trente ans.

41. Les présidens des collèges électoraux seront nommés par le Roi, et de droit membres du collège.

42. La moitié au moins des députés

CONSTITUTIONNELLE. 11

sera choisie parmi des éligibles qui ont leur domicile politique dans le département.

43. Le président de la Chambre des députés est nommé par le Roi, sur une liste de cinq membres présentée par la Chambre.

44. Les séances de la Chambre sont publiques; mais la demande de cinq membres suffit pour qu'elle se forme en comité secret.

45. La Chambre se partage en bureaux pour discuter les projets qui lui ont été présentés de la part du Roi.

46. Aucun amendement ne peut être fait à une loi, s'il n'a été proposé ou consenti par le Roi, et s'il n'a été renvoyé et discuté dans les bureaux.

47. La Chambre des députés reçoit toutes les propositions d'impôts; ce n'est qu'après que ces propositions ont été admises, qu'elles peuvent être portées à la Chambre des pairs.

48. Aucun impôt ne peut être établi ni perçu, s'il n'a été consenti par les deux Chambres et sanctionné par le Roi.

49. L'impôt foncier n'est consenti que pour un an. Les impositions indirectes peuvent l'être pour plusieurs années.

50. Le Roi convoque chaque année les

---

12 CHARTE

deux Chambres : il les proroge, et peut dissoudre celle des députés des départemens; mais, dans ce cas, il doit en convoquer une nouvelle dans le délai de trois mois.

51. Aucune contrainte par corps ne peut être exercée contre un membre de la Chambre, durant la session, et dans les six semaines qui l'auront précédée ou suivie.

52. Aucun membre de la Chambre ne peut, pendant la durée de la session, être poursuivi ni arrêté en matière criminelle, sauf le cas de flagrant délit, qu'après que la Chambre a permis sa poursuite.

53. Toute pétition à l'une ou à l'autre des Chambres ne peut être faite et présentée que par écrit. La loi interdit d'en apporter en personne et à la barre.

Des Ministres.

54. Les ministres peuvent être membres de la Chambre des pairs ou de la Chambre des députés. Ils ont en outre leur entrée dans l'une ou l'autre Chambre, et doivent être entendus quand ils le demandent.

55. La Chambre des députés a le droit d'accuser les ministres, et de les traduire devant la Chambre des pairs, qui seule a celui de les juger.

CONSTITUTIONNELLE. 13

56. Ils ne peuvent être accusés que pour fait de trahison ou de concussion. Des lois particulières spécifieront cette nature de délits, et en détermineront la poursuite.

De l'Ordre judiciaire.

57. Toute justice émane du Roi. Elle s'administre en son nom par des juges qu'il nomme et qu'il institue.

58. Les juges nommés par le Roi sont inamovibles.

59. Les cours et tribunaux ordinaires actuellement existans sont maintenus. Il n'y sera rien changé qu'en vertu d'une loi.

60. L'institution actuelle des juges de commerce est conservée.

61. La justice de paix est également conservée. Les juges de paix, quoique nommés par le Roi, ne sont point inamovibles.

62. Nul ne pourra être distrait de ses juges naturels.

63. Il ne pourra, en conséquence, être créé de commissions et tribunaux extraordinaires. Ne sont pas comprises sous cette dénomination les juridictions prévôtales, si leur rétablissement est jugé nécessaire.

64. Les débats seront publics en matière criminelle, à moins que cette publi‑

14 CHARTE

cité ne soit dangereuse pour l'ordre et les mœurs; et, dans ce cas, le tribunal le déclare par un jugement.

65. L'institution des jurés est conservée. Les changemens qu'une plus longue expérience ferait juger nécessaires ne peuvent être effectués que par une loi.

66. La peine de la confiscation des biens est abolie, et ne pourra pas être rétablie.

67. Le Roi a le droit de faire grâce, et celui de commuer les peines.

68. Le Code civil et les lois actuellement existantes qui ne sont pas contraires à la présente Charte, restent en vigueur jusqu'à ce qu'il y soit légalement dérogé.

Droits particuliers garantis par l'État.

69. Les militaires en activité de service, les officiers et soldats en retraite, les veuves, les officiers et soldats pensionnés, conserveront leurs grades, honneurs et pensions.

70. La dette publique est garantie. Toute espèce d'engagement pris par l'État avec ses créanciers, est inviolable.

71. La noblesse ancienne reprend ses titres. La nouvelle conserve les siens. Le Roi fait des nobles à volonté; mais il ne leur accorde que des rangs et des hon‑

CONSTITUTIONNELLE.   15

neurs, sans aucune exemption des charges et des devoirs de la société.

72. La Légion d'honneur est maintenue. Le Roi déterminera les réglemens intérieurs et la décoration.

73. Les colonies seront régies par des lois et des réglemens particuliers.

74. Le Roi et ses successeurs jureront, dans la solemnité de leur sacre, d'observer fidèlement la présente Charte constitutionnelle.

Articles transitoires.

75. Les députés des départemens de France qui siégeaient au Corps législatif, lors du dernier ajournement, continueront de siéger à la Chambre des députés, jusqu'à remplacement.

76. Le premier renouvellement d'un cinquième de la Chambre des députés aura lieu au plus tard en l'année 1816, suivant l'ordre établi entre les séries.

Nous ordonnons que la présente Charte constitutionnelle, mise sous les yeux du Sénat et du Corps législatif, conformément à notre proclamation du 2 mai, sera envoyée incontinent à la Chambre des pairs et à celle des députés.

Donné à Paris, l'an de grâce 1814, et de notre règne le dix-neuvième.

Signé, LOUIS ; et plus bas, l'Abbé de Montesquiou, Visa, le Chancelier de France, signé Dambray.

16

Loi du 15 mars 1815.

..... Art. 4. Le dépôt de la Charte constitutionnelle et de la liberté publique est confié à la fidélité et au courage de l'armée, des gardes nationales et de tous les citoyens.

Signé LOUIS ; et plus bas, l'Abbé de Montesquiou.

Serment prêté par S. A. R. Monsieur, en son nom et au nom de sa famille, dans la séance royale du 16 mars 1815.

Nous jurons, sur l'honneur, de vivre et de mourir fidèles à notre Roi et à la Charte constitutionnelle qui assure le bonheur des Français.

Ordonnance du 5 septembre 1816.

Art. 1er. Aucun des articles de la Charte constitutionnelle ne sera revisé.

Signé LOUIS ; et plus bas, Lainé.

Société pour la propagation de la Charte. 2e Édition, tirée à un million d'exemplaires.

(Prix, 5 cent.)

IMPRIMERIE DE BAUDOUIN FRÈRES,
RUE DE VAUGIRARD, N° 36.

Bibliographie

Almanach royal pour l'année 1816.
François-Guy Hourtoulle, *Austerlitz, le soleil de l'Aigle*, Paris, Histoire et Collections, 3e trimestre 2003.
Geneviève Mazesensier (coordinatrice), C. Brun, E. Jauffret, Cosette Millet-Bex, Jean Réveilliez, *Dictionnaire des Maréchaux de France du Moyen-âge à nos jours*, Paris, Perrin, 1988.
Just Jean Étienne Roy, *Les Français en Égypte, souvenirs des campagnes d'Égypte et de Syrie par un officier de l'expédition, le colonel Chalbrand*, Paris, Hachette, Livres BNF. 2012.
Georges Six, *Dictionnaire bibliographique des généraux et amiraux français de la Révolution et de l'Empire (1792-1814)*, Paris, Librairie historique et nobiliaire Georges Saffroy, 1934.
Jean Tulard, *Dictionnaire Napoléon*, Paris, Fayard, 1987 (rééd. 1999).
Jean Tulard, *Napoléon chef de guerre*, Paris, Tallandier, 2012.
Dictionnaire Larousse en 6 volumes, édition de 1928.

Index des contemporains cités par Naylies

A

Albuquerque, duc, Don Carlos d' : 145, 146, 150, 152, 160, 168, 170, 171
Alexandre, Empereur de Russie : 18, 60, 96, 217, 222-224, 239, 248, 321
Alton, général d' : 269
Angles, ministre : 297
Angoulême, duc d' : voir annexe 2
Angoulême, duchesse d' : voir annexe 2
Argout, comte chef d'escadron d' : 268, 299-302, 304, 306, 308, 316, 318
Arisaga, général espagnol : 156, 157
Artois, comte d' : voir annexe 2
Astorg, Adrien et Eugène d' : 299-302, 317, 319
Asturies, prince des : voir Ferdinand VII
Audenarde, général d' : 244
Augereau, maréchal : 258, 263
Avré, duc d' : 284, 286

B

Baird, Sir David Baird général anglais : 87, 94
Barbé-Marbois, ministre : 321, 323
Barclay de Tolly, général français au service de la Russie : 248, 249, 263
Barrail, commandant du : 303, 305
Béliard, général : 247
Bellune, maréchal de : voir Victor
Belmas, évêque : 310-313
Bennigsen, général allemand au service de la Russie : 39, 43, 253, 262, 263
Beresford, généralissime anglais, Lord : 107, 123, 124, 150, 192, 193
Bernadotte, maréchal puis prince royal de Suède : 43, 49, 110, 213, 220, 232, 237, 250, 252, 253, 256, 262, 266
Berry, duc de : voir annexe 2
Berthier, maréchal : 61, 124, 190, 219, 255
Berthier de Bissy, colonel : 299, 301

Bessières, maréchal : 88, 211, 220, 221, 235
Béthune, duc de : 277-280, 290, 292, 323
Beugnot, comte de : 298
Beurnonville, Maréchal de : 299
Bianchi, général : 244, 245
Blacas, duc de : 288, 296, 310, 319, 321
Blake, général anglais : 188, 192
Bois-Briou, général de : 301
Bouchage, ministre du : 321
Bourac, officier de marine : 185
Bourbon-Busset, général de : 194, 316
Bourcet, général de : 228
Bourienne, de : 297
Bourmont, maréchal de : 303
Brissac, comte de : 301
Brisson, général : 18, 35, 49, 50
Brune, maréchal : 318
Bülow, général prussien von : 217, 237, 250, 305

C

Caffarelli, général : 211
Cairon de Nisa, colonel : 252
Cambronne, général : 241, 242
Camille, chef espagnol : 162, 187
Canapeus, maître de maison en Silésie : 53
Capelle, préfet : 297
Castanos, général espagnol : 184, 192
Caulincourt, marquis de, diplomate : 217, 332
Chateaubriand, de, écrivain : 297, 301, 309
Chateaubriand, Louis et Christian de : 299, 302
Chatel, major de : 213
Chavarria, chef espagnol : 136
Claparède, général : 18, 35, 48, 49
Clausel, général de : 300

Clebsatel, chevalier de Saint-Louis de : 282
Clouch ou Clouct, général : 303
Colbert, général : 91
Conchy, de : 299
Condé, prince de : 297, 306
Corroyer, chef d'escadron : 272
Corvetto, ministre : 321
Cuesta, général espagnol : 88, 129, 140-144, 164, 166
Curiales, de : 323
Czernicheff, général russe : 252, 253

D
Dalmatie, duc de : voir Soult
Damas, officier des dragons de : 90
Davout, maréchal : 76, 257, 258, 270
Decazes, ministre : 321
Didier, conspirateur : 324
Digeon, général : 168, 182
Donnadieu, général : 324
Dornberg, général allemand : 253
Dorsenne, général : 211
Dralenvaux, officier : 282
Drouet d'Erlon, général : 284
Duhamel, sous-lieutenant : 190, 296
Dumoutier, général : 241, 242
Dupont, général : 59, 72, 179, 184
Duroc, maréchal : 213, 217, 230, 235

E
Escars, comte d' : 284
Essling, prince d' : voir Masséna
Eugène, prince : voir annexe I
Excelmans, général : 275

F
Farincourt, de : 299
Faurax, chef d'escadron : 184-186
Feltre, duc, de : 296, 297, 299, 321
Ferdinand VII, roi d'Espagne : 70, 83, 85
Fitz-James, duc de : 306
Foy, général : 114, 166
Fouché, ministre : 12, 310, 320, 321
Fournier, général : 128
Franceschi, général : 105, 108, 110, 123, 128, 136
Francisquette, chef espagnol : 178, 187
François, empereur d'Autriche : 69, 198, 233, 328-330
Freire d'Andrade, général espagnol : 110

G
Gidrol, de : 299, 300, 302, 304, 307
Gilly, général : 306
Gilostein, comte de : 300
Girard, général : 145, 156, 193
Gourgaud, colonel : 238
Gouvello, de : 299, 302
Grammont, duc de : 307
Grelier, capitaine de : 294, 295
Grouchy, maréchal de : 24, 91, 239, 305, 306
Guizot : 297
Gyulay, général : 244, 245

H
Harenschild, colonel anglais : 114
Hautpoul, général d' : 41
Heudelet, général : 110, 122, 148
Holdrinet, colonel : 247
Hugo, général : 196
Hyde de Neuville, officier des eaux et forêts : 323

J
Jancourt, ministre : 318
Jérôme, roi de Westphalie : voir annexe I
Joseph, roi de Naples puis d'Espagne : voir annexe I
Joséphine, Impératrice : voir annexe I
Juan Martin, chef espagnol, el Empecinado : 152
Junot, général : 170

K
Kellermann, maréchal : 33, 239, 272
Klenau, général autrichien : 263

L
Labédoyère, général de : 275, 318
La Carrera, général espagnol : 189
La Rochejacquelein, de : 284
La Romana, général espagnol : 80, 87, 90, 102, 104, 131, 132, 135, 136, 149
Labarthe, chef d'escadron : 159, 188
Laborde, général : 110, 111, 134
Ladeuze, veuve de Maubeuge : 282
Lahoussaye, général : 189, 191, 196
Larrey, chirurgien en chef : 234, 265
Lassale, chevalier de : 280, 291
Latour-Foissac, général de : 317
Latour-Maubourg, général de : 193, 220,

Index 349

225, 227, 229, 237, 238, 242, 253, 257, 259, 260, 264
Lauriston, général de : 129, 218, 221, 222, 224, 231, 238, 251, 259, 260, 263, 267, 268, 290
Lavoestine, colonel de : 291, 292, 295
Lefèvre-Desnouëtes, général : 89
Lejeune, colonel : 189, 190
Leperk, dame du Quesnoy : 294
Leval, général : 156
Lobau, maréchal de : 217, 223, 231, 253, 306
Loison, général : 119, 120, 123, 124, 133
Louis, roi de Hollande : voir annexe I
Louis, baron : 296
Louis XVIII : 12, 17, 23-27, 57, 59, 76, 96, 124, 128, 179, 241, 220, 230, 244, 270, 275, 280, 284, 288, 292, 296-299, 309-311, 318, 319, 321, 324
Luxembourg, duc de : 284

M

Macdonald, maréchal : 216, 218, 221, 223-225, 227-229, 238, 239, 250, 251, 259, 260, 263, 267, 268, 281, 288, 309, 320
Mahi, général espagnol : 128
Marbot, colonel de : 285
Marie-Louise, Impératrice : voir annexe I
Marmont, maréchal : 25, 76, 88, 191, 221, 224, 225, 238, 259, 260, 263, 266, 289, 320
Masséna, maréchal : 88, 171, 188, 189
Mastay, comte de, italien au service de la France : 258
Mauriez, de, major : 300
Mazas : 299
Medina-Coeli, duc espagnol de : 197, 200
Menars, de, officier : 304
Mendizabal, général espagnol : 189
Mermet, général : 94, 110
Merveldt, général autrichien von : 261
Metternich, prince de, ministre d'Autriche : 233, 234, 310
Mina, chef espagnol : 152
Moncey, capitaine : 72, 284
Monsigny, de : 299, 300, 322, 323
Montélégier, général de : 277, 317
Montesquiou, abbé de : 297
Montfort, général de : 268
Montigny, major : 58, 110, 117
Montmarie, colonel de : 219, 247, 260

Moore, Sir John Moore général anglais : 80, 87, 94
More, capucin et capitaine portugais : 119
Moreau, général français au service de la Russie : 245, 248, 295
Moriez, des : 318
Mortemart, duc de : 299
Mortier, maréchal : 57, 58, 131, 140, 141, 143, 144, 146, 151, 156, 159, 162, 167, 192, 220, 223, 225, 229, 230, 241, 243, 245, 292, 298
Mounier : 297
Moutiers, de : 289
Mouton, général : voir Lobau
Muller, professeur : 48
Munsdorf, général allemand : 253
Murat, maréchal, roi de Naples : voir annexe I
Murray, général anglais : 123, 124

N

Nansouty : 243
Napoléon, empereur : voir annexe I
Neuilly, capitaine de : 303
Ney, maréchal : 12, 21, 24, 49, 57, 96, 110, 121, 129, 131, 140, 141, 144, 146, 147, 170, 217, 220-225, 227, 229-231, 238, 241, 243, 250, 251, 259, 263, 266, 275, 318, 319

O

Orléans, duc d' : voir annexe 2

P

Paget, général anglais : 123, 124
Parque, duc del, espagnol : 140, 146, 150
Pasquier, ministre : 319
Pêcheux, général : 253
Philippon, général : 194, 195
Pie IX, pape : 258
Polignac, duc de : 25, 275, 307
Poniatowski, prince polonais au service de la France : 253, 259, 260, 263, 267, 268
Pontevès, de, officier de dragons : 268
Ponte-Corvo, prince de : voir Bernadotte
Potier, de, colonel : 285, 299, 300, 316, 322
Pozzo di Borgo, ambassadeur de Russie : 301
Puymaurin, de : 314
Puységur, de, chevalier : 284

Q
Quérard, chasseur : 296

R
Rapp, général : 270
Régnier, général : 162, 167-170
Reizet, de, colonel : 22, 187, 253, 254, 264
Reynier, général : 218, 225, 250, 256, 259, 263, 267, 268
Ricard, général : 129
Richelieu, ministre de : 259, 323
Rivière, duc de : 25, 49
Ruckel, lady : 53-55

S
Saint-Blin, de : 299, 302
Saint-Geniès, général de : 21, 124, 191, 196, 213, 214, 289, 332
Saint-Mars, colonel de : 214, 281, 285, 288, 291
Saint-Martin, général espagnol : 182, 191, 202
Saint-Sauveur, de : 299, 300, 304
Saint-Simon, de : 299
Salmard, de : 304, 322
Sayas, marquis espagnol de : 189, 196
Schwartzenberg, prince, maréchal autrichien de : 237, 237
Sebastiani, général : 259
Seguier, préfet : 317
Sèze, préfet de : 323
Silveira, général portugais : 108, 118-120, 122-124
Souham, général : 251, 259
Soult, maréchal : 76, 80, 90, 91, 93, 94, 93, 100, 103-105, 107, 110-113, 116, 121, 123, 129, 131, 136, 140, 141, 144-146, 151, 156, 159, 168, 171, 182, 188, 189, 192-195, 259

T
Talleyrand, ministre de : 298, 302, 310, 318, 321
Tarente, duc de : voir Macdonald
Tauentzien, général prussien : 250
Teste, général : 239, 290
Thielmann, général saxon : 252, 253
Trévise, duc de : voir Mortier

V
Valmy, duc de : voir Kellermann
Vandamme, général : 246, 248-250
Vaublanc, préfet de : 63, 297, 321
Vedel, général : 59
Veilande, général : 195
Venegas, chef espagnol : 140
Vicence, duc de : voir Caulincourt
Victor, maréchal : 96, 116, 120, 129, 136, 140, 159, 166, 189, 192, 263
Vinot, général : 295
Vitrolles, baron de : 297

W
Wagram, prince de : voir Berthier
Wellesley, Sir Arthur Welleslay : voir Wellington
Wellington, généralissime anglais lord : 76, 110, 140, 171, 187, 192, 193, 304, 307, 309, 310, 321
Weyler de Navas : 299
Wrède, général bavarois de : 270, 271
Wurtemberg, duc allemand de : 235, 249, 252

Y
Yorck, général prussien : 217, 219, 223

Z
Zevallos, chef de bataillon : 282, 315
Zieten, général prussien : 263

Table des cartes

Itinéraires de Naylies à travers l'Europe de juillet 1807 à mai 1816 31

Les campagnes de 1807-1808 et de 1812-1813 36

Carte toilée d'Allemagne1810, pliée 40

Légende de la carte d'Allemagne de 1810 40

La région de Tilsit 41

La Silésie (extrait de la carte de 1810) 47

Le 19ᵉ dragons en Espagne et au Portugal 64

La campagne de Saxe 226

La campagne de France, la Restauration, les Cent-Jours 275

Table des illustrations
*À l'exception des trois dessins de dragons en Espagne,
toutes les illustrations sont tirées des archives familiales*

L'entrée des Français à Berlin le 27 octobre 1806	37
L'uniforme du 19ᵉ régiment de dragons	45
La croix de la Légion d'honneur (revers)	61
Joséphine Impératrice	62
Dragons de la Garde impériale	78
Grognard au bivouac	89
Dragons du 19ᵉ régiment à la bataille d'Ocaña et trompette dont le cheval a été tué	154
Le sabre court	215
L'épée de Naylies	215
La campagne de France	276
Le débarquement de Napoléon	286
Les fontes de Naylies	312
Le lit de camp de Naylies	313
Le bicorne de Naylies	325
La médaille de Sainte-Hélène	325
La carrière militaire de Naylies	335

Table des matières

Préface par Jean Tulard, membre de l'Institut 11

Avant-propos, Sommeil et vocation d'un manuscrit par D. Danguy des Déserts. 13

Introduction – La vie de Jacques-Joseph de Naylies par D. Danguy des Déserts 17

Chapitre I – Mémoires du 7 juillet 1807 au 11 novembre 1808, jour de notre entrée en Espagne 35

Chapitre II – Mémoires sur la guerre d'Espagne 65
    Avertissement 67
    Introduction 69
    De novembre 1808 à mars 1809 73
    De mars 1809 à mai 1810 107
    De mai à novembre 1810 131
    De novembre 1810 à janvier 1811 159
    De janvier 1811 à janvier 1812 189

Chapitre III – La campagne de Saxe en 1913 commençant à ma rentrée de l'Armée d'Espagne, janvier 1812, jusqu'au 1er novembre 1813 213

Chapitre IV – Du 16 novembre 1813, jour de mon arrivée à Strasbourg, à mon entrée dans la Maison du Roi en 1816 275
    La campagne de France, la première Restauration 277
    Les Cent-Jours 287
    La seconde Restauration 309

Annexes
    Annexe 1 – La famille impériale 328
    Annexe 2 – La famille royale et ses alliances avec les Habsbourg
    à la fin du XVIIIe et au début du XIXe siècle................................ 329
    Annexe 3 – Les villes d'Europe centrale citées par Naylies et
    leur nom actuel.. 331
    Annexe 4 – Les dragons 332
    Annexe 5 – La carrière militaire de Naylies 334
    Annexe 6 – La *Charte constitutionnelle* ou déclaration de Saint-
    Ouen... 336

Bibliographie.. 345

Index des contemporains cités par Naylies..................................... 347

Table des cartes.. 351

Table des illustrations 353